O ↙ ↙

↙
OLHAR
↙ ↙
DO ↙
↓ ↙
TURISTA

3.0

SERVIÇO SOCIAL DO COMÉRCIO
Administração Regional no Estado de São Paulo

Presidente do Conselho Regional
Abram Szajman
Diretor Regional
Danilo Santos de Miranda

Conselho Editorial
Ivan Giannini
Joel Naimayer Padula
Luiz Deoclécio Massaro Galina
Sérgio José Battistelli

Edições Sesc São Paulo
Gerente Iã Paulo Ribeiro
Gerente adjunta Isabel M. M. Alexandre
Coordenação editorial Cristianne Lameirinha, Clívia Ramiro, Francis Manzoni, Jefferson Alves de Lima
Produção editorial Bruno Salerno Rodrigues, Thiago Lins
Coordenação gráfica Katia Verissimo
Produção gráfica Fabio Pinotti
Coordenação de comunicação Bruna Zarnoviec Daniel

O

JOHN URRY
JONAS LARSEN

OLHAR
DO
TURISTA

LEITURA CRÍTICA E COMENTÁRIOS:
THIAGO ALLIS E BIANCA FREIRE-MEDEIROS

TRADUÇÃO:
LEONARDO ABRAMOWICZ

3.0

Título original: The Tourist Gaze 3.0
© John Urry e Jonas Larsen, 2011
© Sage Publications, 2011
© Edições Sesc São Paulo, 2021
Todos os direitos reservados.

Tradução publicada mediante acordo com a Sage
Publications, editora original nos Estados Unidos,
no Reino Unido e em Nova Délhi.

Tradução Leonardo Abramowicz
Mapas Sonia Vaz
Preparação Ísis De Vitta
Revisão Silvana Cobucci, Karinna A. C. Taddeo
Projeto gráfico e diagramação Celso Longo + Daniel Trench
Capa Celso Longo + Daniel Trench

Dados Internacionais de Catalogação na Publicação (CIP)

Ur7o   Urry, John

O olhar do turista 3.0 / John Urry; Jonas Larsen;
Tradução Leonardo Abramowicz. – São Paulo:
Edições Sesc São Paulo, 2021. – 360 p. il.

Bibliografia
ISBN 978-65-86111-57-6

1. Turismo. 2. Lazer. 3. Viagens. 4. Tecnologia.
I. Título. II. Larsen, Jonas. III. Abramowicz, Leonardo.

CDD 910.4

Ficha catalográfica elaborada por
Maria Delcina Feitosa CRB/8-6187

Edições Sesc São Paulo
Rua Serra da Bocaina, 570 – 11º andar
03174-000 – São Paulo SP Brasil
Tel.: 55 11 2607-9400
edicoes@sescsp.org.br
sescsp.org.br/edicoes
/edicoessescsp

NOTA À EDIÇÃO BRASILEIRA

Iniciado em 1948, o Turismo Social é um dos programas mais longevos do Sesc. Com entendimento distinto daquele praticado pela maioria dos agentes do mercado, as ações desenvolvidas pelo programa se pautam pela democratização do acesso a bens e ao patrimônio sociocultural multifacetado do país pela promoção de trocas simbólicas e materiais, conscientização social, histórica, cultural e ecológica de viajantes e anfitriões, assim como a busca pela sustentabilidade. Com o intuito de diversificar e qualificar o turismo, pretende-se ir além do consumo de lugares e experiências estereotipados, que se contraponham ao mundo do trabalho, por meio da educação e da formação crítica do viajante.

A publicação desta edição revista, ampliada e comentada de *O olhar do turista*, de John Urry, com participação de Jonas Larsen, contribui para ampliar o debate sobre as formas de construção da percepção dos viajantes sobre os locais visitados, como também sobre aqueles que se pretende conhecer, incluindo discussões caras ao presente e ao futuro, sobretudo, no tocante às mobilidades.

Considerado um clássico para a formação de estudantes e profissionais de turismo, além da sociologia do lazer, o livro dialoga com um vasto repertório no campo das humanidades em diálogo atento ao impacto das novas tecnologias sobre viagens e viajantes. O que constitui uma experiência real e como se dá a encenação da experiência turística? Quem são seus protagonistas? Quais agentes compõem os bastidores desse universo de escala global e de que forma eles atuam? Como as cidades se dão a ver a seus visitantes? Quais as fronteiras entre a liberdade, o condicionamento do desejo e a experiências da viagem?

O olhar do turista 3.0 convida a uma reflexão erudita e sensível, assim como à revisão de práticas alienantes envolvendo viajantes e os múltiplos agentes desse circuito, instigando a crítica e a atenção para que se possa desvendar o mundo de forma genuína.

- 11 PREFÁCIO À PRIMEIRA EDIÇÃO
- 11 PREFÁCIO À SEGUNDA EDIÇÃO
- 12 PREFÁCIO AO 3.0
- 14 UMA MIRADA QUE ATRAVESSA O TEMPO
  Thiago Allis
- 18 ÀS VOLTAS COM JOHN URRY E SUAS QUATRO (OU CINCO) VIAGENS AO BRASIL
  Bianca Freire-Medeiros
- 27 1. TEORIAS
- 63 2. TURISMO DE MASSA
- 88 3. ECONOMIAS
- 122 4. TRABALHANDO SOB O OLHAR DO OUTRO
- 151 5. CULTURAS TURÍSTICAS EM MUTAÇÃO
- 179 6. LUGARES, EDIFÍCIOS E DESIGN
- 219 7. VISÃO E FOTOGRAFIA
- 258 8. PERFORMANCES
- 289 9. RISCOS E FUTUROS
- 320 IMAGENS
- 330 BIBLIOGRAFIA
- 359 SOBRE OS AUTORES

"Permanecer parado nesses tempos de mudança, quando o mundo todo está em movimento, seria um crime. Viva a viagem! – a viagem bem, bem barata!"
Thomas Cook em 1854, citado em Brendon, 1991: 65

"Uma vista? Ah, uma vista! Que vista maravilhosa!"
Sra. Bartlett em *A Room with a View* [*Uma janela para o amor*], Forster, 1955: 8, orig. 1908

"A câmera e o turismo são duas das formas caracteristicamente modernas de definir a realidade."
Horne, 1984: 21

"Para o turista do século XXI, o mundo tornou-se uma grande loja de departamentos de campos e cidades."
Schivelbusch, 1986: 197

"É engraçado, não é, como todo viajante é um turista, exceto você mesmo?"
uma cena teatral eduardiana, citada em Brendon, 1991: 188

"Desde a primeira excursão de trem de Thomas Cook, é como se a varinha mágica tivesse passado sobre a face do globo."
The Excursionist ["O excursionista", em tradução livre], junho de 1897, citado em Ring, 2000: 83

"[Os turistas] pagam por sua liberdade; o direito de ignorar os interesses e sentimentos nativos, o direito de fiar a sua própria teia de significados [...]. O mundo é a ostra do turista [...] para ser vivido prazerosamente – e, assim, dar-lhe sentido."
Bauman, 1993: 241

"Indo de trem, eu não considero estar viajando; trata-se meramente de ser 'enviado' para um lugar, e não é diferente de ser um pacote."
John Ruskin, citado em Wang, 2000: 179

"Uau... isso é tão cartão-postal!"
visitante vendo as Cataratas de Vitória, citado em Osborne, 2000: 79

PREFÁCIO À PRIMEIRA EDIÇÃO

Sou muito grato pelos conselhos, pelo incentivo e pela ajuda das seguintes pessoas, sobretudo as que me proporcionaram joias turísticas do mundo inteiro: Paul Bagguley, Nick Buck, Peter Dickens, Paul Heelas, Mark Hilton, Scott Lash, Michelle Lowe, Celia Lury, Jane Mark-Lawson, David Morgan, Ian Rickson, Chris Rojek, Mary Rose, Peter Saunders, Dan Shapiro, Rob Shields, Hermann Schwengel, John Towner, Sylvia Walby, John Walton e Alan Warde. Agradeço também aos profissionais da área de turismo e hospitalidade que responderam às minhas perguntas com muitas informações e conselhos. Algumas entrevistas mencionadas aqui foram realizadas graças ao apoio da Iniciativa do Sistema Regional e Urbano em Mutação do ESRC [Economic and Social Research Council]. Agradeço à Iniciativa por ser a primeira a me fazer encarar seriamente as viagens de férias.

John Urry
Lancaster, dezembro de 1989

PREFÁCIO À SEGUNDA EDIÇÃO

Esta nova edição manteve a estrutura da publicação original, exceto pela adição de um novo capítulo (8), com o tema "Globalizando o olhar"[1]. Os outros sete capítulos foram atualizados em termos de dados, incorporação de novos estudos relevantes e algumas ilustrações melhores. Sou muito grato pela ampla assistência em pesquisa e conhecimento prático proporcionados por Viv Cuthill para esta nova edição. Agradeço também a Mike Featherstone por originalmente ter me levado a escrever um livro sobre turismo e a Chris Rojek por sugerir esta segunda edição, bem como pela colaboração na coautoria de *Touring Cultures* ["Culturas de turismo", em tradução livre].

---

1. O capítulo em questão foi traduzido e publicado em: Natália Otto, "Globalizando o olhar do turista, de John Urry". *Plural*, 23(2), pp. 142-155, 2016. Disponível em: https://doi.org/10.11606/issn.2176-8099.pcso.2016.125105. Acesso em: 26 ago. 2020. [N.E.]

Na última década, supervisionei vários doutorados sobre questões de turismo, viagens e mobilidade em Lancaster. Aprendi muito com esses estudos e principalmente nas conversas a respeito do andamento dos trabalhos. Gostaria de agradecer especialmente às seguintes pessoas, que fizeram comentários muito úteis para o capítulo 8: Alexandra Arellano, Javier Caletrio, Viv Cuthill, Saolo Cwerner, Monica Degen, Tim Edensor, Hernan Gutiérrez Sagastume, Juliet Jain, Jonas Larsen, Neil Lewis, Chia-ling Lai, Richard Sharpley, Jo Stanley e Joyce Yeh. Também foram de grande valia as muitas discussões com os alunos de mestrado que frequentaram meu curso "Olhar do turista" ao longo da última década.

Dentre os colegas de Lancaster com quem discuti esses temas (alguns também fazendo comentários muitos úteis a respeito do capítulo 8) incluem-se Sara Ahmed, Gordon Clark, Carol Crawshaw, Bülent Diken, Anne-Marie Fortier, Robin Grove-White, Kevin Hetherington, Vincent Kaufmann, Phil Macnaghten, Colin Pooley, Katrin Schneeberger e Mimi Sheller.

Trabalhar com Pennie Drinkall e Claire O'Donnell sobre temas relativos à pós-graduação no departamento de sociologia tem sido um prazer nos últimos anos.

John Urry
Lancaster, abril de 2001

PREFÁCIO AO 3.0

O mundo do turismo está em constante fluxo e a teoria do turismo precisa estar em movimento para absorver essas mudanças. Esta terceira edição de *O olhar do turista* reestrutura, reformula e amplia radicalmente as duas primeiras edições para tornar o livro relevante para pesquisadores, estudantes, planejadores e designers de turismo no século XXI. Há muitas mudanças em relação às duas primeiras edições. Jonas Larsen, como coautor, trouxe um novo olhar sobre o livro. Os capítulos originais foram completamente atualizados. Dados e estudos ultrapassados foram excluídos, novos estudos e conceitos teóricos foram incorporados e o conceito de olhar do turista recebeu mais reflexão teórica, incluindo seus aspectos mais sombrios. Três *novos* capítulos examinam o olhar do turista em relação à *fotografia* e *digitalização*, às análises recentes de performances corporalizadas[2,3], à teoria e pesquisa do turismo e aos vários *riscos* para o campo, como o aquecimento global e o pico do petróleo, que problematizam a conveniência e o futuro do olhar do turista globalizado.

Somos muitos gratos pela inspiração, ajuda e assistência na produção desta nova edição de *O olhar do turista*. Gostaríamos de agradecer principalmente a Jørgen Ole Bærenholdt, Monika Büscher, Javier Caletrio, Beckie Coleman, Anne Cronin, Viv Cuthill, Monica Degen, Kingsley Dennis, Pennie Drinkall, Tim Edensor, Michael Haldrup, Kevin Hannam, Allison Hui, Michael Hviid Jacobsen, Juliet Jain, Jennie Germann Molz, Mette Sandbye, Mimi Sheller, Rob Shields, David Tyfield, Amy Urry, Tom Urry, Sylvia Walby e Laura Watts.

John Urry, Lancaster
Jonas Larsen, Roskilde

---

[2]. "Embodied performances" no original. Ao longo do livro, as palavras *embodied/embodiment*, assim como *corporeal/corporality*, aparecem recorrentemente, marcando um diálogo, menos ou mais explícito, dos autores tanto com os estudos feministas quanto com a chamada virada performativa nas ciências sociais. A despeito das muitas vertentes que orbitam em torno dessas propostas epistêmicas, todas convergem para a ideia de que o corpo deve ser concebido não apenas como objeto de investigação, mas como agente do conhecimento e da cultura. Pensamentos e intenções são dependentes do corpo e assumem formas corporalizadas, sendo impossível compreendê-los como exclusivos da mente ou do intelecto. Não parece haver consenso, entretanto, sobre uma maneira de traduzir essas palavras e o vocabulário delas derivado, sendo muitos os termos empregados na língua portuguesa: corporeidade, corporalidade, incorporado, corporizado, corporificado, encarnado, entre outros (cf. Flores-Pereira *et al.*, 2017). Optamos aqui pelos termos corporalidade, corporalmente e corporalizado(a), seguindo o que vem sendo empregado com maior frequência nos campos da sociologia e da antropologia brasileiras.

[3]. Maria Tereza Flores-Pereira, Eduardo Davel e Dóris Dornelles de Almeida, "Desafios da corporalidade na pesquisa acadêmica". *Cadernos EBAPE.BR*, 15(2), pp. 194-208, 2017. Disponível em: https://dx.doi.org/10.1590/1679-395149064. Acesso em: 26 ago. 2020.

UMA MIRADA QUE ATRAVESSA O TEMPO[4]

Para quem estuda ou pesquisa turismo no Brasil e em muitos países, é quase impossível não conhecer *O olhar do turista*, do sociólogo britânico John Urry. Lançado em 1990, na Inglaterra, não demorou muito para que o livro fosse elevado ao patamar de referência internacional. Até hoje, já foi vertido para mais de vinte idiomas e suas três edições (1990, 2002 e 2011 – esta em coautoria com Jonas Larsen) receberam mais de 16 mil citações em trabalhos acadêmicos.

A primeira edição em língua portuguesa, de 1996, chegou em um momento de grande euforia para a formação superior em turismo no Brasil. Na esteira da recente redemocratização, o país era conduzido por uma política governamental que buscava maior abertura de sua economia, o que incluía estratégias de desenvolvimento do turismo doméstico e especialmente internacional. Assim, assistia-se a uma "ascensão vertiginosa" dos cursos de turismo (especialmente em instituições privadas), ecoando o sonho de uma profissão do futuro numa "indústria sem chaminés". No início dos anos 2000, o número de bacharelados ultrapassara a marca dos 400 – ou 800, se considerados os cursos de tecnologia[5]. A pesquisa na área também ganhava identidade, desde a criação do primeiro mestrado com ênfase em turismo e lazer na Universidade de São Paulo, em 1993.

Se o presente não garante muitas certezas sobre o futuro das mobilidades turísticas, é ainda mais premente reconhecer a complexidade deste campo multidisciplinar, cujas práticas e processos merecem olhares argutos e curiosos. Em alguma medida, esse chamado reverbera o que John Urry e outros tratavam por "reflexividade do turismo", apontando para a urgência (e oportunidade) de se conferir maior centralidade ao turismo (inclusive no âmbito acadêmico).

---

4. Para a elaboração deste texto, dialoguei com colegas de docência e pesquisa que gentilmente compartilharam suas experiências e impressões sobre o livro, a quem nominalmente agradeço: Alexandre Panosso Netto, André Riani Costa Perinotto, Camila Maria dos Santos Moraes, Isabela Andrade de Lima Morais, Luís Octávio L. Camargo, Marutschka Martini Moesch, Sandro Campos Neves, Susana Gastal.

5. C. E. Silveira, J. Medaglia e J. M. Gonçalves Gândara, "Quatro décadas de ensino superior de turismo no Brasil: dificuldades na formação e consolidação do mercado de trabalho e a ascensão de uma área de estudo como efeito colateral". *Turismo, Visão e Ação*, 14(1), pp. 6-18, 2012.

Aí reside uma das grandes contribuições desta obra, especialmente naquele alvorecer dos estudos turísticos no país, quando a literatura técnica em língua portuguesa era limitada: no momento em que alimentava, com textos basilares, uma biblioteca essencial sobre turismo, *O olhar do turista* veio a cumprir brilhantemente essa função. Pela pena de um dos sociólogos mais respeitados do Reino Unido (e viajante contumaz), acessava-se um debate elaborado sobre um dos fenômenos humanos mais contundentes do mundo moderno.

A obra informa sobre a constituição histórica e social do turismo no Ocidente, a partir da emergência do balneário inglês no século XIX, que viria a galvanizar boa parte do ideário do turismo moderno. As cidades costeiras de Blackpool e Morecambe, nas proximidades de Lancaster, floresciam com o ato de veranear, especialmente para as classes trabalhadoras em franco processo de urbanização. O modelo, como sabemos, reproduziu-se, adaptou-se e recriou-se em distintas latitudes, inclusive no Brasil, acompanhando a dispersão do capitalismo em escala global.

Seja na costa inglesa, seja nos litorais brasileiros, seja ainda em parques temáticos, centros históricos, grandes cidades e outros complexos de entretenimento e lazer urbanos e rurais, estudantes e analistas de turismo são convidados a entender o nascimento e desenvolvimento deste "olhar do turista". Assim, como contribuição teórica mais marcada, a obra pavimentou caminhos para a organização de uma sociologia do turismo, em conjunto com o que outros pioneiros – como Jost Krippendorf, Dean MacCannell e, mais recentemente, Peter Burns –, por distintas miradas, vinham fazendo desde a década de 1970.

Embora a primeira edição de *O olhar do turista* apresente principalmente a realidade britânica, a obra consegue atingir uma universalidade na construção de argumentos e leituras do turismo. E por isso também é atemporal e versátil como recurso pedagógico, o que ajuda a explicar sua longevidade. Enquanto os capítulos introdutórios orientam o aprendizado elementar sobre a dimensão social do turismo, outros conteúdos sustentam reflexões teóricas mais densas ao cotejar o turismo com questões como trabalho e classe social, estética e estudos culturais, processos de comunicação e produção econômica do espaço, entre muitas outras.

A segunda edição (2002), revista e ampliada, trouxe outra camada de sentido, conferindo ao livro ainda mais robustez teórica, ao analisar os mesmos temas, agora pelas lentes das mobilidades. Se na primeira edição o termo "mobilidade" nem sequer era mencionado, agora – e na edição seguinte, objeto desta tradução (de 2011) – as mobilidades não apenas qualificam o fenômeno turístico, mas constituem a pedra angular para a interpretação das sociedades contemporâneas e, portanto, do mundo das viagens.

Com efeito, John Urry e um crescente conjunto de pesquisadores se embrenham em debates e propostas sobre este "giro de mobilidades" desde a passagem para o terceiro milênio. Pode parecer óbvio, mas é preciso reiterar que o turismo é apenas uma forma de mobilidade e precisa ser compreendido no âmbito de fenômenos móveis mais abrangentes, complexos e multidimensionais. Ao contrário do senso comum sobre uma modernidade globalizada e hipermóvel, esse exercício requer a observação dos interstícios menos iluminados, com atenção também para o que não se move, por exemplo: a fixação de infraestruturas de apoio ao turismo (rodovias, aeroportos, hotéis), a imobilização de populações locais nos destinos turísticos (em geral, trabalhadores precarizados cujo espectro de mobilidade espacial é restrito aos ambientes do cotidiano), ou a cristalização de imagens sobre certas nuances do turismo (que envolvem estereótipos engendrados historicamente – muitas vezes, por medidas objetivadas de marketing turístico). Esses aparentes contrários são temas bastante atuais na agenda de pesquisa sobre mobilidades turísticas, e as edições recentes do *Olhar* são capazes de apontar vários caminhos nessa direção.

Ao longo de mais de vinte anos, a estrutura geral do livro foi mantida, mas foram incluídos três novos capítulos que tratam da fotografia na era digital, de performances corporais e riscos e futuros alternativos – reverberando a profusão de enfoques que John Urry foi elaborando ao longo de sua trajetória como intelectual. A própria noção do "olhar do turista" se amplia para dar conta de outras dimensões sensoriais que estruturam a experiência turística, que, por sua vez, se referem tanto a práticas e relações materiais quanto a discursos e signos mais sutis. Aliás, ainda que o livro não enverede pelo campo da semiótica, esta é claramente uma temática que atravessa o texto e as formas de analisar o turismo.

Entre 2011 e o presente, muitas novidades têm sido nevrálgicas para modular o turismo contemporâneo – como a difusão da internet móvel, a generalização no uso de *smartphones* e a criação de uma imensa gama de recursos digitais e informacionais. Ainda assim, mesmo que essas inovações não estejam detalhadas na obra traduzida (por uma óbvia questão de distanciamento temporal), fica implícita a centralidade do espaço virtual na construção e partilha das experiências turísticas. Trata-se de uma chave de leitura que certamente vai guiar e orientar o leitor a fazer suas próprias aproximações a realidades recentes. Se estivessem pensando numa nova edição do livro hoje, certamente os autores estariam tratando de temas como paisagens "instagramáveis", disseminação de robôs na prestação de serviços e estratégias de comunicação digital na produção do olhar do turista contemporâneo.

Apesar de o livro ter sido traduzido há quase 25 anos, ainda se observam as mais variadas manifestações de emprego da obra entre parceiros de docência e pesquisa. Obviamente, um livro nunca será suficiente para análises extensas, mas nem por isso este texto se banalizou, mantendo, como um clássico, sua potência reflexiva e indicando pistas para outras entradas ao estudo do turismo.

O olhar do turista 3.0 oferece uma leitura preciosa para estudantes, pesquisadores, docentes e profissionais de turismo. Escapando às formalidades e aos exageros acadêmicos – algo que marcou a personalidade de John Urry –, torçamos para que a leitura também nos leve a pensar em nossa condição de viajantes, com partícipes que somos ou quase sempre queremos ser do mundo do turismo.

Thiago Allis

ÀS VOLTAS COM JOHN URRY E SUAS QUATRO (OU CINCO) VIAGENS AO BRASIL

> Ao dar início à sua palestra em Sommarøy, enquanto contemplava a vista do mar, neves e montanhas, [Urry] ia refletindo: "esta é a melhor vista que jamais tive durante uma palestra – não, a segunda melhor! A primeira foi a do Rio!". (Jørgen Ole Bærenholdt, Universidade de Roskilde)

> Para muitos, [Urry] será sempre o autor de *O olhar do turista* e um teórico insuperável do turismo na sociedade contemporânea. [...] Para mim, e tantos outros, seu trabalho sobre mobilidades tem sido fundamental. E mesmo o trabalho sobre mobilidades é internamente diverso, a ponto de incluir conceituações sobre as correlações entre comunicações e viagens, o futuro do automóvel e o processo de *offshoring*, para citar apenas três. (Tim Cresswell, Trinity College)

John Urry costumava abrir seus textos com pelo menos uma epígrafe. Sem recorrer necessariamente a fontes eruditas, as frases escolhidas por ele eram sempre persuasivas e desafiadoras, assim como os títulos com que batizava seus escritos. E eles foram muitos: mais de 80 artigos científicos, centenas de capítulos de livros, além das dezenas de coletâneas e dossiês que coorganizou. Dos mais de 40 livros de sua autoria, muitos dos quais publicados em diversos idiomas, o único a ser traduzido para o português foi justamente este que, em edição revista e ampliada, a leitora e o leitor têm em mãos.

As duas epígrafes às quais recorro aqui fazem parte da coletânea *Mobilities and Complexities*, lançada ano e meio após o falecimento súbito de John Urry em 18 março de 2016[6]. Neste breve híbrido de nota biográfica e introdução à obra, as epígrafes ajudam-me não só a reforçar o tributo merecido, mas antecipam e orientam as vias que vamos percorrer seguindo as pegadas de suas viagens ao Brasil.

---

6. Além da coletânea organizada por Jensen, Kesselring e Sheller (2019), um coro de centenas de vozes, desde diferentes partes do mundo, celebrou o legado de John Urry nas semanas subsequentes ao seu falecimento. Ver: http://wp.lancs.ac.uk/john-urry/. Acesso em: 20 abr. 2021.

RIO DE JANEIRO, MAIO DE 2000

Foi por conta do seminário internacional Limites do Imaginário, organizado pelo Instituto do Pluralismo Cultural da Universidade Candido Mendes, que John Urry veio ao Brasil pela primeira vez. Parte da Agenda do Milênio, pautada pela Unesco, o evento reuniu estrelas do mundo acadêmico, como os filósofos Susan Buck-Morss e Fredric Jameson. Ao longo de três dias e com a Baía de Guanabara ao fundo – aquela paisagem que John haveria de eleger como a mais bela e que ficou impressa para sempre em suas retinas –, os participantes foram estimulados a discutir um tema relativamente novo na época: a globalização cultural e seus efeitos.

O nome de John Urry estava associado a quatro obras que haviam impactado a academia britânica: *The End of Organized Capitalism* (1987) e *Economies of Signs and Space* (1992), ambas escritas com Scott Lash, bem como *Consuming Places* (1995) e, claro, *The Tourist Gaze* (1990). A despeito das especificidades, esses livros compartilham pelo menos duas características que atravessam a produção intelectual de Urry: o uso tanto eclético quanto criativo das mais diversas linhagens teóricas (de Marx a Goffman, de Foucault a Bourdieu) e o compromisso com a análise rigorosa de evidências empíricas. Se boa parte da sociologia ainda operava com o referente do Estado-nação e privilegiava o mundo do trabalho como solo empírico, Urry voltava-se para uma zona cinza em expansão: a dos fluxos de bens simbólicos que, operando em escala transnacional, embaralhavam os papéis atribuídos a produtores e consumidores, os tempos e espaços do trabalho e do não trabalho. John Urry comparecia, portanto, como o sociólogo capaz de forjar a chave interpretativa necessária aos novos tempos a partir do tripé lazer, turismo e consumo.

Intitulada "Inhabiting the Car"[7], sua comunicação expunha o estranhamento diante do silêncio que as ciências sociais reservaram a uma invenção de alcance global, responsável por definir, em larga medida, o estilo de vida do século XX: o automóvel. Como item de

---

7. Disponível em: http://www.lancaster.ac.uk/fass/resources/sociology-online-papers/papers/urry-inhabiting-the-car.pdf. Acesso em: 20 abr. 2021.

consumo individual capaz de conferir *status* a quem o possui por meio dos valores que comunica (velocidade, autonomia, liberdade, sedução etc.), o automóvel não é tratado por Urry apenas como tecnologia de transporte. O híbrido sociotécnico "carro-motorista" seria o elemento central de um *sistema de mobilidade*, constituído por infraestruturas (rodovias, postos de combustível, motéis de beira de estrada), assim como por uma imensa variedade de produtos, tecnologias e signos. Seus impactos reverberam em formas de habitar (do subúrbio estadunidense aos condomínios fechados das elites brasileiras), de consumir (os grandes shopping centers com estacionamentos a perder de vista) e, até recentemente, de conceber o que poderíamos chamar de *a boa vida móvel*. Nesse sentido, Urry antecipara o debate que veremos detalhado no artigo publicado em parceria com Mimi Sheller[8] naquele mesmo ano e que será por ele revisitado outro par de vezes[9], inclusive na sua segunda viagem ao Brasil.

RECIFE, MAIO DE 2007

Exatos sete anos depois da sua passagem pelo Rio, John Urry regressou ao Brasil, dessa vez por conta do XIII Congresso Brasileiro de Sociologia, que reuniu 2.600 participantes na Universidade Federal de Pernambuco (UFPE). Assim como os demais palestrantes convidados[10], Urry teve sua conferência publicada na coletânea *Desigualdade, diferença e reconhecimento* (2009). No capítulo "Carros, climas e futuros complexos", ele retoma o sistema de automobilidades como objeto de análise, porém dessa vez o posiciona claramente no contexto dos protocolos de pesquisa e intervenção do *Center for Mobilities Research* (CeMoRe), que ele e Sheller fundaram em 2003 e que se tornou o grande núcleo de propagação do chamado paradigma das mobilidades.

---

8. Mimi Sheller e John Urry, "The city and the car". *International Journal of Urban and Regional Research*, 2000.
9. Especialmente no dossiê "Automobilities", publicado em 2004 no periódico *Theory, Culture and Society* e em 2009 no livro *After the Car* (em coautoria com Kingsley Dennis).
10. Entre eles Michel Wieviorka (então presidente da Associação Internacional de Sociologia/ISA), José de Souza Martins e Francisco de Oliveira (ambos da Universidade São Paulo/USP), Maria Stela Grossi Porto (Universidade de Brasília/UnB) e Thomas Leithäuser (Universität Bremen).

Os limites deste texto não comportam uma apreciação detalhada do que representa a *virada móvel* para a teoria social, mas é importante notar o diagnóstico de onde se parte: os mundos sociais são constituídos pela intensificação dos deslocamentos humanos — por fronteiras (trans)nacionais, mas também no vai e vem diário das metrópoles —, pela aceleração dos fluxos digitais em diferentes plataformas, pela circulação incessante de mercadorias (lícitas e ilícitas) em rotas diversas. Tudo isso garantido por infraestruturas conectadas em escala global e dispositivos de controle crescentemente intrusivos.

Embora Urry não tenha usado o termo "mobilidade" em *O olhar do turista*, pode-se dizer que a obra é uma precursora da *virada das mobilidades*. Como sugere Jonas Larsen (2019: 113), o entendimento das mobilidades como um *sistema*, tão central para a formulação do paradigma, está lá presente: desnaturalizando a "vocação turística" dos lugares e situando sua emergência em um momento histórico específico, o livro nos apresenta os *olhares dos turistas* como cultural e tecnologicamente mediados, como um modo específico de ver que é padronizado e sistematizado nas mobilidades — e imobilidades — das imagens, dos discursos e das práticas corporalizadas.

Nesse contexto epistêmico e como resposta à provocação dos organizadores do evento de pensar os desafios de uma "sociologia do futuro ou para o futuro", Urry reposicionou a discussão sobre o sistema de automobilidade em relação a um porvir "povoado por vários sistemas complexos adaptativos" (2009: 107). Seu argumento era que, no encadeamento gerado pelo triunfo do carro, o planeta acabou prisioneiro de uma fonte de energia não renovável — vale sublinhar que Urry foi um dos primeiros cientistas sociais a discutir o protagonismo perverso dos combustíveis fósseis. Em diálogo com conceitos das ciências das complexidades, o carro é revelado como um dos elementos centrais da *civilização do carbono*, cujas lógicas de exclusão e excessos precisam ser superadas.

A viagem a Recife marcou Urry duplamente. Por um lado, ele se alegrou em saber da popularidade alcançada por *O olhar do turista* entre nós; por outro, o contraste entre a estrutura luxuosa da universidade privada que o recebera no Rio e a precariedade da UFPE lhe pareceu "obsceno", para usar o exato adjetivo por ele empregado.

Ex-aluno da tradicionalíssima Universidade de Cambridge, onde cursou a graduação em Economia (1967) e o doutorado em Sociologia (1972), não lhe era estranha a ostentação acadêmica. Porém jamais passou desapercebida, a quem conviveu com John, a sua aversão a ambientes pomposos. Não surpreende, assim, que a horizontalidade das relações de trabalho oferecidas pela Universidade de Lancaster, uma das "novas universidades" públicas fundadas nos anos 1960, o tenha conquistado. A surpresa talvez esteja em saber que justamente quem teorizou as *vidas móveis* tenha passado toda a sua vida profissional na mesma instituição.

A impressão que John Urry guardara de um Brasil feito de desigualdades socioeconômicas abissais ganharia confirmação empírica ainda mais incontornável em sua viagem subsequente ao nosso país.

ROCINHA, SETEMBRO DE 2011

Urry regressou ao Rio por conta do projeto "Emerging Middle Classes and Low Carbon Mobilities: Setting longterm foundations for transnational research", que havia sido por nós desenhado em 2009 (com a colaboração de Javier Caletrío). Quando fui buscá-lo no aeroporto, esperava encontrar John exausto devido à intensa agenda de que participara no Chile e, no mínimo, indisposto depois de ter acomodado seu quase 1,90 m de altura em um voo de classe econômica. Mas lá estava ele, animadíssimo com o que chamou de "South American adventure", pronto para estar com o resto da equipe – sua "mobilities gang", como ele carinhosamente nos batizou.

O financiamento da British Academy (ao qual se somaram, mais adiante, recursos da Faperj e da Capes) permitiu que realizássemos dois eventos: o primeiro na Universidade de Lancaster (2010) e o seguinte na Fundação Getúlio Vargas/RJ, onde eu então lecionava. A proposta era refletir sobre os modos pelos quais ambientes culturais, institucionais e infraestruturais específicos – no caso, a emergência da dita nova classe média – podem reproduzir ou desestabilizar tendências de longo prazo nos regimes de mobilidade. Urry participou ativamente dos três dias em que fomos provocados a responder, ou pelo menos nos deixar inquietar, por uma série de indagações: sendo uma economia emergente, o Brasil teria maior potencial para desenvolver sistemas de mobilidade sustentáveis do que as economias avançadas? Como acomodar as novas aspirações de consumo das camadas médias (com destaque para as viagens de lazer) com os protocolos de combate às mudanças climáticas?

Como parte do *workshop*, organizamos uma visita guiada à Rocinha, anunciada no mercado turístico como "a maior favela da América Latina" e onde eu realizei o trabalho de campo que deu origem a *Touring Poverty* (2013), livro que escrevi durante o pós-doutorado feito sob a supervisão de John. Se até então ele havia feito viagens *imaginativas* e *comunicativas* à favela, conduzido sobretudo pelo meu material de pesquisa, chegara a hora de realizar uma *viagem corporalizada* à favela turística. No dia seguinte, em sua palestra de abertura[11], Urry se referiu à Rocinha como uma realidade empírica capaz de conferir complexidade ao seu modelo de futuros possíveis. A favela, vista e experimentada de perto, demandava um reexame da associação, por ele sugerida, entre pobreza, resiliência e sustentabilidade.

RIO DE JANEIRO, JUNHO DE 2012

A última vez que Urry esteve no Brasil foi como convidado do Fórum de Ciência, Tecnologia e Inovação da Rio+20: Conferência das Nações Unidas sobre Desenvolvimento Sustentável. Quando nos encontramos, era contagiante seu entusiasmo diante da oportunidade de discutir os argumentos de *Climate Change and Society* (2011), livro que inaugura sua "tetralogia pós-carbono", composta ainda por *Societies Beyond Oil* (2013), *Offshoring* (2014) e *What Is the Future?* (2016). Nestas que foram suas obras derradeiras, o paradigma das mobilidades firma-se como uma lente de observação ou, ainda melhor, como uma agenda de pesquisa que busca parâmetros teórico-metodológicos para o acompanhamento e a análise das circulações reais ou imaginadas, materiais

---

11. Disponível em: http://bibliotecadigital.fgv.br/dspace/handle/10438/9439. Acesso em: 3 maio 2021.

ou simbólicas, autorizadas ou criminalizadas, entendidas como parte de um sistema de mobilidades globais profundamente desigual, excludente, e que coloca em risco a sustentabilidade planetária[12].

Nos últimos anos, Urry havia assumido, em definitivo, o papel de intelectual público. Esse engajamento ganhara uma face institucional a partir da fundação do Institute for Social Future[13], um *think tank* voltado para a formulação de propostas comprometidas com "outros futuros" — não apenas possíveis, mas desejáveis — onde Urry atuou até a sua morte.

SÃO PAULO, MARÇO DE 2020

O episódio da Rio+20 marca a última *viagem corporalizada* que John Urry fez ao Brasil. Felizmente isso não quer dizer que tenhamos visto a derradeira incursão dele entre nós. Em fins de março, depois de uma odisseia de imobilidades garantida por burocracias de toda ordem, quase dois mil volumes que compunham seu acervo pessoal atravessaram o oceano e encontraram pouso na Biblioteca Florestan Fernandes da FFLCH-USP.

Aprendemos com John Urry que não cabe polarizar os usos do tempo e dos espaços (trabalho *versus* lazer) ou dissociar as identidades dos entes em movimento (migrantes *versus* turistas; pessoas *versus* objetos). Da leitura de seus textos, saímos convencidos da necessidade de compreender os movimentos — impregnados de significado, imaginação e memória — no cruzamento com as infraestruturas sociotécnicas que os sustentam, potencializam ou impedem. Mais que tudo, sua obra nos inspira a questionar: quem ou o que pode ou não se mover, permanecer e habitar? Por quais rotas, com que nível de segurança, na companhia de quem e em nome de que escolhemos — ou somos compelidos a — nos mover?

---

12. A produção alinhada com o paradigma das mobilidades — ou crítica a ele — é vasta, multidisciplinar e dispersa em várias frentes de publicação. Segue, porém, extremamente concentrada no que se refere ao idioma, com predominância excessiva do inglês. Em língua portuguesa, ver entre outros: B. Freire-Medeiros; V. Telles e T. Allis, "Por uma teoria social *on the move*", *Tempo Social*, 30(2), pp. 1-16, 2018.
13. Ver: http://www.lancaster.ac.uk/social-futures/wp-content/uploads/2015/08/ISF-manifesto.pdf. Acesso em: 3 maio 2021.

O acolhimento do Acervo John Urry na Universidade de São Paulo significa não só a possibilidade de incrementar a difusão de seu legado entre nós, mas representa igualmente a oportunidade de redesenharmos o mapa da geopolítica do conhecimento, corrigindo as assimetrias derivadas de um paradigma forjado no rico Norte. Um mapa em que as ideias circulem em várias direções, em que as hierarquias entre um "centro" provedor de conceitos e uma "periferia" condenada a servir apenas como fornecedora de dados primários estejam superadas. Que todos possamos, na companhia de John Urry, nos mover em nome de epistemologias capazes de promover futuros mais justos.

Bianca Freire-Medeiros

1. TEORIAS

A IMPORTÂNCIA DO TURISMO

> A clínica foi provavelmente a primeira tentativa de ordenar uma ciência pelo exercício e pelas decisões do olhar [...]; o olhar médico também foi organizado de uma nova maneira. Em primeiro lugar, não se tratava mais do olhar de qualquer observador, mas o de um médico amparado e justificado por uma instituição. [...] Além disso, era um olhar que não estava limitado pela grade estreita da estrutura [...], mas que podia e deveria apreender cores, variações, pequenas anomalias. (Foucault, 1976, p. 89)

O assunto deste livro parece não ter absolutamente nada a ver com o mundo sério da medicina e do olhar médico que preocupam Foucault. Este é um livro sobre prazer, férias, turismo e viagens; sobre como e por que, por períodos curtos de tempo, as pessoas deixam seus locais normais de trabalho e residência. Fala sobre consumir bens e serviços que, de certa forma, são desnecessários. São consumidos porque, supostamente, geram experiências prazerosas diferentes daquelas normalmente encontradas na vida cotidiana. E, ainda assim, pelo menos uma parte dessa experiência é contemplar ou ver um conjunto de cenas diferentes, de paisagens naturais ou urbanas que são fora do comum. Quando saímos para viajar, olhamos para o ambiente com interesse e curiosidade. Causa impacto em nós de uma maneira que apreciamos ou, pelo menos, antecipamos que assim aconteça. Em outras palavras, nós contemplamos aquilo que encontramos. Este olhar é tão socialmente organizado e sistematizado quanto o de um médico. Claro que é de um tipo diferente, pois não é um olhar restrito a profissionais amparados e justificados por uma instituição. Ainda assim, mesmo na produção de prazer desnecessário, muitos profissionais especializados ajudam a construir e a desenvolver o olhar do turista.

O conceito do olhar ressalta que a visão é uma habilidade aprendida e que o olho puro e inocente é um mito. O que o olhar médico viu, e tornou visível, não era uma mera realidade preexistente, simplesmente esperando "lá fora", de acordo com Foucault. Na verdade, era um campo epistêmico, construído tanto linguística quanto visualmente. Ver é o que o olho humano faz. Contemplar refere-se a "determinações discursivas", à visão socialmente construída ou a "regimes escópicos". Foster assinala "como somos capazes de ver aquilo que é permitido ou feito para ver, e como vemos essa visão ou o invisível nisto" (1988: ix). Retratar a visão como natural ou produto de indivíduos atomizados naturaliza sua natureza social e histórica e as relações de poder do olhar[14].

Assim como a linguagem, os olhos de uma pessoa são contextualizados em termos socioculturais e há vários modos de ver. Nunca olhamos apenas para uma coisa; estamos sempre olhando para as relações entre as coisas e nós mesmos (Berger, 1972: 9). As pessoas contemplam o mundo através de um filtro particular de ideias, habilidades, desejos e expectativas, enquadrados por classe social, gênero, nacionalidade, idade e educação. A contemplação é uma performance que ordena, molda e classifica, em vez de refletir o mundo. Jenks afirma:

> O mundo não é pré-formado, esperando para ser "visto" pela "inspeção externa" do "olho nu". Não há nada "lá fora" intrinsecamente formado, interessante, bom ou belo, como sugere nossa perspectiva cultural dominante. A visão é uma *prática cultural aprendida*. (1995: 10, grifo nosso)

A contemplação de pontos turísticos atrativos é condicionada por experiências e lembranças pessoais e enquadrada por regras e estilos,

---

14. A palavra *gaze* e outros termos do mesmo campo semântico – *vision, contemplation, escopic* – atravessam todo o texto e estruturam seu argumento central em pelo menos dois sentidos. Por um lado, o turismo de massa é resultado da passagem de um olhar romântico e contemplativo para um olhar coletivo e dependente de tecnologias de representação das imagens visuais (especialmente a fotografia). Por outro, aquilo que reconhecemos como paisagem turística é devedor de um "regime de verdade" – nos termos de Michel Foucault – que não só atribui preponderância à visão em detrimento dos demais sentidos humanos, mas cria um amplo conjunto de saberes, práticas e instituições centrados no olhar treinado de diferentes especialistas. Estivemos atentos, portanto, aos significados historicamente situados que os autores atribuem aos termos, traduzindo *to gaze* por "contemplar" apenas nos contextos em que há referência ao "olhar romântico". No mais, demos preferência aos verbos ver e olhar.

bem como pela circulação de imagens e textos deste e de outros lugares. Tal enquadramento representa recursos, técnicas e lentes culturais fundamentais que potencialmente permitem que os turistas vejam as formas físicas e os espaços materiais diante de seus olhos como interessantes, bons ou belos. Estes não estão dados na paisagem. E, sem essas lentes, a beleza encontrada na natureza ou no mundo construído seria muito diferente. Essas diferentes maneiras de ver têm muitas consequências para os mundos físico e construído.

Este livro trata então de como, em diferentes sociedades e, sobretudo, dentro de diferentes grupos sociais em diversos períodos históricos, o olhar do turista muda e evolui. Analisamos os processos pelos quais o olhar é construído e reforçado, e pensamos em quem ou o que autoriza isso, quais são suas consequências para os lugares que são seu objeto e como isso se inter-relaciona com outras práticas sociais. O olhar do turista não é uma questão de psicologia individual, mas de "maneiras de ver" socialmente padronizadas e aprendidas (Berger, 1972). É uma visão construída através de imagens móveis e tecnologias de representação. Como o olhar médico, o poder do olhar visual no turismo moderno está ligado e é possibilitado por várias tecnologias, incluindo filmadoras, filmes, televisão, câmeras e imagens digitais.

Não existe um olhar único do turista como tal. Ele varia de acordo com a sociedade, o grupo social e o período histórico. Esses olhares são construídos através da diferença. Com isso, não apenas queremos dizer que não há experiência universal que seja verdadeira para todos os turistas em todos os momentos. Há muitas formas de olhar no turismo, e os turistas veem a diferença de maneira diferente. Isso ocorre em parte porque os olhares dos turistas são estruturados em conformidade com classe, gênero, etnia e idade. Além disso, em qualquer período histórico, o olhar é construído em relação ao seu oposto, às formas não turísticas de experiência e consciência sociais. O que produz determinado olhar turístico depende daquilo com o qual ele é contrastado; de quais seriam as formas de experiência não turística. Portanto, o olhar pressupõe um sistema de atividades e signos sociais que situam as práticas turísticas específicas não em termos de algumas características intrínsecas, mas pelos contrastes implícitos com práticas sociais não turísticas, especialmente as localizadas dentro de casa e do trabalho remunerado.

Turismo, férias e viagens são fenômenos sociais mais importantes do que a maioria dos analistas tem considerado. Em face disso, não poderia haver um assunto mais trivial para um livro. E, de fato, como os cientistas sociais têm tido muita dificuldade em explicar tópicos mais pesados, como trabalho ou política, pode-se pensar que eles teriam grandes dificuldades em explicar fenômenos mais triviais, como férias. No entanto, existem paralelos interessantes com o estudo do desvio social. Isso envolve a investigação de práticas sociais idiossincráticas que são definidas como desviantes em algumas sociedades, mas não necessariamente em outras. O pressuposto é que a investigação do desviante pode revelar aspectos interessantes e importantes das sociedades tidas como normais. O motivo pelo qual várias atividades são tratadas como desviantes pode explicar como as sociedades funcionam de maneira mais geral.

Este livro é baseado em uma análise semelhante aplicada ao turismo. Tais práticas envolvem a noção de "partida", de uma ruptura limitada com rotinas e atividades estabelecidas da vida diária, permitindo que os sentidos se envolvam com um conjunto de estímulos que contrastam com o cotidiano e o comum. Ao considerar os objetos típicos do olhar do turista, pode-se usá-los para entender os elementos da sociedade em geral com a qual eles são contrastados. Em outras palavras, pensar como os grupos sociais constroem seu olhar turístico é uma boa maneira de entender exatamente o que está acontecendo na assim chamada sociedade normal. Podemos usar o fato da diferença para questionar o normal, investigando formas típicas de turismo. Assim, ao invés de ser um assunto trivial, o turismo é importante em sua capacidade de revelar aspectos das práticas normais que, de outra forma, poderiam permanecer opacas. Revelar o funcionamento do mundo social muitas vezes requer o uso de metodologias contraintuitivas e surpreendentes, como, neste caso, a investigação das partidas envolvidas no olhar do turista.

Embora insistamos nas variações históricas, geográficas e sociológicas do olhar, existem algumas características mínimas das práticas sociais que são convencionalmente descritas como turismo. Nós as definimos aqui para fornecer uma base para análises mais históricas, sociológicas e globais desenvolvidas adiante.

TEORIAS

O turismo é uma atividade de lazer que pressupõe o seu oposto, ou seja, o trabalho regulamentado e organizado. É uma manifestação de como o trabalho e o lazer são organizados como esferas separadas e regulamentadas da prática social nas sociedades modernas. De fato, agir como um turista é uma das características definidoras de ser moderno e está associado a grandes transformações no trabalho remunerado. Passou a ser organizado em lugares específicos e a ocorrer por períodos de tempo regulamentados.

As relações turísticas surgem de um movimento de pessoas na direção e na permanência em vários destinos. Necessariamente, envolvem algum movimento no espaço; ou seja, as viagens e os períodos de estada em um novo local ou locais.

A jornada e a estada acontecem em regiões fora dos locais normais de residência e trabalho. Os períodos de residência em outros locais são de natureza temporária e de curto prazo. Há a intenção de voltar para casa dentro de um período relativamente curto de tempo.

Os lugares objeto de contemplação são para fins não diretamente ligados ao trabalho remunerado e normalmente fornecem alguns contrastes distintivos com o trabalho (remunerado ou não).

Uma proporção substancial da população das sociedades modernas se envolve em tais práticas turísticas; novas formas socializadas de prestação de serviços são desenvolvidas para lidar com o caráter de massa do olhar dos turistas (em contraposição ao caráter individual de viagem).

Os lugares são escolhidos para serem vistos porque há antecipação, sobretudo por meio de devaneios e fantasias, de prazeres intensos, em uma escala diferente ou envolvendo sentidos distintos daqueles habitualmente encontrados. Essa antecipação é construída e mantida por uma variedade de tecnologias não turísticas, como filmes, televisão, literatura, revistas, CDs, DVDs e vídeos, construindo e reforçando o olhar.

O olhar do turista é direcionado para aspectos da paisagem rural e urbana que os separam da experiência cotidiana. Esses aspectos são olhados porque são considerados, em certo sentido, fora do comum. A visualização de tais pontos turísticos geralmente envolve diferentes formas de padronização social, com uma sensibilidade muito maior aos elementos visuais da paisagem rural ou urbana do que a normalmente encontrada na vida cotidiana. As pessoas se demoram nessa contemplação, que então é muitas vezes objetificada ou captada através de fotografias, cartões-postais, filmes, maquetes e assim por diante. Isso permite que o olhar seja reproduzido, recapturado e redistribuído ao longo do tempo e espaço.

O olhar é construído através de signos, e o turismo envolve a coleção de signos. Quando os turistas veem duas pessoas se beijando em Paris, o que eles captam no olhar é a "Paris romântica atemporal". Quando uma pequena vila na Inglaterra é vista, o que os turistas olham é a "verdadeira velha Inglaterra". Como argumenta Culler: "o turista está interessado em tudo como um signo de si mesmo [...]. Em todo o mundo, os exércitos desconhecidos de semióticos, os turistas, estão se espalhando em busca dos sinais do que é ser francês, do típico comportamento italiano, cenas orientais exemplares, estradas caracteristicamente americanas, bares tradicionais ingleses" (1981: 127).

Uma variedade de profissionais do turismo reproduz sempre novos objetos do olhar do turista. Esses objetos estão localizados em uma hierarquia complexa e mutável. Isso depende da interação entre, por um lado, a competição dos interesses envolvidos no fornecimento desses objetos e, por outro lado, a mudança de gostos de acordo com classe, gênero e geração dos visitantes em potencial.

Neste livro, analisamos o desenvolvimento e as transformações históricas no contexto do olhar do turista. Mapeamos principalmente essas mudanças nos últimos dois séculos, ou seja, no período em que o turismo de massa se espalhou por grande parte da Europa, América do Norte e muitas outras regiões do mundo. Ser turista é uma das características da experiência moderna. Tornou-se um símbolo de *status* nas sociedades modernas e também é considerado necessário para uma boa saúde e uma visão cosmopolita (ver Feifer, 1985: 224; Urry, 2007).

Existiam viagens organizadas nas sociedades pré-modernas, mas eram reservadas principalmente às elites (ver Towner, 1988). Na Roma imperial, havia um padrão bastante amplo de viagens da elite por prazer e cultura. Desenvolveu-se uma infraestrutura de viagens permitida, em parte, por dois séculos de paz. Era possível viajar do Muro de Adriano para o Eufrates sem cruzar uma fronteira hostil (Feifer, 1985:

cap. I). Sêneca argumentava que isso permitia que os habitantes da cidade buscassem sempre novas sensações e prazeres. Ele disse: "os homens viajam consideravelmente para diferentes tipos de lugares à procura de distrações distintas porque são inconstantes, por se cansarem da vida tranquila, e por sempre buscarem um escape" (citado em Feifer, 1985: 9).

Nos séculos XIII e XIV, as peregrinações difundiram-se como um fenômeno "praticado e sistematizado, atendido por crescentes redes de hospedarias religiosas de caridade e manuais sobre indulgências produzidos em massa" (Feifer, 1985: 29; Eade e Sallnow, 1991). As peregrinações geralmente incluíam uma mistura de devoção religiosa, cultura e prazer. No século XV, havia excursões organizadas regulares de Veneza à Terra Santa.

O *Grand Tour*, que já havia se estabelecido firmemente no final do século XVII para os filhos da aristocracia e da nobreza, no final do século XVIII ampliou-se para os filhos da classe média profissional. Durante esse período, entre 1600 e 1800, os tratados sobre viagens passaram da ênfase escolástica da turnê como uma oportunidade para o discurso para a ênfase na viagem como observação testemunhal. Passou a haver uma visualização da experiência de viagem, ou o desenvolvimento do "olhar", ajudada e fomentada pelo crescimento de guias que promoviam novas formas de ver (vide Adler, 1989). O caráter de *tour* em si mudou: do antigo *Grand Tour* clássico, baseado na observação e no registro emocionalmente neutro de galerias, museus e artefatos de alta cultura, para o *Grand Tour* romântico do século XIX, que viu o surgimento do turismo cênico e de uma experiência muito mais particular e apaixonada da beleza e do sublime (ver Towner, 1985). Esperava-se que as viagens desempenhassem um papel fundamental na educação cognitiva e perceptiva da classe alta masculina inglesa (ver Dent, 1975).

O século XVIII presenciou o desenvolvimento de uma considerável infraestrutura turística na forma de vilas termais em grande parte da Europa (Thompson, 1981: 11-12; Blackbourn, 2002). Myerscough observa que "todo o aparato da vida nos balneários, com seus bailes, calçadões, bibliotecas, mestres de cerimônias, foi projetado para fornecer uma experiência urbana concentrada de socialização frenética para uma elite rural dispersa" (1974: 5).

Houve períodos em que grande parte da população se envolvia em jogos ou recreação. No campo, o trabalho e a diversão estavam particularmente entrelaçados no caso de feiras nos povoados ou nas aldeias. A maioria dos povoados e das aldeias da Inglaterra tinha pelo menos uma feira por ano e, em muitos, havia mais de uma. As pessoas costumavam percorrer distâncias consideráveis, e as feiras envolviam uma mistura de negócios e prazer, normalmente centradas, principalmente, em torno da taverna. No século XVIII, a casa pública (*public house – pub*) havia se tornado um importante centro para a vida comunitária, fornecendo luz, calor, utensílios de cozinha, móveis, notícias, instalações bancárias e de viagens, entretenimento e sociabilidade (Harrison, 1971; Clark, 1983).

Contudo, antes do século XIX, poucas pessoas fora das classes altas viajavam para ver objetos desvinculados do mundo do trabalho ou dos negócios. E é esta a característica central do turismo de massa nas sociedades modernas; ou seja, que grande parte da população na maioria das vezes viaja para outro lugar para contemplá-lo e permanecer ali por razões basicamente desconectadas do trabalho. Considera-se que as viagens ocupem 40% do "tempo livre" disponível na Grã-Bretanha (Williams e Shaw, 1988: 12). Se as pessoas não viajam, elas perdem *status*: a viagem é um símbolo de *status*. Um elemento fundamental da vida moderna é sentir que viagens e férias são necessárias. "Preciso de umas férias" reflete um discurso moderno baseado na ideia de que a saúde física e mental das pessoas será restaurada se elas puderem "dar uma escapada" de vez em quando.

A importância disso pode ser constatada na dimensão das viagens contemporâneas. Há cerca de 880 milhões de chegadas internacionais de passageiros a cada ano, em comparação com 25 milhões em 1950. Prevê-se que este número alcance 1,6 bilhão em 2020, embora tenha caído mais de 4% em 2009[15]. Em qualquer momento do dia, existem 300 mil passageiros em voo *sobre* os EUA, número equivalente ao de uma cidade de porte significativo (Gottdiener, 2001: 1). Meio milhão de novos quartos de hotel são construídos anualmente, enquanto existem 31 milhões de refugiados em todo o mundo (Papastergiadis, 2000: cap. 2). "Viagens e turismo" compõem o maior

---

15. Disponível em: www.unwto.org/index.php. Acesso em: 31 mar. 2010.

setor econômico do mundo[16], representando 9,4% do PIB mundial e 8,2% de todos os empregos[17].

Essas viagens ocorrem em quase todos os lugares, com a Organização Mundial do Turismo publicando estatísticas de turismo/viagens para 204 países, com pelo menos 70 países recebendo mais de um milhão de chegadas internacionais de turistas por ano[18]. Praticamente não há nenhum país no mundo que não receba um número significativo de visitantes. No entanto, o fluxo desses visitantes se origina de forma muito desigual, com os 45 países com "elevado" desenvolvimento humano respondendo por três quartos das partidas internacionais de turismo (PNUD, 1999: 53-5). Essa mobilidade representa um custo extremamente elevado para o meio ambiente (ver muitos relatos na revista *Turismo em Foco* e no capítulo 9). É prevista uma surpreendente multiplicação por três das viagens mundiais de carro entre 1990 e 2050 (Hawken *et al.*, 1999).

Na próxima seção, analisaremos algumas das contribuições teóricas seminais que tentaram entender esses grandes fluxos.

ABORDAGENS TEÓRICAS

Compreender teoricamente "diversão, prazer e entretenimento" provou-se uma tarefa difícil para os cientistas sociais. Nesta seção, resumimos algumas das contribuições seminais para a sociologia do turismo. Não que elas sejam irrelevantes, mas deixam muito trabalho

---

16. Nos originais, o termo "indústria" aparece de maneira recorrente, como uma tradução quase literal de *industry* – que, no inglês, é um vocábulo polissêmico. Optou-se por traduzi-lo por "setor", "cadeia", ou mesmo eliminá-lo, se não implicasse perda de sentido da ideia original. Evitou-se esta opção porque "indústria", na língua portuguesa, refere-se objetivamente ao setor secundário (o que seria um despropósito, dado que o produto turístico é um conjunto de serviços – portanto, afiliado ao setor terciário). Para além de uma questão semântica ou linguística, haveria outros debates de natureza epistêmica, que não são objeto de discussão do livro. Para uma parte deste debate, recomenda-se consultas a trabalhos da área (por exemplo, M. M. Moesch, *A produção do saber turístico*, 2. ed., São Paulo: Contexto, 2000, e J. Krippendor, *Sociologia do turismo: para uma compreensão do lazer e das viagens*, ed. especial revista, São Paulo: Aleph, 2009).
17. Disponível em: www.wttc.org/eng/Tourism_Research/Economic Research. Acesso em: 31 mar. 2010.
18. Disponível em: www.unwto.org/index.php. Acesso em: 31 mar. 2010.

ainda a ser feito. No restante do livro, desenvolvemos algumas das noções relevantes para o entendimento teórico dos locais e das práticas turísticas (ver Jamal e Robinson, 2009; e Hannam e Knox, 2010, para análises do estado da arte).

Uma formulação inicial é a análise de Boorstin do "pseudoevento" (1964). Ele argumenta que os norte-americanos contemporâneos não conseguem experimentar a "realidade" diretamente, mas são bem-sucedidos em pseudoeventos, dos quais o turismo é o principal exemplo (ver Eco, 1986; Baudrillard, 1988). Isolados do ambiente anfitrião e da comunidade local, os turistas de massa viajam em grupos guiados e encontram prazer em atrações artificiais, não autênticas, desfrutando ingenuamente de pseudoeventos e desconsiderando o mundo real lá fora. Como resultado, os empreendedores turísticos e as populações nativas são induzidos a produzir exibições cada vez mais extravagantes para observadores ingênuos, que são, assim, ainda mais afastados da população local. Com o tempo, através da publicidade e da mídia, as imagens geradas por diferentes olhares turísticos passam a constituir um sistema fechado de autoperpetuação de ilusões que fornece aos turistas a base para a seleção e avaliação de possíveis locais a visitar. Essas visitas são feitas, diz Boorstin, dentro da "bolha turística" dos hotéis familiares, ao estilo norte-americano, que os isolam da estranheza do ambiente que os acolhe.

Uma série de escritores posteriores desenvolve e refina esta tese relativamente simples de uma mudança histórica do "viajante individual" para o "turista da sociedade de massa". *The Golden Hordes* ["As hordas douradas", em tradução livre] (1975), de Turner e Ash, levanta a tese de que o turista é colocado no centro de um mundo rigidamente circunscrito. Pais substitutos (agentes de viagem, guias, gerentes de hotéis) aliviam o turista da responsabilidade e o protegem da dura realidade. A solicitude deles restringe o visitante à praia e a certos objetos aprovados para o olhar do turista (ver Edensor, 1998, sobre pacotes turísticos no Taj Mahal). De certa forma, Turner e Ash sugerem que a sensualidade e o senso estético dos turistas são tão limitados quanto no país de origem. Isso é ainda mais acentuado pela maneira relativamente superficial com que as culturas nativas são apresentadas ao turista. Eles observam sobre Bali: "Muitos aspectos da cultura e da arte balinesas são tão espantosamente complexos e estranhos aos modos ocidentais que não se prestam facilmente ao processo de supersimplificação e produção em massa que converte formas de arte nativas em *kitsch* turístico" (Turner e Ash, 1975: 159; Bruner, 1995). O resultado é que, na busca de novos lugares para visitar, constrói-se um conjunto de hotéis e pontos turísticos que são agradáveis e sem contradições, "um pequeno mundo monótono que em todos os lugares nos mostra nossa própria imagem [...]; a busca do exótico e do diverso acaba em uniformidade" (Turner e Ash, 1975: 292).

Um pouco crítico a esse argumento, Cohen sustenta que não existe um turista único, mas vários tipos de turistas ou modos de experiência turística (ver 1972, 1979, 1988, extraídos principalmente da sociologia da religião). O que ele chama de "experiencial", "experimental" e "existencial" não se baseia na bolha local de serviços turísticos convencionais. Em graus variados, essas experiências turísticas são baseadas na rejeição de tais formas de organizar a atividade turística. Além disso, deve-se também observar que essas bolhas permitem que muitas pessoas visitem lugares que, de outra forma, não visitariam e que tenham pelo menos algum contato com os lugares "estranhos" assim encontrados. De fato, até que esses lugares tenham uma infraestrutura turística totalmente pronta, grande parte de sua estranheza será impossível de ocultar e empacotar dentro de um conjunto completo de pseudoeventos.

O questionamento mais significativo às ideias de Boorstin vem de MacCannell, que também se preocupa com a falta de autenticidade e com a superficialidade da vida moderna (1999; orig. 1976). Ele cita Simmel sobre a natureza das impressões sensoriais experimentadas na "metrópole": "a rápida aglomeração de imagens em mudança, a acentuada descontinuidade ao alcance de um único olhar, e o inesperado impacto das impressões" (MacCannell, 1999: 49). MacCannell sustenta que elas são sintomáticas da experiência turística, mas discorda da tese de Boorstin, pois considera que ela reflete uma visão característica da classe alta de que "as outras pessoas são turistas, enquanto eu sou um viajante" (MacCannell, 1999: 107; ver Buzard, 1993, sobre esta distinção).

Todos os turistas, para MacCannell, expressam uma busca pela autenticidade, e essa busca é uma versão moderna da preocupação humana universal com o sagrado. O turista é uma espécie de peregrino contemporâneo, procurando autenticidade em outros "tempos" e em outros "lugares", longe de sua vida cotidiana. Os turistas demonstram um especial fascínio pelas "vidas reais" de outras pessoas que, de alguma forma, possuem uma realidade que é difícil de descobrir em suas próprias experiências. Portanto, a sociedade moderna está rapidamente institucionalizando o direito de forasteiros a examinar seu funcionamento. "As instituições estão equipadas com arenas, plataformas e câmaras reservadas para uso exclusivo dos turistas" (MacCannell, 1999: 49). Quase todo tipo de trabalho, mesmo a exaustiva labuta do mineiro galês ou o ofício pouco invejável das pessoas empregadas no esgoto parisiense, pode ser o objeto do olhar do turista.

MacCannell examina principalmente o caráter das relações sociais que emergem desse fascínio que as pessoas têm sobre a vida profissional dos outros. Ele observa que essas "vidas reais" só podem ser encontradas nos bastidores e não são imediatamente evidentes para nós. Assim, o olhar do turista envolve uma óbvia intromissão na vida das pessoas, o que geralmente seria inaceitável. Portanto, as pessoas sendo observadas e os empreendedores turísticos locais gradualmente constroem os bastidores de uma maneira forjada e artificial. Assim, "espaços turísticos" são organizados em torno do que MacCannell chama de "autenticidade encenada" (1973). O desenvolvimento da atração turística construída resulta de como reagem aqueles que estão sujeitos ao olhar do turista, tanto para se proteger de intromissões em suas vidas nos bastidores quanto para aproveitar as oportunidades que isso representa para investimentos lucrativos. Portanto, diferentemente de Boorstin, MacCannell argumenta que os pseudoeventos resultam das relações sociais do turismo e não de uma busca individualista pelo inautêntico.

Pearce e Moscardo elaboram ainda mais a noção de autenticidade (1986; Turner e Manning, 1988). Eles sustentam que é necessário distinguir entre a autenticidade do cenário e a autenticidade das pessoas que são objeto do olhar, além de distinguir entre os diversos elementos da experiência turística que têm importância para o turista em questão. Crick, por outro lado, destaca que, em alguma medida, todas as culturas são "encenadas" e inautênticas. As culturas são inventadas, refeitas, e seus elementos são reorganizados (Crick, 1988: 65-6). Portanto, não está claro o motivo pelo qual a encenação aparentemente inautêntica para o turista é tão diferente dos processos de reconstrução cultural que geralmente ocorrem em todas as culturas (Rojek e Urry, 1997).

Com base em pesquisa realizada em New Salem, onde Abraham Lincoln passou alguns anos na década de 1830, Bruner curiosamente distingue significados conflitantes sobre o que se entende por autêntico (1994; Wang, 2000). Em primeiro lugar, há o autêntico no sentido de uma cidade pequena que *parece* ter envelhecido de forma adequada nos últimos 170 anos, seja pelos edifícios que são realmente antigos, seja pelos que foram recentemente construídos, embora de forma cuidadosa. Em segundo lugar, existe a cidade que aparece como ela seria na década de 1830, ou seja, constituída principalmente de edifícios *novos*. Em terceiro lugar, há a autenticidade no sentido dos edifícios e artefatos que literalmente *datam* dos anos 1830 e que estiveram lá desde então. E, em quarto lugar, existem aqueles edifícios e artefatos que foram certificados como *autênticos* pela instituição que supervisiona o assim chamado patrimônio dentro da cidade. Holderness descreve de forma semelhante os processos em Stratford-upon-Avon pelos quais o Shakespeare Birthplace Trust[19] passou a exercer um papel hegemônico na cidade, determinando quais edifícios, lugares e artefatos fazem autenticamente parte da "herança de Shakespeare" e aqueles que não são tão "autênticos" (1988). Bruner também observa que New Salem agora é totalmente diferente da década de 1830, pois no período anterior não teriam existido turistas carregando câmeras e vagando em grande número pela cidade, olhando animadamente para atores vestidos como se fossem residentes de uma época anterior, que há muito tempo desapareceu.

MacCannell também observa que, diferentemente do peregrino religioso, que presta homenagem a um único centro sagrado, o turista homenageia um grande conjunto de centros e atrações. Isso inclui locais de negócios e trabalho, pois o trabalho se tornou um mero atributo

---

19. Instituição educacional de caridade fundada em 1847, responsável pela preservação do local de nascimento de Shakespeare. [N.T.]

da sociedade e não sua característica central (MacCannell, 1999: 58). MacCannell caracteriza esse interesse em locais de trabalho como "lazer alienado". Trata-se de uma perversão do objetivo do lazer, pois envolve um retorno ao local de trabalho, mas agora como lazer.

Ele também observa como cada centro de atração envolve processos complexos de produção com o objetivo de que olhares turísticos regulares, significativos e rentáveis possam ser gerados e mantidos. Esses olhares não podem ser deixados ao acaso. As pessoas precisam aprender como, quando e onde olhar. Sinalizações claras são fornecidas e, em alguns casos, o objeto do olhar é somente a placa que indica algum evento ou experiência ocorrida anteriormente naquele local.

MacCannell argumenta que normalmente há um processo de sacralização que transforma um artefato natural ou cultural específico em um objeto sagrado do ritual turístico (1999: 42-8). Uma série de etapas está envolvida nisso: nomeação do ponto turístico, concepção e exaltação, consagração, reprodução mecânica do objeto sagrado e reprodução social à medida que novos atrativos turísticos (ou "locais") recebem denominações em homenagem aos famosos. Também é importante notar que não se trata apenas da existência de muitas atrações para admirar, mas do fato de que muitas atrações somente podem ser contempladas uma vez. Em outras palavras, o olhar do turista pode ser incrivelmente inconstante, buscando ou antecipando algo novo ou algo diferente. MacCannell observa que "qualquer coisa é potencialmente uma atração. Ela simplesmente espera que alguém se dê ao trabalho de apontá-la para outra pessoa como algo digno de nota, ou que vale a pena ver" (1999: 192).

Os complexos processos envolvidos aqui são parcialmente revelados na análise de Turner sobre a peregrinação (1973, 1974). Importantes *ritos de passagem* estão envolvidos na transição de um estágio para outro. Existem três estágios: primeiramente, a separação social e espacial do lugar de residência normal e dos laços sociais convencionais; o segundo, da liminaridade, em que o indivíduo se encontra em uma "antiestrutura [...] fora do tempo e do lugar" – os laços sociais são suspensos, um intenso vínculo de "*communitas*" é vivenciado, e há uma experiência direta do sagrado ou sobrenatural; e o terceiro, da reintegração, em que o indivíduo é reintegrado ao grupo social anterior, geralmente em um *status* social mais elevado.

Embora esta análise seja aplicada às peregrinações, outros autores destacaram suas implicações para o turismo (ver Cohen, 1988: 38-40; Shields, 1990; Eade e Sallnow, 1991). Da mesma forma que o peregrino, o turista move-se de um lugar familiar para um local distante e, depois, volta para o lugar familiar. No local distante, tanto o peregrino quanto o turista adoram santuários que são sagrados, embora de maneiras diferentes, e, em consequência, ganham algum tipo de experiência edificante. No caso dos turistas, Turner e Turner falam de situações "limítrofes", em que as obrigações do dia a dia são suspensas ou invertidas (1978). Há licença para comportamento permissivo e brincalhão, e o incentivo a uma *communitas* ou união social quase sem restrições. Nessas situações, o que geralmente está envolvido é uma ação semirrotineira, ou uma espécie de não rotina transformada em rotina.

Uma análise de tal peregrinação é o estudo de Shields (1990) sobre a "capital mundial da lua de mel", as Cataratas do Niágara. Viajar de lua de mel para Niágara envolvia, de fato, uma peregrinação, a entrada em uma experiência de liminaridade na qual os códigos da experiência social normal eram revogados. Em especial, os recém-casados se encontravam historicamente em uma zona liminar, onde as rígidas convenções sociais familiares burguesas eram relaxadas sob as exigências da viagem e de um relativo anonimato e liberdade do controle coletivo. Em um romance escrito em 1808, um personagem diz sobre Niágara: "Em outros lugares existem preocupações com negócios e moda, há idade, tristeza e desgosto; mas aqui somente juventude, fé, arrebatamento" (citado em Shields, 1990). Shields também discute como o Niágara, do mesmo modo que Gretna Green, na Escócia, tornou-se agora um significante mais ou menos esvaziado de significado, um clichê comercializado.

Alguns autores dessa tradição argumentam que esse comportamento brincalhão ou "lúdico" é reparador ou compensatório, revitalizando os turistas para o seu regresso aos locais familiares de residência e trabalho (ver Lett, 1983, sobre turismo lúdico em cruzeiros marítimos). Outros autores argumentam que as noções gerais de liminaridade e inversão devem receber um conteúdo mais preciso. É necessário investigar a natureza dos padrões sociais e culturais na vida cotidiana do turista a fim de ver exatamente o que é invertido e como a experiência liminar funciona. Gottlieb argumenta, por exemplo, que o que se busca nas férias ou nos feriados é a inversão do cotidiano. O turista de classe média procura ser um "camponês por um dia", enquanto o turista de classe média baixa procura ser "rei/rainha por um dia" (1982). Embora não sejam muito profundos, esses exemplos apontam para uma característica fundamental do turismo, ou seja, a distinção entre o familiar e o distante, e como tais diferenças produzem tipos distintos de zonas liminares.

Portanto, parece equivocado sugerir que a busca por autenticidade seja a base da organização do turismo. Na verdade, uma característica fundamental parece ser a existência de uma diferença entre o local habitual de residência/trabalho e o objeto do olhar do turista. Porém, pode ser que a busca pelo que consideramos elementos autênticos seja um componente importante aqui, mas isso é apenas porque, em certo sentido, há um contraste com as experiências cotidianas. Além disso, tem sido sugerido que alguns visitantes – o que Feifer (1985) chama de "pós-turistas" – quase se deleitam com a falta de autenticidade da experiência normal do turista. Os pós-turistas encontram prazer na multiplicidade de jogos turísticos. Eles sabem que não existe experiência turística autêntica, apenas uma série de atos ou textos que podem ser encenados (ver o capítulo 5).

Argumentamos, neste livro, pela natureza fundamentalmente visual de muitas experiências de turismo. Os olhares organizam os encontros dos visitantes com o "outro", proporcionando alguma sensação de competência, prazer e estrutura para essas experiências. O olhar demarca um conjunto de qualidades agradáveis a serem geradas em tempos e espaços específicos. É o olhar que organiza e regula as relações entre as várias experiências sensoriais quando longe de casa, identificando o que é visualmente fora do comum, quais são as diferenças relevantes e o que é o "outro".

Podemos datar o nascimento do olhar do turista no Ocidente por volta de 1840. Este é o momento em que o "olhar do turista" – esta combinação peculiar dos meios de viagem coletiva, do desejo de viajar e das técnicas de reprodução fotográfica – se torna um componente essencial da modernidade ocidental. Como mostramos no capítulo 7, a fotografia é central no moderno olhar do turista. O turismo e a fotografia começaram no Ocidente em 1840, quando Louis Daguerre e Fox Talbot anunciaram suas "invenções" um tanto diferentes da câmera (em 1839 e 1840, respectivamente). Em 1841, Thomas Cook organizou o que hoje é considerado o primeiro pacote turístico; o primeiro hotel em uma ferrovia foi inaugurado em York, pouco antes da paixão pelo transporte ferroviário da década de 1840; o primeiro guia nacional de horários ferroviários, Bradshaws, apareceu em 1839; Cunard iniciou o primeiro serviço oceânico de navio a vapor; e a Wells Fargo, precursora da American Express, passou a oferecer serviços de diligência no oeste americano (Urry, 2007: 14). Também em 1840, Dr. Arnold, o famoso diretor da Rugby School, declarou que "a Suíça é para a Inglaterra [...] o lugar mais comum para passeios de verão" (citado em Ring, 2000: 25). O ano de 1840 é, portanto, um desses momentos marcantes em que o mundo parece mudar e em que novos padrões de relacionamento se estabelecem irreversivelmente.

No entanto, livros recentes têm criticado essa noção do olhar do turista por reduzir o turismo a experiências visuais – *sightseeing* – e negligenciar outros sentidos e experiências corporais envolvidas nessas atividades. A chamada virada performativa (*performance turn*) nos estudos turísticos destaca que os turistas experimentam lugares de maneiras mais multissensoriais, tocando, provando, cheirando, ouvindo e assim por diante, bem como a materialidade dos objetos e lugares, e não apenas objetos e lugares vistos como signos. Com inspiração na sociologia dramatúrgica de Goffman (1959) e na teoria não representacional de Thrift (2008), esta virada performativa conceitua a corporeidade dos corpos dos turistas e as ações corporificadas e interações entre trabalhadores do turismo, turistas e habitantes locais. Foi sugerido que é necessário escolher entre a contemplação e a performance como o paradigma do turismo (Perkins e Thorns, 2001). Mas *O olhar do turista 3.0* repensa o conceito de olhar do turista como práticas performativas e corporificadas, destacando como cada olhar depende de práticas e relações materiais, assim como de discursos e signos. A distinção está na ênfase das performances corporificadas e híbridas de contemplar e fotografar, e das várias materialidades e tecnologias que constituem cada maneira de olhar (ver especialmente os capítulos 8 e 9). Além disso, embora visitar os pontos turísticos [*sightseeing*] seja crucial, "ver" não é a única prática e sentido que os turistas utilizam e ativam. Há limites para o quanto a visão pode explicar. E, no entanto, o olhar do turista está sempre presente nas performances de turismo, pois caminhadas, banhos de sol, *rafting* e assim por diante são importantes, em parte, pela sua localização em ambientes visuais distintos. *O olhar do turista 3.0* também ilumina alguns aspectos mais sombrios do olhar do turista (Urry, 1992; Hollingshead, 1999; Morgan e Pritchard, 2005; Elliott e Urry, 2010). Na sequência, discutimos as relações de poder entre quem olha e quem é objeto de contemplação nas performances de turismo, as diferentes formas de vigilância fotográfica e as mudanças climáticas que o olhar do turista global parece gerar.

Por ora, porém, é necessário considerar apenas o que produz um característico olhar do turista. No mínimo, deve haver determinados aspectos do local a ser visitado que o distinguem do que é convencionalmente encontrado na vida cotidiana. O turismo resulta de uma divisão binária básica entre o comum/ordinário e o extraordinário. As experiências turísticas envolvem algum aspecto ou elemento indutor de experiências agradáveis que, em comparação com o cotidiano, são fora do comum. Isso não quer dizer que outros elementos da produção da experiência turística não façam com que o turista típico sinta que está "em casa", e não muito "fora de lugar". Mas os possíveis objetos do olhar do turista devem ser diferentes, de uma maneira ou de outra. Devem ser fora do comum. As pessoas devem experimentar prazeres especialmente distintos, que envolvem sentidos diferentes ou estão em uma escala diferente daqueles normalmente encontrados na vida cotidiana. No entanto, existem muitas maneiras diferentes pelas quais essa divisão entre o comum e o visualmente extraordinário é estabelecida e mantida.

Primeiramente, existe o "ver" um objeto único, como a Cidade Proibida em Pequim, a Torre Eiffel, o Marco Zero, o Palácio de Buckingham, o Grand Canyon, ou o local no túnel em Paris onde a princesa Diana sofreu o acidente fatal. Trata-se de objetos verdadeiramente distintos a serem contemplados, sobre os quais todos têm

TEORIAS

conhecimento. São famosos por serem famosos, embora possam ter perdido a base de sua fama, como o Empire State Building em Nova York. Muitas pessoas que vivem no chamado Ocidente esperam ver alguns desses objetos durante sua vida. Eles desencadeiam uma espécie de peregrinação a um centro sagrado, geralmente uma capital, uma cidade importante ou o local de um evento global único (Roche, 2000; Winter, Teo e Chang, 2009, sobre exemplos no "Oriente").

Depois, existe o "ver" signos específicos, como o típico arranha-céu americano, o jardim japonês, o castelo francês, o fiorde norueguês e assim por diante. Esse modo de contemplação mostra como, de certa forma, os turistas são semióticos, lendo a paisagem em busca de significantes de determinadas noções preestabelecidas ou signos derivados de discursos de viagens e turismo (Culler, 1981: 128).

Em terceiro lugar, existe o "ver" aspectos pouco familiares, que anteriormente eram considerados familiares. Um exemplo é visitar museus que mostram representações da vida de pessoas comuns, revelando seus artefatos culturais. Geralmente, são apresentados em um ambiente realista para mostrar como eram as casas, oficinas e fábricas. Assim, os visitantes veem elementos pouco familiares da vida de outras pessoas que se presumia serem familiares.

Ademais, existe o "ver" aspectos comuns da vida social sendo realizados por pessoas em contextos inusitados. Certo turismo em países evidentemente pobres tem sido desse tipo. Os visitantes acham especialmente interessante contemplar a realização de tarefas domésticas e, portanto, ver como, surpreendentemente, as rotinas da vida não são assim tão estranhas.

Finalmente, existe o "ver" signos específicos que indicam que outro determinado objeto é realmente extraordinário, embora não pareça. Um bom exemplo é a rocha lunar, que parece normal. A atração não é o objeto em si, mas o signo referente a ele, que o marca como distintivo. Assim, o marcador se torna o olhar distintivo (Culler, 1981: 139). Um "ver" semelhante ocorre nas galerias de arte, quando parte do que é visto é o nome do artista (Rembrandt, por exemplo) tanto quanto a própria pintura, que pode ser de difícil distinção em relação às outras da mesma galeria para aqueles que possuem um capital cultural limitado.

Heidegger captura algo da perplexidade visual envolvida em ser turista, no caso dele, ao navegar pelo Adriático. Ele enfatiza particularmente o *olhar* do turista, que é como as experiências de outros lugares são transformadas em "um objeto pronto para o espectador" (Heidegger, 2005: 42). Ele segue reclamando, da mesma forma que muitos "turistas" antes e depois, quando sua cabine "não oferecia uma vista muito boa, pois estava bloqueada pelos botes salva-vidas" (2007: 7). Mas posteriormente ele tem uma visão melhor e contempla a "Grécia". O problema de Heidegger, então, é que essa visão não se parece com a "Grécia". Será que é realmente a "Grécia"? Ele pergunta: "Será que isso já é a Grécia? O que eu sentia e esperava não apareceu [...]. Tudo parecia mais uma paisagem italiana" (2005: 9). Ele passa a temer que "estava faltando a presença daquele elemento grego"; novamente, algo com que inúmeros turistas se preocupam ao olhar para o relativamente desconhecido, quando não aparenta ser como deveria (2005: 11). E quando Heidegger chega a Olímpia, o lugar original do festival dos Jogos Olímpicos antigos e modernos, "nós encontramos apenas uma vila simples, desfigurada ainda mais pelos novos edifícios inacabados que [se tornariam] hotéis para os turistas norte-americanos" (2005: 12). O que, então, deveria ser contemplado?

Portanto, não existe uma relação simples entre o que é visto diretamente e o que isso significa. Nós não vemos as coisas literalmente. Sobretudo como turistas, vemos objetos – especialmente edificações – constituídos em parte como signos. Eles representam algo mais. Quando olhamos como turistas, o que vemos são vários signos ou clichês turísticos. Alguns desses signos funcionam metaforicamente. Uma bela aldeia inglesa pode ser lida como algo que representa a continuidade e as tradições da Inglaterra, da Idade Média até os dias atuais. Outros signos, como os amantes de Paris, funcionam metonimicamente. O que acontece aqui é a substituição de alguma característica, efeito ou causa do fenômeno pelo fenômeno em si mesmo. O ex-minerador, agora empregado na antiga mina de carvão para mostrá-la aos turistas, é uma metonímia da mudança estrutural na economia, que se baseava na indústria pesada e agora se baseia em serviços turísticos. A implantação de um museu industrial em uma

TEORIAS

antiga fábrica é um signo metonímico do desenvolvimento de uma sociedade pós-industrial (ver capítulo 6).

MacCannell descreve as relações complexas envolvidas no desenvolvimento e na reprodução de "atrações". Essas relações ocorrem ao longo do tempo entre um "marcador", a "visão" e o "turista" (1999: 41). Contemplar não é simplesmente ver, pois envolve um trabalho cognitivo de interpretar, avaliar, estabelecer comparações e fazer conexões mentais entre signos e seus referentes, e capturar esses signos fotograficamente. A contemplação é um conjunto de práticas. As performances individuais de contemplar determinada vista são enquadradas por estilos culturais, imagens e textos em circulação deste e de outros lugares, bem como por experiências e lembranças pessoais. Além disso, a contemplação envolve habilidades culturais de devanear e de viajar com a mente (Löfgren, 1999). "O extraordinário", como diz Rojek, "convida espontaneamente a fazer especulações, devaneios, viagens pela mente e vários outros atos de imaginação" (1997: 53).

A noção do olhar do turista não pretende explicar por que indivíduos específicos são motivados a viajar. Na verdade, enfatizamos a natureza sistemática e padronizada de vários olhares, cada um deles dependente de discursos e práticas sociais, bem como de aspectos de construção, design e restauração que promovam a necessária aparência de um lugar ou ambiente. Tais olhares envolvem tanto *quem vê* quanto *o que é visto* em um conjunto contínuo e sistemático de relações sociais e físicas. Essas relações são discursivamente organizadas por muitos profissionais: fotógrafos, escritores de livros de viagem, blogs e guias, câmaras municipais locais, especialistas em patrimônio histórico, agentes de viagens, proprietários de hotéis, designers, operadores turísticos, programas de viagens na TV, funcionários públicos de desenvolvimento de turismo, arquitetos, planejadores, acadêmicos de turismo e assim por diante. No turismo contemporâneo, esses discursos técnicos, semióticos e organizacionais são combinados para construir as *atrações* dos visitantes, o que Heidegger descreve como uma força alienígena que impõe "seus próprios comandos e regulamentos", no seu caso, sobre a Grécia e sua tentativa de estada (2005: 55-6).

Focar no olhar mostra como o senso de organização no turismo é visual. E isso reflete o privilégio geral dado ao olho na história das sociedades ocidentais. A visão foi considerada, por muito tempo, o mais nobre dos sentidos, o mais discriminador e confiável dos mediadores sensoriais entre humanos e seu ambiente físico. Esta ênfase na visão está presente na epistemologia ocidental, nas religiões e em outros simbolismos, e nas noções de como a sociedade deve ser visível e transparente para o governo (Urry, 2000: cap. 4).

Ao mesmo tempo que prolifera, o visual é frequentemente desvalorizado em muitos discursos de viagens (Buzard, 1993) e de forma mais geral (Jay, 1993). A pessoa que dá vazão apenas ao sentido da visão é ridicularizada. Tais turistas, especialmente com uma câmera pendurada em volta do pescoço, são convencionalmente considerados superficiais em sua relação com ambientes, pessoas e lugares. A coleção fotográfica *Small Worlds* ["Pequenos mundos", em tradução livre], de Martin Parr, revela e expõe essa difamação do turista (geralmente do sexo masculino) que usa câmera (1995; Osborne, 2000: cap. 7).

Pode haver um grande constrangimento em simplesmente ver os pontos turísticos. A visão pode ser considerada o mais superficial dos sentidos, atrapalhando as experiências reais que deveriam envolver outros sentidos e que requerem longos períodos de tempo para uma imersão apropriada. Wordsworth apresentou o célebre argumento de que o Lake District [Distrito dos Lagos] exige um olhar diferente, que não se sinta ameaçado ou assustado com a natureza relativamente selvagem e indomável. Isso requer "um processo lento e gradual de cultura" (Wordsworth, 1984: 193). Essa crítica àqueles que apenas veem os pontos turísticos é levada ao extremo com a crítica dos locais projetados e simulados com "hiper-realismo", que parecem mais "reais" do que o original (Baudrillard, 1983, 1988; ver capítulo 5). Com a hiper-realidade, diz-se que o sentido da visão é reduzido a um conjunto restrito de características visíveis, que é então exagerado e domina os outros sentidos. Os lugares hiper-reais são caracterizados pela aparência superficial. O sentido da visão restringe-se aos aspectos mais imediatos e visíveis da cena, como as fachadas sedutoras da Main Street na Disneylândia ou o ambiente de transatlântico do Trafford Centre de Manchester, embora tais lugares possam certamente ser aproveitados de maneiras diferentes (ver capítulos 6 e 8; Bryman, 1995; ver também Fjellman, 1992, sobre a Disney, o "autêntico" parque temático!).

TEORIAS

No entanto, embora o olhar do turista surja nesse sentido geral, existem diferentes tipos de olhar, referendados por vários discursos. Esses discursos incluem *educação*, como no *Grand Tour* Europeu do século XVIII e em muitos programas atuais de turismo de estudo; *saúde*, como acontece com o turismo concebido para "restaurar" o indivíduo para o funcionamento saudável, muitas vezes através de estada em locais específicos de restauração corporal (como os Alpes suíços ou Rotarua, na Nova Zelândia); *solidariedade de grupo*, como ocorre muito no turismo japonês ou taiwanês (como nas Cataratas do Niágara; Shields, 1990); *prazer e diversão*, como com o turismo "lúdico" em resorts caribenhos com tudo incluído, disponíveis apenas para quem tem entre 18 e 30 anos de idade; *herança e memória*, como no desenvolvimento de histórias indígenas, museus, festivais de encenação, festas, danças e assim por diante (ver Arellano, 2004, sobre a herança Inca [ver a figura 9, p. 326]); e *nação*, como no caso da noção cada vez mais lucrativa e autônoma de *Scotland – the brand* ["Escócia – a marca", em tradução livre] (McCrone *et al.*, 1995).

Além disso, discursos diferentes pressupõem laços sociais diferentes. Com o que chamamos de olhar *romântico*, enfatizam-se o isolamento, a privacidade e uma relação pessoal, semiespiritual, com o objeto do olhar. Nesses casos, os turistas esperam olhar para o objeto de forma privada ou, pelo menos, somente com familiares ou amigos. A visita de um grande número de estrangeiros, como no Taj Mahal, invade e estraga a contemplação solitária desejada pelos turistas ocidentais (cena famosa vista na filmagem da princesa Diana no Taj; Edensor, 1998: 121-3). O olhar romântico envolve outras buscas por novos objetos do olhar solitário: a praia deserta, o topo da colina vazio, a floresta desabitada, o córrego da montanha não contaminado e assim por diante. Noções de olhar romântico são infinitamente utilizadas em sites de propaganda e marketing de turismo, especialmente no chamado Ocidente.

Por outro lado, o que chamamos de olhar *coletivo* do turista envolve o convívio. A contemplação do local por outras pessoas também é necessária para dar vivacidade ou uma sensação de carnaval ou movimento. A presença de um grande número de pessoas indica que este é *o* local certo para se estar. A movimentação e o olhar de outros são obrigatórios para o consumo coletivo de lugares como Barcelona, Ibiza, Las Vegas, Jogos Olímpicos de Pequim, Hong Kong e assim por diante. Baudelaire descreve de forma semelhante a noção de *flânerie*: "habitar na multidão, no fluxo e refluxo, na agitação, no fugaz" (citado em Tester, 1994: 2). Os visitantes indianos do Taj Mahal estão envolvidos em um testemunho comunitário com familiares e amigos de um monumento nacional (Edensor, 1998: 126), enquanto muitos resorts à beira-mar no norte da Europa e na América do Norte perderam as multidões necessárias para o olhar coletivo – tornaram-se locais de uma espécie de olhar coletivo perdido (Walton, 2000).

Além dessas duas formas de olhar, vários autores têm mostrado outros olhares, outras maneiras pelas quais os lugares são visualmente consumidos, com as pessoas paradas ou em movimento. Eles variam em termos de vínculos sociais envolvidos, tempo gasto e caráter da avaliação visual. Assim, primeiramente, há o olhar do *espectador*, que envolve a contemplação coletiva e a coleta de diferentes signos que foram muito brevemente observados de relance. Exemplos disso seriam a coleção de olhares a partir de uma janela de ônibus turístico (Larsen, 2001), ou de navios ou balsas norueguesas que permitem aos visitantes ver "*Norway in a Nutshell*"[20]. Depois, existe a noção do olhar *reverente*, usado para descrever como, por exemplo, os muçulmanos consomem espiritualmente o local sagrado do Taj Mahal. Os visitantes muçulmanos param para esquadrinhar e concentrar sua atenção sobre a mesquita, os túmulos e a escrita corânica (Edensor, 1998: 127-8). O olhar *antropológico* descreve como os visitantes individuais esquadrinham uma variedade de pontos turísticos/locais e são capazes de localizá-los interpretativamente dentro de um conjunto histórico de significados e símbolos. Alguns guias turísticos podem fornecer relatos que interpretam os pontos turísticos/localidades em geral de modo histórico e intercultural (como em Bali: ver Bruner, 1995, sobre o antropólogo como guia turístico).

---

20. "Noruega em poucas palavras" é um dos passeios mais famosos da Noruega, que permite ter uma amostra completa das várias paisagens existentes no país, incluindo a faixa costeira, os fiordes, os vilarejos e as montanhas. [N.T.]

Relacionado a isso está o olhar *ambiental*, que envolve um discurso acadêmico ou referendado por ONGs de avaliar várias práticas turísticas para determinar sua pegada sobre o "meio ambiente". Com base nessa reflexão é possível, então, escolher aquela com a menor pegada e depois recomendá-la através de várias mídias para ambientalistas com ideias semelhantes (como na organização da campanha britânica *Tourism Concern*: Urry, 1995a: 191). Depois, há o olhar *midiatizado*. Trata-se de um olhar coletivo em que locais específicos, famosos por sua natureza "mediatizada", são vistos. Este é o olhar do chamado turismo induzido por filmes (ver capítulo 5). Aqueles que olham o cenário revivem elementos ou aspectos do evento de mídia. Exemplos desses olhares midiatizados incluem locais em Santa Monica e Venice Beach, onde muitos filmes de Hollywood são ambientados; a vila de Avoca no condado de Wicklow, agora invadida por turistas admiradores da série *Ballykissangel* da BBC; e o Taj Mahal, que é um cenário para vários filmes *masala*[21], em que cenas específicas podem ser revividas (Edensor, 1998: 127). Finalmente, existe o olhar da *família*. Haldrup e Larsen discutem o quanto a fotografia turística gira em torno da produção de fotos familiares amorosas em ambientes visuais distintos (2003; ver capítulos 7 e 8).

Como o capítulo 8 discute em detalhes, a contemplação é uma prática social corporificada que envolve sentidos além da visão. Às vezes nos referimos às viagens como viagem *corpórea*. Isso é para enfatizar algo tão óbvio que muitas vezes tem sido esquecido (especialmente, de acordo com Veijola e Jokinen, 1994, pela maioria dos teóricos do sexo masculino!). É que os turistas se deslocando de um lugar para outro constituem corpos irregulares, frágeis, idosos, de gêneros e raças diferentes. Tais corpos encontram outros corpos, objetos e o mundo físico de forma multissensorial. O turismo envolve movimentos *corpóreos* e formas de prazer, e estes são essenciais para qualquer estudo de diversos turismos. Nesse sentido, o olhar do turista envolve relações entre corpos que estão, pelo menos, em movimento intermitente.

---

21. Tipo de filme indiano muito popular, que mistura ação, drama, comédia e romance com belas coreografias. [N.T.]

Essa corporeidade do movimento produz momentos intermitentes de *proximidade física*, para estar fisicamente no mesmo espaço em algum cenário natural ou paisagem urbana, ou em um evento ao vivo ou com amigos, familiares, colegas, parceiros ou mesmo na companhia de estranhos desejados (todos esquiadores, ou com idade entre 18 e 30 anos e solteiros, ou jogadores de *bridge*). Muitas viagens resultam de uma poderosa "compulsão para a proximidade", que faz com que pareçam absolutamente necessárias (Boden e Molotch, 1994; Urry, 2007). Muitas viagens são ocasionadas pelo trabalho e pela vida social, devido à importância da conexão, da necessidade de se encontrar, de incentivar outras pessoas e de manter as próprias redes de contatos (Larsen *et al.*, 2006). Estar lá pessoalmente é crucial em boa parte do turismo, seja porque o lugar ocupa uma posição-chave no turismo global, seja por ser apenas um local indicado por um amigo. Os lugares precisam ser vistos pessoalmente e experimentados diretamente: para encontrar uma casa específica da infância, visitar um restaurante local, caminhar ao longo de determinado vale de rio, escalar uma colina ou tirar uma boa fotografia. Portanto, a copresença envolve ver, tocar, ouvir, cheirar ou provar um lugar específico (ver Rodaway, 1994; Urry, 2000, sobre os múltiplos sentidos envolvidos).

Outro tipo de viagem ocorre quando um evento ao vivo deve ser visto: algo programado para acontecer em um momento específico. Os exemplos incluem ocasiões políticas, artísticas, comemorativas e esportivas (estas são especialmente ao vivo, pois o resultado e até mesmo a duração podem ser desconhecidos). Cada um deles gera momentos intensos de copresença, seja no funeral da princesa Diana, na Exposição Mundial de Xangai, no Festival de Glastonbury ou na Copa do Mundo de 2010 na África do Sul. Essas ocasiões não podem ser perdidas e geram um enorme movimento de pessoas, em momentos muito específicos, até "cidades globais", para participar ao vivo daquele megaevento. Roche descreve os megaeventos planejados como "'*hubs*' e 'interruptores' espaço-temporais sociais que [...] canalizam, misturam e redirecionam fluxos globais" (2000: 199). Esses eventos são momentos espaço-temporais de condensação global, envolvendo a localização peculiarmente intensa de tais acontecimentos globais em "locais únicos devido ao fato de que são celebrados de forma exclusiva".

Portanto, esses lugares têm o "poder de se transformar de locais comuns [...] em locais especiais de 'cidade anfitriã'", que passam a ocupar nichos distintos no turismo global (Roche, 2000: 224; ver capítulo 6).

Essa copresença quase sempre envolve viajar passando por outros lugares, com o objetivo de chegar àqueles locais visualmente distintos a fim de assistir a um evento ao vivo, escalar uma face específica da montanha, vagar "solitário como uma nuvem", descer corredeiras de rio, fazer *bungee jumping* e assim por diante. Essas práticas corporalmente definidas ocorrem em espaços de lazer específicos e especializados, geográfica e ontologicamente distantes dos locais de trabalho e residência. De fato, parte da atração desses lugares, onde os corpos podem estar corporalmente vivos, aparentemente naturais ou rejuvenescidos, é que são sensorialmente diferentes das rotinas e lugares do dia a dia. Ring descreve de maneira interessante como, durante o século XIX, os Alpes foram transformados em um espaço especializado, onde o cavalheiro inglês, em tese, sentia-se devidamente vivo (2000).

Esses lugares envolvem "aventura", ilhas de vida resultantes de intensa estimulação corporal, de corpos em movimento, encontrando seu caminho complexo no tempo e no espaço (ver Frisby e Featherstone, 1997; e Lewis, 2000, sobre o "aventureiro" da escalada). Algumas práticas sociais exigem resistência corporal, em que o corpo torna físico o seu relacionamento com o mundo externo. O desenvolvimento da caminhada como resistência no final do século XVIII, a "liberdade" da estrada e o desenvolvimento da caminhada de lazer foram atos modestos de rebelião contra a hierarquia social estabelecida (Jarvis, 1997). De modo semelhante, o turismo de aventura radical demonstra formas de resistência física ao trabalho e ao cotidiano (Perkins e Thorns, 2001). O desejo hedonista de adquirir um corpo bronzeado desenvolveu-se pela resistência à ética protestante, à domesticidade das mulheres e à "recreação racional" (ver Ahmed, 2000). Uma resistência similar à incorporação da ética protestante pode ser vista no crescimento das viagens de saúde a spas, onde o corpo fica parado e é paparicado com tratamentos exóticos de luxo.

Até agora, consideramos o corpo do ponto de vista do turista. Mas o turismo muitas vezes refere-se ao corpo que é visto, exibindo, realizando e seduzindo os visitantes com habilidade, charme, vigor, sensualidade e assim por diante (ver capítulo 4). Além disso, até agora, consideramos o olhar da perspectiva de quem olha. No entanto, muitas pesquisas de turismo se preocupam com as consequências de ser olhado, de trabalhar dentro de um "chamariz turístico" e sujeitar-se a um olhar um pouco semelhante a estar dentro de um panóptico[22], por exemplo (Urry, 1992). A autenticidade encenada teria o efeito de manter afastado o que pode ser considerado um olho intrusivo, enquanto fornece aos visitantes o que parece adequadamente autenticado. No entanto, a possibilidade de isso acontecer depende de vários determinantes, como as relações de poder na comunidade anfitriã, as características de tempo-espaço dos visitantes e os tipos de olhares envolvidos. Por exemplo, o olhar menos intrusivo pode ser o de espectador, pois provavelmente é móvel e passa logo (embora o interminável tráfego anônimo possa, por si só, ser opressivo). O olhar antropológico pode ser o mais intrusivo, pois os turistas insistirão em permanecer por longos períodos na comunidade anfitriã para conhecê-la "autenticamente".

Todavia, além de olhar, os turistas também são olhados pelos funcionários e pelos residentes. Os locais olham as práticas, as roupas, os corpos e as câmeras dos turistas e os consideram divertidos, repugnantes, curiosos ou atraentes. Maoz fala de um "olhar mútuo", para destacar como os turistas também podem se tornar os loucos por trás das grades, observados pelos habitantes locais (2006; ver capítulo 8).

MUNDOS MÓVEIS

Em 1990, quando a primeira edição deste livro foi publicada, não estava claro o quanto se tornariam importantes os processos que agora chamamos de globalização. De fato, a internet tinha acabado de ser inventada e não havia indicação do quanto ela transformaria inúmeros aspectos da vida social ao ser adotada mais rapidamente do que qualquer

---

22. Termo utilizado para designar uma penitenciária ideal, concebida pelo filósofo inglês Jeremy Bentham em 1785, que permitia a um único carcereiro vigiar todos os prisioneiros, sem que eles soubessem. O medo de estar sendo ou não observado os levava a adotar o comportamento esperado. [N.T.]

tecnologia anterior. E tão logo a internet apareceu, outra tecnologia móvel, o telefone celular, transformou as práticas de comunicação em movimento. No geral, as duas últimas décadas assistiram a uma notável compressão do tempo-espaço, à medida que as pessoas em todo o mundo foram se aproximando com o auxílio de vários avanços tecnológicos. Há cada vez mais o que Bauman descreve como a mudança de uma modernidade fixa e sólida para uma "modernidade líquida", mais fluida e acelerada (2000).

E parte dessa sensação de compressão do espaço decorre dos fluxos rápidos de viajantes e turistas que se deslocam fisicamente de um lugar para outro e, especialmente, de um *hub* de aeroporto para outro. Mais adiante, faremos a distinção entre a viagem virtual através da internet, a viagem imaginativa através do telefone, do rádio e da televisão, e a viagem corporal pelas infraestruturas da indústria global de turismo (Urry, 2007; ver também Cresswell, 2006). A quantidade de tráfego nisso tudo aumentou nesta última década e não há evidências de que as viagens virtuais e imaginativas estejam substituindo as viagens corporalizadas, mas existem intersecções complexas entre esses diferentes modos de viagem, que são cada vez mais de-diferenciados[23] um do outro. A Microsoft pergunta: "Para onde você quer ir hoje?". E existem muitas maneiras diferentes de chegar lá.

O que chamamos de viagens corporais assumiu proporções enormes e se constitui na maior movimentação já existente de pessoas pelas fronteiras nacionais. Devido a essa liquidez, as relações entre quase todas as sociedades no mundo são mediadas pelos fluxos de turistas, pois um lugar após o outro é reconfigurado como destinatário de tais fluxos. Há uma insaciável produção e "consumo [de] lugares"

---

23. J. Urry e outros (Gale, 2009; Hannam, 2009) utilizam o termo "de-diferenciação", oriundo das ciências biológicas, para descrever o fenômeno de superposição entre turismo e cotidiano. Até meados dos anos 1980, tinha-se uma distinção clara entre as esferas da vida: mundo do lazer × mundo do trabalho, práticas turísticas × práticas cotidianas. No contexto do que Lash e Urry (1987) identificam como "capitalismo desorganizado", tal distinção torna-se menos evidente por conta da progressiva flexibilização das lógicas de produção e da perda de especialização das funções relativas a cada esfera. Multiplicam-se práticas, tempos e espaços híbridos, diante dos quais é quase impossível dizer onde começa ou termina o trabalho e o lazer, o cotidiano e o extraordinário. Relativiza-se até mesmo a importância das viagens na constituição do fenômeno turístico, levando ao que alguns autores chamam de "fim do turismo" ou "pós-turismo" (S. Lash e J. Urry, *The End of Organised Capitalism*, Madison: UWP, 1987).

em todo o mundo (ver Urry, 1995a). Os principais componentes da cultura global contemporânea incluem agora o bufê do hotel, a piscina, o coquetel, a praia (Lencek e Bosker, 1998), o saguão do aeroporto (Cwerner, Kesselring e Urry, 2009) e o bronzeado (Ahmed, 2000).

Essa insaciabilidade pressupõe o crescimento da "reflexividade do turismo", o conjunto de disciplinas, procedimentos e critérios que permitem a cada (e todo?) lugar monitorar, avaliar e desenvolver seu potencial de turismo dentro dos padrões emergentes do turismo global. Essa reflexividade preocupa-se em identificar a localização de determinado lugar dentro dos contornos da geografia, história e cultura que agitam o mundo e, em especial, identificar os recursos materiais e semióticos reais e potenciais desse local. Um elemento dessa "reflexividade do turismo" é a própria institucionalização dos estudos de turismo, de novas monografias, livros didáticos, conferências exóticas, departamentos e revistas (ver *The Sage Handbook of Tourism Studies* ["O guia inteligente dos estudos de turismo", em tradução livre]: Jamal e Robinson, 2009). Há também muitas empresas de consultoria interligadas com Estados, empresas, associações de voluntários e ONGs locais, nacionais e internacionais. O surgimento dessa indústria do turismo é captado pelos números de Rupert Sheldrake, um antropólogo do turismo, no *Paradise News* ["Notícias do paraíso", em tradução livre], de David Lodge (1991).

Essa reflexividade não é apenas uma questão de indivíduos e de suas possibilidades de vida, mas de conjuntos de procedimentos sistemáticos, regulamentados e avaliativos que permitem aos locais monitorar, modificar e maximizar sua localização dentro da turbulenta ordem global. Tais procedimentos inventam, produzem, comercializam e circulam – especialmente através da televisão global e pela internet – lugares novos, diferentes, reformulados ou dependentes de nichos e suas correspondentes imagens visuais. E a circulação dessas imagens desenvolve ainda mais a própria ideia de o mundo em si ser visto, por assim dizer, de longe (ver Franklin, Lury e Stacey, 2000).

É claro que nem todos os membros da comunidade mundial participam igualmente no turismo global. Lado a lado com turistas e viajantes globais, em muitos desses "lugares de encontro vazios" ou "não lugares" da modernidade, como o saguão do aeroporto, os terminais de ônibus, o terminal ferroviário, a estação rodoviária, as docas e assim por diante, estão inúmeros exilados globais (Augé, 1995). Esses exilados estão fugindo da fome, guerra, mudanças climáticas, tortura, perseguição e genocídio, assim como das desigualdades econômicas e sociais e dos consequentes deslocamentos da população, que aumentaram nos últimos anos e forçaram a mobilidade a muitos. O recente crescimento do tráfico de pessoas gerou uma indústria multibilionária, com milhões em trânsito, em todo o mundo, a qualquer hora.

Significativamente, para o olhar do turista, muitas iniciativas estão levando o assim chamado turismo das margens da ordem global, e também da academia, quase para o centro desse mundo móvel emergente da "modernidade líquida". Primeiramente, as infraestruturas turísticas têm sido construídas no que seriam considerados os mais improváveis dos lugares. Embora claramente a maioria das pessoas ao redor do globo não seja turista global, como visitante, isso não significa que os lugares em que elas vivem e as imagens associadas de natureza, nação, colonialismo, sacrifício, comunidade, patrimônio etc. não sejam elementos poderosos de um turismo global voraz. Alguns destinos que agora estão incluídos de forma significativa nos padrões do turismo global incluem Alasca, Antártida, locais de ocupação nazista nas Ilhas do Canal, minas de carvão extintas, Marco Zero, Islândia, Mongólia, monte Everest, Irlanda do Norte, Chipre do Norte sob "ocupação" turca, Pearl Harbor, Rússia pós-comunista, distrito de Soweto na África do Sul, espaço sideral, o *Titanic*, Vietnã e assim por diante.

Em determinadas situações, tornar-se um destino turístico faz parte de um processo reflexivo pelo qual sociedades e lugares entram na ordem global ou reintegram-se a ela. É o caso da China depois de 1978 ou de Cuba durante os anos 1990, em parte, usando carros norte-americanos anteriores à era comunista no marketing do lugar.

Além disso, há um grande aumento no número de turistas provenientes de vários países muito diferentes, especialmente os do "Oriente", que antes eram lugares visitados e consumidos principalmente por ocidentais. Agora, o aumento de renda de uma classe média asiática (bem como viagens de estudos e "turismo de mochileiros") tem gerado um forte desejo de ver os lugares do Ocidente que parecem definir a cultura global. O desenvolvimento de uma forte demanda turística de classe média da China continental é um importante fato novo. Hendry, porém, descreve como vários parques temáticos repletos de características exóticas do "Ocidente" são criados *dentro* de vários países asiáticos (2000). Ela descreve isso como *The Orient Strikes Back* ["O Oriente contra-ataca", em tradução livre], com a exposição de muitas características da cultura ocidental para os asiáticos verem, se admirarem e acharem exótico sem sair de seu país de origem (de forma geral, ver Winter, Teo e Chang, no livro *Asia on Tour* ["Ásia a passeio", em tradução livre], 2009).

Por outro lado, muitos tipos de trabalho são agora encontrados dentro desses circuitos de turismo global e, portanto, é difícil não ser envolvido ou afetado por um ou mais desses circuitos que se sobrepõem crescentemente a uma "economia de signos" mais geral se espalhando por múltiplos espaços de consumo (Lash e Urry, 1994; ver capítulo 4). Tais formas de trabalho incluem transporte, hotelaria, gastronomia, eventos[24], agenciamento de viagens, design e consultoria; a produção de "imagens" dos locais turísticos globais, ícones globais (a Torre Eiffel), tipos icônicos (a praia global) e ícones nacionais (danças balinesas); a midiatização e a circulação de imagens através de imprensa, televisão, notícias, internet e assim por diante; e a organização por meio de políticas e campanhas de protesto a favor ou contra a construção ou o desenvolvimento de infraestruturas turísticas. E isso envolve a indústria quase onipresente do turismo sexual (Clift e Carter, 2000; ver capítulo 3).

Além disso, cada vez mais vemos marcas ou logotipos globais poderosos e onipresentes percorrendo o mundo (Klein, 2000). Seu poder

---

24. O termo *hospitality*, em inglês, está associado ao viés comercial da hospitalidade, que descreve o provimento de serviços de hospedagem, gastronomia, eventos e entretenimento, desdobrando-se por vezes em *hospitality management*, *hospitality industry* ou *hospitality operations*. Em outros idiomas, faz-se uma distinção entre este viés comercial e a visão de hospitalidade como uma área de conhecimento que vem sendo estudada por diversas perspectivas teóricas, tais como a filosofia, a antropologia e a sociologia. Em português, distingue-se hospitalidade (como área de estudo) de hotelaria (serviço de hospedagem). Ao longo do texto, ambas as visões estarão presentes, a depender do contexto. Quando se refere a serviços de hospedagem, gastronomia, eventos, entretenimento e lazer, a adaptação na tradução foi feita; quando diz respeito a aspectos de hospitalidade como fenômenos sociais de troca, numa perspectiva antropológica, foi mantido o termo original "hospitalidade". (Para mais detalhes, ver A. P. G. Spolon, *Hotelaria, cidade, capital: o edifício hoteleiro e a reestruturação dos espaços urbanos contemporâneos*, Curitiba: Prismas, 2016.)

fluido advém de como as corporações mais bem-sucedidas das últimas duas décadas passaram da fabricação de produtos para a fabricação de marcas, com enormes gastos com marketing, design, patrocínio, relações públicas e publicidade. Muitas dessas empresas de marca estão envolvidas com viagens e lazer: Nike, Gap, easyJet, The Body Shop, Hilton, Virgin, Club Med, Sandals, Starbucks e assim por diante, produzindo conceitos ou estilos de vida. "Liberadas dos encargos do mundo real de lojas e fabricação de produtos, essas marcas estão livres para crescer, menos como disseminação de bens e serviços do que como alucinações coletivas" (Klein, 2000: 22). Klein observa a importância nisso do "mercado global de adolescentes", com cerca de um bilhão de jovens consumindo exageradamente marcas semelhantes em todo o mundo (2000: 118-21).

Existem, portanto, muitas maneiras pelas quais um grande número de pessoas e lugares é envolvido no turbilhão do turismo global. Não são duas entidades separadas, o "global" e o "turismo", com algumas conexões externas entre si. Na verdade, elas fazem parte do mesmo conjunto de processos complexos e interconectados. Além disso, essas infraestruturas agrupadas, fluxos de imagens e pessoas, e as práticas emergentes de "reflexividade turística" devem ser conceituadas como um "híbrido global" (Urry, 2003). Híbrido por ser composto de um conjunto de tecnologias, textos, imagens, práticas sociais etc. que, *em conjunto*, permitem sua expansão e reprodução em todo o mundo. Isso é análogo às mobilidades de outros híbridos globais, como a internet, mobilidade automotiva, finanças globais e assim por diante, que se espalham por todo o mundo e remodelam e redefinem o que é global.

Para Bauman, o vagabundo e o turista são metáforas plausíveis para os tempos pós-modernos: o vagabundo, diz ele, é um peregrino sem destino, um nômade sem itinerário, enquanto o "mundo é a ostra do turista [...] para ser vivido prazerosamente" (Bauman, 1993: 241). Tanto os vagabundos quanto os turistas se movem pelos espaços de outras pessoas; ambos separam a proximidade física da proximidade moral e ambos estabelecem padrões para a felicidade e a boa vida. Segundo Bauman, a boa vida passou a ser pensada como semelhante a um "feriado contínuo" (1993: 243). Portanto, não há um olhar turístico separado, pois, segundo Bauman, é simplesmente assim que a vida é vivida, pelo menos para o terço próspero da nova ordem global.

Analistas feministas criticam o caráter machista dessas metáforas, que pressupõem que realmente pode haver um movimento sem fundamento e sem limites. No entanto, diferentes pessoas têm um acesso muito diferente ao estar "na estrada", literal ou metaforicamente (Wolff, 1993). Além disso, Jokinen e Veijola demonstram a deficiência de muitas metáforas nômades que são "machistas" (1997). Caso sejam recodificadas como *paparazzi*, bêbado sem-teto, turista sexual e mulherengo, essas metáforas perdem a avaliação positiva de que gozavam na teoria nômade machista. De fato, a mobilidade de alguns sempre pressupõe a imobilidade de outros. O olhar do turista móvel pressupõe corpos imóveis (normalmente, do sexo feminino) atendendo e exibindo seus corpos para aqueles que são móveis e que passam.

Assim, Morris sugere a metáfora do motel[25] para a natureza da vida móvel contemporânea (1988). O motel não possui um verdadeiro *lobby*, está ligado à rede de autoestradas, funciona para revezar pessoas em vez de fornecer cenários para sujeitos humanos coerentes, é consagrado à circulação e ao movimento e destrói o sentido específico de lugar e localidade. Os motéis "preservam na memória apenas movimento, velocidade e circulação perpétua" – "nunca podem ser um *lugar* verdadeiro" e cada um só se diferencia do outro em "um *flash empírico* de alta velocidade" (Morris, 1988: 3, 5). O motel, como a área de embarque do aeroporto ou o terminal de ônibus, não representa nem chegada nem partida. Representa a pausa antes que os turistas passem para o próximo ponto de parada ao longo das rotas extraordinárias de uma "modernidade líquida", deixando para trás, naturalmente, aqueles corpos imobilizados sujeitos aos olhares dos que passam em alta velocidade (como os 50 mil funcionários do aeroporto O'Hare de Chicago: Gottdiener, 2001: 23).

---

25. Termo produzido pela corruptela de *motor* (carro) e *hotel* (hotel), cujo significado descreve estabelecimentos de hospedagem localizados à beira das estradas e, por isso, dispostos em edifícios com garagens para os carros dos clientes, em geral protegidos por um portão ou grade, frequentes nos Estados Unidos. No Brasil, adotou-se o mesmo modelo arquitetônico e localização geográfica (áreas marginais aos centros das cidades), mas a função foi socialmente alterada, passando a palavra a descrever estabelecimentos de alta rotatividade que alugam quartos para encontros amorosos/sexuais.

TEORIAS

A análise da globalização, portanto, deu início a algumas reconfigurações importantes do olhar do turista, tanto para os corpos sempre móveis parando intermitentemente quanto para os corpos imobilizados que aparecem em alguns desses estranhos encontros da nova ordem mundial. Tais encontros envolvem níveis excepcionais de *não interação* ou anonimato urbano, especialmente dentro das cidades muradas ou dos espaços conhecidos como aeroportos (Cwerner, Kesselring e Urry, 2009; Adey, 2006, 2010).

Portanto, houve uma grande mudança de um conjunto limitado de olhares turísticos no século XIX para a proliferação de discursos, formas e materializações dos olhares turísticos de agora. Em poucas palavras, podemos falar da globalização do olhar do turista, à medida que múltiplos olhares se tornaram essenciais para a cultura global que se espalha por quase todos os lugares, em seu rastro impressionante. Há muito menos turismo *per se* que ocorre em tipos específicos e distintos de tempo-espaço; há o "fim do turismo" dentro da "economia dos signos" mais geral. Existem inúmeras mobilidades, físicas, imaginativas e virtuais, voluntárias e coercitivas, bem como semelhanças crescentes entre comportamentos que se dão "em casa" e "fora de casa" (Shaw *et al.*, 2000: 282; Urry, 2007; Haldrup e Larsen, 2010). Os locais turísticos proliferam em todo o mundo à medida que o turismo se torna massivamente midiatizado, enquanto os locais de atividades cotidianas são redesenhados no modo "turista", como em muitos ambientes temáticos. A mobilidade é cada vez mais central para as identidades de muitos jovens, para os que são membros de diásporas e para os aposentados relativamente ricos que podem viver em movimento ou passar muito tempo em sua casa ou apartamento de férias (Urry, 2007). E a "reflexividade do turismo" faz com que quase todos os lugares – ainda que aparentemente chatos – desenvolvam um nicho dentro dos contornos agitados da ordem emergente (ver coleção de *Boring Postcards* ["Cartões-postais chatos", em tradução livre] de Martin Parr, 1999).

Em outros lugares, nota-se como as noções de caos e de complexidade podem ajudar a esclarecer os movimentos inesperados e distantes do equilíbrio dos processos sociais e físicos que assolam o mundo (Urry, 2003). Esses movimentos elevaram imprevisivelmente o turismo, mesmo que este se de-diferencie de lazer, compras, arte, cultura, história, corpo, esporte e assim por diante, desde as margens até um lugar central dentro desta ordem global emergente. E, ao fazê-lo, aqui e ali permanecem bolsões de desordem, de aberturas e lacunas, lembranças e fantasias, movimentos e margens (MacCannell, 2001, argumenta algo semelhante em sua noção de "segundo olhar"). Uma coisa certa a respeito da ordem global emergente é que ela é, na melhor das hipóteses, uma ordenação contingente e temporária que gera sua enorme e complexa desordem.

No próximo capítulo, voltaremos às origens desse mundo móvel de massa e examinaremos alguns dos processos que geraram o excepcionalmente característico turismo de massa à beira-mar para a primeira classe trabalhadora industrial, que se desenvolveu no norte da Inglaterra.

2. TURISMO DE MASSA

INTRODUÇÃO

O primeiro exemplo de turismo de massa ocorreu entre a classe trabalhadora industrial da Grã-Bretanha. O olhar do turista em massa iniciou-se nas ruas secundárias das vilas e cidades industriais do norte da Inglaterra. Este capítulo dedica-se a examinar por que essa classe trabalhadora industrial veio a pensar que viajar durante curtos períodos de tempo para outros lugares era uma forma apropriada de atividade social. Por que o olhar do turista se desenvolveu na classe trabalhadora da indústria, no norte da Inglaterra? Que revolução na experiência, no pensamento e na percepção levou a modos tão novos e importantes da prática social?

O crescimento desse turismo representa uma espécie de democratização da viagem. Vimos que as viagens eram socialmente muito seletivas. Estavam disponíveis para uma elite relativamente limitada e eram um símbolo de *status* social. Entretanto, na segunda metade do século XIX, houve um amplo desenvolvimento de viagens em massa de trem na Europa. As distinções de *status* passaram, então, a ser estabelecidas entre diferentes classes de viajantes, mas menos entre os que podiam e os que não podiam viajar. Observamos anteriormente como 1840 é um daqueles momentos marcantes em que o mundo parece mudar e novos padrões de relações sociais se estabelecem. É quando o olhar do turista, que combina os meios de viagem coletiva com o desejo de viajar e as técnicas de reprodução fotográfica, se torna um componente central da modernidade ocidental.

Analisaremos depois como, no século XX, o carro e o avião democratizaram ainda mais o movimento geográfico. Com a democratização da viagem, estabeleceram-se grandes diferenças de gosto entre os diversos lugares para os quais as pessoas viajavam, tornando-se marcadores da distinção social. O olhar do turista passou a ter uma importância diferente de um lugar para outro. Desenvolveu-se uma hierarquia de balneários e certos lugares passaram a ser vistos como corporificações do turismo de massa, a serem desprezados e ridicularizados. Grandes diferenças de "tom social" se estabeleceram em lugares que de outra forma seriam semelhantes. E alguns desses lugares, esses novos balneários da classe trabalhadora, rapidamente se desenvolveram como símbolos do "turismo de massa", como lugares de inferioridade que representavam tudo aquilo que as classes dominantes consideravam de mau gosto, comum e vulgar.

As explicações do olhar do turista, dos discursos que estabeleceram e sustentaram o turismo de massa para a classe trabalhadora industrial no século XIX, costumam ser muito gerais. Esses desdobramentos são normalmente explicados em termos de "industrialização do século XIX" (Myerscough, 1974). Ao identificar com mais precisão os aspectos desta industrialização que foram especialmente importantes, daremos atenção aqui aos balneários à beira-mar, cujo desenvolvimento não foi de forma alguma inevitável. Seu crescimento decorreu de determinadas características da industrialização do século XIX na Grã-Bretanha e do crescimento de novos modos de organização e estruturação do prazer em uma sociedade baseada em uma classe trabalhadora emergente, organizada e de grande escala. Examinamos seu desenvolvimento porque esta foi a primeira manifestação do turismo de massa.

Mapa: Balneários na Inglaterra

Legenda:
- ● Origem (cidades industriais)
- 🛁 Balneários em destaque
- 🛁 Outros balneários
- ┈┈ Ferrovias (em operação em 1845)

Localidades identificadas no mapa:

- ESCÓCIA
- MAR DO NORTE
- Lake District National Park
- Morecambe
- Lancaster
- Blackpool
- Harrogate
- Bradford
- Lytham St Annes
- Preston
- Leeds
- Southport
- Wigan
- Halifax
- Manchester
- Buxton
- Scarborough
- Skegness
- INGLATERRA
- PAÍS DE GALES
- Birmingham
- Londres
- Birchington-on-Sea
- Bath
- Royal Tunbridge Wells
- Cliftonville
- Westgate-on-Sea
- Torquay
- Bournemouth
- Brighton
- Canal da Mancha
- FRANÇA
- Meridiano de Greenwich 0°
- 55° N

Escala: 0 — 55 km

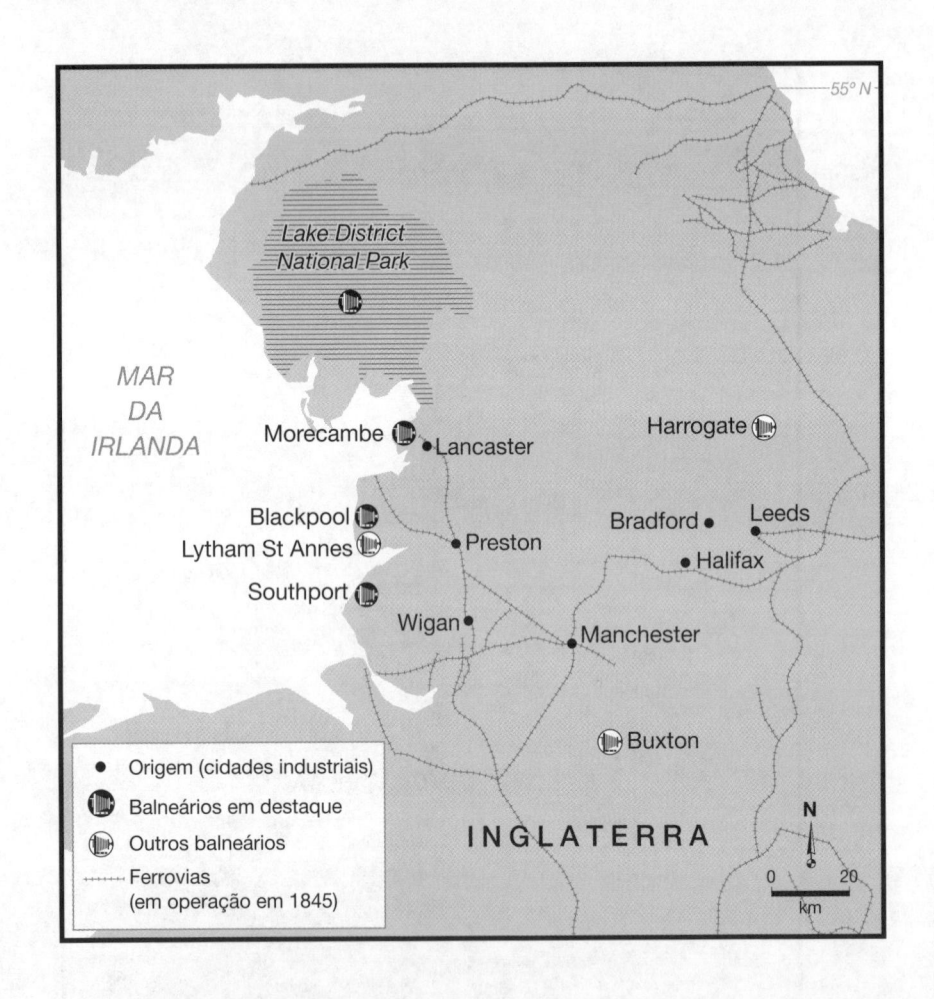

- Origem (cidades industriais)
- Balneários em destaque
- Outros balneários
- Ferrovias (em operação em 1845)

TURISMO DE MASSA

O CRESCIMENTO DO BALNEÁRIO BRITÂNICO À BEIRA-MAR

Em toda a Europa, desenvolveram-se vários spas no século XVIII. Seu propósito original era medicinal: forneciam água mineral para tomar banho e para beber. Não está claro exatamente como e por que as pessoas passaram a acreditar nessas propriedades medicinais. O primeiro spa da Inglaterra parece ter sido construído em Scarborough e data de 1626, quando uma mulher, a Sra. Farrow, notou uma fonte na praia (ver Hern, 1967: 2-3; Blackbourn, 2002). Daí a algumas décadas, os médicos passaram a defender os efeitos desejáveis de tomar as águas, ou tomar a "Cura". Vários outros balneários se desenvolveram em Bath, Buxton, Harrogate, Tunbridge Wells e assim por diante. Uma incrível variedade de doenças supostamente foi curada ao beber dessas águas e banhar-se nelas.

Scarborough, porém, era um lugar diferenciado, pois, além de ser um grande spa, localizava-se à beira-mar. Um médico, o Dr. Wittie, começou a preconizar que se bebesse a água do mar e que se banhasse no oceano. Durante o século XVIII, houve um aumento considerável nos banhos de mar, à medida que as classes de comerciantes e profissionais em desenvolvimento passaram a acreditar em suas propriedades medicinais revigorantes. Nessa fase, o procedimento era indicado para adultos e havia pouca associação entre o mar e as crianças. De fato, o objetivo de tomar banho no mar era fazer bem, e isso costumava ocorrer no inverno, envolvendo "imersão" e não o que hoje é entendido como nadar (Hern, 1967: 21). Esses mergulhos no mar eram estruturados, ritualizados e prescritos para tratar condições médicas graves. O banho só deveria ser tomado "após a devida preparação e aconselhamento", como escreveu o historiador Gibbon (Shields, 1990), e também era realizado normalmente com a pessoa nua. A praia era um lugar para se "medicar", não para se "desfrutar".

As estações balneárias (*spa towns*) permaneceram, até certo ponto, socialmente restritas. O acesso só era possível para quem possuísse ou alugasse acomodações naquela cidade. Young resume: "a vida em estâncias termais dos séculos XVII e XVIII assemelhava-se, de muitas formas, à vida em um cruzeiro marítimo ou em um pequeno hotel de esportes de inverno, onde a empresa é pequena e autossuficiente, em vez do moderno resort à beira-mar, onde o indivíduo se perde na multidão" (1973: 14-15).

No entanto, quando o banho de mar se tornou mais popular, ficou mais difícil para os grupos sociais dominantes controlarem o acesso. Surgiram conflitos em Scarborough por causa de sua dupla função, como spa e como balneário costeiro. Em 1824, a propriedade do spa foi cercada e um pedágio foi construído para excluir as "classes impróprias" (Hern, 1967: 16). Pimlott resumiu os efeitos do amplo desenvolvimento de empreendimentos especializados à beira-mar em que essa restrição social não era possível:

> A capacidade dos balneários à beira-mar, por outro lado, era ilimitada. Enquanto a vida social nas estações termais era necessariamente focada na casa de águas medicinais e nos banhos, e não havia alternativa satisfatória à vida em público, o litoral era grande o suficiente para absorver todos os que chegavam e a homogeneidade social importava menos. (1947: 55)

Portanto, uma precondição para o rápido crescimento dos balneários à beira-mar no final do século XVIII, e especialmente no século XIX, era o espaço. A Grã-Bretanha possuía um litoral extenso, com poucos usos além da pesca, que não podia ser controlado pela iniciativa privada, pois a propriedade da costa e da praia, entre a maré alta e baixa, era da Coroa (ver Thompson, 1981: 14).

O desenvolvimento desses novos balneários marítimos foi espetacular. Na primeira metade do século XIX, esse primeiro modelo de resort costeiro apresentou taxas de crescimento populacional maiores que as das cidades industriais: 2,56% ao ano, em comparação com 2,38% (Lickorish e Kershaw, 1975: 12). A população de Brighton cresceu de 7 mil para 65 mil habitantes em meio século, em parte porque o príncipe regente tornou a cidade moderna e elegante, como se tivesse *maritimizado* uma parte de West End[26] (Shields, 1990). A popu-

---

26. O *West End* – abreviação de *The West End of London* – passou a concentrar a elite londrina a partir do século XVII, especialmente após o grande incêndio de 1666. No século XIX, denominava uma porção elegante e sofisticada da cidade, que evitava o ambiente insalubre da região central, em franco processo de industrialização.

lação das 48 principais cidades costeiras aumentou em quase 100 mil habitantes entre 1861 e 1871; a população mais que dobrou no final do século. Em 1911, 55% das pessoas da Inglaterra e do País de Gales fizeram pelo menos uma viagem ao litoral e 20% passaram a aumentar seu período de permanência a cada ano (Myerscough, 1974: 143).

Um complexo de condições produziu o rápido crescimento dessa nova atividade de lazer de massa e, portanto, dessas concentrações relativamente especializadas e únicas de serviços em determinados centros urbanos; concentrações concebidas para fornecer novidades e o que na época eram considerados objetos surpreendentes ao olhar do turista.

Em primeiro lugar, houve algum aumento no bem-estar econômico de parte substancial da população da classe trabalhadora. A renda nacional real *per capita* quadruplicou ao longo do século XIX (ver Deane e Cole, 1962: 282). Isso permitiu que parcelas da classe trabalhadora acumulassem poupança de um período de férias para o próximo, dado que na época havia poucas férias remuneradas (Walton, 1981: 252).

Além disso, houve uma rápida urbanização, com muitas cidades pequenas crescendo incrivelmente rápido. Em 1801, 20% da população vivia em cidades; em 1901, 80%. Isso produziu níveis extremamente elevados de pobreza e de excesso de população. Além do mais, essas áreas urbanas quase não ofereciam espaços públicos, como parques ou praças (Lash e Urry, 1987: cap. 3). Ao contrário de vilas e cidades mais antigas, desenvolveu-se um acentuado grau de segregação residencial por classe. Isso foi crucial para o surgimento do balneário típico, que atraiu agrupamentos sociais específicos de determinados bairros de vilas e cidades industriais emergentes. Em 1857, a revista *The Economist* resumiu o padrão urbano típico:

> A sociedade tende, cada vez mais, a se espalhar por classes – e não apenas classes, mas classes localizadas, colônias de classes. [...] É a disposição de se associar com iguais – em alguma medida com aqueles que têm *interesses* práticos semelhantes, e em uma medida ainda maior com aqueles que têm gostos e cultura semelhantes, acima de tudo com aqueles com quem nos julgamos em igualdade moral, qualquer que seja o nosso padrão real. (20 de junho de 1857: 669; Johnson e Pooley, 1982)

Um efeito da transformação econômica, demográfica e espacial das cidades do século XIX foi produzir comunidades autorreguladas da classe trabalhadora, relativamente autônomas das antigas e das novas instituições da sociedade em geral. Tais comunidades foram importantes no desenvolvimento de formas de lazer da classe trabalhadora que eram segregadas, especializadas e institucionalizadas (Thompson, 1967; Clarke e Critcher, 1985).

O crescimento de um padrão de trabalho mais organizado e rotineiro levou a tentativas de desenvolver uma correspondente racionalização do lazer: "Em larga medida, esta regularização dos dias de lazer surgiu por causa de uma mudança na jornada de trabalho e na natureza do trabalho" (Cunningham, 1980: 147). Sobretudo nos novos locais de trabalho e nas cidades industriais emergentes, o trabalho passou a ser organizado como uma atividade relativamente limitada no tempo e no espaço, separada de diversão, religião e festividade. Ao longo dos séculos XVIII e XIX, o trabalho foi cada vez mais valorizado por si só, e não simplesmente como remédio para a ociosidade. Algumas tentativas foram feitas para passar de uma centralização na tarefa para uma centralização no tempo (ver Thompson, 1967; Lash e Urry 1994: caps. 9, 10).

Os industriais tentaram impor uma rigorosa disciplina à sua força de trabalho recém-constituída (Polland, 1965). Foram estabelecidas regras duras de comparecimento ao trabalho e pontualidade, com as quais os trabalhadores não estavam familiarizados, acompanhadas de várias multas e punições. Foram realizadas campanhas contra bebida, esportes sangrentos, linguagem inapropriada e ociosidade (ver Myerscough, 1974: 4-6; Cunningham, 1980: cap. 3, sobre "recreação racional"). Muitas feiras foram abandonadas e os dias santos e os dias de fechamento do Banco da Inglaterra foram drasticamente reduzidos. A partir da década de 1860, a ideia de civilizar a classe trabalhadora "rude" através de uma recreação organizada tornou-se mais difundida entre os empregadores, os partidários de reformas da classe média e o Estado (ver Rojek, 1993: cap. 2). As formas típicas de recreação preferidas eram ensino educativo, exercício físico, artesanato, formação musical e excursões. Férias no campo para crianças carentes da cidade, bem como acampamentos organizados pelo crescente movimento juvenil (brigada de meninos, escoteiros, brigadas de rapazes judeus, entre outros), eram elementos da engenharia social da classe trabalhadora favorecidos pelo movimento de recreação racional.

Como o trabalho ficou em parte racionalizado, sua jornada foi gradualmente diminuindo. O parlamento aprovou vários projetos de lei de proteção na segunda metade do século XIX. Particularmente importante foi a aprovação do feriado de meio dia, especialmente aos sábados (ver Cunningham, 1980: cap. 5). Phelps-Brown observou que "a conquista de uma semana de trabalho que não excedesse 54 horas e que proporcionasse um feriado de meio período foi única em seu tempo e celebrada como 'la semaine anglaise'" (1968: 173; Cunningham, 1980: 142-5).

A conquista de pausas mais longas, com férias de uma semana, foi pioneira no norte da Inglaterra e especialmente nas áreas têxteis algodoeiras de Lancashire[27] (Walton, 1981, 1983, 1997, 2000). Os proprietários de fábricas começaram a reconhecer as chamadas semanas de vigília (*wakes weeks*) como períodos regulares de férias, que eram efetivamente trocados por um comparecimento muito maior no trabalho durante o restante do ano: "O fechamento total de uma fábrica em um feriado habitual era preferível a constantes interrupções durante o verão, e havia vantagens em canalizar o gozo de férias em determinados períodos negociados" (Walton, 1981: 255).

Portanto, alguns empregadores começaram a ver as férias regulares como uma contribuição para a eficiência. No entanto, a extensão gradual das férias a partir de meados do século XIX resultou principalmente de pressão da própria força de trabalho, sobretudo dos que tinham maiores salários, que viam tais práticas como uma maneira de desenvolver suas formas autônomas de recreação. O inspetor de fábrica Leonard Horner atribuiu a sobrevivência das férias ao costume e não à "liberalidade por parte dos patrões" (Walton, 1978: 35). Uma característica particularmente significativa do cumprimento das férias era que deveriam ser coletivas. Como argumenta Walton, nas semanas de vigília "como no Natal, Páscoa e Pentecostes, o costume prescrevia que as férias deveriam ser tiradas *em massa* e comemoradas por toda a comunidade" (1978: 35). A partir da década de 1860, as semanas de

---

27. No Reino Unido, um *shire* corresponde a uma unidade de administração territorial semelhante ao condado (*county*).

vigília passaram principalmente a envolver viagens de toda a vizinhança para o litoral, longe dos locais normais de trabalho e residência das pessoas (Walton e Poole, 1982; Walton, 2000).

No final do século XVIII e início do XIX, houve uma mudança de valores relacionados ao movimento romântico em desenvolvimento. A ênfase passou a ser colocada na intensidade da emoção e da sensação, o mistério poético em vez da clareza intelectual e a expressão hedonista individual (Feifer, 1985: cap. 5, sobre o turista "romântico"). Os sumos sacerdotes do romantismo foram os Shelleys, Byrons, Coleridges, Keats e Wordsworths (Bate, 1991). O romantismo sugeria que as pessoas podiam sentir emoções em relação ao mundo natural e ao cenário. Os prazeres individuais adviriam da apreciação de paisagens físicas impressionantes. O romantismo propunha que aqueles que viviam nas novas cidades industriais que surgiam se beneficiariam ao passar curtos períodos de tempo longe delas, vendo ou vivenciando a natureza. O romantismo não levou apenas ao desenvolvimento do turismo cênico e à apreciação de magníficos trechos da costa. Também incentivou os banhos de mar. Considerando o clima geralmente inclemente e o fato de que a maioria dos banhistas ficava nua, pois ainda não existiam trajes de banho adequados no início do século XIX, deve ter havido algum desenvolvimento considerável de uma crença nas propriedades saudáveis da "natureza". Grande parte do turismo do século XIX se baseava no fenômeno natural do mar e no suposto bem que fazia à saúde (Hern, 1967: cap. 2; Walton, 1983: cap. 2; Sprawson, 1992).

Outra precondição para o crescimento do turismo de massa foi a grande melhora no transporte. No final do século XVIII, eram necessários três dias para viajar de Birmingham para Backpool [ver figura 2, p. 321]. Até mesmo a viagem de Manchester para Blackpool levava um dia inteiro. Somente Brighton era razoavelmente bem servida por diligências. Por volta de 1830, 48 diligências faziam diariamente o trajeto entre Londres e Brighton, e o tempo de viagem diminuíra para quatro horas e meia (ver Walvin, 1978: 34). Havia, porém, dois grandes problemas com a viagem de diligência. Em primeiro lugar, muitas estradas estavam em péssimas condições. Foi somente na década de 1830 que os consórcios das estradas criaram uma rede nacional razoável e o tempo de duração das viagens caiu drasticamente. Em segundo lugar, a viagem em diligências era muito cara, custando algo como 2,5 a 3 *pennies* por milha. Richard Ayton, ao observar os visitantes de Blackpool em 1813, relatou: "A maioria deles chega aqui de carroça, mas alguns vêm a pé de Manchester, que fica a mais de quarenta milhas[28] de distância" (Walvin, 1978: 35).

Inicialmente, as novas companhias ferroviárias da década de 1830 não perceberam o potencial econômico do enorme mercado de passageiros de baixa renda. Em vez disso, concentraram-se no transporte de mercadorias e de passageiros prósperos. Mas a Lei Ferroviária de Gladstone de 1844, um importante projeto legislativo, obrigou as empresas ferroviárias a dar atendimento às "classes trabalhadoras" (Walvin, 1978: 37). Mesmo antes disso, a abertura de linhas ferroviárias entre Preston e Fleetwood, em 1840, produziu um fluxo extraordinário de visitantes para Fleetwood, muitos dos quais viajavam pela costa até Blackpool. Em 1848, mais de 100 mil viajantes haviam deixado Manchester de trem, em direção ao litoral, durante a semana de Pentecostes; em 1850, foram mais de 200 mil (Walvin, 1978: 38). O efeito sobre o contingente social de Blackpool em meados do século foi observado na época:

> A menos que medidas imediatas sejam tomadas, Blackpool como balneário para visitantes respeitáveis será arruinado [...]. A menos que se interrompam os trens baratos ou que alguma regulamentação eficaz seja feita para o controle dos milhares que visitam o local, as propriedades de Blackpool serão tão depreciadas que jamais terão seu valor recuperado. (citado em Walvin, 1978: 38)

De fato, o "nível social" de Blackpool parece ter caído rapidamente, já que 15 anos antes ele era considerado "um balneário favorito, salubre e elegante para 'famílias respeitáveis'" (Perkin, 1976: 181).

Mas o papel das ferrovias não deve ser excessivamente enfatizado. As empresas ferroviárias, de modo geral, descobriram que a natureza sazonal das férias indicava que não se tratava de um negócio

---

28. Aproximadamente 64 quilômetros. [N.T.]

particularmente lucrativo. Foi somente no final do século que realmente começaram a promover viagens para diferentes balneários, destacando as características mais atraentes de cada empreendimento (ver Richards e MacKenzie, 1986: 174-9). Só muito raramente, como no caso de Silloth, no noroeste da Inglaterra, as empresas ferroviárias tentaram construir um empreendimento costeiro totalmente novo, mas neste caso o projeto fracassou (Walton, 1979).

Também se argumenta que o desenvolvimento ferroviário explica as diferenças no "nível social" entre os balneários à beira-mar que surgem rapidamente em meados do século XIX. Diante disso, uma explicação razoável para essas diferenças seria que os balneários mais acessíveis às grandes cidades e vilas industriais eram provavelmente mais populares e isso afastaria os visitantes com maior *status* social. Assim, Brighton e Southend eram mais populares e tinham um nível social inferior a Bournemouth e Torquay, que não estavam a um dia de viagem de Londres (Perkin, 1976: 182).

Contudo, essa explicação não funciona totalmente. Scarborough e Skegness estavam praticamente à mesma distância de West Riding, mas, ainda assim, atraíram níveis sociais diferentes. Embora a ferrovia obviamente tenha representado uma diferença, sua chegada não explica completamente as variações acentuadas que surgiram. Nem as ações das elites locais, conforme argumenta Perkin. De fato, houve fortes campanhas na maioria dos lugares que se tornaram balneários da classe trabalhadora (como Blackpool ou Morecambe) para impedir que as empresas ferroviárias locais transitassem aos domingos porque se achava que os excursionistas expulsariam os visitantes mais ricos, que todos os balneários queriam atrair.

Perkin argumenta que o efeito das elites locais sobre os respectivos "níveis sociais" de diferentes balneários resultou de como a terra e as edificações eram localmente possuídas e controladas. O fator determinante para o nível social de cada balneário era a competição por seu domínio entre três setores do capital: o grande capital local, especialmente os proprietários dos principais hotéis, salas de concerto, lojas etc.; o pequeno capital local, especialmente os donos de pensões, proprietários de parques de diversão etc.; e grandes empresas altamente capitalizadas, pertencentes a forasteiros, que proporcionavam entretenimento de massa barato (Perkin, 1976: 185). Particularmente importantes eram a posse e o controle anteriores da terra em cada localidade. Perkin mostra isso no contraste entre Blackpool e Southport: este ficava mais próximo dos grandes centros populacionais e possuía ótimas praias. Os dois balneários começaram com o fornecimento, mais ou menos espontâneo, de acomodações para banhistas por parte de proprietários de pousadas, sitiantes e pescadores. Mas em Southport a terra não era cercada e vários posseiros que proporcionavam acomodações aos banhistas logo se tornaram meeiros dos proprietários da herdade que, por sua vez, abriram a Lords Street, uma avenida espaçosa e elegante. Os proprietários também impediram novos empreendimentos industriais e comerciais, fazendo com que Southport se tornasse um balneário com grandes hotéis, *villas*, amplos jardins e casas de repouso para os magnatas do algodão e similares (Walton, 1981: 251).

Blackpool, por sua vez, começou como uma comunidade de pequenos proprietários. Por volta de 1838, havia somente 24 propriedades na cidade com mais de 25 acres e a maioria ficava bem longe da beira-mar. Até as propriedades maiores na parte da frente foram vendidas e divididas em lotes para pensões à beira-mar. Walton observa que nenhum grande balneário foi tão dominado por pequenas hospedarias quanto Blackpool. Isso ocorreu porque "não havia espaço para que uma propriedade planejada e de alta classe se desenvolvesse nos termos do dono das terras, pois os pequenos sitiantes de Blackpool estavam compreensivelmente mais preocupados em obter o máximo lucro de um lote apertado do que em melhorar as comodidades do balneário como um todo" (Walton, 1978: 63).

Assim, as terras em Blackpool foram ocupadas com altas densidades desde o início e poucas restrições foram impostas aos empreendedores pelos donos dos imóveis, pois o padrão fragmentado da propriedade significava que sempre haveria concorrência para vender e construir.

Em consequência, toda a área central tornou-se uma massa mal planejada de propriedades menores, pensões, parques de diversões, pequenas lojas e similares, sem espaço para os grandes edifícios públicos, amplas avenidas e jardins encontrados em Southport. Embora o pequeno capital local tentasse apelar ao mercado turístico de classe média que se expandia rapidamente, Blackpool não dispunha das atrações necessárias para conquistar esse mercado e, ao mesmo tempo, mostrava-se imensamente popular, em função do preço baixo, entre a classe trabalhadora industrial. Isso incluía tanto os excursionistas de um dia quanto os que pernoitavam. O número de visitantes aumentou muito durante as décadas de 1870 e 1880, quando, na época, o jornal *Morning Post* declarou que em Blackpool "era possível encontrar mais diversões, por menos dinheiro, do que em qualquer outro lugar do mundo" (24 de agosto de 1887). Os esforços da Corporação para excluir comerciantes que vendiam produtos e serviços baratos fracassaram e, na década de 1890, um grande número de contribuintes locais havia se interessado em atender os viajantes da classe trabalhadora, o que estabeleceu firmemente o "nível social" de Blackpool (Perkin, 1976: 187). A principal exceção a esse padrão foi encontrada na área conhecida como North Shore, onde a Blackpool Land, Building and Hotel Company adquiriu o controle de três quartos de uma milha[29] à beira-mar e planejou cuidadosamente um empreendimento socialmente selecionado e coerente (ver Walton, 1978: 70-1) [ver a figura 4, p. 322]). Durante o século XIX, Southport de fato prosperou mais do que Blackpool, com uma população maior ainda em 1901 (Perkin, 1976: 186).

Portanto, as diferenças no nível social de balneários (a hierarquia de balneários) são explicáveis em termos da intersecção entre os padrões de propriedade da terra e a atratividade cênica. Os lugares que acabaram por se tornar balneários da classe trabalhadora, ou que poderiam ser descritos como balneários industriais vinculados a determinada cidade industrial, eram aqueles que geralmente possuíam terras altamente fragmentadas em meados do século XIX e uma paisagem cênica relativamente indesejada. Esses balneários se desenvolveram como lugares bastante baratos para visitar, com a resultante infraestrutura turística para atender a um mercado de massa de classe operária, normalmente derivada de uma vila ou cidade industrial específica. À medida que o mercado se desenvolvia, os turistas com mais dinheiro iam para outros lugares em busca de acomodações, nível social e olhar turístico superiores. Viajar nas férias

---

29. Aproximadamente 1,6 quilômetro. [N.T.]

é uma forma de consumo conspícuo em que as atribuições de *status* são feitas com base no *local* em que se ficou e que depende em parte de como são as outras pessoas que também ficam lá. A atratividade de um lugar e, portanto, sua localização na hierarquia de balneários também dependem de *quantas outras* pessoas se hospedam no mesmo local e, principalmente, de quantas outras pessoas são parecidas com você.

Houve algumas diferenças interessantes entre o sul e o norte da Grã-Bretanha, no século XIX, quanto ao tipo de viagem de férias que se tornou mais popular em cada uma dessas regiões (Walton, 1981). No sul, as excursões de um dia eram mais populares e costumavam ser organizadas pelas empresas ferroviárias, grupos de interesse nacionais, como o National Sunday League, ou empresas comerciais como Thomas Cook (ver Farrant, 1987, sobre o desenvolvimento de balneários na costa sul de "Londres à beira-mar"). Esta organização foi fundada em 1841, quando Thomas Cook fretou um trem de Leicester para Loughborough para um encontro sobre a temperança (Brendon, 1991). Sua primeira excursão de lazer foi em 1844 e o "pacote" incluía um guia para lojas recomendadas e locais de interesse histórico que mereciam ser "objeto de contemplação". Cook escreveu com eloquência sobre as vantagens do turismo de massa e da democratização das viagens:

> Mas é muito tarde, nestes dias de progresso, para falar essas bobagens sobre exclusividade [...]; as ferrovias e os barcos a vapor são o resultado da luz comum da ciência e destinam-se ao povo [...]. Os melhores homens e as mentes mais nobres regozijam-se ao ver o povo seguir suas rotas de prazer já desbravadas. (citado em Feifer, 1985: 168-9)

O interessante é que, entre os que compravam os pacotes de Cook para o continente europeu, a quantidade de mulheres era consideravelmente superior à de homens. Na restritiva Grã-Bretanha vitoriana, Thomas Cook proporcionava uma notável oportunidade para as mulheres (muitas vezes solteiras) viajarem desacompanhadas pela Europa. O imenso significado organizacional e sociológico de Thomas Cook é bem resumido por Younger:

Sua originalidade residia em seus métodos, sua capacidade quase infinita de enfrentar problemas, sua aguda percepção das necessidades de seus clientes [...]. Ele inventou o agora universal sistema de cupons e, em 1864, mais de um milhão de passageiros passaram por suas mãos. (1973: 21; Urry, 2007)

No norte da Inglaterra, as associações de voluntários foram importantes na evolução do movimento em torno das férias. *Pubs*, igrejas e clubes costumavam contratar um trem para excursão ou férias e ofereciam a seus membros facilidades de pagamento. A proximidade de amigos, vizinhos e líderes locais proporcionava segurança e controle social. Assim, um grande número de pessoas bastante pobres se viu em condições de tirar férias, passando noites longe de casa. Logo se estabeleceu o padrão de viajantes de férias que retornavam repetidamente ao mesmo alojamento, no mesmo balneário. Blackpool, com sua alta proporção de proprietárias nascidas em Lancashire, gozava de considerável vantagem a esse respeito. Os clubes de férias tornaram-se bastante comuns em muitas áreas da região industrial de Lancashire, embora continuassem sendo uma raridade em outros lugares. Walton resume bem o que aconteceu no final do século XIX na área industrial de Lancashire:

As comunidades fabris, desde cedo incentivadas pelos patrões e por agências de autoaperfeiçoamento, criaram, assim, seu próprio sistema de organização de férias no final do século XIX. Cada família conseguia financiar suas próprias férias sem assistência vinda de cima. O sistema original de férias de Lancashire baseou-se, portanto, na solidariedade da classe trabalhadora, ao manter e ampliar as férias habituais, e na cooperação e assistência mútua para fazer pleno uso delas [...]. Somente em Lancashire [...] obteve-se um equilíbrio entre a sobrevivência dos feriados tradicionais e a disciplina do trabalho industrial. Somente ali cidades inteiras saíam de férias e encontravam balneários capazes de atender a suas necessidades. (1978: 39)

Esse padrão era encontrado principalmente na indústria têxtil algodoeira, em parte devido à grande quantidade de mulheres empregadas. Isso significava renda familiar mais elevada e maior interesse por formas de lazer que se baseavam menos nos homens e mais nas famílias (ver Walton, 1981: 253). Em outros lugares, afirma Walton, "um apego excessivo às férias e formas de trabalho habituais retardou o desenvolvimento das férias à beira-mar da classe trabalhadora em grande parte da Inglaterra industrial" (1981: 263).

Na verdade, esse foi um período em que muitos outros eventos de lazer foram organizados – houve uma infinidade de tradições inventadas entre 1870 e 1914, muitas vezes promovidas e consagradas pelo patrocínio da Coroa. Os exemplos incluem o Torneio Real em 1888, os primeiros jogos de equipes universitárias em 1872, o primeiro concerto Promenade de Henry Wood em 1895, os Jogos Highland (patrocinados pela Coroa a partir de 1852), entre outros. Como argumenta Rojek, no final do período vitoriano/eduardiano houve um sistema reestruturado de regulamentação moral, que envolvia não a negação dos prazeres, mas seu cultivo. Nesse processo, os espetáculos nacionais tiveram um papel fundamental, de forma mais extraordinária durante o desfile *Trooping the Colour* no Horse Guards Parade[30] (ver Rojek, 1993: cap. 2; McCrone, 1998). Participar pelo menos uma vez desses eventos de entretenimento passou a ser uma parte importante do sentimento emergente de identidade britânica no final do século XIX, cada vez mais derivado das atividades de *lazer* do povo.

No período entre guerras, muitos acontecimentos afetaram o olhar do turista na Grã-Bretanha. Em primeiro lugar, em 1939, o número de proprietários de carros ultrapassou 2 milhões. Além disso, generalizou-se o transporte por ônibus e a ideia de fazer passeios pelo interior (Light, 1991).

Em segundo lugar, houve o considerável crescimento do transporte aéreo, com mais de 200 milhões de milhas voadas em 1938. Isso foi, em parte, consequência do incentivo sistemático do que Adey chama de "mentalidade aérea" (2006).

Em terceiro lugar, houve o desenvolvimento de novas organizações como o Touring Club dos Ciclistas, a Associação Cooperativa de Férias, a organização de Sir Henry Lunn, o Touring Club da França, a União

---

30. Trata-se de uma grande parada em Whitehall, no centro de Londres, onde se realiza anualmente a cerimônia *Trooping the Colour*, que comemora o aniversário oficial da rainha. [N.T.]

Internacional de Organizações Oficiais de Propaganda Turística[31], a Associação de Albergues da Juventude (*hostels*), o Clube de Camping da Grã-Bretanha etc.

Em quarto lugar, houve o desenvolvimento inicial dos acampamentos de férias, começando com o acampamento da Ilha de Man, organizado por Joseph Cunningham em 1908, e culminando com o luxuoso acampamento Skegness, sob a direção de Billy Butlin, aberto em 1936 (Ward e Hardy, 1986).

Em quinto lugar, houve uma atração crescente por viagens de barco e principalmente por cruzeiros de lazer que, na época, eram suntuosos palácios de consumo e diversão no mar (Walton, 2000; Stanley, 2005).

Finalmente, houve um forte crescimento do movimento de férias remuneradas, culminando na Lei de Férias de 1938, embora grande parte disso só tenha entrado em vigor após 1945 (Walvin, 1978: cap. 6). Sir Walter Citrine, apresentando evidências para a Comissão Parlamentar sobre o Trades Union Congress (TUC)[32], declarou que sair de férias "é um fator crescente na vida da classe trabalhadora. Acho que a maioria das pessoas aprecia agora a necessidade de uma mudança completa de ambiente" (citado em Brunner, 1945: 9).

No geral, Brunner defendia que, apesar de tudo, o balneário à beira-mar continuava sendo a Meca para a grande maioria dos ingleses que partiam de férias, durante todo esse período. De fato, ele afirmou que tais balneários eram "essencialmente próprios deste país, mais numerosos e altamente especializados em sua função como balneários do que os existentes em qualquer outro lugar" (1945: 8). As férias à beira-mar ainda eram a forma predominante de férias na Grã-Bretanha até a Segunda Guerra Mundial e se expandiram mais rapidamente do que qualquer outro tipo de férias no período

---

31. Esta organização (The International Union of Official Organization for Tourist Propaganda) nasceu em 1924, sendo sucedida pela International Union of Official Travel Organizations (IUOTO) em 1947. Composta por mais de 100 organizações de turismo de vários países com o propósito de "estimular e aumentar o livre fluxo de pessoas pelo interesse do desenvolvimento econômico e para reforçar as relações sociais e culturais". Em 1963, a ONU reconheceu um "*status* consultivo" à IUOTO, até que, em 1975, foi criada a Organização Mundial do Turismo (OMT), com sede atual em Madrid (cf. A. K. Bathia, *Tourism Development: Principles and Practices*, New Delhi: Sterling Publishers, 2002).

32. Federação sindical do Reino Unido, fundada em 1868, congregando a maior parte dos sindicatos. [N.T.]

entreguerras (ver Walvin, 1978: 116-18; Walton, 2000). Assim, durante a Segunda Guerra Mundial, houve uma ampla aceitação da visão de que sair de férias era bom e constituía a base da renovação pessoal. As férias quase haviam se tornado uma marca de cidadania, um direito ao prazer. Em torno desse direito desenvolveu-se na Grã-Bretanha uma ampla infraestrutura de serviços especializados, principalmente nesses balneários. Todo mundo tinha direito aos prazeres do olhar do turista à beira-mar.

A próxima seção detalha como esse olhar veio a ser organizado em vários balneários, a começar por uma estância da classe trabalhadora, Morecambe, situada no noroeste da Inglaterra, ao sul do Lake District [ver a figura 3, p. 321]. Por conseguinte, diferentes balneários passaram a se especializar em fornecer o olhar do turista e serviços relacionados para grupos distintos na hierarquia social.

"BRADFORD À BEIRA-MAR", PRAIAS E BANGALÔS

Até meados do século XIX, quase todas as grandes estâncias balneárias inglesas localizavam-se no sul do país, perto dos clientes de classe média e das fontes de financiamento (King, 1984: 70-4). Somente esses balneários podiam atrair visitantes de um mercado nacional. Os balneários afastados da costa sul precisavam contar com um mercado local ou regional. Porém, no início do século XX, isso mudou drasticamente. Foi no norte da Inglaterra, e especialmente nas cidades têxteis de Lancashire, que as férias da classe trabalhadora foram pioneiras no final do século XIX:

> Foi aqui que as férias à beira-mar, em contraste com as excursões de um dia, tornaram-se uma experiência de massa durante o último quartel do século XIX. Em outros lugares, mesmo em Londres, o processo foi mais lento e desigual. Mas a demanda da classe trabalhadora tornou-se o gerador mais importante de crescimentos de balneários no norte da Inglaterra no final da era vitoriana. (Walton, 1983: 30-1)

Uma série de grandes balneários desenvolveu-se no norte da Inglaterra. Em 1911, Blackpool já havia se tornado o quinto maior balneário do país, enquanto Lytham, Morecambe, Southport e St Anne's mostravam um significativo crescimento populacional. Portanto, esse foi um período que "presenciou a rápida e enfática ascensão do balneário especializado na classe trabalhadora" (Walton, 1983: 67). Comparado com o período anterior, os balneários que cresciam com maior rapidez eram muito mais dispersos por toda a Grã-Bretanha.

"Morecambe [...] tentou se tornar um balneário seleto e terminal de passageiros para os homens de negócios de West Riding, mas, em vez disso, tornou-se o Blackpool dos habitantes de Yorkshire" (Perkin, 1976: 104; Quick, 1962). Uma condição essencial para o crescimento do balneário de férias da classe trabalhadora eram os fortes laços comunitários presentes nos centros industriais do norte da Inglaterra (Walton, 1978: 32). Mas Morecambe não poderia competir com Blackpool pela maior parte do negócio de férias de Lancashire porque muito antes este último desenvolvera uma infraestrutura turística mais robusta. Blackpool ficava bem mais perto das vilas e cidades em rápida expansão no sul e leste de Lancashire e, portanto, atraía um grande número de excursionistas de um dia. Depois que um balneário estabelecia uma influência sobre seu interior industrial, era pouco provável que sua posição fosse ameaçada, pois as visitas a ele tornavam-se parte de uma tradição ou um caminho obrigatório dos viajantes em férias. Os balneários que se desenvolveram mais tarde, como Bournemouth ou Skegness, conseguiram fazê-lo por não terem concorrentes óbvios ou similares em sua proximidade (Walvin, 1978: 161).

No caso de Morecambe, na segunda metade do século XIX ficou claro que o balneário não conseguiria competir com Blackpool pelos viajantes em férias provenientes de Lancashire. Em 1884, Ralph Darlington, vereador e proprietário de minas de carvão em Wigan, declarou ao Comitê da Câmara dos Comuns que "Morecambe não goza de nossa estima como estação de águas. Eu diria até que não o é, de forma nenhuma" (citado em Grass, 1972: 6). Do mesmo modo, em 1889, Thomas Baxter, presidente do Conselho de Saúde de Morecambe, observou que "não havia dúvida de que Blackpool sempre esteve em vantagem para atrair os turistas de Lancashire" (*Observer*, 11 de outubro de 1889).

A incapacidade de Morecambe para competir pelo mercado de férias de Lancashire, combinada com a ligação ferroviária com as cidades algodoeiras de Yorkshire, fez com que muitos visitantes viessem de Leeds e Bradford. Isso ocorreu porque as conexões com Yorkshire se estendiam não apenas ao negócio de férias, mas também aos padrões de migração. Muitas pessoas de Yorkshire, trabalhadores e patrões, foram morar em Morecambe, e parte delas viajava diariamente para Bradford ou Halifax (Perkin, 1976: 190). O primeiro prefeito da nova Corporação, Alderman E. Barnsbee, era um habitante de Bradford que se aposentou em Morecambe. Além disso, Morecambe não era o único destino de férias para os moradores de West Riding. Ele tinha de enfrentar considerável competição com os balneários da costa leste, em Yorkshire e Lincolnshire. Ainda assim, tornou-se cada vez mais popular. Um correspondente do *Daily Telegraph* escreveu em 1891:

> Aquilo que Margate representa para o *cockney*[33] médio, Morecambe representa para o homem vigoroso de Yorkshire e amante da saúde. É reconhecido por todos que Morecambe é o verdadeiro Yorkshire até a medula [...]. Os homens, os rapazes e as moças de Yorkshire optaram por colonizar e popularizar esta estação de águas jovial, chuvosa, varrida pelos ventos e que traz saúde a todos. (citado em Grass, 1972: 10)

Além disso, no período entreguerras, um lorde prefeito de Bradford proclamou que "a maioria dos cidadãos de Bradford, para não falar das crianças, gostava de passar parte do seu tempo de lazer nesta maravilhosa estância de saúde" (*Visitor*, julho de 1935, Lembrança do Jubileu de Diamante).

Morecambe, no entanto, não atraiu tantos visitantes da classe média como esperado. Isso ocorreu, em parte, porque os líderes da cidade não puderam impedir o crescimento do número de excursionistas de um dia, descritos pelo *Lancaster Guardian* como uma "multidão desordeira e

---

33. O termo *cockney* refere-se a um grupo de pessoas nascidas no East End em Londres, com cultura, costumes e linguagem bem característicos. É o segundo sotaque mais conhecido do inglês britânico. [N.T.]

barulhenta" (22 de agosto de 1868), e em parte porque muitas casas relativamente pequenas (em geral, casas dos fundos) impossibilitaram interromper a abertura de novas pensões e pequenos hotéis que ofereciam acomodações para os visitantes menos abastados, sobretudo os que vinham do oeste de Yorkshire. Travaram-se grandes discussões entre os defensores da "respeitabilidade", que foram organizadas pelo Conselho de Saúde até 1804 e pelo Conselho do Distrito Urbano depois disso, e os que promoviam o "consumo de férias em massa", como as grandes empresas de entretenimento. Em um editorial de 1901, o *Visitor* apoiou o último grupo com o argumento de que, em uma cidade "sem banda pública, sem parques públicos, sem píeres mantidos por impostos", eles "fizeram seu trabalho atendendo admiravelmente aos visitantes nesta temporada" (2 de outubro de 1901). No final da década de 1890, os defensores do desenvolvimento comercial venceram a discussão e as tentativas do Conselho do Distrito Urbano de manter a "respeitabilidade" fracassaram. O *Daily Telegraph* resumiu o que era Morecambe em 1891: "Pode ser que, para as pessoas exigentes, Morecambe, um lugar simples, seja um pouco primitivo e ligeiramente marcado pela vulgaridade. Porém, jamais enfadonho" (citado em Perkin, 1976: 191).

Nos últimos anos do século XIX ocorreu uma série de situações: um rápido aumento da população (mais de 10% ao ano); considerável aumento de capitais aplicados, especialmente em grandes instalações, incluindo uma torre giratória; e um amplo crescimento das acomodações em pousadas e hotéis (ver Denison-Edson, 1967).

Contudo, sua prosperidade dependia do grau de prosperidade no oeste de Yorkshire. Quando Bradford e principalmente a indústria da lã iam bem, então Morecambe parecia prosperar. Conforme notou o *Observer* em 1883: "quando o comércio de Bradford está em baixa, deixa-se de ir para 'Bradford à beira-mar'" (25 de maio). Além disso, Morecambe permaneceu prisioneira das empresas ferroviárias e da qualidade e quantidade dos serviços de trens prestados.

No período entreguerras, Morecambe foi bem-sucedida, em parte porque houve um grande crescimento de férias remuneradas para quem trabalhava e em parte porque a maioria das férias ainda era gozada à beira-mar e as famílias eram transportadas para lá por trem e, em menor grau, por ônibus. Representantes de Morecambe defendiam que todos os trabalhadores deveriam receber férias remuneradas de uma semana (*Visitor*, 22 de janeiro de 1930). Em 1925, havia dois *campings* de férias em Heysham, que fazia parte do mesmo município. Morecambe teve um considerável crescimento anual de sua população: 3,8% durante a década de 1930 (Denison-Edson, 1967: 28). As décadas de 1930 e 1940 foram particularmente prósperas, com a câmara municipal investindo pesado em novos objetos destinados ao olhar do turista, um exemplo de como um conselho conservador podia praticar um "conservantismo municipal".

Agora descreveremos brevemente dois outros balneários a título de comparação: Brighton, na costa sul, e Birchington, em Kent. Cada um deles foi o primeiro em sua região a desenvolver novos objetos para o olhar do turista à beira-mar: Brighton com a primeira praia dedicada ao prazer, e Birchington com os primeiros bangalôs.

Nós já comentamos o grande desenvolvimento inicial de Brighton durante o século XVIII. A praia era considerada um local de tratamento médico e gerenciada por "mergulhadoras", as mulheres responsáveis pelos banhos de imersão (ver Shields, 1990: cap. 2). Em meados do século XIX, essa praia para fins terapêuticos foi substituída por uma praia para lazer, que Shields caracteriza como uma zona liminar, uma forma de fugir dos padrões e ritmos da vida cotidiana. Essa zona apresentava uma característica adicional, a do carnaval, quando a praia ficava lotada e barulhenta, cheia de uma mistura social imprevisível, que envolvia a inversão de hierarquias sociais e códigos morais. No carnaval medieval clássico, o corpo grotesco se contrapunha ao corpo disciplinado do decoro e da autoridade; no carnaval de férias do século XIX, o corpo grotesco era desavergonhadamente desnudo e exposto ao olhar dos outros. Literalmente, os corpos grotescos passaram a ficar cada vez mais afastados da visão real e contemplados através de representações comercializadas, especialmente o cartão-postal vulgar. Shields resume o carnaval da praia tornado apropriado ao prazer:

> É esse corpo impudico, atrevido e indisciplinado que constitui o símbolo mais tocante do carnavalesco [...], o corpo exposto das convexidades e orifícios, invadindo o espaço corporal das outras pessoas, [que] ameaça escapar, transgredir e transcender as circunscrições do corpo. (1990: 95)

Brighton foi o primeiro balneário onde a praia foi construída como um local de prazer, de mistura social, de inversão de *status*, de carnaval. Essa é uma das razões pelas quais, nas primeiras décadas do século XX, o local desenvolveu uma reputação de excessos sexuais e, sobretudo, de "fins de semana obscenos". Isso se tornou parte da imagem de Brighton, embora a praia não funcione mais como local do carnavalesco.

Enquanto as associações de classe de Brighton eram com a realeza e a aristocracia, os balneários em Kent, em meados do século XIX, estavam associados à nova classe média (King, 1984: 72-8). A crescente classe média profissional instalava-se cada vez mais em Cliftonville e Westgate. Neste último, todas as vias eram privadas e somente casas isoladas eram permitidas. Os primeiros bangalôs na Grã-Bretanha foram construídos em 1869-70 em Westgate e, mais amplamente, em Birchington em 1870-3, logo ao lado (King, 1984: 74). Até que isso acontecesse, não havia uma construção especializada de casas à beira-mar. De fato, nas antigas aldeias de pescadores, as casas costumavam ser construídas de costas para o mar, como em Ravenglass, no Lake District. O mar estava lá para pescar, não para ser objeto de contemplação. Os balneários do século XIX eram lugares públicos, com edificações públicas bem definidas, como salas de reuniões, passeios e jardins públicos, salões de dança etc. As zonas residenciais eram semelhantes às encontradas em cidades do interior, sem caracterização própria.

Em contraste, o desenvolvimento do bangalô como forma especializada de habitação à beira-mar resultou da maior atração de visitantes. Não por razões estritamente médicas, mas pelo ar revigorante e pelas belas paisagens, pela demanda cada vez maior por parte de setores da classe média por acomodações bem afastadas de outras pessoas, pela possibilidade de contemplar o mar em relativa solidão e pela crescente popularidade da natação em oposição aos banhos de imersão – em consequência, pela percepção da necessidade de se contar com acesso semiprivado para a família inteira, sobretudo para as crianças. Birchington, aparentemente, satisfazia essas condições. Não havia instalações públicas, mas uma orla marítima atraente para a construção de casas. Os primeiros bangalôs tinham uma aparência rural e ofereciam contrastes atraentes com o urbano, e túneis podiam ser construídos para fazer a ligação direta de cada bangalô com a praia. No século XX, houve uma ampla bangalomania à beira-mar, de tal modo que, em certo sentido, no século XX o bangalô é o litoral inglês. À medida que se tornou habitação da classe média baixa, suas características boêmias anteriores desapareceram, ele saiu de moda e passou a ser objeto de considerável hostilidade quanto ao *status* (ver King, 1984: cap. 5). Isso mostra ainda como as estâncias balneárias são lugares em que houve disputas em torno da composição socioeconômica e do capital cultural de seus frequentadores.

CONCLUSÃO

Examinamos neste capítulo as origens no século XIX dos balneários ingleses à beira-mar. Tentamos mostrar como foi bem característico esse desenvolvimento. As estâncias balneárias foram os primeiros lugares para onde a classe trabalhadora industrial em rápido crescimento se dirigia em busca de lazer e prazer, geralmente com outras pessoas do mesmo espectro de classe. Elas deixavam para trás, mesmo que por apenas um dia ou uma semana, vilas e cidades industriais, locais de trabalho árduo, poluição da água e do ar, graves problemas de saúde e falta de estímulo visual. Os balneários ofereciam alguns contrastes notáveis à medida que o olhar coletivo do turista criava raízes improváveis nesses espaços à beira-mar. Tais lugares passaram, então, a ser refeitos e revistos como locais de atração visual, lugares à margem, mas cada vez mais centrais para a crescente economia dos signos de uma economia industrial.

O século XX, em seguida, deu início a impressionantes transformações adicionais do olhar do turista. Lugares à beira-mar surgiram em todo o mundo, tomando como modelo esses primeiros balneários de massa, mas desenvolvendo uma pluralidade de novos recursos e características para serem objetos do olhar, como examinaremos no restante deste livro. Em alguns casos, essas primeiras estâncias passaram a ser consideradas antiquadas e ultrapassadas, à medida que a competição entre os lugares a serem vistos foi primeiramente nacionalizada e a seguir internacionalizada.

3. ECONOMIAS

INTRODUÇÃO

As relações entre o olhar do turista e toda a cadeia que se desenvolve para atendê-lo são complexas. A maior parte dos serviços turísticos é prestada no momento e no lugar em que é produzida, embora haja algumas exceções. Assim, a qualidade da interação entre o prestador de serviço – como o garçom, o comissário de bordo, o guia turístico ou o recepcionista do hotel – e os consumidores é parte do produto adquirido pelos turistas. Se determinados aspectos dessa interação social forem insatisfatórios (o garçom desajeitado, o comissário de bordo carrancudo ou o recepcionista pouco gentil), o que é comprado passa a ser um produto diferente. Um grande problema resulta do fato de que a produção de tais serviços destinados ao consumidor não pode ser inteiramente realizada nos bastidores, longe do olhar dos turistas, que não conseguem deixar de presenciar certos aspectos deste setor que está tentando servi-los. Além disso, os turistas tendem a alimentar grandes expectativas em relação ao que deveriam receber, já que sair de férias é um acontecimento dotado de significado e antecipado pela publicidade e marketing das organizações turísticas. As pessoas procuram o extraordinário, de modo que criticarão se os serviços parecerem solapar essa qualidade. Essas expectativas de qualidade do serviço são especialmente pronunciadas no caso dos viajantes internacionais a negócios (ver Beaverstock *et al.*, 2010).

Uma consequência disso é que os serviços não podem ser fornecidos em qualquer lugar; eles precisam ser produzidos e consumidos em locais específicos. Parte do que é consumido é, com efeito, o lugar em que os prestadores de serviços estão localizados. Se o local específico não transmitir significados culturais apropriados e não exibir características visuais memoráveis, a qualidade do serviço específico poderá ficar comprometida. Existe, portanto, uma fixidez espacial fundamental no que diz respeito aos serviços turísticos.

Em anos recentes, houve um enorme aumento da concorrência para atrair turistas. Assim, enquanto os prestadores são, em grande parte, fixos em termos espaciais, na medida em que precisam fornecer serviços específicos em locais específicos, os consumidores são móveis, capazes de consumir os serviços turísticos, até certo ponto, em uma base global. O setor é inevitavelmente competitivo, já que quase todos os lugares do mundo podem muito bem atuar como objeto do olhar do turista. Há também uma fixidez temporal crucial em alguns serviços. Muitos serviços (como o de refeições quentes) precisam chegar em um tempo muito específico, e cada encontro de serviço é sempre um momento da verdade. Os serviços são performances do aqui e agora (ver capítulo 4). Um serviço que não chega no momento certo muito provavelmente será considerado um serviço ruim. Além disso, os serviços têm uma imprevisível vida após a morte, serviços bons ou ruins podem permanecer na memória e viajar pelo mundo através de conversas sobre viagens e comentários na internet. Qualquer momento de serviço ruim pode voltar a assombrar esse lugar no futuro.

A ênfase na qualidade da interação social entre prestadores e consumidores dos serviços turísticos significa que o desenvolvimento dessa indústria não se explica simplesmente por determinantes econômicos. Como mostramos mais adiante, também é necessário examinar um conjunto de mudanças sociais e culturais que transformam as expectativas das pessoas sobre o que desejam olhar, que significado deve ser atribuído a esse olhar, e que efeitos isso tem sobre os provedores de importantes serviços turísticos. Essa indústria tem normalmente exigido níveis consideráveis de envolvimento e investimento públicos, e nos últimos anos isso tem aumentado, já que quase todos os lugares tentam construir ou reforçar sua posição como objetos preferidos do olhar do turista. A economia do turismo não pode ser separada da análise dos desenvolvimentos culturais, gerenciais e políticos examinados mais adiante neste livro, assim como o trabalho na indústria turística não pode ser compreendido como separado das expectativas sociais que cercam a complexa prestação de serviços. As relações de trabalho no setor de turismo são significativamente definidas em termos sociais.

Este capítulo trata de alguns desdobramentos na dinâmica economia política e cultural do turismo. Identificamos uma mudança do fordismo para o pós-fordismo durante as últimas décadas e, em seguida, exemplificamos o fenômeno com discussões recentes das noções correlatas de "economia da experiência", "mcdonaldização" e "disneyficação".

FORDISMO E PÓS-FORDISMO

Começamos com a análise clássica de Campbell sobre o caráter do consumo (1997). Ele argumenta que sonhar acordado e antecipar são fundamentais para o consumismo moderno. Os indivíduos não buscam a satisfação simplesmente com produtos, com sua escolha, compra e uso real. Na verdade, a satisfação provém da antecipação, da busca imaginativa pelo prazer. A motivação básica das pessoas para o consumo não é simplesmente materialista. As pessoas procuram vivenciar na realidade os enredos agradáveis que já vivenciaram em sua imaginação. No entanto, como a realidade jamais poderá proporcionar a versão aperfeiçoada dos prazeres com que o indivíduo se depara nos devaneios, cada compra leva à desilusão e ao desejo por produtos e serviços sempre novos. Existe uma dialética de novidade e insaciabilidade no cerne do consumismo contemporâneo.

Para Campbell, o "hedonismo imaginativo" parece ser uma característica relativamente autônoma das sociedades modernas e separada de dispositivos institucionais específicos, tais como a propaganda ou modos particulares de emulação social (1987: 88-95). Ambas as alegações, porém, são duvidosas em geral, mas particularmente em relação ao turismo. É difícil pensar na natureza do turismo contemporâneo sem considerar como tais atividades são construídas na imaginação das pessoas através da publicidade e da mídia, e através da competição entre diferentes grupos sociais utilizando diferentes tipos de capital (ver Selwyn, 1996, sobre imagens do turismo). Se Campbell estiver certo em argumentar que o consumismo contemporâneo envolve a busca do prazer, então o turismo é certamente o caso paradigmático. O turismo envolve necessariamente os devaneios e a antecipação de experiências novas ou diferentes daquelas normalmente encontradas na vida cotidiana. Mas esses devaneios não são autônomos; eles envolvem a influência da publicidade e de outros conjuntos de signos gerados pela mídia, muitos dos quais se relacionam com processos complexos de emulação social, como mostraremos mais adiante.

Outro problema na análise de Campbell, que não deixa de ser útil, é que ele trata o consumismo moderno como se fosse historicamente imutável. Ele deixa assim de abordar o caráter mutável do consumo e as possíveis transformações paralelas na natureza da produção capitalista (o consumo é empregado aqui no sentido de "compra" e não pressupõe que não haja "produção" no ambiente doméstico). No entanto, muitos autores argumentam que ocorreu uma mudança profunda nas sociedades contemporâneas, envolvendo a troca do capitalismo organizado pelo desorganizado (Lash e Urry, 1987, 1994). Outros escritores caracterizam isso como uma mudança do fordismo para o pós-fordismo e, em especial, do consumo de massa para padrões de consumo mais individualizados (Piore e Sabel, 1984; Harvey, 1989; Poon, 1989, 1993).

Porém, esse lado consumista da análise é pouco desenvolvido, indicando o viés produtivista de grande parte da literatura sobre este ponto. Para lidar com isso, definimos agora dois tipos ideais de consumo de massa fordista e de consumo diferenciado pós-fordista.

Consumo de massa: aquisição de mercadorias produzidas em condições de produção de massa; uma taxa alta e crescente de gastos com produtos destinados ao consumo; produtores individuais tendendo a dominar determinados mercados industriais; produtores, em vez de consumidores, como dominantes; mercadorias com pouca diferenciação entre si por moda, estação e segmentos específicos de mercado; e escolha relativamente limitada – o que existe tende a refletir os interesses dos produtores, sejam eles privados ou públicos. Esse sistema foi utilizado por Thomas Cook, que historicamente popularizou o turismo através do consumo de massa, ou o que poderíamos chamar de cookismo ao invés de fordismo. Thomas Cook percebeu que o turismo de massa tinha que ser *social e materialmente* inventado e organizado através da experiência do produtor. Em consequência de várias inovações do sistema, Cook transformou a viagem individual cara, arriscada, imprevisível e demorada em uma atividade social altamente organizada, sistematizada e previsível para as massas, baseada no conhecimento de especialistas. Dentre as primeiras inovações de Cook, podemos citar: sistemas de emissão de bilhetes, informação, passeios guiados, reservas por bloqueio, passagens de trens promocionais e a coleta e entrega organizada de bagagens (Brendon, 1991).

Consumo pós-fordista: envolve o consumo, e não a produção, como dominante, com as despesas do consumidor aumentando como proporção da renda nacional; novas formas de crédito que permitem aumentar os gastos do consumidor com altos níveis de endividamento; mercantilização de muitos aspectos da vida social; diferenciação muito maior dos padrões de compra por diferentes segmentos de mercado; maior volatilidade das preferências do consumidor; crescimento de um movimento dos consumidores e a politização do consumo; reação dos consumidores contra fazer parte de uma massa e a necessidade de os produtores serem mais voltados ao consumidor, principalmente no caso do setor de serviços; desenvolvimento de mais produtos, cada um tendo uma vida mais curta; novos tipos de mercadorias mais especializadas e baseadas em formas de produção não massivas (produtos chamados de naturais, por exemplo); e especial atenção ao desenvolvimento do valor do signo e da marca.

Embora alguns padrões de consumo interpenetrem essa divisão, as sociedades ocidentais têm amplamente se deslocado do primeiro para o segundo tipo. Esta mudança está refletida no caráter mutável do turismo contemporâneo (ver Poon, 1993; Urry, 1995a). Na Grã-Bretanha, o acampamento de férias constituiu o exemplo por excelência da viagem de férias fordista. Na mudança em direção ao pós-fordismo, tais acampamentos foram renomeados como "centros" ou "mundos de férias" e agora se apresentam como lugares de "escolha", "independência" e "liberdade". Demonstraremos em capítulos posteriores que muitas outras mudanças estão ocorrendo nas férias contemporâneas, com características amplamente pós-fordistas. Essas modificações foram caracterizadas por Poon como a mudança do "velho turismo", que envolve pacotes de viagens e padronização, para o "novo turismo", que é segmentado, flexível e personalizado (1993). Algumas dessas mudanças também estão transformando as relações *entre* o turismo e outras práticas culturais. No capítulo 5, examinamos o pós-modernismo, cuja característica essencial é a importância que se dá à diversão, ao prazer e à tematização. Mais adiante neste capítulo, analisaremos como a globalização produz mudanças adicionais na produção e no consumo de locais turísticos – especialmente pelo surgimento de marcas globais e da revolução web 2.0 da internet.

Primeiramente, porém, discutimos duas teorias contemporâneas influentes da produção e do consumo pós-industriais: a economia da experiência (Pine e Gilmore, 1999) e a disneyficação (Bryman, 2004). Ambos os conceitos destacam como as experiências personalizadas incomuns são fundamentais na economia de consumo pós-fordista.

A característica distintiva da economia da experiência é que os serviços precisam ser mais do que meros "serviços", que podem parecer chatos para o consumidor cada vez mais exigente. Os serviços precisam ser, de alguma forma, agradáveis e inesquecíveis; precisam ser "experiências", "reveladas ao longo de um período". Pine e Gilmore cunharam o termo "economia da experiência" em 1999 e argumentaram que a economia de serviços está se transformando em uma economia da experiência. A receita é obtida através da encenação e realização de experiências memoráveis, empolgantes e envolventes, em vez de fornecer serviços sob demanda do modo mais barato possível. Essa é uma transformação amplamente voltada ao consumidor, uma vez que se considera que os consumidores desejam serviços extraordinários. Em uma economia pós-fordista, as empresas precisam pensar em si mesmas como teatros, com seus funcionários atuando como artistas performáticos a fim de se envolver com os consumidores (Pine e Gilmore, 1999: 104). Os locais da prestação de serviços precisam ser imaginados e encenados como lugares afetivos, com atmosfera acolhedora, em que experiências memoráveis passam a ser "reveladas ao longo do tempo". Os prestadores de serviços devem, portanto, aprender a atuar, brincar, representar e encenar – não muito diferente do que ocorre com atores em um teatro. Eles não são mais provedores de benefícios, mas parte de um elenco que estimula sensações.

Curiosamente, Pine e Gilmore apresentam metáforas de teatro para a gestão e o design, argumentando que o resto da economia deveria aprender com Walt Disney e outras empresas de entretenimento, nas quais a questão central sempre esteve nas experiências (1999: 98). Em uma economia da experiência, totalmente aplicada, os clientes viajam, comem, compram e fazem reservas com empresas que, além de atender às necessidades e funções básicas do aqui e agora, as transformam em experiências pessoais e inesquecíveis que permanecem na memória (Pine e Gilmore, 1999: 99).

As ideias de Pine e Gilmore se espalharam rapidamente nos campos político e comercial como parte de um interesse mais amplo no desenvolvimento de uma nova "economia cultural" (Löfgren, 2003; Gibson e Kong, 2005; O'Dell e Billing, 2005). Os formuladores de políticas, planejadores urbanos e arquitetos, que buscam revitalizar lugares decadentes e explorar instituições culturais, como teatros e museus, as transformam cada vez mais em "paisagens de experiência" (Hayes e MacLeod, 2007). Os gestores de turismo e hospitalidade também adotam as ideias de Pine e Gilmore, a fim de desenvolver abordagens inovadoras para o desempenho dos serviços (Landry, 2006; Bell, 2007).

O conceito de disneyficação possui semelhanças com a economia da experiência. Isso porque os parques temáticos da Disney são a metáfora e o principal modelo dentro da noção de economia da experiência. Segundo Bryman, a "disneyficação se conecta com um mundo pós-fordista de variedade e escolha, em que os consumidores reinam supremos" (2004: 5). Essa é uma economia em que a variedade e a escolha do consumidor são fornecidas através da espetacular tematização da paisagem de serviços e pela transformação da prestação de serviços em eventos nos quais trabalhadores performáticos simultaneamente entretêm e tratam os consumidores como reis. A disneyficação é uma estratégia através da qual as empresas buscam aumentar o valor de bens e serviços transformando-os em experiências diferenciadas, fazendo magicamente com que o comum se torne extraordinário.

A noção de disneyficação difere da tese de mcdonaldização de Ritzer (2008). Este enfatiza como o consumo é homogeneizado e padronizado em todo o mundo, ou seja, é fordista. A mcdonaldização sugere que os turistas anseiam por experiências e serviços que sejam previsíveis, padronizados, isentos de riscos e calculáveis – exatamente como o Big Mac, não importa onde for servido. Segundo Bryman, a "disneyficação procura criar variedade e diferença, enquanto a mcdonaldização busca semelhança e similaridade. Ela troca a suavidade mundana das experiências de consumo homogeneizadas por experiências frequentemente espetaculares" (2004: 4; ver capítulo 4 sobre os parques da Disney).

No entanto, Bryman também destaca que alguns serviços e espaços de lazer contêm elementos de mcdonaldização e disneyficação. Muitos locais turísticos, como os resorts do tipo *all inclusive* (Edensor, 1998), pacotes turísticos (Haldrup e Larsen, 2010), cruzeiros (Weaver, 2005) e parques temáticos (Lukacs, 2008), misturam o previsível e padronizado com o pessoal e o experiencial. Além disso, uma mcdonaldização mais geral da sociedade como um todo tornou menos importante a necessidade de mcdonaldização das férias. Assim, se considerarmos as refeições padronizadas:

> No passado, uma das razões para os operadores de turismo oferecerem refeições padronizadas era que a comida disponível em qualquer local turístico era bastante incomum e imprevisível e, portanto, intragável para muitos turistas. Agora, porém, é seguro deixar os turistas sozinhos na maioria dos locais, pois aqueles que querem refeições padronizadas podem quase sem dúvida encontrá-las prontamente disponíveis no McDonald's local ou em uma loja de alguma outra cadeia internacional de restaurantes de *fast-food*. (Ritzer e Liska, 1997: 98)

GLOBALIZAÇÃO

O balneário inglês à beira-mar, examinado no capítulo anterior, entrou em relativo declínio em meados da década de 1960, no momento em que o turismo de massa, pelo menos na Europa, começou a se internacionalizar. Essa internacionalização significa que os padrões turísticos em uma sociedade específica não podem ser explicados sem examinar as situações que ocorrem na maioria dos outros países. Através da internacionalização, os locais turísticos de um país podem ser comparados com aqueles do exterior, principalmente via internet. Assim, quando as pessoas visitam um lugar em seu próprio país, estão na verdade optando por não visitar algum lugar no exterior. Todos os objetos em potencial do olhar do turista podem ser colocados em uma escala e comparados entre si, muitas vezes, agora, quase instantaneamente, por meio da televisão e da internet.

Uma consequência dessa globalização é que diferentes países, ou lugares diferentes dentro de um país, se especializam para fornecer tipos específicos de objetos para contemplação. Nas últimas duas ou três décadas, surgiu uma divisão internacional dos locais turísticos. A Grã-Bretanha se especializou em história e patrimônio, e isso afeta tanto o que os visitantes estrangeiros esperam ver, quanto o que atrai os residentes britânicos a passar seu tempo de férias no país. Além disso, essa internacionalização é mais desenvolvida na Grã-Bretanha que em alguns outros países. Isso se deve em parte ao anterior e inovador desenvolvimento do pacote de férias na Grã-Bretanha, e em parte ao fato de que já existiam muitos locais históricos para atrair um número significativo de turistas estrangeiros. Considerando que a economia do Reino Unido é, em geral, uma economia aberta, o mesmo vale para o turismo.

Os operadores turísticos sediados na Grã-Bretanha têm vendido seus pacotes de férias por preços mais baixos do que outros países europeus com os quais podem ser comparados. Nos anos 1980, na maioria dos hotéis da Espanha, de Portugal e da Grécia, eram os operadores de turismo britânicos que ofereciam o menor preço; as empresas britânicas eram eficazes na redução dos custos unitários e na geração de um enorme mercado para viagens internacionais no Reino Unido. Atualmente, existem cerca de 19 milhões de pacotes de férias vendidos a cada ano (em comparação com 8 milhões em 1983[34]). As férias com tudo incluído tiveram esse impacto na Grã-Bretanha em função do surgimento precoce de empresas integradas, as operadoras de turismo, que fizeram um uso combinado das tecnologias em desenvolvimento de transporte a jato com sistemas informatizados de reservas a partir da década de 1960.

---

34. Disponível em: www.telegraph.co.uk/travel/budgettravel/5130485/Return-of-the-package-holiday.html. Acesso em: 31 mar. 2010.

Com a formação do mercado único europeu, as operadoras de turismo na Europa passaram a atuar cada vez mais em cada um dos principais países. Isso aumentou a concorrência e reduziu o nível de concentração em uma única nação, além de aumentar as fusões e aquisições transfronteiriças. Também houve um aumento do nível de integração vertical, com as operadoras incorporando agências de viagens, hotéis e companhias aéreas (Chandler, 2000: D5-9).

Parece que com o aumento do tempo de lazer, as pessoas, principalmente os jovens, estão cada vez mais se afastando dos pacotes de férias padronizados e buscando muitas outras formas de atividades de lazer, incluindo viagens independentes (Desforges, 1998). Houve um aumento acentuado de compra apenas de passagens aéreas, em parte por causa da demanda por mais flexibilidade e em parte por causa do crescimento de propriedades no exterior (até a grande crise de 2008, com a redução nas viagens e algum aumento, aparentemente, nos pacotes de férias). Somente cerca de 10% dos visitantes estrangeiros na Grã-Bretanha adquiriram pacotes de férias com tudo incluído.

Barrett também sugere que alguma mudança para a viagem independente "se deve, em parte, à reação quanto aos pacotes de férias terem saído de moda'", que de fato mesmo na década de 1980 já não eram mais considerados de bom gosto ou estilosos (1989b). Entre 2003 e 2007, as reservas independentes de férias aumentaram de 21,7 milhões para 27,2 milhões, enquanto os pacotes estagnaram em torno de 19 milhões[35]. Isso aumentou ainda mais pela popularidade das companhias aéreas de baixo custo, como a Ryanair e a easyJet, operando com um modelo de negócios diferente, conforme discutido a seguir.

Além disso, as novas tecnologias, sobretudo as TICs[36], são de especial importância devido aos enormes problemas de informação e comunicação envolvidos no planejamento e na coordenação de ações à distância. Analisaremos agora o grande impacto que a internet tem sobre a economia política do turismo, sobretudo com a chamada web 2.0. Desde os primórdios da internet, indústrias de turismo, agências

---

35. Disponível em: www.telegraph.co.uk/travel/budgettravel/5130485/Return-of-the-package-holiday.html. Acesso em: 31 mar. 2010.
36. Tecnologias da Informação e Comunicação. [N.T.]

de viagem, operadores turísticos e companhias aéreas usam a internet para gestão interna e externa, planejamento, logística e comunicação, por um lado, e emissão de bilhetes, promoção de destinos, desenvolvimento de olhares turísticos apropriados e de mitos locais em sites para turistas, por outro lado (Buhalis e Law, 2008). Embora as compras na internet ainda não sejam muito difundidas[37] – exceto de produtos específicos, como livros –, reservas de hotéis e passagens aéreas são geralmente realizadas *online* (Pan e Fesenmaier, 2006; Xiang e Gretzel, 2009). Mais da metade dos dinamarqueses pesquisados em 2008 comprava regularmente passagens aéreas e/ou reservava quartos de hotéis *online*[38].

Schmallegger e Carson destacam como a internet é importante para o turismo em termos de promoção, distribuição de produtos, comunicação, gerenciamento e pesquisa (2008). No geral, a internet possibilita uma economia em rede, na qual os fornecedores do setor de turismo podem operar mais facilmente em escala global, dependem menos de intermediários tradicionais, como agentes de viagem, operadores turísticos e funcionários de *check-in*, e podem tornar o produto do turismo mais individual e flexível.

O crescimento excepcional das companhias aéreas baratas ilustra esses processos. Essas companhias cortam os preços dos voos através de reservas *online* em seus sites e, assim, vendem diretamente aos passageiros, sem a despesa de agentes de viagem. As companhias aéreas de baixo custo oferecem incentivos financeiros para a reserva *online* por conta própria, e não emitem passagens impressas (como a maioria das outras empresas atuais). Uma vez, brincando com o slogan da British Airways, "a companhia aérea favorita no mundo", a easyJet se apresentou como "a empresa aérea favorita na web". Em 2001, o site da Ryanair processou 75% de todas as suas reservas. Hoje, 97% dos passageiros da Ryanair fazem sua reserva *online* e 75% usam a internet para fazer o *check-in*. A Ryanair fechou todos os seus balcões de *check-in* nos aeroportos em 1º de outubro de 2000[39]. Nos

---

37. A terceira edição do livro original em inglês foi publicada em 2011, quando ainda não era tão usual a compra pela internet. [N.T.]
38. Disponível em: www.dst.dk/nytudg/14530. Acesso em: 4 maio 2010.
39. Disponível em: http://news.bbc.co.uk/2/hi/business/7903656.stm. Acesso em: 31 maio 2010.

terminais dos aeroportos, os turistas interagem cada vez mais com telas de internet sem rosto, em vez dos rostos mais ou menos humanos do setor do turismo. Podemos dizer que a prestação de serviços está se tornando cada vez mais informatizada em vez de pessoal.

Outro indicador da natureza em rede das economias do turismo é a proliferação dos sites internacionais de reservas pela internet, como Hotels.com, Expedia.com e Cheapflights.com. Esses sites são muito visíveis na internet quando se navega em busca de passagens aéreas ou hotéis baratos em todo o mundo. Tais "mecanismos de busca tornaram-se uma interface poderosa que serve como 'porta de entrada' para informações relacionadas com viagens, bem como um importante canal de marketing através do qual os destinos e as empresas de turismo conseguem alcançar e persuadir potenciais visitantes" (Xiang e Gretzel, 2009: 179). A Hotels.com é uma rede de reservas de hotéis (HRN, na sigla em inglês) sediada nos Estados Unidos, oferecendo aos consumidores quartos de hotéis com descontos nas principais cidades do mundo. Na Expedia.com é possível comparar preços de passagens aéreas, reservas de hotéis, aluguel de carros, cruzeiros, pacotes de férias e várias atrações em destinos específicos em grande parte do mundo. Como diz a Expedia.com:

> A Expedia oferece aos consumidores tudo o que eles precisam para pesquisar, planejar e comprar uma viagem completa. A empresa fornece acesso direto a uma das mais amplas seleções de produtos e serviços de viagem por meio de seu site na América do Norte, versões localizadas em toda a Europa e parcerias na Ásia. Atendendo a diversos segmentos de consumidores – de famílias reservando férias de verão a indivíduos que organizam um passeio rápido de fim de semana –, a Expedia oferece aos viajantes a possibilidade de pesquisar, planejar e reservar todas as suas necessidades de viagem. Os sites da marca Expedia contêm passagens aéreas, reservas de hotéis, aluguel de carros, cruzeiros e muitos outros serviços no destino, a partir de uma ampla seleção de parceiros[40].

---

40. Disponível em: www.expedia.com/default.asp. Acesso em: 2 maio 2010.

No Hotels.com e no Expedia.com, os viajantes adquirem o serviço diretamente através dos sites, sem ter contato com o provedor real do serviço. No Cheapflights.com, o cliente é redirecionado para os sites dos próprios prestadores de serviços.

Embora as indústrias do turismo sejam menos dependentes dos intermediários tradicionais, o poder e a presença dessas redes virtuais de reservas significam que os hotéis e as companhias aéreas precisam estar vinculados a esses *hubs*. Há uma nova dependência generalizada de intermediários ou sistemas técnicos onipresentes, sendo eles próprios marcas globais muito importantes na internet.

Os consumidores acham esses sites atraentes. Em primeiro lugar, são eficazes em termos de tempo, caso funcionem, pois os clientes só precisam consultar um desses portais em vez de pesquisar no Google e visitar vários endereços. Em segundo lugar, criam transparência, comparabilidade e escolha consciente em um mundo virtual de muitas opções e sites díspares, algo que tem caracterizado a internet desde o seu início. Cada busca por determinado serviço (por exemplo, um hotel em Varsóvia num certo fim de semana) produz uma relação de hotéis disponíveis, listando comodidades e incluindo fotografias, o preço específico para aquelas noites e uma classificação por estrelas baseadas nas estrelas tradicionais e nas avaliações dos clientes. Em terceiro lugar, permitem padrões de viagem mais flexíveis e individualizados. Os sistemas abrangidos pela internet permitem que os clientes façam um *self-service* com passagens aéreas e outros produtos padronizados. Os consumidores podem montar pacotes mais flexíveis, uma espécie de férias "faça você mesmo", ou o que o setor chama de "viagem livre e independente", ou FIT (na sigla em inglês). O desenvolvimento de sistemas especializados permite que os viajantes em potencial forneçam alguns parâmetros da viagem pretendida e, em seguida, faz com que o computador gere produtos de consumo correlatos.

Até recentemente, os diferentes agentes do setor de turismo controlavam amplamente os fluxos de informações, já que os turistas não podiam interagir com essas informações ou contribuir com seu próprio conteúdo. Isso mudou com a web 2.0, pois a internet se tornou, de certa forma, mais aberta, colaborativa e participativa. Ela propicia uma cultura participativa *online* aberta, na qual os indivíduos conectados podem, além de surfar, fazer coisas através de edição, atualização, blogs, remixagem, postagem, resposta, compartilhamento, exibição, criação de *tags* e assim por diante. A web 2.0 evidencia como os consumidores se tornaram parte do processo de produção. Talvez a principal característica definidora da web 2.0 seja o fato de os usuários estarem envolvidos nos processos de produção e consumo, à medida que geram e navegam no conteúdo *online*, podendo marcar, escrever no blog, postar e compartilhar. Isso fez com que o "consumidor" assumisse um papel mais ativo na "produção" de mercadorias. Na verdade, são os detalhes pessoais corriqueiros postados nos perfis e as conexões feitas com "amigos" *online* que se tornam mercadorias da web 2.0. É o perfil, o arquivo informativo da vida cotidiana que atrai as pessoas para a rede e incentiva os indivíduos a fazer "amigos" (Beer e Burrows, 2007: 3.3).

A web 2.0 também afeta as empresas de turismo e a forma como os turistas planejam suas viagens. Eles publicam *posts* com "histórias de viagens" não apenas para pessoas próximas, como também para estranhos em sites de redes sociais geradas por usuários (por exemplo, Facebook, Myspace), comunidades de fotos (por exemplo, Flickr, Photobucket) e comunidades de viagens (por exemplo, Virtualtourist, Tripadvisor). Os usuários produzem conteúdo na web e também o consomem. A web 2.0 oferece aos turistas a oportunidade de publicar suas recomendações, avaliações e fotografias em sites de reservas (como o Hotel.com e Expedia.com) e sites de viagens (como o Tripadvisor.com e Virtualtourist.com) para outros turistas que, assim, conseguem planejar suas viagens sem necessariamente consultar os folhetos e os sites de turismo.

Esses sites de comunidades de viagens que apresentam avaliações através de contribuições dos usuários são concebidos como mais sinceros do que os folhetos e as páginas dos sites, sempre glamurosos, das empresas do setor de turismo. O Tripadvisor.com afirma hospedar "mais de 30 milhões de avaliações e opiniões confiáveis de viajantes". Tais "avaliações e opiniões" de outros turistas que passaram pelos serviços de um hotel específico têm o poder de desmascarar um hotel caro, de quatro ou cinco estrelas, ou promover um hotel mais barato, de duas ou três estrelas. Esta é uma nova economia em que os serviços de turismo são continuamente desacreditados ou recomendados em um palco virtual global com milhões de visitantes diários. Embora as recomendações boca a boca sempre tenham sido um fator crucial no desencadeamento de viagens para locais específicos, elas eram tradicionalmente confinadas a um pequeno grupo de amigos, familiares e colegas de trabalho. O boca a boca eletrônico desconhece esse mundo tão restrito, pois é de âmbito global (embora altamente desigual ao redor do mundo). Considerando que os turistas confiam mais nesses mecanismos de busca para localizar e comparar informações de viagens, não surpreende que as pesquisas mostrem que as recomendações favoráveis, ou o boca a boca eletrônico, são boas para os negócios, enquanto as recomendações ruins podem ter consequências fatais, sobretudo para empresas ou marcas menores ou menos conhecidas (Litvin *et al.*, 2008).

Assim, esses sites de comunidades de viagens são poderosos, pois podem promover ou prejudicar, estar alinhados ou em desacordo com, por exemplo, uma marca oficial de uma cidade ou as estrelas atribuídas a um hotel (ver Pan *et al.*, 2007; Ek *et al.*, 2008). A marca do local e a avaliação de estrelas não estão mais nas mãos das empresas do setor de turismo; os turistas agora fazem parte desse processo de promoção de locais e avaliação da experiência. Isso também significa que um instante de mau serviço em determinado momento pode assombrar esse local se o turista compartilhar essa experiência.

A sinceridade do material produzido pelo usuário também é reconhecida por muitas organizações turísticas. Por exemplo, VisitBritain, o site oficial de viagem e turismo do Reino Unido, pede que os turistas enviem comentários, fotos e vídeos: "Esta é sua chance de compartilhar com o mundo o que você ama na Grã-Bretanha! Navegue pelos comentários para ver o que os outros viajantes lembram de suas férias na Inglaterra, Londres, Escócia ou País de Gales e confira fotos, vídeos e impressões" (www.visitorreview.com/visitbritain; acesso em 31 mar. 2010). Assim, o conteúdo gerado pelos usuários não cria apenas problemas para os gestores de turismo. Ele também oferece novas maneiras de se comunicar diretamente com os clientes, a promoção barata e especializada de locais e serviços, *insights* sobre a classificação dos próprios serviços e os dos concorrentes etc. (Schmallegger e Carson, 2008). Ajuda a ampliar e a democratizar o olhar do turista.

Na próxima seção, analisaremos a organização do turismo de maneira mais geral, examinando alguns aspectos das relações sociais entre anfitriões e convidados.

RELAÇÕES SOCIAIS

Vimos no capítulo 1 como podem ser complexas as relações entre visitantes e as populações que vivem naqueles locais que são foco de interesse do olhar do turista. Há vários determinantes das relações sociais entre esses "anfitriões" e "hóspedes", como Smith (1989) e outros detalham. Esses determinantes são definidos e desenvolvidos a seguir.

1. O *número* de turistas visitando um local em relação ao tamanho da população anfitriã e à escala dos objetos sendo contemplados. Por exemplo, o tamanho geográfico da Nova Zelândia permitiria que mais turistas visitassem sem danos ambientais (exceto mudanças climáticas) ou efeitos sociais indesejáveis. Por outro lado, o pequeno tamanho físico de Singapura significa que uma quantidade adicional de turistas não pode ser facilmente acomodada, a menos que fossem construídos mais hotéis, o que só seria possível demolindo as poucas lojas chinesas (que também servem de residência) restantes, que são um dos principais objetos do olhar do turista. De modo semelhante, a cidade medieval de Dubrovnik tem uma capacidade física total de receber visitantes determinada pelos muros da cidade e pela população de mais de 4 mil pessoas que vivem atualmente dentro de suas muralhas.
2. O *objeto* predominante do olhar do turista, seja uma paisagem natural, uma paisagem urbana, um grupo étnico, um estilo de vida, artefatos ou edificações históricas, ou simplesmente areia, sol e mar. As práticas turísticas que envolvem a observação de objetos físicos são menos invasivas do que aquelas que envolvem a observação de indivíduos e grupos. Além disso, no caso destes últimos, a observação de vidas privadas de grupos anfitriões produz o maior conflito

social. Exemplos disso incluem os esquimós ou massai, que responderam ao olhar do turista cobrando uma "libra por carro" pelas visitas às suas cabanas de gelo. Por outro lado, quando o observado é mais um ritual público, então o conflito social será menos pronunciado, podendo favorecer uma participação mais ampla, como em vários rituais balineses (ver Smith, 1989: 7; ver capítulo 8 [ver a figura 8, p. 325]).

3. O *caráter* do olhar envolvido e a resultante concentração espacial ou temporal dos visitantes. Por exemplo, o olhar pode ser instantâneo (ver e fotografar a montanha mais alta da Nova Zelândia, Mount Cook), ou pode exigir uma exposição prolongada (ver e vivenciar o "romance" de Paris). No primeiro caso, os turistas japoneses podem ser levados para uma visita de apenas algumas horas, enquanto o romance de Paris exige uma imersão mais longa e "mais profunda".

4. A *organização* do setor que se desenvolve para atender ao olhar da massa: se é de propriedade pública ou privada, e como é financiado; se é de propriedade local ou envolve interesses externos significativos; se o capital envolvido é predominantemente de pequena ou grande escala; se a equipe é local ou de outro lugar; e se há conflitos entre a população local e o turismo emergente. Tais conflitos podem ocorrer em torno de muitas questões: conservação em oposição ao desenvolvimento comercial, os salários a serem pagos a funcionários recrutados localmente e de outros lugares, os efeitos do desenvolvimento nos costumes locais e na vida familiar, o que se poderia chamar de banalização do artesanato local, e como compensar a sazonalidade da mão de obra disponível. Além disso, os "anfitriões" não são um grupo uniforme, pois aqueles que se beneficiam financeiramente do turismo criticam menos os "hóspedes" do que os que não ganham com isso, como os moradores de Veneza (Quinn, 2007).

5. Os efeitos do turismo nas *atividades agrícolas e industriais* preexistentes. Estes podem variar desde a destruição dessas atividades (caso da agricultura de Corfu), ao seu gradual enfraquecimento à medida que trabalho e capital são atraídos para o turismo (caso da Espanha), até a sua preservação, à medida que são feitos esforços para salvar as atividades preexistentes como sendo objetos

adicionais a serem contemplados (criação de gado e contemplação de pastagens em Norfolk Broads).
6. As *diferenças* econômicas, sociais e étnicas entre os visitantes e a maioria dos anfitriões. No norte da Europa e na América do Norte o turismo cria menos conflitos sociais, já que muitos "anfitriões" serão "hóspedes" em outras ocasiões. Pode ser que, de uma maneira um pouco rudimentar, o turismo desenvolva um "entendimento internacional" ou uma atitude cosmopolita (Szerszynski e Urry, 2002, 2006; Verstraete, 2010). Em outros lugares, porém, há geralmente grandes desigualdades entre os visitantes e as populações nativas, muitas das quais não podem sonhar em ter a renda ou o tempo para serem turistas. Essas desigualdades são ainda mais acentuadas quando os visitantes são viajantes internacionais a negócios (Beaverstock *et al.*, 2010). Tais diferenças se amplificam em muitos países em desenvolvimento, pela natureza do setor turístico, que parece excepcionalmente opulento e altamente capitalizado, a exemplo do que ocorre com muitos hotéis e resorts na Índia, na China, em Singapura e no norte da África, em parte porque existem poucos recursos à disposição dos visitantes ou da população anfitriã.
7. O grau com que a massa de visitantes solicita *determinados padrões de acomodação e de serviço*, para ficar no interior de uma bolha que forneça proteção contra muitas das características da sociedade anfitriã (Edensor, 1998; ver capítulo 6). Essa demanda é mais acentuada entre os viajantes internacionais a negócios e os visitantes que compram pacotes turísticos com tudo incluído, que, além de esperar padrões ocidentais de acomodação e alimentação, também querem funcionários bilíngues e esquemas bem organizados. Muitos turistas raramente deixam a segurança da bolha turística ocidental e, em certa medida, são tratados como "crianças" dependentes de profissionais do turismo (Smith, 1989: 10-11; Edensor, 1998). Em alguns casos, a cultura é realmente perigosa, como em algumas grandes cidades, com seus territórios historicamente segregados e áreas onde imperam conflitos e atividades terroristas. Essa expectativa é menos pronunciada entre viajantes exploradores, turistas recorrentes, turistas mais pobres, como estudantes, e visitantes para quem a "ausência de conforto" e o

"perigo" fazem parte da experiência (ver Edensor, 1998, sobre turismo de mochileiros; Freire-Medeiros, 2011, sobre turismo em favela) [ver a figura 1, na p. 320].
8. O grau com que os turistas exigem o direito de *olhar para os anfitriões*, de usar e se movimentar em seus espaços cotidianos, de contemplá-los com curiosidade e de fotografá-los de perto ou à distância, em segredo. Um estudo de uma tribo indígena norte-americana mostra que 75% dos habitantes locais consideram que a fotografia do turista tem um "impacto negativo" sobre suas vidas (Chhabra, 2010: 10). A prática da fotografia pode criar a sensação de ser constantemente vigiado, de ser objetificado pelo olhar do turista e de viver como se fosse um chamariz de turistas (Maoz, 2006; Quinn, 2007; ver capítulo 8). Jordan e Aitchison mostram como muitas turistas do sexo feminino (especialmente as que viajam por conta própria) são objeto do olhar sexual e controlador dos homens locais (2008). Os corpos em si estão especialmente sujeitos ao olhar, em decorrência de acentuadas desigualdades raciais e de gênero envolvidas. McClintock descreve o extraordinário entrelaçamento do poder masculino tanto com a natureza colonizada quanto com o corpo feminino na história das viagens pelos territórios "virgens" do Império (1995).
9. O grau em que o *Estado* de determinado país promove ativamente o turismo ou tenta impedi-lo. Existem inúmeros exemplos do primeiro, em que um grande número de turistas faz parte do "cenário" (Smith, 1989). Por outro lado, alguns Estados petrolíferos restringiram explicitamente o turismo por razões morais e sociais, embora Dubai tenha se transformado em um dos destinos turísticos mais fantásticos depois que seu petróleo começou a se esgotar algumas décadas atrás (Elliott e Urry, 2010; ver capítulo 9). Durante a Revolução Cultural na China no final dos anos 1960, o Estado procurou impedir o crescimento do turismo. Quando isso mudou, em meados da década de 1970, os visitantes ocidentais eram tão incomuns que costumavam ser aplaudidos como celebridades. Mas em 2020 prevê-se que a China será o principal destino turístico e gerador de turistas do mundo.
10. A extensão pela qual os *turistas podem ser identificados ou considerados bodes expiatórios* por desdobramentos econômicos, sociais

e culturais supostamente indesejáveis. Isso é mais comum quando os visitantes são econômica, cultural e/ou etnicamente diferentes da população anfitriã (ver Saldanha, 2002, sobre atritos entre "turistas irracionais" e moradores de Goa, na Índia). Também é mais comum quando a população anfitriã está passando por rápidas mudanças econômicas e sociais. Também é comum em lugares onde o número de turistas mais ou menos supera o dos habitantes locais e invade seus espaços cotidianos. Os moradores de Veneza culpam os turistas pela superlotação do transporte público, diminuindo sua mobilidade do dia a dia, aumentando os preços de bens e serviços, gerando resíduos e assim por diante (Quinn, 2007: 467-9). No entanto, tal mudança muitas vezes ocorre não apenas em consequência do "turismo". É muito mais fácil culpar o "estrangeiro sem nome e sem rosto" pelos problemas locais de desigualdade econômica e social (Smith, 1989). Além disso, algumas objeções ao turismo são dirigidas à própria "modernidade": à mobilidade e à mudança, aos novos tipos de relações pessoais, ao papel menor da família e da tradição, e às diferentes configurações culturais (ver o Global Code of Ethics for Tourism[41]).

11. Os *olhares cruzados de anfitriões e visitantes*. O olhar do turista é "mútuo", na medida em que os olhos dos anfitriões e dos visitantes se cruzam, ainda que brevemente, a cada vez que o olhar do turista é realizado (ver capítulo 8). Embora muitas pesquisas enfatizem o poder dos visitantes em objetificar os anfitriões como cenário (ou como algo que desfigura a paisagem) e em tratar os lugares como suas "ostras", os hospedeiros também exercem poder e objetificam através daquilo que os "moradores locais contemplam" (Maoz, 2006; ver também Cheong e Miller, 2000; Chan, 2006).

O impacto social das práticas de turismo depende, portanto, da intersecção de muitos processos. Ressaltamos, ao longo deste livro, que as distinções entre anfitriões e visitantes são cada vez mais fluidas em sociedades móveis, onde há muitas viagens de trabalho e lazer, e os

---

41. "Código global de ética para o turismo", em tradução livre. Disponível em: www.tourism-partners.org/globalcode.html. Acesso em: 22 mar. 2010.

lugares estão globalmente conectados com redes culturais, sociais e econômicas de amplo alcance. Os locais turísticos não são ilhas exclusivas, limitadas e fixas que estão sujeitas a forças externas que produzem impactos. Eles passam a existir através de relacionamentos. Os lugares flutuam em redes móveis e transnacionais de seres humanos, tecnologias, objetos, riscos e imagens que continuamente os conectam e desconectam a outros lugares (Urry, 2007: 42). Massey diz que a especificidade de um lugar não é dada por uma longa história, mas pela forma como ele é construído a partir da "constelação de relações articuladas em determinado *locus*" (1994: 217).

Examinamos brevemente alguns desses lugares para demonstrar como esses processos se cruzam. Em primeiro lugar, há a bacia do Mediterrâneo, onde o crescimento do turismo foi um dos acontecimentos econômicos e sociais mais significativos do local. O turismo é um símbolo eloquente da reconstrução do pós-guerra, gerando o maior destino do mundo, com mais de 275 milhões de turistas internacionais por ano, representando cerca de 30% das chegadas internacionais de turistas[42]. Com o crescimento da renda no pós-guerra na Alemanha Ocidental, na França, na Escandinávia, nos Países Baixos e na Grã-Bretanha, houve um crescimento ainda maior na demanda por viagens ao exterior. Em resposta, no sul da Europa, o turismo desenvolveu-se de maneira intensa. E esses negócios têm sido bastante rentáveis, o que, por sua vez, reduziu o custo real das viagens ao exterior e aumentou a expansão. A Espanha foi o primeiro e tem permanecido o maior destino do Mediterrâneo. Outros destinos importantes são França (o país mais visitado do mundo), Itália, Grécia, Portugal, Malta, Chipre e Turquia. No geral, o turismo gera uma distribuição líquida de riqueza do norte ao sul da Europa.

Alguns dos efeitos das práticas turísticas nesses países são bem conhecidos. Eles se originam do grande número de turistas e sua demanda sazonal por serviços, dos efeitos sociais deletérios resultantes – sobretudo das distinções de trabalho por gênero –, da concentração geográfica dos visitantes, da falta de resposta política coerente, das

---

42. Disponível em: www.planbleu.org/publications/SoED2009_EN.pdf, p. 100. Acesso em: 19 mar. 2010. Ver também Pons *et al.*, 2008.

diferenças culturais entre anfitriões e hóspedes e da exigência, por parte de alguns visitantes, de se fecharem em onerosas "bolhas turísticas".

Um lugar invadido por turistas é Florença, onde a população residente, de 400 mil habitantes, acomoda 7 milhões de visitantes a cada ano. Isso levou ao plano dos anos 1980 de tirar as funções acadêmicas, comerciais e industriais do centro da cidade e deixar Florença inteiramente dedicada ao turismo. Isso teria significado, segundo os críticos, a "disneyficação de Florença" (Vulliamy, 1988: 25).

Robert Graves também criticou a transformação turística de Maiorca, uma ilha que muitos consideram ter excedido sua capacidade de receber turistas:

> A velha Palma deixou de existir há muito tempo; seu centro foi consumido por restaurantes, bares, lojas de *souvenir*, agências de viagens e afins [...]. Novos aglomerados urbanos enormes surgiram ao longo da costa vizinha [...]. O principal uso das oliveiras parece ser a sua conversão em [...] saladeiras e caixas para vender aos turistas. Mas como ressaltou um morador gaiato: depois de cortarem todas, teremos de montar umas de plástico para os turistas admirarem pelas janelas dos ônibus. (1965: 51; ver Heidegger, 2005: 56, sobre como o turismo está destruindo a possibilidade de "estada")

A Turquia é um país que se desenvolveu como um importante destino mais recentemente. A atração imediata para investidores locais na Turquia é que a maior parte da receita vem na forma de divisas. O turismo turco envolveu, até agora, a contínua proliferação de alguns empreendimentos feios e mal planejados de hotéis de grande escala e apartamentos de férias, como os de Bodrum, Marmara e Alanya, que podem realmente ser demolidos. Em 1988, uma agência de turismo, Simply Turkey, deixou de vender férias em Gumbet porque "já não era mais um local pequeno e bonito. Transformou-se em um grande canteiro de obras barulhento e empoeirado, cuja praia não é suficientemente grande para atender ao seu rápido desenvolvimento" (citado em Whitaker, 1988: 15). O impacto do rápido crescimento do turismo é muito sentido em especial porque essa região do sudoeste da Turquia atraiu um número considerável de viajantes individuais que procuram suas antiguidades. Portanto, a Turquia está dividida entre os interesses conflitantes do turismo de massa e um turismo mais socialmente seleto, entre os olhares turísticos coletivos e românticos (ver Haldrup e Larsen, 2010, sobre a invasão turística dinamarquesa de Alanya, na Turquia).

Muitos argumentam que existe uma ameaça ambiental muito séria para o Mediterrâneo, principalmente no litoral, visitado pela maioria dos turistas e cada vez mais habitado pela maior parte da população. Há previsões de que o número de visitantes no Mediterrâneo possa aumentar de cerca de 100 milhões na década de 1980 para 637 milhões em 2025[43]. Isso exercerá uma enorme pressão sobre alimentos, água e recursos humanos, e terá grandes implicações para as mudanças climáticas. Há um aumento crescente da "desertificação", com 30% da Grécia e 60% de Portugal enfrentando um risco moderado. Alguns acreditam que existe uma possibilidade em longo prazo do deserto do Saara se estender ao norte do Mediterrâneo, se o clima continuar a mudar.

A segunda área de turismo mais importante é a América do Norte. O histórico difere da Europa, já que o carro, a rodovia, a vista pelo para-brisa e os corredores comerciais são centrais. Jäkle fala de como, no período do pós-guerra, cidades, vilas e áreas rurais foram todas refeitas dentro da "ordem natural das estradas" (1985: cap. 9). Houve uma rápida melhoria da qualidade do sistema rodoviário, permitindo viagens mais rápidas e volumes de tráfego maiores. Nos EUA do pós-guerra, certas paisagens foram substancialmente alteradas para produzir um olhar "*agradável* ao motorista [...], utilizando a terra de forma a 'proporcionar um *quadro* atraente visto da estrada'" (Wilson, 1988, 1992: 35, grifos nossos). O Estado, segundo Wilson, transformou a natureza em algo "a ser apreciado apenas pelos olhos" (1992: 37). A visão através do para-brisa do carro significa que "quanto mais rápido dirigimos, mais plana parece a terra" (Wilson, 1992: 33).

De forma mais geral, Baudrillard sugere que os desertos nos Estados Unidos constituem uma metáfora do futuro sem fim, a obliteração do passado e o triunfo do tempo instantâneo (1988: 6). Dirigir pelo deserto

---

43. Disponível em: www.watermonitoringalliance.net/index.php?id=2052&L=2%2F%2Finclude. Acesso em: 19 mar. 2010.

envolve deixar o passado para trás, dirigir sem parar e ver o vazio sempre desaparecendo, emoldurado pela forma do para-brisa (Kaplan, 1996: 68-85). Essas paisagens vazias do deserto são vivenciadas dirigindo por longas distâncias em viagens envolvendo uma linha de fuga em direção ao futuro que desaparece. As estradas vieram a ser construídas pela conveniência de dirigir, não pelos padrões da vida humana que poderiam ser gerados. A onipresença dos aparelhos de rádio e CD e, em certa medida, do ar-condicionado nos carros norte-americanos isola os passageiros da maioria dos aspectos do ambiente, exceto o olhar móvel do turista pelo para-brisa (Larsen, 2001; Urry, 2007). Vistas através do para-brisa, as paisagens urbanas revelam muito pouco além dos corredores comerciais e dos espaços padronizados, em que lugares peculiares estão ausentes. Jäkle chama isso de produção de "lugares banais" (1985), enquanto Augé fala de "não lugares" (1995). Os corredores comerciais não têm as ambiguidades e complexidades que geralmente tornam os lugares interessantes. Eles são "paisagens com uma única função", que ficaram ainda mais uniformes na aparência, na medida em que as grandes corporações operam cadeias de estabelecimentos parecidos e padronizados (McDonald's, Howard Johnson, KFC, Holiday Inn etc.). As viagens de automóvel tornaram-se um ícone dos Estados Unidos do pós-guerra, refletido no *On the Road – Pé na estrada* de Kerouac (1957), ou no filme *Sem destino* (1969). Enquanto em *Lolita* (1962), Humbert Humbert conclui: "Estivemos por toda parte. Não vimos nada" (citado em Jäkle, 1985: 198).

Um local turístico exemplar na América do Norte são as Cataratas do Niágara. As reações que elas provocam sempre implicaram superlativos, enquadrados nos discursos do sublime (ver Shields, 1990). Os observadores declaravam não ter palavras. Era uma maravilha exótica, com uma imensa aura. Assim, no século XVIII, as cataratas eram um objeto de intensa aura natural; no século XIX, funcionavam como uma zona liminar contemplada e vivenciada por casais apaixonados; mas no final do século XX passaram a ser outro "lugar" colecionado pelo visitante móvel, para quem olhar as cataratas representa espetáculo, sexo e comércio. Toda a ênfase nas cataratas é colocada nos acessórios, nas suítes de lua de mel e nas banheiras em forma de coração. As cataratas são hoje sinônimo de *kitsch*, sexo e espetáculo comercial. É como se as cataratas já não estivessem lá como tais e só pudessem ser vistas como espetáculo. Assim, a mesma entidade, em um sentido físico, tem sido transformada por vários interesses turísticos.

Relacionado a isso está o "turismo sexual": os corpos sendo objeto do olhar do turista em determinadas sociedades do sudeste asiático, bem como na maioria das grandes cidades do mundo (Oppermann, 1999). Na Coreia do Sul, ele tem sido especificamente incentivado pelo Estado. Sua principal forma consiste no *tour kisaeng*, destinado exclusivamente a empresários japoneses (Mitter, 1986: 64-7). Muitas empresas japonesas recompensam seus excelentes funcionários do sexo masculino com *tours kisaeng* em bordéis e festas com todas as despesas pagas, e muitas agências de turismo japonesas têm incentivado e prestado esses serviços sexuais (Leheny, 1995: 375). Os ministros sul-coreanos felicitaram as "meninas" por sua contribuição ao desenvolvimento econômico do país.

Outros países com uma indústria do sexo desenvolvida de forma semelhante são as Filipinas e a Tailândia. No caso do primeiro, o Estado incentiva o uso das "garotas hospitaleiras" no turismo, e vários bordéis são recomendados pelo Ministério do Turismo (Mitter, 1986: 65). Os pacotes turísticos organizados com um agente de Manila incluem "garotas hospitaleiras" pré-selecionadas. Do dinheiro ganho, somente cerca de 7 a 8% do total fica com as mulheres trabalhadoras do sexo. Esses processos sociais foram gerados por práticas patriarcais excepcionalmente fortes, que classificam as mulheres como "madonas/virgens" ou "prostitutas"; pela crença entre homens de países ricos de que as mulheres racializadas são sexualmente disponíveis, submissas e dispostas a ser compradas; pelas altas taxas de incesto e violência doméstica praticadas por pais/maridos em algumas dessas sociedades; pelo êxodo rural que atrai pessoas para as cidades em busca de qualquer trabalho possível; e pelo crescimento de empresas de turismo e sites "especializados", dedicados a facilitar viagens para grupos de "turistas sexuais" (ver Enloe, 1989, sobre tentativas de se organizar para proteger as prostitutas; Leheny, 1995; Clift e Carter, 1999). Desde meados dos anos 1990, o governo tailandês tenta restringir a indústria do sexo e promove outras formas de turismo. Isso se deve em parte à crescente ameaça da aids e, em parte, porque novos tipos de turistas, incluindo mulheres e jovens famílias, consideram ofensivos esses olhares e corpos associados à sexualidade (Leheny, 1995).

Porém, há mais no turismo sexual do que a prostituição. Em primeiro lugar, o turismo há muito tempo usa o "sexo" em seu marketing (Cohen, 1995; Dann, 1996b; Pritchard e Morgan, 2000a, 2000b, 2000c). Corpos femininos atraentes e idealizados têm sido inesgotavelmente exibidos em folhetos e cartões-postais. Segue a forma como o Conselho de Turismo da Jamaica descreve a ilha caribenha de Negril como um Jardim do Éden masculino, heterossexual e branco:

> Falésias acidentadas dão lugar a praias de pura areia branca, formando uma deliciosa mistura de sedução e inocência. O sol é tão quente que chega a ser pecaminoso. À medida que se funde com o tranquilo mar caribenho, surge o pôr do sol, enquanto meninas com pele cor de canela caminham pela praia vestindo biquínis do tamanho de borboletas. Este é o seu Éden. Bem-vindo a Negril. (citado em Morgan e Pritchard, 2000a: 127)

Assim, os mitos de sexualidade estão vinculados sobretudo àqueles lugares em que o sol impera.

Em segundo lugar, o desejo sexual estimula *grande parte* do turismo. Littlewood mostra que a história não oficial da nobre *Grand Tour* era uma longa série de aventuras sexuais, embora "as cartas enviadas para casa geralmente falassem sobre as igrejas visitadas, não sobre os bordéis" (2001: 4). Ele argumenta que as fantasias sexuais são parte integrante do turismo *cultural* como tal, e não um desvio pervertido (2001; ver também Ryan e Hall, 2001). O sol quente e o prazer sexual andam de mãos dadas, segundo Littlewood (2001: 1-7). Na imaginação do Norte, corpos (semi)expostos e climas escaldantes estimulam o desejo e a prática sexual. Oscar Wilde, o defensor do hedonismo, disse: "Não quero mais adorar nada além do sol. Você já reparou que o sol detesta o pensamento?" (citado em Littlewood, 2001: 190). Quando os turistas brancos tiram suas roupas em espaços liminares, como piscinas e praias, eles simultaneamente se despem de suas imagens rotineiras e se apresentam para serem vistos por outros turistas. Além disso, pegar um bronzeado é como tatuar uma espécie de sexualidade selvagem no corpo. O corpo bronzeado ainda é um poderoso signo da sexualidade, refletindo certa tradição de equiparar potência e disponibilidade sexual com pele escura. A sensação do sol tocando a pele nua e suada pode, por si só, ser uma experiência sensual, fazer "sexo com o sol", como diz Littlewood (2001: 194).

Em terceiro lugar, outro espaço importante de sexualidade é o hotel:

> Os hotéis ocupam um lugar fascinante na imaginação social do Ocidente, sendo, em muitos aspectos, sinônimo de sexo, romance e aventura – associados, na cultura popular, com encontros clandestinos de espiões e amantes, noites de núpcias, luas de mel e atividades ilícitas ou passageiras. (Pritchard e Morgan, 2006: 765)

Não é por acaso que os distritos da luz vermelha possuem muitos hotéis e prostitutas e *strippers* imigrantes que atendem os turistas e sobretudo os visitantes que fazem negócios em serviços financeiros (Elliott e Urry, 2010: cap. 6).

Agora, passaremos a examinar mais algumas formas pelas quais os serviços e as experiências de turismo são divididos por classe, gênero e etnia. No capítulo 2, enfatizamos a importância das divisões de classe social na estruturação de como os desenvolvimentos turísticos ocorreram de maneiras diferentes em lugares diferentes. Os efeitos incluem o respectivo nível social resultante de diferentes empreendimentos e os padrões de propriedade da terra; a importância da conexão aristocrática na construção da moda de determinados lugares; o crescimento das férias em família da classe média e o desenvolvimento do bangalô como forma de construção especializada à beira-mar; a importância do olhar romântico e seu papel na construção da natureza como um bem posicional de extrema relevância; o caráter do olhar coletivo e o papel dos outros iguais a nós mesmos na constituição da atração de determinados lugares; e no capítulo 5 discutimos o aprimoramento do capital cultural da classe de serviço e a decorrente intensificação do apelo do patrimônio rural e industrial e do pós-moderno.

Contudo, o olhar também é modulado por divisões de gênero e etnia. Essas interconexões são importantes na formação das preferências que diferentes grupos sociais desenvolvem sobre quais lugares visitar, na estruturação dos efeitos dessas visitas nas populações anfitriãs e na capacidade de diferentes locais virarem moda. Existem duas questões fundamentais aqui: a composição social dos turistas e a composição social dos que moram nos locais visitados. Isso é importante porque a maioria das práticas turísticas envolve a movimentação por vários tipos de espaços públicos – como parques temáticos, shopping centers, praias, restaurantes, hotéis, saunas, calçadões, aeroportos, piscinas e praças. Nesses espaços, as pessoas olham e são o objeto do olhar de outros (e são fotografadas e fotografam os outros). Desenvolveram-se preferências complexas quanto à variedade de pessoas que os diferentes grupos sociais esperam observar e fotografar em diferentes lugares; e, por sua vez, há variadas expectativas dos diversos grupos sociais sobre quem são os outros apropriados a olhar para eles. O turismo envolve, em parte, a compra de uma experiência temática específica. Para tanto, o outro, com quem a experiência é partilhada, deve ser passível de especificação (ver discussão no capítulo 8).

A combinação de gênero e subordinação étnica no sudeste da Ásia conspirou para construir jovens mulheres asiáticas como objetos de um olhar turístico/sexual para visitantes masculinos de outras sociedades, visitantes estes que são etnicamente dominantes. Vimos como os padrões turísticos resultantes não podem ser analisados de forma separada das relações de gênero e de subordinação racial (Hall, 1994; Kinnaird e Hall, 1994).

A importância das desigualdades de gênero pode ser vista de outra forma. Em quase todas as sociedades, os homens têm desfrutado de um padrão de vida e de uma liberdade de lazer maior do que as mulheres. Isso se relaciona de maneira importante com o desenvolvimento das férias. Até o século XIX, o acesso às viagens era, em grande parte, reservado aos homens. Mas isso mudou um pouco com o surgimento das "mulheres viajantes vitorianas", algumas das quais visitando países considerados, na época, "incivilizados" e "inexplorados", especialmente para mulheres (Enloe, 1989: cap. 2). Outras mulheres tiraram proveito das viagens de Cook. Como escreveu uma delas: "Podíamos nos aventurar em qualquer lugar com um guia e guardião como o Sr. Cook" (citado em Enloe, 1989: 29). A partir de então, o acesso às férias foi menos desigualmente distribuído em comparação com outras formas de lazer.

As primeiras formas de turismo de massa eram baseadas em casais heterossexuais. De fato, durante o século XIX, a unidade de férias compreendia cada vez mais esse tipo de casal e seus filhos (conforme registrado em inúmeras fotografias; ver capítulo 7). E no período entreguerras, em grande parte da Europa, as férias em família passaram a ser muito mais centradas nos filhos. Isso recebeu um grande impulso com o surgimento dos acampamentos de férias na década de 1930, em que as atividades infantis eram centrais. Desde então, muito do turismo gira em torno de ter uma vida familiar amorosa em um lugar extraordinário. O turismo não é apenas uma maneira de praticar ou consumir lugares (novos), mas também uma geografia emocional da sociabilidade, de estar com amigos e familiares longe de casa (Larsen, 2008b).

A maior parte do marketing de férias envolve uma heterossexualidade compulsória, com imagens de casais reais, com ou sem filhos, ou casais em potencial. Nos folhetos produzidos pelos operadores turísticos, há três imagens predominantes: "férias em família", com um casal e mais dois ou três filhos saudáveis em idade escolar; "férias românticas", ou seja, um casal heterossexual, sem filhos, olhando o pôr do sol (de fato, o pôr do sol é um significante para o romance); e "férias divertidas", que são grupos do mesmo sexo procurando parceiros do outro sexo para "diversão". Há também, como observamos anteriormente, as "férias sexuais" para homens. Grupos sociais que não se enquadram nessas categorias visuais específicas são mal servidos pela indústria turística. Muitas críticas têm sido feitas sobre as dificuldades de viagens de férias para pessoas solteiras, famílias monoparentais, pessoas com deficiência e, até pouco tempo atrás, casais ou grupos gays. Mais recentemente, porém, o crescimento do "turismo gay" vem sendo considerado um dos "nichos de mercado de crescimento mais rápido na indústria de viagens internacionais" (Casey, 2009: 158). No Reino Unido, por exemplo, o Visit Britain Tourist Board [Escritório de Turismo da Grã-Bretanha] realizou uma campanha direcionada para turistas gays e lésbicas do exterior.

Outros grupos sociais frequentemente excluídos do material convencional de férias e marketing são os não brancos, como os negros britânicos. O material publicitário produzido pelas empresas de férias mostra que os turistas são brancos; existem poucos rostos negros entre eles. Na verdade, se houver rostos não brancos nas fotografias, presume-se que sejam os nativos exóticos que estão sendo objeto de contemplação. O mesmo processo parece ocorrer nas áreas britânicas que atraem grande número de turistas estrangeiros. Se pessoas negras ou asiáticas são vistas ali, presume-se que sejam visitantes de outros países ou prestadores de serviços, mas não residentes britânicos em férias. O campo é particularmente apresentado como sendo "branco", como mostra Taylor com relação às imagens fotográficas dominantes (1994; ver também Winter et al., 2009, sobre o corpo bronzeado na Ásia).

Uma questão interessante é saber se os membros de minorias étnicas tiram férias do tipo britânico. Aspectos das férias britânicas, em que alguém viaja para outro lugar por causa do sol, hotel ou cenário, constituem uma prática cultural idiossincrática, pelo menos para alguns migrantes recentes na Grã-Bretanha (ver Ahmed, 2000, sobre as ambiguidades do bronzeado de sol). Alguns migrantes, ao menos, considerariam que a viagem deveria ter um propósito mais sério do que esse: procurar por um trabalho, juntar-se ao resto da família, visitar parentes ou participar de diásporas.

De maneira geral, houve um aumento recente no turismo destinado à visita de amigos e parentes – VFR [*visiting friends and relatives*]. Em 2007, houve quase o mesmo número de visitantes vindo ao Reino Unido para visitar amigos e parentes quanto para férias convencionais[44]. Esse aumento nas viagens VFR decorre do que Boden e Molotch chamam de "compulsão para a proximidade", o desejo de estar copresente fisicamente com outras pessoas, mesmo que isso envolva viagens inconvenientes (1994).

Várias pesquisas mostram como a migração e o turismo são complexamente interligados (Larsen et al., 2006). "O processo de migração

---

44. Disponível em: www.statistics.gov.uk/STATBASE/Product.asp?vlnk=1391. Acesso em: 10 out. 2006.

parece exigir um retorno, uma jornada de volta ao ponto de partida" (Goulborne, 1999: 193). Este é exatamente o caso de membros de diásporas. Embora tradicionalmente haja um desejo de retorno permanente, os migrantes de hoje podem atender à sua compulsão de proximidade com sua terra natal e sua herança por meio de visitas ocasionais. Mason demonstra como os britânicos com ancestrais paquistaneses visitam regularmente o Paquistão para estar copresentes com seus parentes, manter "vivas" suas redes familiares e mostrar aos filhos suas "origens" (2004). Além disso, para muitas culturas, grande parte da viagem envolve cruzar fronteiras nacionais. As famílias nos países em desenvolvimento adotam amplos padrões de mobilidade quando sua renda aumenta. A proliferação de diásporas globais amplia o alcance, a extensão e o significado de todas as formas de viagem para famílias distantes. Dizem, em Trinidad, que só se pode realmente ser um "Trini" indo para o exterior. Cerca de 60% das famílias nucleares possuem pelo menos um membro que vive no exterior (Miller e Slater, 2000: 12, 36). Ong e Nonini também mostram a importância da mobilidade através das fronteiras no caso da enorme diáspora chinesa, que se imagina ter entre 25 e 45 milhões de pessoas (1997). Clifford observa que:

> Os povos dispersos, outrora separados das pátrias por vastos oceanos e barreiras políticas, encontram-se cada vez mais em relações fronteiriças com o velho país, graças ao movimento de vai e vem tornado possível pelas modernas tecnologias de transporte, comunicação e migração de mão de obra. Aviões, telefones, fitas cassete, filmadoras e mercados de trabalho móveis reduzem distâncias e facilitam o tráfego de mão dupla, legal e ilegal, entre os lugares do mundo. (1997: 247)

Essas viagens de diáspora também são bastante abertas em termos de seu caráter transitório. Diferentemente do turismo convencional, baseado em uma clara distinção de períodos em casa e longe de casa, o viajante de diáspora geralmente não tem limites de tempo claros, pois uma atividade tende a fluir para a outra, como mostra Cwerner no caso de brasileiros que vivem em Londres por períodos bastante indeterminados (2001).

No entanto, vários desenvolvimentos turísticos excluem muitos grupos étnicos, como o mercado do patrimônio histórico, discutido no capítulo 6. Aqui, observamos que rostos brancos povoam predominantemente esse patrimônio. No entanto, os grupos étnicos são importantes no turismo britânico e, em alguns aspectos, desempenham um papel fundamental. Eles são contratados por empresas preocupadas em atender aos visitantes, especialmente nas grandes cidades. Retornaremos a esta questão no próximo capítulo.

Além disso, certos grupos étnicos passaram a ser pensados como parte da atração ou tema de alguns lugares. Isso é mais comum no caso dos grupos asiáticos. Em Manchester, o fato se deu com a aglomeração de restaurantes chineses em uma pequena área, e resultou da internacionalização dos gostos culinários britânicos no período do pós-guerra (ver Frieden e Sagalyn, 1989: 199-201). Na década de 1980, os planejadores da cidade estavam comprometidos com uma nova visão de "Chinatown", reconstruída e conservada como um objeto – agora desejável – para o olhar do turista. Uma análise mais aprofundada precisaria avaliar os efeitos sociais para aqueles de origem asiática construídos como um objeto exótico e se isso distorce os padrões de desenvolvimento econômico e político. Também seria interessante considerar os efeitos sobre a população branca de passar a ver os de origem asiática como não tão ameaçadores ou até inferiores, mas exóticos, curiosamente diferentes e possuidores de uma cultura rica e, em parte, atraente. Esses debates estão se desenvolvendo no contexto de muitas culturas consideradas exoticamente diferentes, à medida que essas culturas se tornam temáticas, fotografadas e exibidas no mundo todo.

TURISMO COMO ESTRATÉGIA

Os efeitos do turismo são complexos e contraditórios. Tem havido muita discussão sobre a conveniência do turismo como uma estratégia para o avanço econômico nas chamadas sociedades em desenvolvimento. Isso levanta várias questões difíceis.

O crescimento do turismo em países em desenvolvimento, como o turismo dos safaris no Quênia, o turismo étnico no México, jogos de azar em Macau e assim por diante, não decorre de processos somente internos dessas sociedades. Esse desenvolvimento resulta de transformações externas: mudanças tecnológicas, como viagens aéreas baratas e sistemas de reserva pela internet; expansões no capital, incluindo o crescimento de grupos hoteleiros mundiais (Ramada), agências de viagem (Thomas Cook) e organizações de finanças pessoais como cartões de crédito (American Express); o crescimento generalizado do chamado olhar romântico, de modo que mais pessoas desejam se isolar dos padrões existentes de turismo de massa; o crescente fascínio do mundo desenvolvido com as práticas culturais de sociedades menos desenvolvidas; a proliferação de turistas como colecionadores de lugares, muitas vezes vistos e vivenciados superficialmente; e o surgimento de interesses poderosos promovendo a visão de que o turismo tem um grande potencial de desenvolvimento. Este argumento é constatado de forma mais clara na China dos últimos trinta anos, que passou de uma migração e um turismo internos extremamente limitados, para se tornar, de certa forma, o centro de turismo global mais importante do mundo neste novo século (ver Nyíri, 2010).

No entanto, muitas das vantagens do turismo costumam ser menores do que o esperado. Muitos investimentos turísticos são realizados por empresas de grande porte com sede na América do Norte ou na Europa Ocidental, e a maior parte das despesas com turismo é retida pelas empresas transnacionais envolvidas; frequentemente, apenas de 20 a 60% do preço permanece no país anfitrião. A maior parte das divisas geradas com o turismo é repatriada para empresas com sede em outros lugares. Esse repatriamento é mais provável com o alto grau de integração vertical do setor nas sociedades mais pobres.

Outro problema ocorre quando o turismo representa uma proporção excepcionalmente elevada da renda nacional do país. Algumas ilhas caribenhas vivem essa situação (Sheller, 2003). Isso significa que, se alguma coisa prejudica a demanda turística, ocorre uma enorme perda de renda nacional. Foi o que aconteceu em Fiji em 1987, após golpes militares (ver Lea, 1988: 32-6, sobre a publicidade necessária para restaurar a confiança do consumidor).

Também devemos questionar: desenvolvimento *para quem*? Muitas das instalações (aeroportos, campos de golfe, hotéis de luxo etc.)

trazem poucos benefícios para a maioria da população local. Do mesmo modo, grande parte da riqueza gerada no país será distribuída de forma altamente desigual e, portanto, a maioria da população obterá pouco benefício. Obviamente, isso depende dos padrões de propriedade local. Por fim, muitos dos empregos gerados nos serviços relacionados com o turismo são relativamente pouco qualificados e podem reproduzir o caráter servil dos regimes coloniais anteriores, o que um crítico chamou de "treinamento em bajulação" (citado em Crick, 1988: 46).

No entanto, também devemos questionar se os países em desenvolvimento contam com alternativas reais ao turismo como estratégia de desenvolvimento. Embora existam sérios custos econômicos, bem como custos sociais que ainda não analisamos completamente aqui, é difícil imaginar que as sociedades em desenvolvimento tenham muita escolha, na ausência de alternativas viáveis, a não ser desenvolver sua atratividade como objeto do olhar do turista, sobretudo para visitantes da América do Norte, Europa Ocidental e cada vez mais partes da Ásia, especialmente a classe média chinesa.

4. TRABALHANDO SOB O OLHAR DO OUTRO

INTRODUÇÃO

Analisamos vários aspectos do olhar do turista e observamos que ele pode assumir diferentes formas, relacionadas com os tipos de organização possíveis dos setores voltados para o turismo que se desenvolvem para atender a esses olhares. Neste capítulo, examinaremos em detalhes a complexa relação entre dois elementos envolvidos na prestação de serviços turísticos. Por um lado, existem as práticas do turismo, que são altamente estruturadas por distinções de gosto. Tais práticas levam as pessoas a quererem estar em determinados lugares, contemplando objetos específicos, na companhia de outros tipos específicos de pessoas. Por outro lado, muitos serviços são prestados e executados para esses turistas, principalmente em condições de maximização de lucros. Conforme vimos no capítulo anterior, grandes cadeias internacionais surgiram para que os serviços fossem prestados a um custo que permitisse o desenvolvimento de grandes mercados segmentados que tivessem uma rentabilidade sustentável.

Entre as práticas e as redes criadas podem surgir várias contradições. Os setores de transporte, hotéis, empreendimentos imobiliários, alimentação e entretenimento se preocupam com a prestação de *serviços* ao consumidor e são conhecidos como a indústria da "hospitalidade". Esse fornecimento é, em geral, altamente complexo, sobretudo porque muitas vezes não está claro qual produto está sendo consumido. Além disso, o olhar do turista é estruturado por noções culturalmente específicas sobre o que é extraordinário e, portanto, vale a pena ver. Isso significa que os serviços prestados, que evidentemente podem ser incidentais ao próprio olhar, devem assumir uma forma que não contradiga ou comprometa a qualidade do olhar e, em termos ideais, devem melhorá-la. Isso, por sua vez, conforme veremos, traz imensos problemas de gerenciamento dessas indústrias para assegurar que o serviço prestado pelos trabalhadores, em geral relativamente mal remunerados, seja adequado à qualidade quase sagrada do olhar dos visitantes sobre alguns locais turísticos almejados e famosos.

Esses serviços relacionados ao turismo devem ser fornecidos nos locais, ou pelo menos próximos aos objetos do olhar do turista; não podem ser fornecidos em qualquer lugar. Os serviços turísticos se desenvolvem em lugares específicos e não podem ser deslocados. Normalmente, têm uma posição espacial específica. Além disso, grande parte da produção de serviços envolve estreita proximidade espacial entre prestadores e consumidores. Isso resulta da natureza de muitos produtos de serviços prestados aos turistas, como refeições, bebidas, visitas ao parque de diversões etc. Esses serviços ao consumidor envolvem uma estreita conexão ou proximidade entre prestadores e consumidores, que muitas vezes precisam garantir que os serviços contratados sejam emocionantes e inesquecíveis para os turistas que os consomem. Neste capítulo, discutiremos como essas performances de serviço são cruciais para o olhar do turista em economias de experiência pós-fordista.

PRESTANDO UM SERVIÇO

Quando se trata de bens manufaturados, é fácil compreender em que consiste o produto (embora ele tenha tanto valor de uso quanto simbólico). Em muitas categorias de serviços, isso não é tão simples (Bagguley *et al.*, 1990: cap. 3). Mars e Nicod descrevem o problema de especificar os limites de determinado serviço:

> [...] "serviço", como nós usamos, refere-se a uma ação ou coisa material que é mais do que se poderia normalmente esperar. Em um restaurante de estrada, pode significar apenas passar o tempero da salada com um sorriso. No Savoy, pode significar fazer esforços prodigiosos para servir uma iguaria rara ou satisfazer a uma

preferência ou um desejo específico do cliente [...]. Quanto mais as pessoas realmente pagarem pelo serviço, mais exigente será sua demanda por serviços melhores e *mais individualizados*. (1984: 28)

A despesa de mão de obra é fundamental na prestação de serviço, independentemente de o trabalho consistir em trivialidades, como passar o tempero da salada, ou em atividades mais amplas e detalhadas. Os serviços relacionados ao turismo geralmente demandam muito trabalho, portanto, os custos da mão de obra representam uma proporção significativa do custo total. Além disso, como a mudança técnica na fabricação pode reduzir radicalmente os custos unitários, os serviços ao longo do tempo serão relativamente mais caros. Os patrões nos vários setores de serviços procurarão monitorar e, sempre que possível, minimizar os custos.

Como se observa, a mão de obra encontra-se, em vários graus, envolvida no fornecimento ou na prestação de muitos serviços relacionados ao turismo. Isso acontece como resultado de um processo necessariamente *social* e corpóreo, no qual ocorre alguma interação entre um ou mais prestadores e um ou mais consumidores. A qualidade da interação social faz parte do serviço adquirido (Bryman, 2004; Boon, 2007). Comprar o serviço é comprar um tipo específico de experiência social. Sasser e Arbeit, por exemplo, sugerem que "mesmo que o hambúrguer seja suculento, se o funcionário for mal-humorado, o cliente provavelmente não retornará" (1976: 63). Muitos serviços são sistemas de alto contato nos quais há um envolvimento considerável dos clientes, como O'Dell demonstra nos casos de spas (2007). Em consequência, pode ser difícil racionalizar o sistema (Pine, 1987: 64-5).

Os serviços costumam requerer certa interação social entre prestadores e consumidores no local de produção. A menos que o serviço seja materializado por completo, é inevitável haver alguma proximidade geográfica ou espacial entre um ou mais dos prestadores e consumidores. Ademais, pode ser feita uma distinção entre duas classes de funcionários: os trabalhadores em segundo plano, que têm um contato mínimo com os consumidores de serviços, e os trabalhadores da linha de frente, que têm elevado contato pessoal com os turistas

TRABALHANDO SOB O OLHAR DO OUTRO

(Boon, 2007). Os funcionários na linha de frente literalmente trabalham sob o olhar do turista. Como discutiremos mais adiante, eles realizam um trabalho performativo. No caso dos funcionários que atuam nos bastidores, os patrões buscarão mudanças técnicas e uma ampla racionalização do trabalho; já os da linha de frente serão recrutados e treinados com base em atributos interpessoais e habilidades de relações públicas (Pine, 1987: 65).

Porém, essa estratégia de divisão traz certas dificuldades: pode haver ressentimento improdutivo entre os dois grupos, como entre *chefs* e garçons; a manutenção da distinção entre os grupos pode ser difícil de sustentar nas situações em que os clientes não possam ser espacialmente confinados a áreas muito restritas, como em hotéis e spas; e a variabilidade na demanda por muitos serviços significa que existe uma vantagem considerável no uso flexível da mão de obra, algo difícil de organizar se existir uma forte demarcação entre esses diferentes grupos de funcionários.

Além disso, a composição social dos prestadores de serviços, pelo menos aqueles que atendem na linha de frente, pode fazer parte do que é, de fato, vendido ao cliente. Em outras palavras, o serviço consiste também de um processo de produção com características sociais específicas de gênero, idade, raça, nível educacional e assim por diante. Quando o indivíduo compra determinado serviço, o que se compra é uma composição social específica dos prestadores. Em alguns casos, o que também é comprado é a composição social de outros *consumidores* de serviços. Exemplos disso são frequentes em turismo/transporte e resorts em que as pessoas passam períodos de tempo consideráveis consumindo o serviço em estreita proximidade com outras pessoas e, assim, parte do que está sendo comprado são as características sociais e corporais desses outros consumidores (daí o apelo da classe executiva ou de um cruzeiro luxuoso).

Agora, examinaremos a importância do trabalho performativo para a prestação de serviços. Levando em conta que a mão de obra em si é parte do serviço como produto, surgem questões específicas para o gerenciamento. Ela é especialmente significativa, pois quanto mais demorado o fornecimento, mais íntimo é o serviço e maior a importância da "qualidade" para os consumidores. Em alguns casos, a fala, a aparência e a personalidade dos funcionários são tratadas como áreas legítimas de intervenção e controle da gestão.

Gabriel discute os serviços prestados por um clube de cavalheiros em Londres (1988: cap. 4). Para os associados, o clube oferece muito mais do que refeições inglesas. Ele também oferece "toda uma gama de *produtos intangíveis*, um lugar onde contatos importantes podem ser feitos, onde os convidados recebem hospitalidade, onde informações podem ser trocadas, onde certos rituais podem ser preservados e diariamente reencenados. A natureza bastante anacrônica do clube faz parte do apelo; é o apelo do antigo" (1988: 141).

Gabriel prossegue dizendo que a única maneira de avaliar o sucesso desses clubes é mediante sua capacidade de continuar "fornecendo esses serviços 'intangíveis', que não podem ser racionalizados e incorporados à máquina de atendimento" (1988: 141). A equipe oferece um ambiente intangível que poderia ser perdido se a prestação de serviços fosse racionalizada.

Esses serviços requerem o que é chamado de trabalho emocional (Hochschild, 1983), trabalho estético (Warhurst *et al.*, 2000) ou trabalho performativo (Bryman, 2004). O que esses conceitos têm em comum é o reconhecimento de que a prestação de serviços é cada vez mais uma *atividade* performativa, uma performance corporal que precisa agradar, seduzir ou divertir, sobretudo visualmente. Todos esses autores argumentam que existe um caráter teatral nos encontros de serviço na linha de frente e que o "bom" serviço requer *scripts* preparados pela gestão e habilidades de "atuação teatral", seja seguindo um *script* ou improvisando.

Em seu estudo clássico sobre comissários de bordo de companhia aérea, Hochschild cunhou o termo "trabalho emocional". Através dessa expressão, ela se refere aos produtos "em que o estilo emocional da prestação de serviço faz parte do próprio serviço, diferentemente da situação em que amar ou odiar papel de parede não faz parte da produção de papéis de parede" (Hochschild, 1983: 5-6). Com base na noção de Goffman de "gerenciamento de impressões", Hochschild argumenta que a prestação de serviços requer o "gerenciamento de sentimentos para criar uma exibição facial e corporal publicamente observável" (1983: 7). Bons comissários de bordo precisam de habilidades emocionais para demonstrar emoções positivas mesmo quando confrontados por clientes rudes e situações de estresse. Precisam aparentar calma e, principalmente, felicidade. Isso envolve sorrir de uma maneira agradável, amigável e envolvente para os consumidores. Eles precisam ser capazes de gerenciar, suprimir e disfarçar seus próprios sentimentos por trás de um *sorriso sempre presente*. E devem usar esse sorriso gentil e sem esforço: "pois para a aeromoça, os sorrisos fazem parte de seu trabalho, uma parte que exige que ela coordene mente e sentimento para que o trabalho pareça ser realizado sem esforço" (Hochschild, 1983: 8). Para muitos serviços voltados ao consumidor, é fundamental um "trabalho emocional" de tipo público e reconhecível. No caso dos comissários de bordo, o treinamento específico gera esse comportamento, resultando na comercialização de sentimento humano. Os comissários de bordo são ensinados a sorrir e são instruídos a fazê-lo constantemente quando sujeitos ao olhar dos passageiros.

Hochschild argumenta que esse trabalho emocional ficou mais difícil para os comissários de bordo com a intensificação do trabalho nas companhias aéreas norte-americanas desde a desregulamentação neoliberal de meados dos anos 1970 em diante: "Os trabalhadores respondem à aceleração com uma desaceleração: eles sorriem menos largamente, fazendo rapidamente e com nenhum brilho nos olhos, ofuscando assim a mensagem da empresa às pessoas. É uma guerra de sorrisos" (1983: 127). Essa redução na qualidade é excepcionalmente difícil de ser monitorada e controlada pela gestão, mesmo que ela tenha plena consciência de que as aeromoças deixaram de fornecer o serviço completo que os passageiros esperam.

Porém, entre as tripulações da KLM, surge um quadro mais complexo (Wouters, 1989). O que parece ter acontecido mais recentemente é que as exigências feitas pela empresa com relação a sexo, idade, peso, joias, maquiagem, sapatos, sorriso, comportamento etc. tornaram-se um tanto mais frouxas, principalmente com a crescente diversidade dos passageiros contemporâneos. Wouters explica isso da seguinte maneira:

[...] um avião passou a ser agora um caldeirão não apenas de nacionalidades, mas também de classes sociais. O comportamento nos contatos entre comissários de bordo e passageiros teve de se tornar menos uniforme ou padronizado e mais variado e flexível [...]; em cada contato é necessário sintonizar o comportamento com o estilo de administração das emoções do passageiro em questão. (1989: 113)

O "sorriso coreografado" tipifica as sempre sorridentes "fábricas de sorrisos" dos parques da Disney (Van Maanen, 1991; Bryman, 2004). O Instituto Disney instrui sua equipe a "iniciar e encerrar cada contato e comunicação com o Visitante com o contato visual direto"; enquanto Walt dizia à equipe para sempre "sorrir" e "oferecer a outra face para todos, até para os desagradáveis". Ou, para citar um membro da equipe da Disney: "Sofremos abuso diário dos clientes, mas você deve continuar sorrindo. Devemos fazer contato visual, cumprimentar todo e qualquer visitante durante oito horas. Se não o fizer, você é repreendido" (citado em Bryman, 2004: 108, 109). O corpo sorridente fazendo trabalho emocional é um rosto dócil e sem emoção (pelo menos em termos de valor de face). Portanto, os funcionários sorridentes sabem que são objeto do olhar dos turistas e, possivelmente, dos gerentes. O papel preponderante do sorriso e a linguagem corporal positiva sinalizam o poder do olhar do turista na orquestração de encontros de serviço. Além disso, os funcionários da Disney são sempre instruídos a usar frases amigáveis, trocar gentilezas com os clientes e exibir comportamento apropriado. O "corpo sorridente" é um corpo dócil e disciplinado lutando pela satisfação do cliente em uma batalha de "guerras do sorriso": "o poder do sorriso só pode ser coproduzido com o cliente; ele requer um cliente satisfeito" (Veijola e Valtonen, 2007: 19).

Nos parques temáticos da Disney (e nas economias da experiência, de maneira mais ampla), o trabalho emocional se torna explicitamente performativo, discursiva e espacialmente organizado como se fosse realizado em um teatro goffmanesco (ver o capítulo 8 para discussão sobre Goffman):

> Por mão de obra performativa, entendo simplesmente a realização de trabalho por parte de gerentes e funcionários de forma semelhante a um desempenho teatral. Nos parques temáticos da Disney, a

metáfora do desempenho teatral é explícita nas referências a "membros do elenco", "audição", "palco" e "bastidores". (Bryman, 2004: 103)

A linguagem da Disney fala de convidados e não de clientes, membros do elenco em vez de trabalhadores, anfitriões em vez de funcionários da linha de frente, palco em vez de áreas públicas, bastidores em vez de áreas restritas, seleção de elenco em vez de contratar para um emprego, papel em vez de função, traje em vez de uniforme, audição em vez de entrevista de emprego, audiência em vez de multidão, área de pré-entretenimento em vez de fila, imaginador em vez de projetista de atração e assim por diante (Bryman, 2004: 11). O lado da produção da economia do turismo (e da economia de serviços, de forma mais ampla) é cada vez mais teatral e performático; parece um teatro real, pois os trabalhadores são "membros do elenco" usando trajes e treinados para encenar *scripts* e papéis que se encaixam em um ambiente teatral e temático.

Nem todo o trabalho emocional e performativo é totalmente pré-roteirizado e repetitivo. Até mesmo o Instituto Disney admite que "sorrir, cumprimentar e agradecer aos convidados é muito bom, mas, se essas ações se restringirem a comportamentos mecânicos e rotineiros, sua eficácia será fortemente limitada" (citado em Bryman, 2004: 108). O sorriso precisa parecer autêntico, com o prestador de serviço competente sorrindo pessoalmente. Isso requer que o funcionário se preocupe com a marca corporativa, saiba como encantar por meio de improvisação e goste de servir aos outros; e isso, em parte, envolve aceitar que se é inferior ao convidado e nunca prejudicá-lo. Eles precisam demonstrar uma vontade de agradar, com o que Veijola e Valtonen chamam de "economia serviente" (2007: 17). Embora os encontros de serviço sejam roteirizados pelas relações de poder, também precisamos explorar como os prestadores de serviços têm de lidar e, de fato, adaptar os *scripts*, de modo a restaurar alguma autonomia e crítica.

Alguns trabalhos emocionais são pouco roteirizados pelos gestores. De fato, a ênfase pode ser mais no estabelecimento de uma relação emocional mais "genuína" entre prestadores e consumidores (como em um restaurante "local") do que planejada ou artificial (James,

1989). Em um restaurante: "A equipe era constantemente incentivada a 'atender' aos clientes, sorrir, trocar gentilezas e, se houvesse tempo, ter conversas mais longas" (Marshall, 1986: 41). O trabalho emocional realizado pelos guias de turismo também é pouco roteirizado e supervisionado:

> Os guias recebem considerável autonomia. Eles são responsáveis por escrever seus próprios comentários a serem feitos no ônibus do aeroporto e recebem apenas orientações gerais sobre o que incluir na "reunião de boas-vindas". A supervisão no resort era limitada, com visitas muito ocasionais do gerente imediato. (Guerrier e Adib, 2003: 1405; Wong e Wang, 2009)

No entanto, mesmo o trabalho emocional realizado sem muita supervisão direta será roteirizado pelos códigos culturais ausentes ou invisíveis, normas e etiquetas de comportamento em encontros de serviço entre anfitriões e convidados. As performances de serviços nunca podem ser "pela primeira vez", pois exigem ensaio, imitação de outras performances e ajuste às normas e expectativas.

Além disso, nem todas as situações podem ser tratadas de forma circunscrita. Mars e Nicod observam de forma mais geral a distinção entre rotinas e emergências (1984: 34-5). Existe uma tensão crônica entre os receptores de serviços que consideram todo tipo de problema como uma emergência (como um bife que passou do ponto) e os prestadores de serviços que precisam aprender a lidar com esses incidentes como rotina. Essa tensão é mais acentuada em hotéis de elevado prestígio, onde os clientes pagam e esperam níveis muito altos de serviço pessoal e onde esses problemas não podem ser tratados como simples questões de rotina. Em contrapartida, em hotéis menos prestigiados e mais baratos, a equipe desenvolve técnicas para sugerir que tudo está sob controle, mesmo que haja emergências normais devido à intensidade do trabalho que deve ser realizado.

Vimos que o trabalho turístico performático requer a habilidade de manter um sorriso suave, alguma expressividade e habilidades teatrais, a capacidade de lidar com o estresse e emergências, um conhecimento mais ou menos tácito e a disposição de seguir normas quanto ao comportamento social apropriado. Mas tais habilidades são raramente suficientes se faltar o que poderíamos chamar de capital corporal. Isso se refere à aparência, movimento e tom do corpo que serve, que muitas vezes é do sexo feminino, e está ligado à noção de Warhurst *et al.* de "trabalho estético", ou seja, a capacidade de olhar, conversar e se comportar de maneira apropriada no momento específico em que é realizado (2000). Com frequência, um sorriso bonito não é suficiente se o corpo que o dá for percebido como muito velho, acima do peso, deformado, desalinhado, chato, desajeitado, étnico, fora de moda ou falando no tom errado. Como diz Hochschild em relação à idade: "'As rugas de sorriso' não são vistas como evidência acumulada de caráter pessoal, mas como um risco ocupacional, um sinal indesejável de idade incorrida no cumprimento do dever de um trabalho que desvaloriza a idade" (1983: 22).

Corpos estigmatizados raramente encontram emprego na linha de frente da economia de serviços, principalmente nesses postos de trabalho (por exemplo, guias de turismo e comissários de bordo) ou empresas (por exemplo, um bar da moda) que têm uma aura de modernidade ou *glamour* (apesar de serem, em geral, empregos de baixa remuneração). Os setores de turismo e hospitalidade preferem aqueles que atendem aos padrões de corpos esteticamente agradáveis estabelecidos pelos clientes, tanto na aparência quanto no comportamento. Embora diferentes ambientes de lazer e turismo obviamente sustentem diferentes noções de corpos esteticamente apropriados ou desejáveis para o trabalho (por exemplo, entre o elegante hotel-fazenda e o bar urbano moderno), a tendência geral é uma preferência e colocação na linha de frente de corpos que pareçam jovens, bonitos e articulados, enquanto corpos menos atraentes são mantidos nos bastidores ou excluídos, se a oferta de mão de obra permitir.

Muitas performances são realizadas por mulheres, jovens e cada vez mais por estrangeiros, com *status* legal ou não no país. Frequentemente, a prestação real de serviço é feita por trabalhadores menos qualificados, mal remunerados (pelo menos em termos comparativos) e que podem apresentar pouco envolvimento ou engajamento com a empresa em geral. E o encontro que ocorre durante a prestação de serviços sempre se dá numa relação assimétrica de poder. Existe uma promessa implícita dos subordinados ao superior de que o tratarão de forma digna e como uma pessoa respeitável; qualquer outra atitude será entendida como "moralmente" errada (Dillard et al., 2000). Portanto, como gorjetas e gratificações com a venda de passeios ou serviços opcionais são fundamentais para muitos serviços, o suposto desrespeito pode sair caro. Esses trabalhadores de nível relativamente baixo são, em regra, do sexo feminino, e em algumas relações de trabalho está implícito o serviço sexual prestado aos clientes ou, de fato, aos gestores (Adkins, 1995; Baum, 2007; Veijola e Valtonen, 2007). Sobrejacentes à interação (ao serviço), estão pressupostos e noções de gênero a respeito das formas apropriadas de comportamento e exibição do corpo, muitas vezes definidos por um olhar masculino. Tanto o trabalho emocional quanto o estético têm inerentemente valores supostamente femininos de, ao mesmo tempo, atender e ter boa aparência.

Desmond observa que, de fato, a performance ao vivo e a exibição do corpo são muito comuns no turismo (1999). O corpo em movimento é o que geralmente atrai o olhar, já que a corporeidade espetacular caracteriza cada vez mais o turismo global. A performance do corpo em danças tornou-se comum, como as danças de guerra maoris, cerimônias de danças balinesas, o samba brasileiro e a dança hula no Havaí. Esses exemplos envolvem o que MacCannell chama de "etnia reconstruída" e "autenticidade encenada" (1973). Em alguns casos, essas danças são significantes tão poderosos que as performances representam o símbolo hegemônico da cultura em questão. Assim, nas culturas maori e havaiana, a dança é a cultura, esmagando todos os outros significantes e sendo reconhecida em todo o mundo. Desmond descreveu a história racial e de gênero da criação da dançarina de hula, desde os primeiros anos do século passado até o momento atual, em que 6 milhões de visitantes por ano são atraídos para um Éden naturalista, representado por exibições corporais de dançarinas "naturais" de hula, uma imagem de lugar infinitamente circulada e reconhecida mundialmente (Desmond, 1999: Parte 1).

Seria bem possível dizer que grande parte da prestação de serviço é difícil e exigente, pouco reconhecida e relativamente mal remunerada. Pode haver um alto preço emocional a pagar pelo trabalho emocional, como a alienação dos próprios sentimentos e da identidade de quem presta serviços (Hochschild, 1983; Veijola e Valtonen, 2007). Em um estudo sobre guias de turismo, um entrevistado declarou:

> Fingimos ser alegres, agradáveis, sinceros, dinâmicos e assim por diante durante toda a viagem, embora essas emoções não sejam sentidas na maioria dos casos. Além disso, também suprimimos nossa raiva, ódio ou repulsa ao enfrentar pessoas difíceis. Também não podemos manifestar preocupação ou medo, mesmo que estejamos, de fato, diante de algum problema grave. Não quero que as pessoas percam a confiança em minha capacidade (Karen, mulher, 32 anos, acompanhante de grupos de turismo por sete anos). (Wong e Wang, 2009: 255)

No entanto, essa ideia de que o serviço é necessariamente alienante é unilateral demais. Refletindo sobre quando trabalhava como garçom, Crang argumenta: "nunca me senti como se estivesse sendo alienado de minhas emoções, meu modo de ser, ou minhas práticas de lazer. Sempre senti que 'eu' ainda estava lá: eu realmente gostava das pessoas que me davam gorjeta, realmente queria ajudar, realmente me divertia" (1994: 698). Outros estudos indicam que um prazer na prestação de serviço é a fronteira fluida entre trabalho e lazer (Weaver, 2005: 10). Esta indefinição é particularmente evidente em relação aos guias de turismo que trabalham nos espaços de consumo dos turistas e precisam atuar como se estivessem festejando e se divertindo: "o guia falhará se ele ou ela não parecer estar se divertindo e ajudando o turista a se divertir" (Guerrier e Adib, 2003: 1402). Além disso, alguns trabalhos e locais de serviço são considerados "estilosos", enquanto outros "não são estilosos" e, portanto, são desprezados e menos valorizados:

> Como em outras áreas de trabalho, é claro que ocorre a polarização no trabalho de turismo, mas os critérios de distinção dizem respeito à marca e à imagem do trabalho, e não ao seu *status* técnico ou profissional. O trabalho "valorizado" é equiparado a estilo, moda e marca de consumo (bares, boates, hotéis-boutique, locais criativos), enquanto o "desvalorizado" inclui atividades estafantes no

setor (limpeza, atendimento ao público) e também algumas ocupações consideradas glamorosas no passado, como comissário de bordo, principalmente em algumas companhias aéreas mais novas, de baixo custo. (Baum, 2007: 1396)

Argumentamos que, para muitos consumidores, o que realmente é consumido como serviço é o momento específico de sua prestação: o sorriso no rosto da comissária de bordo, o jeito agradável da garçonete, a simpatia nos olhos do guia de turismo e assim por diante. O problema para a gestão é como assegurar que esses momentos realmente funcionem, ao mesmo tempo que minimizam o custo de um sistema indesejável e inoportuno (e, portanto, melindroso) de gerenciamento/supervisão e reduzem o atrito com outros trabalhadores mais bem pagos, geralmente do sexo masculino, nos bastidores (ver o clássico Whyte, 1948).

Jan Carlzon, ex-presidente da companhia aérea escandinava SAS, chama isso de "momentos da verdade" de qualquer organização (1987). Ele sugere que na SAS ocorre algo em torno de 50 milhões de momentos da verdade a cada ano, cada um durando cerca de 15 segundos, quando um cliente entra em contato com um funcionário. São esses momentos da verdade que determinam se a SAS terá sucesso ou fracassará. Como observou Goffman em certa ocasião: "a vida pode não ser bem um jogo, mas a interação sim" (1959: 243). Portanto, qualquer "momento da verdade" é uma aposta, pois mesmo o mau comportamento mais fugaz provavelmente será notado e perturbará a ordem da interação. Carlzon argumenta que a importância desses momentos significa que as organizações precisam ser reorganizadas, tornando o atendimento ao cliente seu principal objetivo. Como consequência, os reais prestadores de serviço, os soldados de infantaria da empresa, que sabem mais sobre as operações da linha de frente, têm que receber mais responsabilidade para responder de forma eficaz, rápida e cortês às necessidades específicas do cliente. Por sua vez, isso significa que os esforços dos funcionários da linha de frente precisam ser mais valorizados. Como são eles que proporcionam os "momentos da verdade", sua motivação e seu comprometimento são fundamentais. Carlzon argumenta que em uma organização direcionada para o serviço, as decisões individuais devem ser tomadas no ponto de responsabilidade, e não em um lugar mais alto na hierarquia. Os próprios prestadores de serviços precisam ser os "gerentes" e mais voltados ao consumidor.

Um exemplo disso pode ser visto na literatura de gestão relativa aos hotéis. O que faz com que alguns visitantes voltem sempre para o mesmo hotel (Greene, 1982)? Isso tem pouco a ver com as características físicas do hotel, mas resulta do reconhecimento bidirecional entre a equipe e os hóspedes. Greene argumenta que não existe nada mais gratificante do que entrar em um hotel e ver um rosto conhecido e, em seguida, ser recebido pelo nome, e não pelo número do quarto. Ele propõe algumas técnicas pelas quais os funcionários conseguem lembrar os nomes dos hóspedes e, assim, usá-los em cada "momento da verdade". Essa estratégia foi levada muito a sério pelo Porterhouse Restaurant Group, que desenvolveu um programa para motivar seus funcionários a identificar o maior número possível de clientes pelo nome. Os que conseguiam identificar 100 ou mais se tornaram membros do "Clube 100", os que conseguiam identificar 250, membros do "Clube 250", e assim por diante. Uma gerente atingiu o recorde do Reino Unido ao conseguir reconhecer incríveis 2 mil visitantes (Lunn, 1989).

A importância de lembrar e cumprimentar hóspedes pelo nome também é vista em um estudo inspirado em Goffman sobre o gerenciamento de impressões no Ritz-Carlton (Dillard *et al.*, 2000). Neste hotel de luxo, os funcionários da linha de frente são treinados em disciplina dramatúrgica, para que promovam a impressão correta e sigam os padrões morais que o hotel busca. Um aspecto do *script* é composto por "três etapas do serviço: (a) Um cumprimento caloroso e sincero. Use o nome do hóspede, se e quando possível; (b) Antecipação e observância das necessidades do hóspede; (c) Despedida afetuosa. Dê um 'até logo' caloroso e use seus nomes sempre que possível" (Dillard *et al.*, 2000: 408). Portanto, um "momento da verdade" é quando a equipe da linha de frente consegue prestar um serviço *pessoal*, cumprimentando o hóspede pelo nome ou lembrando as suas necessidades e preferências específicas:

> Um bife, você consegue em qualquer lugar. Mas a sua mesa, com a sua taça de vinho favorita e o tipo de serviço de sua preferência,

seja muita conversa fiada ou um serviço invisível, são coisas que você, como pessoa de negócios em um mercado segmentado, está disposto a pagar e tem muita dificuldade em conseguir. (Dillard *et al.*, 2000: 408)

Outros "momentos da verdade" são quando a equipe consegue atender às necessidades idiossincráticas do hóspede (sobretudo quando surgem contingências dramatúrgicas) e oferece "desculpas profundas o bastante para eventos perturbadores".

Quatro aspectos finais devem ser observados sobre esses serviços. Em primeiro lugar, a produção de muitos serviços depende do *contexto*: para sua produção bem-sucedida, eles dependem de aspectos do ambiente social e físico em que ocorrem. Dentre os exemplos, podem-se citar o estilo de mobiliário em uma agência de viagens, refletindo uma imagem corporativa adequada, o interior aparentemente seguro de um avião, os móveis antigos no hotel-fazenda, a qualidade do som e da iluminação em uma danceteria de Ibiza, um conjunto de edificações historicamente interessantes em um balneário, o ambiente construído de muitos parques temáticos, parques de diversões, restaurantes, bares, shopping centers etc. Em outras palavras, o fornecimento de muitos serviços está interligado com aspectos do ambiente construído e, principalmente, com a natureza da arquitetura do projeto e da marca na economia da experiência (ver capítulo 6). Em certos casos, o serviço não pode ser recebido em um contexto físico e social inadequado – parte do serviço, parte do que é consumido, é, na realidade, o contexto (Urry, 1995a).

Em segundo lugar, há variações muito grandes nas expectativas de diferentes conjuntos de consumidores. Por exemplo, Mars e Nicod sugerem que em hotéis mais baratos as pessoas esperam um serviço rápido, mas não estão particularmente preocupadas com seu caráter mais geral (1984: 37). Em hotéis de alta qualidade, os clientes esperam que uma ampla variedade de solicitações seja atendida e que, na verdade, os funcionários sejam praticamente capazes de antecipá-las. Mars e Nicod sugerem que dificuldades específicas surgem em estabelecimentos de médio porte, nos quais o nível e as formas dos serviços a serem prestados são menos claros e podem ser contestados.

TRABALHANDO SOB O OLHAR DO OUTRO

Existem diferenças consideráveis entre a qualidade de serviço percebida em diferentes sociedades.

Em terceiro lugar, a qualidade de muitos serviços é *contestada* nas sociedades contemporâneas. Isso ocorre por várias razões: eles atendem uma gama cada vez maior de necessidades práticas e emocionais das pessoas; seu consumo normalmente envolve um gasto considerável de tempo, pois ocorre em série e não simultaneamente; o movimento dos consumidores tem incentivado as pessoas a serem mais críticas e inquisitivas sobre a qualidade dos serviços sendo recebidos, e os consumidores são cada vez mais exigentes, ecléticos e caprichosos. Assim, os prestadores de serviços têm todo o tipo de dificuldade a enfrentar quando confrontados com o caráter essencialmente contestado dos serviços nas sociedades contemporâneas.

Em quarto lugar, o serviço como produto é predominantemente *intangível*. Portanto, embora existam certos elementos tangíveis, como refeição, viagem ou bebida, os elementos fundamentais são intangíveis. Isso é demonstrado em um estudo de pequenos hotéis-fazenda:

> o serviço não se preocupa com o produto em si, mas com a maneira pela qual o produto é criado e tratado, com os modos, conhecimento e atitude das pessoas que o fornecem e com o ambiente em que é prestado [...] em termos gerais, a qualidade é, de fato, incapaz de ser medida. (Callan, 1989: 245)

Assim, o serviço é intangível porque parte do que se consome são performances de hospitalidade afetadas por trabalho performativo, emocional e estético. Embora as performances de serviço sejam ensinadas, aprendidas e regulamentadas, os encontros de serviço não podem ser completamente predeterminados e idênticos. Sempre há algum elemento de imprevisibilidade e fluidez em cada "momento da verdade". Cuthill sustenta que:

> As culturas de serviço são fluidas e performáticas. Elas se alteram e mudam com diferentes grupos de clientes e performances, em diferentes momentos do dia, semana ou ano, de modo que, embora seja

criada uma cultura central de serviço, ela se modifica com diferentes performances. (2007: 68; ver O'Dell, 2007, sobre serviços em spas)

Esses pontos gerais sobre serviços serão agora aplicados na execução de um tipo específico de serviço central no turismo: comer e beber.

FORNECIMENTO DE REFEIÇÕES (*CATERING*) AO CLIENTE

O desenvolvimento do setor de alimentos e bebidas tem sido longo e complexo. Atualmente, ele está disponível para todos. Restaurantes, bares e cafés fazem parte do espaço *público* das sociedades contemporâneas. Isso contrasta, por exemplo, com a Londres do século XIX, quando os melhores lugares para se comer eram privados ou semiprivados (Mennell, 1985: cap. 6). Havia dois formatos: os clubes privados em Londres, que ficaram mais numerosos a partir da década de 1820, e os hotéis particulares, onde as refeições eram servidas nas suítes privadas dos quartos e não havia salas de jantar públicas. Isso mudou nas décadas de 1880 e 1890, com a abertura de muitos hotéis de luxo, como resultado do aumento da mobilidade ocasionado pelas ferrovias. Os novos hotéis já não eram mais privados. Seus salões de jantar eram abertos pelo menos para o público rico, e rapidamente entraram na moda. Sua exclusividade vinha agora não da associação semiprivada com um círculo social específico, mas sobretudo de seu custo. Esses hotéis não eram mais reservados apenas aos homens. Eram espaços públicos, ou talvez semipúblicos, para homens e mulheres ricos, para ver e serem vistos, para entrar na esfera pública de um modo rebuscadamente específico (Finkelstein, 1989).

Os novos hotéis traziam formas inovadoras de organização, principalmente porque a nova clientela exigia uma preparação mais rápida das refeições. A figura fundamental nessa racionalização da cozinha foi Escoffier. A cozinha era dividida tradicionalmente em diversas seções, cada uma delas sob a responsabilidade de um *chef* encarregado de uma categoria específica de pratos, sendo que cada *chef* trabalhava de forma independente dos outros. Escoffier, ao contrário, organizou sua cozinha em cinco seções, baseadas não no tipo de prato a ser preparado, mas no tipo de operação a ser realizada (como o *rôtisseur*, encarregado dos assados, dos grelhados e das frituras, o *saucier*, que fazia os molhos, e assim por diante). As diferentes seções eram independentes, de modo que qualquer prato resultava do trabalho feito pelos *chefs* que trabalhavam em várias seções distintas. O efeito dessa reforma foi romper com as demarcações tradicionais do ofício e gerar uma nova divisão do trabalho, mais complexa, baseada em novas especializações e interdependência das atividades (Mennell, 1985: 155-9).

Posteriormente, outras características desse tipo de prestação de serviços se desenvolveram. Uma delas é o do gerenciamento *ad hoc* (caso a caso). Como o nível de demanda por tais serviços é altamente volátil e imprevisível, a administração precisa desenvolver maneiras *ad hoc* de responder a diferentes demandas e crises imprevistas. Para lidar com essa imprevisibilidade, os gestores tentam evitar contratos coletivos e favorecer a celebração de contratos individuais. Cada funcionário negocia acordos separados com a gerência. O mais importante para esses funcionários é o sistema total de recompensas, incluindo não apenas os salários básicos, mas também benefícios formalizados, como alojamento; benefícios semiformalizados, como as gorjetas; e oportunidades não formais que possibilitam ganhar um dinheiro extra (Mars e Nicod, 1984). Existe também uma distinção entre trabalhadores essenciais e periféricos, com os primeiros se beneficiando mais do sistema informal de recompensas.

Essas peculiaridades derivam da principal característica dos restaurantes, identificada no estudo clássico de Whyte, ou seja, a combinação de produção e serviço (1948: 17). Assim, um restaurante difere de uma fábrica, que é uma unidade de produção, e de uma loja, que é uma unidade de serviço:

> O proprietário do restaurante fornece um produto perecível para venda imediata no seu estabelecimento. O sucesso nesse tipo de negócio requer um ajuste delicado da oferta à demanda e uma coordenação hábil da produção e do serviço [...]. Essa situação valoriza a gestão hábil do pessoal [...]. O restaurante deve oferecer

um modo de vida satisfatório para as pessoas que realizam o trabalho, caso contrário, não consegue proporcionar a satisfação buscada por seus clientes. (Whyte, 1948: 17-18)

Há implicações importantes na forma como os restaurantes envolvem produção e serviço. Como os funcionários lidam com um produto perecível, o tempo do trabalho é extremamente variável; é difícil gerar um ritmo para se trabalhar e isso também significa que existem imensos problemas de coordenação (Whyte, 1948: 18-19). O funcionário do restaurante tem dois chefes, o supervisor/patrão e o cliente. A recompensa total depende da relação satisfatória com ambos. Além disso, funcionários em ocupações de menor *status*, como garçons e garçonetes, podem exigir ações imediatas de seus superiores, *chefs* e cozinheiros. Mas isso é algo que gera, com frequência, ressentimento e lentidão no serviço para demonstrar um *status* superior. Mars e Nicod sugerem que esses conflitos são provavelmente menos significativos em hotéis e restaurantes de alta classe, onde existe um compromisso comum com a qualidade e menos pressões em relação ao tempo (1984: 43-7), embora, com base no que vemos em seu trabalho na televisão, este não seja o caso dos restaurantes do *chef* celebridade Gordon Ramsay. Whyte discute vários meios de superar esses problemas, ou seja, preservar a comunicação entre a cozinha e os garçons limitando a interação frente a frente e, portanto, as possibilidades de atrito.

Outro aspecto do setor de fornecimento de refeições é que, quando os funcionários e os clientes se encontram, há um entrelaçamento complexo de trabalho e lazer. Marshall argumenta que, se Whyte tivesse "investigado a relação funcionário-cliente com determinação semelhante, ele teria compreendido que a cultura dos empregados de um restaurante é apenas em parte a do 'local de trabalho'" (1986: 34). Marshall analisa a contradição entre as más condições de trabalho no restaurante e a ausência de ressentimento em relação a isso por parte dos trabalhadores. Os salários eram baixos, as horas trabalhadas eram extremamente longas e toda a equipe tinha que demonstrar total flexibilidade no trabalho. E, no entanto, havia pouco descontentamento a respeito do trabalho ou da riqueza do proprietário. Em geral, não havia sindicalização, como acontece com a maioria do setor (ver Mars e Nicod, 1984: 109). Havia também, de maneira incomum, pouca rotatividade dos funcionários.

Marshall presumiu que o paternalismo dos patrões, combinado com o significado material e simbólico do sistema de remuneração total, seria suficiente para explicar a aparente lealdade da força de trabalho. No entanto, através da observação participante, Marshall concluiu que esses "funcionários estavam convencidos de que, na verdade, não 'trabalhavam' em troca de um pacote de pagamento" (1986: 40). Os funcionários raramente utilizavam a linguagem do trabalho. Não diziam que iam trabalhar ou que iam do trabalho para casa. O negócio, afinal de contas, envolvia o fornecimento de lazer. Muitos dos clientes eram amigos ou parentes dos funcionários e, pelo menos durante os períodos de folga, os empregados eram incentivados a conversar e até participar das atividades de lazer que ocorriam ao seu redor. Pouca atenção era dada à pontualidade e os funcionários tinham liberdade para organizar suas próprias rotinas de trabalho. Além disso, grande parte do tempo de lazer dos empregados também era gasta no restaurante, bebendo nos bares. Assim, muitas fronteiras simbólicas entre trabalho e lazer realmente não funcionavam. O ciclo diário de atividades (ou seja, aquilo que era formalmente trabalho e o que era formalmente lazer) era considerado mais como um modo de vida. Outros locais de trabalho podem ter características bastante semelhantes, sobretudo aqueles onde se proporciona lazer ou serviços relacionados com o turismo (estabelecimentos de *fast-food* não demonstram essas características).

Algumas especificidades da cultura de trabalho e da situação dos cozinheiros tornaram improvável que houvesse um sindicalismo ativo e uma consciência de classe entre eles e os *chefs*. *Chefs* e cozinheiros, principalmente em hotéis e restaurantes particulares, geralmente têm uma visão voltada para a ideia de serviço. Existe uma dedicação à tarefa devido à crença de que o trabalho que realizam é qualificado, interessante e oferece um amplo campo para que possam expressar suas habilidades artesanais. Há diferenças de *status* entre *chefs* e cozinheiros, pois os primeiros se consideram uma elite atendendo uma clientela abastada em estabelecimentos de alta categoria. Essas diferenças de *status*, com profundas raízes históricas, prejudicam a percepção de uma ocupação homogênea. Isso gerou a percepção entre os cozinheiros de uma estrutura de carreira distinta, pela qual eles poderiam progredir e passar a dirigir seus próprios estabelecimentos.

Uma ampla mudança técnica ocorreu entre *chefs* e cozinheiros na década de 1970. Isso ocorreu, em parte, devido à introdução de aparelhos elétricos que substituíram muitas operações manuais de rotina, mas principalmente devido ao desenvolvimento generalizado de "alimentos de conveniência". Em sua pesquisa sobre cozinhas com alimentos congelados, Gabriel mostra que é possível transformar a cozinha em uma linha de produção. Um funcionário disse: "Isto aqui não é uma cozinha, é uma linha de produção, porém, não ganhamos dinheiro em função da produção" (Gabriel, 1988: 57). Quanto ao ato de cozinhar, é difícil estabelecer com exatidão o que realmente significa um trabalho qualificado, pois envolve habilidades tácitas não desenvolvidas por meio de aprendizado formal. Envolve julgamento e inteligência, sensibilidade e subjetividade, como podemos agora constatar (às vezes, em função de sua ausência!) nos onipresentes programas de televisão com celebridades e outros *chefs*.

Nas décadas de 1980 e 1990, houve um amplo investimento na indústria de *fast-food* e no que Levitt chama de "industrialização do serviço" (1981; Ritzer, 2008, sobre "mcdonaldização"). Tais alimentos industrializados são produzidos em ambientes previsíveis, calculáveis, rotineiros e padronizáveis, mesmo onde há franquia. Essas empresas de *fast-food* desenvolveram redes globais com poucas falhas, de modo que um McDonald's africano é tão bom quanto um McDonald's norte-americano. Tais redes de controle dependem da alocação de uma proporção muito grande de recursos para o sistema, para a marca, publicidade, controle de qualidade, treinamento de funcionários e internacionalização da imagem corporativa.

O McDonald's gerou novos produtos "alimentícios", como Big Macs ou Chicken McNuggets, que simulam carne de frango, alteram os hábitos alimentares e geram novos hábitos sociais em todo o mundo, como comer *fast-food* padronizado comprado em restaurantes de comida para levar (*take-away*). Ele propicia fácil acesso e consumo flexível, praticamente a qualquer momento (comer pequenas quantidades de comida com grande frequência – *grazing*). O *fast-food* quebrou a

TRABALHANDO SOB O OLHAR DO OUTRO

tirania das refeições em horários fixos e a rígida organização dos horários ao longo do dia, principalmente durante viagens e longe de casa.

Além disso, a mcdonaldização produz novos tipos de empregos padronizados pouco qualificados, sobretudo para jovens que podem viajar pelo mundo através de vários McEmpregos. O efeito em termos de empregos foi aumentar a proporção da mão de obra com menos de 21 anos de idade no setor de fornecimento de refeições. Trabalhar em *fast-food* tem sido a opção mais comum de primeiro emprego na Grã-Bretanha. Um gerente de *fast-food* explicou a política de recrutamento: "Temos de recrutar jovens devido ao ritmo de trabalho. As pessoas mais velhas não conseguiriam aguentar [...]; esse trabalho, com sua imagem limpa e dinâmica, atrai as pessoas mais jovens" (citado em Gabriel, 1988: 97).

Nesses restaurantes, os funcionários jovens precisam aprender a se apresentar aos clientes de maneira programada. Existem formas estereotipadas de se dirigir aos clientes, às vezes impressas na parte de trás do cardápio. Precisam também aprender o sorriso da empresa. No entanto, conforme explicou um funcionário de *fast-food*: "É tudo artificial. Fingir oferecer um serviço pessoal com um sorriso quando, na realidade, ninguém é sincero. Sabemos disso, a gerência sabe e até os clientes sabem, mas continuamos a fingir" (Ritzer, 2008). Mesmo assim, embora quase tudo no ramo de *fast-food* esteja vinculado a regras, estas são muitas vezes desobedecidas para satisfazer à demanda em determinados momentos do dia e romper com o tédio do trabalho. A gerência normalmente faz vista grossa ao modo como os funcionários mantêm certa autonomia e deixam sua marca em um trabalho que, de outra forma, considerariam monótono.

Até agora, admitimos que os mesmos processos se aplicam em todos os países. No entanto, Mennell mostra as diferenças entre experiências francesas e inglesas. Durante muito tempo, houve o predomínio na Inglaterra do cargo de gerente, principalmente nos grandes hotéis, e até recentemente um correspondente desdém pelas atividades de *chef* e cozinheiro (1985: 195; daí o interessante crescimento de *chefs* famosos). A França, por sua vez, testemunhou o desenvolvimento do *chef* como profissional. O *chef-patron* desfrutava de um *status* imensamente elevado na sociedade francesa. Mennell sugere que a situação na Inglaterra facilitou a implementação mais extensa da redução do nível de qualificação em comparação com a França.

Craig aborda algumas dessas questões de informalidade e estilo no estudo de um restaurante "temático" em Cambridge (1994, 1997). Ele observa como os encontros de serviço têm um caráter performativo bastante complexo. Pode-se pensar neste local de trabalho como um palco, envolvendo uma mistura de trabalho mental, manual e emocional. Os funcionários são escolhidos porque possuem o tipo certo de capital cultural e estético; precisam ser informais, jovens, amigáveis, com o tipo certo de corpo e habilidades para produzir performances emocionais apropriadas no transcurso de cada noite. O *self* é fundamental aqui, pois as performances precisam ser "autenticamente" divertidas, informais e sociáveis.

Os funcionários demonstram várias habilidades "sociais e emocionais" à medida que ajustam suas performances por meio de leituras culturais e interações com uma ampla variedade de clientes. De certa forma, precisam ser cientistas sociais amadores, lendo cada grupo de comensais e prevendo o tipo de experiência que eles esperam. O restaurante é descrito pelos funcionários como um local de emoções; eles falam de "entrar no clima" no início da noite, permitindo que as emoções fluam. Os funcionários, principalmente as jovens garçonetes da equipe, trabalham naturalmente sob o olhar dos clientes, esperando-se que atuem em conformidade com as noções específicas de gênero (ver Adkins, 1995). Portanto, Craig mostra como o trabalho de garçom em um restaurante que serve jantares é uma forma de atuação consciente, ao mesmo tempo roteirizada e criativa, ocorrendo diante do público de comensais. Uma combinação sutil de treinamento e roteiros de atendimento com habilidades pessoais de improvisação permite a encenação de um universo goffmanesco, em que o desejo de agradar e a amabilidade são constantes.

Haldrup e Larsen fornecem uma etnografia do "cenário turístico de restaurantes" em Alanya, na Turquia, um destino extremamente popular em pacotes turísticos escandinavos e entre proprietários de segundas residências (2010: cap. 6). Os "restaurantes turísticos" são identificáveis pelos cardápios multilinguísticos com grandes imagens, uma mistura de pratos globais e turcos, cores brilhantes, bandeiras nacionais nas

TRABALHANDO SOB O OLHAR DO OUTRO

mesas, camisas de times internacionais de futebol nas paredes, música pop internacional, grandes áreas com mesas ao ar livre, jogos internacionais de futebol em grandes telas de televisão, garçons turcos insistentes em frente ao estabelecimento, localização nas ruas principais ou ruas laterais turísticas, e a presença de turistas e *nenhum* morador local. O cenário gastronômico em Alanya é visivelmente dividido e são poucos os turistas que vão aos mesmos restaurantes frequentados pelos habitantes locais; os turistas comem e bebem em espaços ocupados somente por outros turistas.

Um "nacionalismo banal" permeia esses restaurantes em Alanya. Suas frentes são cobertas por bandeiras nacionais e recebem nomes como Sunset Copenhagen, Scandinavia e The Viking. Os turistas são continuamente lembrados de sua cidadania e nacionalidade, a ponto de os garçons lhes perguntarem de onde são para tentar atraí-los ao restaurante. Depois que o turista expõe sua nacionalidade (digamos, dinamarquês), os garçons começam a encantá-lo falando em dinamarquês e destacando como o lugar é popular entre os dinamarqueses, uma cerveja gelada Carlsberg é servida, um jogo de futebol dinamarquês é exibido ou uma camisa de futebol de um time da Dinamarca aparece em destaque na parede. E, uma vez dentro do restaurante, uma bandeira nacional é colocada em sua mesa. Camisas de futebol, sejam da seleção nacional ou dos clubes dinamarqueses, decoram as paredes de muitos bares e restaurantes, e funcionam como marcadores da identidade nacional. Por exemplo, o restaurante Sunset Copenhagen exibe as camisas dos times de futebol da Dinamarca, enquanto o Oscar's Scandinavian Restaurant, do outro lado da rua, é ornamentado com as camisas de futebol dos times noruegueses. Os dois restaurantes anunciam na rua que exibem partidas dinamarquesas e norueguesas e possuem – como acontece com muitos outros restaurantes e bares em Alanya – telas de televisão colocadas em locais estratégicos, que exibem partidas de futebol "imperdíveis" e outros eventos esportivos anunciados na rua. Graças à TV mundial por satélite, os dinamarqueses podem acompanhar os jogos de seu time de futebol local quando estão no exterior.

Uma descoberta interessante é que esses restaurantes "escandinavos" costumam pertencer e empregar dinamarqueses de origem turca ou turcos que moram na Dinamarca fora da temporada de verão. É nesses restaurantes, com funcionários dinamarqueses-turcos, que o nacionalismo dinamarquês é especialmente encenado e mostrado. Isso destaca as mobilidades do pessoal de turismo. Com referência à equipe, analisamos agora a natureza "flexível" da mão de obra dos empreendimentos de hospitalidade (principalmente, hotelaria, gastronomia, eventos, entretenimento e lazer).

"FLEXÍVEL" E "MÓVEL"

A reestruturação por meio do uso flexível da mão de obra é algo que tem caracterizado muitos serviços relacionados com o turismo há décadas, e a compreensão de tais serviços exige um exame cuidadoso das mudanças das relações de gênero nesses setores, uma vez que tipos específicos de flexibilidade da mão de obra pressupõem certa divisão por gêneros da força de trabalho. Atkinson identificou quatro formas de flexibilidade (1984). Primeiramente, há a *flexibilidade numérica*, em que as empresas variam o grau de participação da mão de obra em resposta às mudanças no nível de produção. Isso pode envolver o uso de contratos de meio período, contratação temporária, contratos de curto prazo e trabalhadores ocasionais. Em segundo lugar, existe a *flexibilidade funcional*, que se refere à capacidade dos empregadores de deslocar funcionários entre diferentes tarefas funcionais de acordo com as mudanças na carga de trabalho. Em terceiro lugar, existe a estratégia do *distanciamento*, que envolve o deslocamento das relações internas da política de emprego pelas relações comerciais do mercado por meio de subcontratações e arranjos semelhantes. Em quarto lugar, existe a *flexibilidade de pagamento*, na qual os empregadores tentam recompensar os funcionários que, por exemplo, tornaram-se multicapacitados e funcionalmente flexíveis. Essas estratégias de gestão têm o efeito de reestruturar as contratações nas empresas, separando os funcionários em essenciais e periféricos.

A tese da flexibilidade foi discutida principalmente em relação à reestruturação da indústria de transformação dos anos 1980. No entanto, o setor de serviços tem sido, por muito mais tempo, caracterizado pelas formas de flexibilidade. Nos serviços turísticos, observamos o uso da flexibilidade de pagamento, algo relacionado com os baixos níveis de sindicalização, mesmo nos grandes hotéis, e a relativa ausência de conflitos trabalhistas (Johnson e Mignot, 1982; Baum, 2007). Além disso, a flexibilidade funcional e numérica vem sendo um objetivo claro da gestão nos setores de hotelaria e restaurantes a partir da década de 1960.

Existe também uma nítida divisão de gênero na forma e na amplitude dessas várias práticas de trabalho flexível (Bagguley, 1991; Baum, 2007). Ao que parece, era muito mais comum para os homens ter empregos que envolviam uma flexibilidade funcional. As posições operacionais, como garçons e atendentes de bar, pessoal de cozinha, serviços domésticos e faxineiros, são ocupadas principalmente por mulheres, com *chefs* como a principal exceção. Além disso, é nessas posições que as funcionárias do sexo feminino tendem a trabalhar em tempo parcial, demonstrando a flexibilidade numérica. Essas trabalhadoras numericamente flexíveis também costumam ser as menos flexíveis em termos funcionais. A maior parte dos funcionários em tempo parcial (predominantemente mulheres) não tem a oportunidade de desenvolver uma ampla gama de habilidades e experiências para se tornarem funcionalmente flexíveis, como os funcionários de período integral, que mais provavelmente são do sexo masculino. Assim, o gênero do funcionário parece determinar qual forma de trabalho flexível poderá ser exercida.

O desenvolvimento de formas flexíveis de emprego é afetado por vários fatores. O fato de a maioria dos serviços turísticos ser prestada quando o olhar do turista está presente, durante a temporada de verão, aumenta o uso de trabalhadores temporários, de meio período e funcionalmente flexíveis. Baum afirma que cerca de metade do pessoal de turismo nas grandes cidades do Reino Unido e em outros lugares é composta por estudantes (2007: 1390). Em muitos serviços turísticos, há uma variedade excepcional de funções que precisam ser exercidas – produção de alimentos, serviços de alimentação, entretenimento, hospedagem, bares e assim por diante –, e isso oferece muitas oportunidades de flexibilizar as tarefas. O clima das relações trabalhistas nessas empresas precisa ser levado em conta. A ausência de uma ampla sindicalização e de organizações dos funcionários baseadas em grupos ocupacionais significa que há pouca oposição formalmente organizada às novas práticas de trabalho.

Até agora, então, as práticas de trabalho flexível têm sido, há algum tempo, uma característica fundamental dos setores relacionados com o turismo. Com esses funcionários demonstrando alta rotatividade, pode ser difícil manter níveis adequados de habilidades e desenvolver programas de treinamento apropriados. Muitas vezes, as empresas usam a flexibilidade numérica em vez de desenvolver as múltiplas habilidades de sua equipe principal. De fato, em geral, parece haver uma escassez de planos de carreira em serviços relacionados com o turismo, exceto para aqueles em cargos de gerência e *chefs*. Metcalf resumiu a situação para muitos trabalhadores no setor de hotelaria, gastronomia e eventos:

> Pouquíssimos empregos que requerem uma carreira foram identificados [...]. A maior parte dos empregos se caracterizava por funcionários novos, nenhuma promoção e alta rotatividade. E os que abandonavam o trabalho ou eram demitidos iam para uma variedade de empregos não qualificados. (1988: 89)

Além do gênero, existem as dimensões de etnia e de mobilidade. Muitas empresas de turismo são locais de trabalho culturalmente diversificados, incluindo muitas nacionalidades e pessoas nascidas em outros lugares. Especialmente nas principais cidades "globais", mas cada vez mais também em áreas periféricas, os hotéis e restaurantes fazem grande uso de equipes móveis e transitórias (Duncan *et al.*, 2009). Por exemplo, aproximadamente 25% da força de trabalho nos setores de turismo, hotelaria, gastronomia e eventos da Irlanda é composta por cidadãos não irlandeses (Baum, 2007). Esses trabalhadores móveis do turismo são heterogêneos. Por um lado, existem migrantes e refugiados que executam trabalhos de bastidores de baixa qualificação, mas mal remunerados, como limpeza e alimentação em hotéis e restaurantes. Eles realizam esses trabalhos porque têm poucas oportunidades. E a esse grupo devemos acrescentar as mulheres, muitas vezes vítimas de tráfico, exploradas em clubes de *strip-tease*, bordéis, discotecas, cassinos e esquinas, na maioria dos destinos turísticos no mundo todo. Por exemplo, no distrito da luz vermelha de Copenhague, locais badalados, hotéis, turistas, *sex shops*, viciados em drogas e prostitutas convivem lado a lado. A indústria do sexo, fortemente entrelaçada com o turismo, é constituída principalmente por mulheres vindas da Europa Oriental e da África. O tráfico e os trabalhadores móveis do sexo são parte integrante das mobilidades do trabalho de hospitalidade e do turismo em geral. Este é um efeito sombrio do olhar do turista (corpóreo), causando dor e perigo para muitas mulheres jovens e pobres ao redor do mundo (Jeffreys, 1999).

Por outro lado, um grupo diferente de trabalhadores de serviços móveis é o de turistas mais jovens (geralmente mochileiros) que realizam trabalhos temporários como parte de sua experiência de viagem (Bianchi, 2000; Duncan *et al.*, 2009). Uma consequência de tais "mobilidades do trabalho nos empreendimentos de hospitalidade" é que as distinções entre hóspede e anfitrião ficam porosas e fluidas. Cada vez mais, os turistas são servidos por funcionários que também são hóspedes (e que talvez também partam amanhã). Assim, não é apenas por causa dos turistas que os hotéis, restaurantes e resorts significam multiculturalismo, tanto quanto nacionalidade ou localidade. De modo mais geral, as categorias de anfitrião e hóspede são cada vez menos frequentes no campo do turismo. Germann Molz e Gibson observam que muitos pesquisadores "têm questionado a oposição binária entre anfitrião e hóspede, refinando essas categorias em termos mais pluralistas e heterogêneos" (2007a: 7; ver Bell, 2007).

CONCLUSÃO

Assim, analisamos muitos aspectos do chamado mercado da hospitalidade. De fato, vimos que existem ambiguidades e anomalias na noção de ser "hospitaleiro" em um mundo de movimento de massas, intensa comercialização e provável exploração (ver Germann Molz e Gibson, 2007b). A hospitalidade pressupõe vários tipos de economias, políticas e éticas, à medida que o olhar do turista avança pelo mundo e atrai para o seu abraço caloroso inúmeras relações sociais entre anfitriões e hóspedes. Essas relações geralmente indicam estranhas combinações de hospitalidade e hostilidade, pois o maior negócio do mundo industrializou, comercializou e roteirizou completamente o que outrora poderíamos considerar o puro ato de oferecer hospitalidade incondicional a outras pessoas (ver Derrida, 2000, de forma mais geral).

Enquanto examinamos as performances humanas da prestação de serviços, acabamos observando como os animais também funcionam sob o olhar do turista como parte de uma tendência mais ampla rumo a uma sociedade do espetáculo. Os zoológicos já de há muito têm sido atrações turísticas. Os animais são literalmente os loucos atrás das grades, vivendo em um palco onde são constantemente observados, por vezes treinados e aplaudidos quando realizam seus instintos "naturais" como parte do que Franklin (1999) chama de "olhar zoológico", e Beardsworth e Bryman (2001) de a "disneyficação dos zoos". Desmond mostra como os animais são obrigados a realizar uma "ficção de si mesmos como selvagens", como parte de uma encenação teatral:

> Podemos ficar impressionados com a escala de saltos poderosos realizados pelas baleias-assassinas, por exemplo, esquecendo naquele momento que esta imagem faz parte do show. O espetáculo dos corpos em movimento representa a natureza selvagem e incontrolável, não sujeita às restrições da cultura. (1999: 151; Cloke e Perkins, 2005)

Passaremos agora a examinar algumas transformações mais amplas das culturas turísticas que, por sua vez, afetam os tipos de trabalho que são realizados sob o olhar do outro.

TRABALHANDO SOB O OLHAR DO OUTRO

5. CULTURAS TURÍSTICAS EM MUTAÇÃO

INTRODUÇÃO

Temos até o momento conceituado o olhar do turista como sendo distinto de outras atividades sociais e ocorrendo em determinados lugares por períodos específicos. Esse ponto de vista foi reforçado pela análise, nos capítulos 3 e 4, de algumas características importantes do turismo. Embora seja difícil demarcar exatamente o que faz parte ou não desse mercado, presumimos uma especificação razoavelmente estreita. No capítulo 4, por exemplo, discutimos o caráter específico das performances de serviços nas economias de hospitalidade. Porém, neste capítulo, analisaremos como as mudanças na natureza das sociedades, principalmente ocidentais, ao longo das últimas décadas, estão minando uma noção tão precisa. Argumentamos que houve uma reversão do processo de diferenciação estrutural de longo prazo, pelo qual instituições sociais relativamente distintas passaram a se especializar em tarefas ou funções específicas. Parte dessa reversão é que a cultura, compreendida como uma economia de signos, é mais central na organização das sociedades atuais. Houve uma dissolução das fronteiras, não apenas entre as culturas altas e baixas, mas também entre diferentes formas culturais, como turismo, arte, educação, fotografia, televisão, música, esporte, compras e arquitetura. Além disso, a comunicação de massa transformou o olhar do turista, cada vez mais ligado e parcialmente indistinguível de todos os tipos de outras práticas sociais e culturais. Isso tem o efeito, já que o turismo *per se* diminui em especificidade, de generalizar o olhar do turista – as pessoas são turistas em boa parte do tempo, quer gostem ou não, quer saibam ou não. O olhar do turista é intrinsecamente parte da experiência contemporânea, mas as práticas turísticas que ele enseja passam por rápidas e significativas mudanças. Tais mudanças não podem ser separadas dos desenvolvimentos estruturais e culturais mais amplos das sociedades contemporâneas.

O MODERNO E O PÓS-MODERNO

Nas décadas de 1980 e 1990, algumas dessas mudanças foram entendidas com base na distinção entre culturas modernas e pós-modernas, uma distinção que usaremos neste capítulo.

O moderno envolve uma "diferenciação estrutural" – o desenvolvimento separado de várias esferas institucionais e normativas – da economia, da família, do Estado, da ciência e da moralidade, e um campo estético. Cada uma delas fica sujeita à autolegislação (ver Lash, 1990: 8-9). Cada esfera desenvolve suas próprias convenções e modo de avaliação. O valor dentro das esferas culturais depende de quão bem um objeto cultural se comporta de acordo com as normas apropriadas a essa esfera. Esta é a "diferenciação horizontal".

Porém, um aspecto adicional precisa ser considerado, a "diferenciação vertical". À medida que cada esfera se separa horizontalmente, também se desenvolvem importantes diferenciações verticais. Dentro da esfera cultural, isso consiste em uma série de distinções: entre cultura e vida, entre alta e baixa cultura, entre arte erudita ou aurática e os prazeres populares, e entre formas de consumo de elite e de massa. Na área de projetos de construção, existe a distinção entre arquitetura (que, obviamente, assume muitos estilos diferentes) e diversas formas regionais de construção. Assim, o modernismo deve ser entendido como um processo de diferenciação e, como vimos aqui, especialmente da diferenciação entre as várias esferas culturais, tanto horizontal quanto verticalmente.

O pós-modernismo, por sua vez, envolve a de-diferenciação (Lash, 1990: cap. 1). Há vários aspectos interconectados. Em primeiro lugar, existe uma ruptura no caráter distinto de cada uma dessas esferas de atividades, sobretudo a cultural. Cada uma delas implode na outra e a maior parte envolve espetáculo e encenação visual. Isso é visto com mais clareza nos assim denominados eventos multimídia, mas muita produção cultural, principalmente através do papel central da televisão e agora da internet, é difícil de categorizar e colocar dentro de qualquer esfera específica.

Além disso, tais esferas culturais não são mais auráticas, usando um termo definido por Benjamin (1973). Afirmar que um fenômeno cultural tinha aura era dizer que estava radicalmente separado do social, que proclamava sua própria originalidade, exclusividade e singularidade e que se baseava em um discurso de unidade orgânica formal e criatividade artística. A cultura pós-moderna, ao contrário, é antiaurática. Essas formas não proclamam sua singularidade, mas são mecânica, eletrônica e digitalmente reproduzidas e distribuídas. Existe uma negação da separação entre o estético e o social e da afirmação de que a arte pertence a uma ordem diferente em relação à vida. O valor atribuído à unidade do trabalho artístico é questionado pela ênfase no pastiche, na colagem, na alegoria e assim por diante. As formas culturais pós-modernas não são consumidas em um estado de contemplação (como o concerto de música clássica), mas de distração. A cultura pós-moderna afeta o público por meio de seu impacto imediato, pelo que faz por alguém, através dos regimes de prazer e afeto, e não pelas propriedades formais do material estético. E isso serve para solapar qualquer forte distinção entre a alta cultura, apreciada por uma elite conhecedora da estética de determinada esfera (pintura, música, literatura), e a cultura popular ou baixa das massas. O pós-modernismo é anti-hierárquico, oposto a essas diferenciações verticais.

Há, também, a de-diferenciação da "economia cultural". Um aspecto disso é a quebra de algumas diferenças entre o objeto cultural e o público, havendo um incentivo ativo para a participação dos espectadores, principalmente por meio da votação por SMS. Os exemplos incluem o teatro ao vivo, programas de televisão com prêmios ou nos quais as pessoas discutem problemas pessoais, em que qualquer um pode ficar famoso por 15 minutos (exemplos recentes incluem *Big Brother, X-Factor* e *Pop Idol*). Outro aspecto é a dissolução das fronteiras entre produção artística e comercial. As inovações aqui incluem o crescimento de videoclipes artísticos gratuitos para vender álbuns, de *downloads* e ingressos para shows, de músicas que aparecem pela primeira vez em anúncios, de grandes talentos artísticos empregados dentro da produção de anúncios e o uso de "arte" para vender produtos por meio de patrocínio. O comércio e a cultura estão totalmente entrelaçados no pós-moderno.

Existe ainda a problematização da distinção entre representações e realidade. A significação é cada vez mais figurativa ou visual e, portanto, existe uma relação mais próxima e íntima entre a representação e a realidade do que onde a significação ocorre por meio de palavras ou música (sem filme, televisão, vídeo, vídeo *pop* etc.). Além disso, uma proporção crescente dos referentes de significação, a "realidade", é constituída, ela própria, de representações. Ou, como notoriamente argumentou Baudrillard, o que consumimos cada vez mais são signos ou representações (1983, 1985). Identidades sociais são construídas através da troca de signos de valor. Mas estes são aceitos em um espírito de espetáculo. As pessoas sabem que a mídia, por exemplo, é uma simulação; e elas, por sua vez, simulam os meios de comunicação. Esse mundo de signos e espetáculo é aquele em que não há originalidade, apenas o que Eco descreve como "viagens à hiper-realidade" (1986). Tudo é uma cópia, ou um texto sobre um texto, em que o falso pode, muitas vezes, parecer mais real do que o real. Este é um mundo sem profundidade, ou uma "nova fragilidade da realidade" (Lash, 1990: 15). Lash resume esse argumento: "o modernismo concebe as representações como problemáticas, enquanto o pós-modernismo problematiza a realidade" (1990: 13).

Curiosamente, porém, muitos locais e práticas turísticas, mesmo no passado, prefiguraram algumas características pós-modernas. Os balneários competiam entre si para oferecer aos visitantes o mais magnífico salão de baile, o mais longo cais, a torre mais alta, o parque de diversões mais moderno, o acampamento de férias mais chique, as iluminações mais espetaculares, os mais belos jardins, o calçadão mais elegante e assim por diante. Por causa da importância do visual, do olhar, o turismo sempre se preocupou com o espetáculo e com as práticas culturais que, de certo modo, implodem umas nas outras. Boa parte da atividade turística tem sido totalmente antiaurática. Ela tem se baseado na reprodução mecânica e eletrônica (começando com as máquinas *What the butler saw*[45], através de iluminações espetaculares, shows de *son et lumière* e espetáculos com raios *laser*); tem se baseado em prazeres populares, em um antielitismo com pouca separação entre arte e vida social; tem geralmente envolvido uma não contemplação, mas altos níveis de participação do público; e tem dado muita ênfase ao pastiche, ou ao que outros poderiam chamar de *kitsch* (como no salão de festas havaiano no acampamento de férias de Maplin, no programa de TV *Hi-de-Hi!* da BBC).

Descrevemos aqui algumas características do olhar coletivo e midiatizado. Entretanto, nos capítulos anteriores também discutimos o "olhar romântico", que é mais obviamente aurático, preocupado com a apreciação mais elitista – e solitária – de um cenário magnífico, apreciação esta que requer considerável capital cultural, sobretudo se objetos específicos também significam textos literários (como acontece com os poetas ingleses de Lakeland[46], por exemplo). Também se pode dizer que o olhar romântico envolve a de-diferenciação. Historicamente, o olhar romântico se desenvolveu com a formação do turismo pitoresco na Inglaterra do final do século XVIII. O olho pitoresco híbrido de conhecedor especializado e espelho de Claude[47] extraía prazer de características das paisagens que possuíam semelhanças com obras de literatura e pintura. Os visitantes buscavam e valorizavam: "aquele tipo de beleza que ficaria bem em um quadro" (Ousby, 1990: 154). Os turistas do norte da Europa consumiam e retratavam lugares através de imagens importadas da paisagem, e a distinção entre natureza e arte se dissolvia em uma circularidade. A paisagem tornou-se uma reduplicação da imagem que a precedia. Um exemplo ilustrativo das convenções de passeios pitorescos é

---

45. "O que o mordomo viu", em tradução livre. Trata-se de uma máquina com um rolo de mutoscópio (semelhante ao cinetoscópio de Thomas Edison), do início do século XX, representando a cena de uma mulher se despindo parcialmente em seu quarto, como se um mordomo estivesse espiando pelo buraco da fechadura, no que seria um dos primeiros exemplos de filmes eróticos. [N.T.]
46. Grupo de poetas ingleses que viviam no Lake District (região dos lagos) da Inglaterra, na primeira metade do século XIX, considerados parte do movimento romântico. [N.T.]
47. Pequeno espelho de forma ligeiramente convexa e superfície de cor escura. Usado por artistas, viajantes e estudiosos de paisagens, tinha o efeito de reduzir e simplificar a cor refletida do cenário observado, criando uma imagem pitoresca. O assunto será retomado e detalhado no capítulo 7. [N.T.]

fornecido no guia de Thomas West para o Lake District, enormemente influente no final do século XVIII:

> Por esse caminho, o lago fica em ordem mais agradável aos olhos e agradecido à imaginação. A mudança de cenas vai do que é *agradável* ao que é surpreendente, dos toques delicados e elegantes de *Claude* às cenas nobres de *Poussin*, e, delas, às ideias estupendas e românticas de *Salvator Rosa*. (citado em Andrews, 1989: 159)

A rota muito admirada de West no Lake District imita as pinturas de paisagens italianas de Claude, Poussin e Rosa. Ao fazê-lo, West engajou-se "em um ato de tradução, recuperando a especificidade deste local para uma série de lugares no circuito turístico da Europa" (Duncan, 1999: 155). A paisagem do Lake District é o produto da mobilidade. Os primeiros visitantes descobriam sua natureza sublime por meio de modelos de paisagem importados: ela estava indissoluvelmente ligada a *outros* locais turísticos. O olhar do turista, mesmo o olhar romântico, pressupõe que os turistas estejam inseridos em um mundo de textos, imagens e tecnologias de representação ao contemplar paisagens (ver Larsen, 2006b, para um estudo semelhante sobre a ilha dinamarquesa de Bornholm).

Muito do que é apreciado não é a realidade diretamente vivenciada, mas representações, sobretudo por meio da fotografia (Taylor, 1994). O que as pessoas contemplam são representações ideais da visão em questão, que elas internalizam a partir de várias representações móveis. E mesmo quando não conseguem de fato ver a maravilha natural em questão, elas podem ainda senti-la, vê-la em sua mente. Além disso, ainda que o objeto não corresponda à sua representação, é o último que permanece na mente das pessoas, como o que elas realmente "viram" (ver Crawshaw e Urry, 1997; e capítulo 7).

Portanto, existe um paradigma cultural de de-diferenciação; e vários locais e práticas turísticas historicamente prefiguraram esse paradigma (ver capítulo 6 para uma discussão de arquiteturas ligadas a isso). Porém, há uma percepção importante de que boa parte do turismo também tinha um aspecto modernista. Isso se revela pelo uso do termo "turismo de massa", que é a forma como grande parte da atividade turística era estruturada até recentemente. Observamos, no capítulo 3, alguns aspectos desta tentativa de tratar as pessoas de modo padronizado e de não estabelecer diferenciações entre aqueles que são consumidores do mesmo acampamento de férias, hotel ou restaurante. O ponto central do moderno é a visão do público como uma massa homogênea e a existência de uma esfera de valores que serve para unificar a massa. No turismo, a ideia do moderno está refletida na tentativa de tratar as pessoas *dentro* de um local socialmente diferenciado como semelhantes entre si, com gostos e características comuns, embora determinados pelos prestadores do serviço em questão. Na próxima seção, veremos como uma das principais características do pós-modernismo, assim como do pós-fordismo, é a recusa das pessoas em aceitar serem tratadas como uma massa indiferenciada. Parte da hostilidade do pós-modernismo à autoridade é a oposição sentida por muitos ao tratamento de massa. Na verdade, as pessoas parecem querer ser tratadas de maneira mais diferenciada, e isso deu origem a muitas pesquisas de estilo de vida por parte do setor de publicidade, buscando categorias cada vez mais distintas de visitantes (ver Poon, 1993).

Falamos até agora de diferentes paradigmas culturais, sem levar em conta as forças sociais que lhes são subjacentes. Os poderes coletivos enfraquecidos da classe trabalhadora e os fortalecidos poderes das classes de prestadores de serviços e de outros setores da classe média geraram um grande público para novas formas culturais e, particularmente, para o que alguns chamaram de "pós-turismo".

Nosso argumento aqui deriva de uma interpretação livre do texto clássico de Bourdieu, *A distinção* (1984). Algumas de suas características são especialmente relevantes para analisar os impactos das práticas culturais de uma classe sobre outra. Bourdieu ressalta que os poderes de diferentes classes sociais (e, implicitamente, de outros agentes sociais) são tão simbólicos quanto econômicos ou políticos. Esses bens simbólicos estão sujeitos a uma economia distinta, uma "economia cultural", caracterizada pela competição, monopolização, inflação e diferentes formas de capital, incluindo especialmente o capital cultural. Classes sociais diferentes estão engajadas em uma série de lutas entre si, para aumentar o volume de capital que possuem *vis-à-vis* outras classes, e para aumentar o valor atribuído às formas específicas de capital que porventura possuam. Cada classe social possui um *habitus*, o sistema de classificação que funciona abaixo do nível de consciência individual e que está inserido nas práticas, nas disposições corporais, nos gostos e nas aversões que orientam as condutas das pessoas. As classes que competem entre si tentam impor seu próprio sistema de classificação a outras classes e exercer domínio. Em tais lutas, um papel central é desempenhado pelas instituições culturais, principalmente a educação e a mídia. A esfera cultural tem sua própria lógica, moeda e taxa de conversibilidade em capital econômico. O capital cultural não é apenas uma questão de conhecimento teórico abstrato, mas da competência simbólica necessária para apreciar obras de "arte", ou "antiarte", ou "lugar". O acesso diferencial aos meios de consumo de artes é fundamental para a reprodução da classe, dos processos de classe e de conflitos sociais mais amplos. Esse consumo cultural diferenciado tanto resulta do sistema de classes quanto é um mecanismo pelo qual as classes e outras forças sociais procuram estabelecer o domínio em uma sociedade (Bourdieu, 1984; Devine *et al.*, 2005).

Especificamente, a classe de prestadores de serviços é significativa aqui. Consiste naquele conjunto de posições na divisão social do trabalho cujos ocupantes não possuem capital ou terras de forma substancial; está localizada em um conjunto de instituições sociais interligadas que coletivamente atendem ao capital; desfruta de situações superiores de trabalho e mercado, geralmente resultantes da existência de carreiras bem definidas, no interior das organizações ou entre elas; e tem sua entrada regulada pela posse diferencial de credenciais educacionais. Essas características servem para delimitar a classe de prestadores de serviços a partir da classe mais geral de trabalhadores de colarinho branco e gerar distinções de capital cultural e gostos (Butler e Savage, 1995; Savage *et al.*, 1992).

A classe de prestadores de serviços é discutida por Bourdieu. Ao falar de "intelectuais", ele contrasta sua preferência pelo "ascetismo estético" com a preferência burguesa por interiores suntuosos. Isso se reflete no gosto pelos interiores em estilo modernista entre os "intelectuais". A respeito de seus padrões de lazer, Bourdieu escreve:

> [...] a forma mais ascética da disposição estética e as práticas culturalmente mais legítimas e economicamente baratas, ou seja, frequentar museus ou, em se tratando de esportes, escalar montanhas ou caminhar, provavelmente ocorrem com maior frequência entre os segmentos (relativamente) mais pobres de capital econômico. (1984: 267)

Curiosamente, Bourdieu fala da subversão simbólica dos rituais da ordem burguesa, por parte dos intelectuais, através da "pobreza ostensiva". Isso se reflete na tendência de vestir-se casualmente no trabalho, a favorecer interiores revestidos de madeira e a praticar montanhismo, caminhadas e passeios, que representam o gosto pelo "natural e pela natureza selvagem" (1984: 220). Os intelectuais têm uma propensão a exibir o "olhar romântico". Os burgueses, ao contrário, segundo dizem, preferem a "natureza cultivada, organizada e sinalizada" (Bourdieu, 1984: 220; Savage, Barlow, Dickens e Fielding, 1992; ver Munt, 1994, sobre as implicações no turismo).

O que chamamos de classe de prestadores de serviços e outros trabalhadores de colarinho branco também incluiria aqueles cujo trabalho é predominantemente simbólico. Grande parte do trabalho de ambos é simbólico – na mídia, novas mídias, publicidade, design, atuando como intermediários culturais. Esses grupos têm um forte compromisso com a moda, com as rápidas e divertidas transformações de estilo (ver Featherstone, 1987: 27; Lash e Urry, 1994). Tais grupos não são necessariamente aceitos pelos intelectuais e pelo velho *establishment* de capital cultural. Portanto, existe aqui um desafio à cultura estabelecida, à alta cultura, enquanto, ao mesmo tempo, o surgimento de celebridades intelectuais tem desmistificado as fontes tradicionais de capital cultural:

> Esse intercâmbio, a atenção dos intelectuais a novos estilos populares e a comercialização "do novo", cria condições nas quais os estilos viajam mais rapidamente, tanto da vanguarda ao popular, do popular à vanguarda e do popular à alta sociedade [*jet-set*]. (Featherstone 1987: 27; Savage *et al.*, 1992)

Como resultado, gera-se uma espécie de mistura estilística, do antigo e do novo, do nostálgico e do futurista, do natural e do artificial, do jovem e do maduro, da alta cultura e da baixa, e do modernismo e do pós-modernismo. Martin resume como o crescimento desses grupos de classe média perturbou os padrões culturais preexistentes: "O mercado cultural contemporâneo põe juntos a elite e o vulgar, o que ontem chocava e o que hoje é motivo de piada, em uma *bricolagem* gloriosamente banal. O estilo é tudo e qualquer coisa pode se tornar estilo" (1982: 236-7).

Além disso, argumenta Bourdieu, esses grupos também têm uma abordagem bastante diferente com relação ao prazer. A velha pequena burguesia baseia sua vida em uma moralidade do dever com "um medo do prazer [...] uma relação com o corpo feita de 'reserva', 'modéstia' e 'restrições', e associa com a culpa cada satisfação dos impulsos proibidos" (Bourdieu, 1984: 367). Por outro lado, a nova classe média deseja

> [...] uma moralidade do prazer como um dever. Essa doutrina transforma em fracasso, uma ameaça à autoestima, o fato de não "se divertir" [...]. O prazer não só é permitido, como exigido, tanto em termos éticos quanto científicos. O medo de não ter prazer suficiente [...] combina-se com a busca pela autoexpressão e "expressão corporal" e pela comunicação com os outros. (1984: 367; ver Elliott e Urry, 2010, sobre o prazer como dever)

Este último argumento precisa de algum esclarecimento. As sociedades capitalistas são caracterizadas por uma forte ênfase no consumo, com base na ética romântica. Campbell argumenta que o romantismo propiciou a filosofia da "recreação" necessária a um consumismo dinâmico, no qual a busca pelo prazer é considerada algo desejável em si e por si mesma (1987: 201). O romantismo produziu o gosto generalizado pela novidade, que garantiu o apoio ético para padrões de consumo em mudança contínua. Vários grupos de classe média estão em uma situação transformada e produzem efeitos significativos sobre a sociedade em geral. Esses grupos demonstram o significado central do trabalho simbólico; o aumento da importância da mídia e de seu papel contemporâneo na estruturação da moda e do bom gosto; a maior liberdade e incentivo de tais grupos para conceber novos padrões culturais; o elevado prestígio acumulado pela classe média não pela respeitabilidade, mas por estar na moda; a maior importância do capital cultural para tais grupos e a contínua necessidade de aumentá-lo; e uma necessidade funcional reduzida de manter intacto seu capital econômico (Lash e Urry, 1994). Várias paisagens "pós-modernas" de gentrificação e regeneração do centro da cidade conduzidas pelas artes mostram como o design das áreas gentrificadas reflete o capital cultural dessa classe (Zukin, 1991).

Em todas essas mudanças, a mídia e a nova mídia são significativas na redução da importância de sistemas autônomos e distintos de informação e prazer. Pessoas de diferentes grupos sociais são expostas a sistemas de informação disponíveis de maneira mais geral, e cada grupo agora pode ver representações dos espaços privados de outros grupos sociais (Meyrowitz, 1985). A mídia faz circular informações contínuas e excessivas acerca da vida de outras pessoas, incluindo grupos de elite e "celebridades" (ver Richards et al., 1999; Rojek, 2004). Esse voyeurismo institucionalizado, por sua vez, permite que muitas pessoas adotem os estilos de outros grupos e transgridam fronteiras entre diferentes agrupamentos sociais, enquanto supostamente incorporam valores específicos como alta cultura, baixa cultura, artísticos, de bom gosto, de mau gosto. A mídia também tem minado o que corretamente deve ser considerado como algo que deve ficar nos bastidores, bem como aquilo que deve ser mantido privado e aquilo que pode vir a público (principalmente com o enorme crescimento de *reality shows* na TV e nas redes sociais). O que Bourdieu chama de nova pequena burguesia vive para o momento: "desenredadas das restrições e travas impostas por memórias e expectativas coletivas" (1984: 317). Muitas vezes, sentem culpa por serem da classe média, pois se veem como

> [...] inclassificáveis, "excluídas", [...] qualquer coisa em vez de categorizadas, atribuídas a uma classe, um lugar determinado no espaço social [...], livres das estruturas de tempo impostas pelas unidades domésticas, com seu próprio ciclo de vida, seu planejamento de longo prazo, às vezes por várias gerações, e suas defesas coletivas contra o impacto do mercado. (Bourdieu, 1984: 370-1)

Martin (1982) descreve, de modo semelhante, um *habitus* desestruturado entre os jovens da classe média, principalmente a partir da década de 1960. Ela atribui isso à extensão da zona liminar entre ser criança e adulto, derivada do declínio da autoridade parental e da duração do período em que não se é nem criança nem adulto. Um período liminar particularmente prolongado se desenvolve na nova classe média, na medida em que ela possui um *habitus* desestruturado não apenas na juventude, mas em muitas ocupações, sobretudo na mídia (Wittel, 2001). Da mesma forma, Jameson analisa o crescimento do pastiche em vez da paródia do referente histórico original. O pastiche fragmenta o tempo em uma série de "presentes perpétuos" (Jameson, 1985: 118). A vida das pessoas na "nova era de pastiche e nostalgia" transcorre como uma sucessão de eventos descontínuos (Edgar, 1987). Embora os blocos individuais possam ser calculados e racionais, o padrão geral é irracional. Afastar-se de partes da classe média é considerado um "hedonismo calculado" (Featherstone, 1987). A percepção histórica das pessoas se perdeu, uma vez que, segundo Frampton: "Vivemos em um momento paradoxal em que, embora talvez estejamos mais obcecados pela história do que nunca, temos, ao mesmo tempo, a sensação de que determinada trajetória histórica, ou mesmo para alguns, a própria história, está chegando ao fim" (1988: 51). Isso será mais explorado no próximo capítulo, quando nos depararemos com vários debates sobre espaços temáticos e a chamada indústria do patrimônio histórico.

Essa perda de senso histórico também tem sido associada a outra característica da mídia contemporânea, de que as pessoas, cada vez mais, vivem em uma cultura de três minutos. Os telespectadores mudam constantemente de canal, incapazes de se concentrar em qualquer tópico ou tema por mais do que alguns minutos; a cultura da busca instantânea da internet leva isso para algo como uma cultura de três segundos. Os conservadores culturais argumentam que as pessoas não vivem mais suas vidas através de identidades imbuídas da consciência de que são filhos de seus pais, que por sua vez eram filhos de seus pais, e assim por diante. Mesmo no seio das gerações, o fascínio pelo consumo imediato adquirido através de crédito (agora muitas vezes *online*) em vez de economia própria, significa que projetos para toda uma vida, a exemplo do casamento, tornam-se mais uma sucessão de casamentos, "monogamia em série" ou casos passageiros (Lawson e Samson, 1988; Giddens, 1992; Beck e Beck Gernsheim, 1995; Bauman, 2003).

Na próxima seção, retornaremos ao turismo e mostraremos como essas diversas mudanças culturais e o desenvolvimento das classes de prestadores de serviços e da classe média o afetam profundamente.

TURISMO MEDIADO

De fato, é somente através da análise das mudanças culturais mais amplas que desenvolvimentos específicos no campo do turismo podem ser entendidos. Iniciamos com alguns comentários sobre os gostos da classe de prestadores de serviços e seu impacto nos balneários à beira-mar.

Tais gostos envolvem a priorização da "cultura" em detrimento de uma construção específica da "natureza" ou de "desejos naturais". Bourdieu expressa bem isso:

> A natureza contra a qual a cultura é construída aqui não é nada além daquilo que é "popular", "baixo", "vulgar", "comum" [...], uma "promoção social" vivenciada como uma promoção ontológica, um processo de "civilização" [...] um salto da natureza para a cultura, do animal para o humano. (1984: 251)

O balneário britânico à beira-mar incorporava uma construção particular da natureza como incivilizada, insípida, animalesca, a ser contraposta à civilização da cultura. Tal atitude pode ser vista mesmo entre os críticos socialistas. George Orwell imaginou um design moderno para o Kubla Khan de Coleridge como um acampamento de férias em que cavernas com ar-condicionado eram transformadas em uma série de grutas de chá nos estilos mouro, caucasiano e havaiano. O rio sagrado seria transformado em uma piscina artificialmente aquecida e o *muzak* tocaria em segundo plano "para impedir o aparecimento dessa coisa temida – o pensamento" (citado em Hebdige, 1988: 51). Da mesma forma, Richard Hoggart ambientou uma de suas paródias de ficção romântica barata no que ele chamou de Acampamento de Férias Kosy, onde havia um "barbarismo brilhante", um "apodrecimento espiritual" e um "mundo do algodão-doce" (Hebdige, 1988: 52). Ter bom gosto significa olhar para esses lugares e apenas passar por eles, vendo-os como um *voyeur* o faria (como um Orwell ou um Hoggart), mas nunca para ficar. Os balneários incivilizados não devem ser levados a sério, mas talvez possam ser um lugar para se divertir.

Ao mesmo tempo, uma construção alternativa da natureza também faz parte do *habitus* da classe de prestadores de serviços. Há uma acentuada ênfase cultural em certos aspectos do natural. Ao discutir Bourdieu, argumentou-se que os intelectuais subvertem a ordem burguesa através do mínimo de luxo, funcionalismo e uma estética ascética (1984: 287). Esse padrão se reflete ainda em uma gama extraordinária de símbolos e práticas culturais contemporâneas: alimentos saudáveis, cerveja de verdade, pão de verdade, vegetarianismo, *nouvelle cuisine*, ciência e medicina tradicional, não ocidental, parto natural, lã, renda e algodão em vez de fibras artificiais, antiguidades em vez de reproduções artificiais, casas/armazéns restaurados, corrida, ioga, ciclismo, montanhismo e andar a pé em vez de lazer organizado e planejado. A ambivalência da classe média em relação ao natural é bem captada no relato de Campbell de como a pesca foi afetada pelo mito naturalista do "homem esportivo" (1989; Macnaghten e Urry, 2000b).

Um reflexo do real ou natural no turismo foi a "Campanha por Férias de Verdade", conduzida no final dos anos 1980 em um importante jornal britânico voltado para os trabalhadores do setor de serviços, *The Independent*. Essa campanha resultou no novo guia de viagens *The Independent Guide to Real Holidays Abroad* ["Guia do jornal *The Independent* para férias de verdade no exterior", em tradução livre] (Barrett, 1989a). O autor afirma que é cada vez mais difícil ter "férias de verdade" porque o "aumento dos pacotes de férias impôs às viagens os mesmos problemas que a produção em massa infligiu à cerveja, ao pão, ao sorvete e a muitas outras coisas" (Barrett, 1989a: 1). Férias supostamente verdadeiras têm duas características principais. Em primeiro lugar, envolvem visitar algum lugar bem longe dos destinos para os quais se dirige a massa da população. Assim, férias de verdade envolvem o olhar romântico do turista, que tem o efeito de incorporar quase todos os lugares do mundo como parte da periferia do prazer. Em segundo lugar, as férias de verdade usam pequenos agentes/operadores especializados para chegar ao seu destino. O *Guia* lamentava o fato de que três quartos das férias dos britânicos no exterior eram vendidas por cinco grandes empresas. No lugar disso, o *Guia* favorecia o desenvolvimento de empresas menores, especializadas em segmentos específicos do "mercado do viajante". A publicação fala do desenvolvimento do agente de viagens *"delicatessen"* – agências especializadas que propiciam operadores especiais para "uma clientela distinta e de mente independente" (Barrett, 1989a: 4, 1989b).

As empresas existentes não demoraram a reconhecer essa tendência de férias "de verdade", envolvendo a cultura de viagens em vez de turismo, o olhar romântico em vez do coletivo e os fornecedores de pequenos nichos em vez de operadores de produção/consumo em massa. Thomas Cook nos conta que essa

> [...] não é uma viagem para o turista, mas uma viagem de descoberta para o viajante [...] não há pacote [...]. Thomas Cook trata você não apenas como indivíduo, mas como VIP [...]. Thomas Cook fornece um serviço que é, ao mesmo tempo, pessoal e global. Isso é verdadeiramente viajar *à la carte*. (*Thomas Cook Escorted Journeys* ["Viagens acompanhadas Thomas Cook", em tradução livre], jan.--dez. 1989)

A descrição de cada experiência de viagem ou férias é acompanhada por uma lista de livros úteis sobre o país em questão. Há várias ênfases a serem observadas aqui: viagem em vez de turismo, escolha individual, evitar o pacote de férias, a necessidade de ser um viajante instruído e uma operação global que permita cuidados e atenção individuais.

A preferência dos trabalhadores do setor de serviços pelo que se entende como real ou natural também pode ser vista na crescente atração por visitar o campo e protegê-lo. Isso não é novo (Williams, 1973; Macnaghten e Urry, 1998). Essa imagem do campo inglês, "uma visão bucólica de um passado ordenado, reconfortante, pacífico e, acima de tudo, respeitoso", é fundamentalmente construída, compreendendo elementos que nunca existiram juntos (Thrift, 1989: 26). O campo de hoje é menos parecido com "a vila inglesa de Olde" e ainda menos parecido com a descrição de Gray sobre o Grasmere no Lake District: "Este pequeno paraíso desconhecido, onde tudo é paz, rusticidade e pobreza feliz" (sobretudo devido ao abrigo regular no campo de animais doentes e de engorda).

Contudo, no momento em que a vida rural se transforma devido às mudanças na agricultura moderna, o campo é um objeto atraente para o olhar do turista. Um reflexo disso é o aumento do número de membros de muitas organizações preocupadas em simultaneamente proteger o campo e facilitar o acesso a ele. A quantidade atual de membros do National Trust of England and Wales é de 3,5 milhões, e do RSPB (Royal Society for the Protection of Birds), um milhão. Junto a isso, há a proliferação de novas revistas tradicionalistas, que ajudam a construir signos cada vez mais evocadores do campo em rápido desaparecimento. Dentre essas revistas incluem-se: *Country Homes and Interiors*, *Country Living*, *Country Homes* (Thrift, 1989: 28). Thrift argumenta que é a classe prestadora de serviços que "parece ser o grupo social que levou mais a sério as tradições do campo e do patrimônio histórico" (1989: 31). Esta classe é que vem liderando o movimento de mudança para o campo e que, de fato, historicamente liderou as campanhas para abrir o acesso ao campo contra a classe dos proprietários de terra (ver Urry, 1995b, sobre essa luta de classes). Thrift fala de "lugares caracterizados por paisagens bem cuidadas, ao gosto dos trabalhadores do setor de serviços" (1989: 34; Cloke *et al.*, 1995; Urry, 1995b). Isso levou à gentrificação da propriedade rural em condição precária e, sobretudo, de edifícios agrícolas em ruínas, bem como à construção de novas propriedades em estilo nativo ou rústico, geralmente descritas como "aldeias" (Cloke, Phillips e Thrift, 1995).

Nos países escandinavos, esse desejo pelo campo revitalizou a "tranquilidade" dos chalés de verão (Bærenholdt *et al.*, 2004). Isso se expandirá, pois muitas outras pessoas, seguindo o exemplo dos trabalhadores do setor de serviços, buscam realizar a "aldeia em sua mente" para desenvolver o consumo baseado em um local rural. Além disso, os que possuem empregos gerenciais-profissionais têm uma probabilidade duas vezes maior do que os trabalhadores manuais de visitar o campo, e são mais propensos a se tornar visitantes frequentes (Urry, 1995b: 211-12). No entanto, é possível identificar diferenças entre as pessoas com maior probabilidade de trabalhar no setor público que se envolvem em atividades "naturais" no campo, como caminhar, escalar, acampar e assim por diante, e os gestores do setor privado, que se envolvem em atividades campestres como caçar, pescar, velejar ou jogar golfe (Urry, 1995b: 212-13; Savage *et al.*, 1992). Ademais, existe uma relação aqui entre o pós-modernismo e essa atual obsessão pelo campo. As atrações do campo derivam, em parte, da desilusão com o moderno, sobretudo com a tentativa de efetuar a reconstrução total de vilas e cidades no período do pós-guerra. *Considera-se* que o campo incorpora alguns ou todos dos seguintes itens: falta de planejamento e organização, uma arquitetura vernacular exótica, estradas sinuosas com sistema viário geralmente confuso e as virtudes da tradição somadas à falta de intervenção social. Não é preciso dizer que as áreas rurais, na maioria dos países, passaram de fato por um amplo conjunto de processos de modernização, sobretudo na agricultura em larga escala, tentativas consideráveis de planejamento do uso da terra e grande desenvolvimento do setor privado rural. Além disso, somente certos tipos de interior rural são atraentes para o visitante em potencial, particularmente aqueles consistentes com a ideia de "paisagem". Cosgrove resume como

> [...] a ideia de paisagem era ativa dentro de um processo de minar a apropriação coletiva da natureza para o uso. Estava presa a uma maneira individualista de ver [...]; é uma forma de ver que separa sujeito e objeto, dando poder aos olhos de um único observador. Nisso, a ideia de paisagem nega a experiência coletiva [...] ou a mistifica em um apelo às qualidades transcendentais de uma área específica. (1984: 262; Schama, 1995)

Assim, o conceito de paisagem diz respeito a uma maneira *humana* de produzir visualmente, através de olhos refinados, técnicas engenhosas e tecnologias de representação, um ambiente físico. Portanto, "uma paisagem é uma imagem cultural, uma maneira pictórica de representar, estruturar ou simbolizar um ambiente" (Cosgrove, 1984: 1). Paisagem é como os humanos assumem o controle e a posse, e obtêm prazer da natureza. É uma forma específica de se relacionar com a natureza, que funde a realidade com imagens e representações. Trata-se de aparências e de aspectos dos lugares; desmaterializa o lugar.

Paisagem pressupõe separação e observação individual (Williams, 1973: 120). Paisagem "é o que o observador selecionou da terra, editando e modificando em conformidade com certas ideias convencionais sobre o que constitui uma 'boa vista'". É uma terra organizada e reduzida de tal forma "que o olho humano possa compreender sua largura e profundidade dentro de um quadro ou com uma rápida varredura" (Andrews, 1989: 4). Em outras palavras, paisagem é uma performance treinada e aprendida que atua visual e imaginativamente sobre a natureza, que, por sua vez, se torna passiva e submissa. Essa visão da paisagem depende de vários objetos e tecnologias mundanas, e a reduz a "dicotomias simples sobre o que é ou não natural, o que é campo e o que é urbano, e o que são sujeitos e o que são supostamente objetos" (Macnaghten e Urry, 2000c: 2). Embora culturalmente constituída, a paisagem não deixa de ter uma realidade material: circula em objetos culturais móveis; está embutida no meio ambiente; e performances paisagísticas corporificadas ocorrem e têm efeitos sobre ela. A construção social da paisagem "ocasiona, no mínimo, a circulação de papel, corpos e diversos outros materiais" (Michael, 2000: 50). Representações da paisagem são objetos de viagem, ao mesmo tempo informativos e materiais:

> [...] nesse sentido, as representações da paisagem tornam-se veículos dinâmicos para a circulação do lugar através do espaço e tempo [...]. Como as referências científicas circulantes de Latour, os objetos-paisagem nos permitem "empacotar o mundo em uma caixa" e nos movimentar, contribuindo para moldar o conhecimento do próprio mundo. (della Dora, 2007: 293, 2009)

Essa "paisagem rural" normalmente apaga máquinas agrícolas, trabalhadores, tratores, fios de telégrafo, edificações agrícolas de concreto, autoestradas, terrenos abandonados, água poluída, usinas nucleares e animais mortos e doentes. O que as pessoas veem é seletivo, e esse olhar focado é fundamental para a apropriação por parte das pessoas. O campo está lá para ser objeto de contemplação e, em termos ideais, não se deve ficar contemplando outras pessoas, sejam trabalhadores ou outros turistas. Raymond Williams diz que "uma região com trabalhadores dificilmente é uma paisagem. A própria ideia de paisagem pressupõe separação e observação" (1973: 120). Os trabalhadores do setor de serviços e o olhar romântico estão na vanguarda da sustentação dessa imagem do campo como paisagem. Mas é um *olhar* que se tornou mais complexo e lúdico, à medida que as imagens rurais passaram a ser fundamentais para a cultura popular predominante, principalmente na publicidade:

> Dessa perspectiva pós-moderna, a paisagem parece menos um palimpsesto cujos significados "reais" ou "autênticos" podem de algum modo ser recuperados com as técnicas, teorias ou ideologias corretas, do que um texto frágil [...] cujo significado pode ser criado, ampliado, alterado, elaborado e, finalmente, obliterado pelo toque de um botão. (Daniels e Cosgrove, 1988: 8; Macnaghten e Urry, 1998: cap. 6)

Há uma abordagem alternativa a esta da paisagem: a da "terra" como um recurso físico e tangível que é arado, semeado, serve de pastagem e sobre o qual se constrói com mãos humanas. Implica proximidade corporal e envolvimento físico com o meio ambiente, ou "habitar dentro" dele (Milton, 1993; Ingold e Kurttila, 2000; isso é discutido no capítulo 8). O período entreguerras na Grã-Bretanha assistiu a tentativas, sobretudo da classe trabalhadora urbana do norte, de obter acesso ao campo selvagem para caminhadas, passeios e ciclismo, para atividades de lazer próximas da terra. No centro dessas campanhas estava um elemento de luta de classes contra os proprietários de terras, que historicamente restringiam o acesso. A campanha mais famosa a favor do acesso ocorreu em Kinder Scout, no Peak District, em 1932. O objetivo dos organizadores, como Tom Stephenson, "não era *ver* a paisagem, e sim vivenciá-la fisicamente – caminhar, escalar ou percorrê-la de bicicleta" (Cosgrove, 1984: 268). Eles entraram no "quadro da paisagem" e se envolveram corporal, sensorial e expressivamente com seus recursos materiais, de forma muito parecida com o atual turismo de aventura, em que a materialidade da natureza é experimentada através do corpo ativo, móvel e hibridizado. "A natureza, para muitos consumidores turistas, evoluiu de algo como objeto do olhar para algo com que se envolver, andar de barco ou virar completamente de cabeça para baixo: o sublime invertido!" (Bell e Lyall, 2002: 27).

Samuel argumenta que, para os jovens andarilhos do norte na década de 1930, "o campo era visto como revigorante: a intenção deles não era tanto a de ver a paisagem, mas experimentá-la, tocá-la com todos os sentidos" (1998: 146). Essas novas práticas multissensoriais ignoravam as atividades agrícolas existentes no campo. Em vez de serem considerados atrativos visuais, os vilarejos no período entreguerras "eram áreas rurais com habitações precárias, com grande umidade, goteiras nos telhados, janelas minúsculas e interiores esquálidos" (Samuel, 1998: 146). Os que caminhavam, escalavam, andavam de bicicleta, acampavam etc., ignoravam, em sua maioria, a vida e o *habitat* das pessoas que moravam e trabalhavam naquele campo.

Na medida em que as apropriações contemporâneas do campo envolvem tratá-lo como um espetáculo, até mesmo como um tema, essa é uma atitude pós-moderna a ser contrastada com uma abordagem que enfatiza seu "uso" ou moradia (Macnaghten e Urry, 1998). Em resposta à primeira, muitos moradores de áreas rurais desenvolvem ambientes temáticos, em que representações relativamente higienizadas da vida rural são projetadas, construídas e apresentadas aos visitantes:

> Ao que parece, achamos mais fácil designar determinadas áreas para preservação, como paisagens maravilhosas para aqueles que passivamente veriam seu cenário, do que delegar autoridade para moldá-las aos que vivem, trabalham e ali fazem sua recreação ativamente [...]. Tais paisagens preservadas tornaram-se, na verdade, uma mercadoria nacional, divulgada e vendida no exterior pelo setor do turismo. (Cosgrove, 1984: 269)

A categoria de turista é relativamente privilegiada nas áreas rurais. Para poder reivindicar tal *status*, normalmente é necessário ser branco e rico o suficiente para possuir um carro e ser capaz de organizar e adquirir certos tipos de acomodação (cama de hotel, *trailer* ou local autorizado para *camping*). Também é necessário, caso a visita seja em grupo, usar certos tipos de transporte, como ônibus ou trem, e não outros como comboios de carros, motos ou uma caravana de *hippies* viajantes (ver Hetherington, 2000b, sobre viajantes da nova era). Também é necessário adotar determinados tipos de comportamento considerados apropriados (conhecidos na Grã-Bretanha como o "código do campo").

Cabe destacar que tem havido certo desenvolvimento do ecoturismo decorrente de um repúdio seletivo às formas modernas de transporte, energia e produção industrial e agrícola. Tem sido demonstrada especial hostilidade ao plantio moderno de extensas florestas de coníferas, sobretudo pela Comissão Florestal, mas também por proprietários privados. Considera-se que tais florestas têm consequências ambientais e sociais funestas: perda da fauna selvagem, incluindo aves de rapina nativas; níveis reduzidos de emprego em comparação com os que surgiriam com o turismo; e a eliminação dos pântanos selvagens, abertos e românticos, que são tão atraentes. De fato, uma maior influência exercida pelos turistas provavelmente preservaria as terras pantanosas contra o crescente plantio moderno de fileiras de coníferas (ver Shoard, 1987: 223-5; ver Macnaghten e Urry, 2000a, sobre caminhadas na floresta). Assim, algumas características importantes do turismo rural decorrem do desenvolvimento mais amplo da política ambiental nas últimas duas a três décadas e da resistência de tentativas generalizadas de modernizar áreas ou localidades específicas.

Um elemento já brevemente mencionado é o divertimento. Feifer desenvolve essa ideia através da noção de "pós-turismo" (1985). Ela destaca três características. A primeira é que o pós-turista não precisa sair de casa para *ver* muitos dos objetos típicos do olhar turístico; com televisão, vídeo e internet, todos os tipos de lugares podem ser contemplados, comparados, contextualizados e contemplados novamente. É possível imaginar-se realmente lá, vendo o pôr do sol, a cordilheira ou o mar turquesa. Afinal, a experiência turística típica é ver cenas *específicas* através de uma *moldura*, como a janela do hotel, o para-brisa do carro ou a janela do ônibus. Mas agora isso pode ser experimentado na sua própria sala de estar, ao toque de um botão, e repetido inúmeras vezes. Há muito menos sensação do autêntico, do olhar único na vida, e muito mais de disponibilidade infinita de olhares através de uma moldura ao apertar de um botão ou a um clique. A singularidade do olhar do turista é perdida na medida em que esses olhares fazem parte de uma cultura popular pós-moderna. Consequentemente, podemos falar do fim do turismo, "já que as pessoas são turistas na maior parte do tempo, seja se movendo literalmente ou apenas experimentando a mobilidade simulada através da incrível fluidez de múltiplos signos e imagens eletrônicas" (Lash e Urry, 1994: 259). No capítulo 9, voltaremos a analisar esse aspecto em relação aos riscos das mudanças climáticas e à capacidade de viajar e consumir outros lugares por uma via virtual.

Em segundo lugar, o pós-turista está ciente das mudanças e deleita-se com a multiplicidade de opções: "Agora ele quer observar algo sagrado; agora algo informativo, para ampliar seu conhecimento; agora algo bonito, para elevá-lo e torná-lo mais refinado; e agora algo apenas diferente, porque está entediado" (Feifer, 1985: 269). O pós-turista está livre das amarras da "alta cultura", por um lado, e da busca irrestrita do "princípio do prazer", por outro. Ele ou ela pode deslocar-se facilmente de um para o outro e, de fato, obter prazer dos contrastes entre os dois. O mundo é um palco e o pós-turista pode deliciar-se com a multiplicidade de jogos de que pode participar. Quando a réplica em miniatura da Torre Eiffel é adquirida, ela pode ser apreciada simultaneamente como uma peça *kitsch*, um exercício de formalismo geométrico e como um artefato socialmente revelador (ver Feifer, 1985: 270). Não há necessidade de criar um fetiche a partir da interpretação correta, pois o pós-turista pode gostar de brincar com a ideia de ser todas essas três possibilidades.

Em terceiro lugar, e mais importante, o pós-turista sabe que é um turista e que o turismo é uma série de jogos com múltiplos textos e nenhuma experiência turística única e autêntica. O pós-turista sabe, então, que ele ou ela precisará entrar em filas repetidas vezes, que o folheto lustroso é uma peça de cultura pop, que o entretenimento local aparentemente autêntico é tão socialmente encenado quanto a barreira étnica, e que a aldeia de pescadores supostamente exótica e tradicional não sobreviveria sem a renda do turismo. O pós-turista sabe que ele "não é um viajante no tempo quando vai a algum lugar histórico; que sequer por um instante é o nobre selvagem quando veraneia em uma praia tropical; que não é um observador invisível quando visita habitações nativas. Peremptoriamente 'realista', ele não pode fugir de sua condição de intruso" (Feifer, 1985: 271).

Um jogo de faz de conta dos turistas é o de ser uma criança. Isso fica especialmente claro nas excursões guiadas, feitas em ônibus. Diz-se ao turista aonde ele deve ir, por quanto tempo, quando pode comer, durante quanto tempo poderá permanecer no banheiro e assim por diante. Ao grupo (ou classe) também se fazem perguntas fúteis e grande parte do discurso consiste em estabelecer hostilidades imaginárias entre os visitantes que vêm de diferentes lugares. No entanto, essas excursões parecem ser muito apreciadas, mesmo por aqueles que entendem que estão brincando de ser turistas, e que um dos jogos da brincadeira é o de ser uma criança.

Se o pós-turismo for importante, afetará as práticas turísticas existentes. Os prazeres do turismo derivam de processos complexos de produção e consumo. Enfatizamos o caráter socialmente construído do olhar do turista, que a produção e o consumo são socialmente organizados, e que o olhar deve ser direcionado a certos objetos ou características que são extraordinários, que distinguem este lugar/vista do olhar dos outros. Normalmente, há algo sobre as propriedades físicas de um lugar que o torna diferente, embora sejam frequentemente fabricadas e precisem ser aprendidas. Às vezes, porém, são simplesmente as associações históricas ou literárias de um lugar que o tornam extraordinário, como o túnel em Paris onde a princesa Diana morreu ou o vicariato em Haworth, Yorkshire, onde a família Brontë morava.

O desenvolvimento do pós-turismo transforma esses processos pelos quais o olhar do turista é produzido e consumido. Mercer, por exemplo, observa que os prazeres populares "requerem um envolvimento sincero e inconsciente em um evento, forma ou texto cultural" (1983: 84). Particularmente importante nos prazeres turísticos é a ruptura declarada de pequenos tabus que atuam em várias formas de consumo, como o de comer ou beber em excesso, gastar dinheiro descontroladamente, usar roupas escandalosas, estabelecer horários completamente diferentes dos usuais e assim por diante. Como diz Thompson: "As pessoas são incentivadas a adotar, por essa *desorganização* do normal, rotinas 'aceitáveis' de consumo" (1983: 129). Mas a ênfase pós-turista em diversão, variedade e autoconsciência faz com que seja mais difícil encontrar prazeres simples nessa ruptura de regras suave e socialmente tolerável. O pós-turista é acima de tudo autoconsciente, ponderado e distanciado de papéis. Portanto, o prazer passa a ser antecipado e vivenciado de maneiras diferentes das do passado. Várias mudanças estão ocorrendo aqui.

A disponibilidade universal da mídia predominantemente visual nas sociedades ocidentais avançadas resultou em uma enorme mudança ascendente no nível daquilo que é ordinário e, portanto, do que as pessoas consideram extraordinário. Além disso, assim como a mídia deu início a uma cultura de "três minutos", também é provável que isso incentive as pessoas a alterarem as formas e os locais de lazer. É quase certo que as pessoas obterão menos satisfação ao continuar fazendo aquilo que elas, ou mais precisamente suas famílias, sempre fizeram. Assim, as férias passaram a ter menos a ver com o reforço das lembranças e experiências coletivas, especialmente em torno da família e da vizinhança, e mais a ver com o prazer imediato. Em consequência, as pessoas continuam exigindo experiências fora do comum. Uma questão interessante seria tentar entender se é realmente possível construir um local turístico pós-moderno em torno de qualquer objeto. Mercer, no entanto, argumenta que experimentar prazer de uma maneira como essa, mais distante e lúdica, faz com que todos os prazeres sejam menos satisfatórios. Em especial, torna-se muito mais difícil desfrutar de prazeres simples como aqueles que, no passado, eram encontrados nos balneários à beira-mar.

No entanto, o pós-turismo, essa de-diferenciação entre o cotidiano e o olhar turístico, nem sempre substitui o desejo de ver lugares diretamente e corporalmente. Outra característica é a mediação de experiências e lugares. As culturas da mídia também criam desejos de fazer turismo, de destinos novos e de novas formas de olhar mediado, o que no primeiro capítulo chamamos de "olhar midiatizado". Existem intersecções complexas entre esses três modos diferentes de viagem virtual, imaginativa e corporal, que são cada vez mais de-diferenciados entre si. O olhar do turista se dá, cada vez mais, através das mídias. Na pós-modernidade, os turistas são constantemente envolvidos por um mundo de textos e imagens – livros, revistas, pinturas, cartões-postais, anúncios, novelas, filmes, *video games*, videoclipes etc. – ao contemplar os lugares. Com a globalização generalizada do olhar do turista, muitos lugares estão "em movimento" e "conectados" através de um circuito de imagens; lugares distantes estão continuamente viajando pelos espaços cotidianos daqueles dos que vivem no "norte rico" do mundo (Urry, 2007; Haldrup e Larsen, 2010). É praticamente impossível visitar lugares para os quais as pessoas não viajaram imaginativamente em algum momento. Todos nós já estivemos em Nova York via *NYPD Blue*, *Spin City*, *Seinfeld*, *Friends* e *Sex in the City*, através dos olhos de Woody Allen, Spike Lee e Wayne Wang, e, em particular, através dos ataques terroristas de 11 de setembro. Andar pelas ruas de Nova York desencadeia lembranças de inúmeras imagens circuladas pela mídia (Larsen, 2005; Mazierska e Walton, 2006).

Por meio de performances representacionais, muitos lugares turísticos ficaram marcados ao longo do tempo por "geografias imaginativas" específicas, materializadas e mobilizadas em livros, folhetos, cartões-postais e álbuns de fotos. Os locais turísticos não são dados ou fixos; eles podem aparecer e desaparecer, mudar de significado e caráter, e se mover de acordo com a forma como são produzidos e reproduzidos nas culturas da mídia (Shields, 1990; Coleman e Crang, 2002b; Bærenholdt *et al.*, 2004). Como diz o teórico literário Edward Said: "pessoas, lugares e experiências podem sempre ser descritos por um livro, tanto que o livro adquire maior autoridade e uso, até mesmo em comparação com a realidade que descreve" (1995: 93).

Os marcadores do turismo parecem estar por toda parte nos dias de hoje, em que o olhar do turista e o olhar da mídia fortemente se sobrepõem e se reforçam, seja com as pessoas viajando corporalmente ou simplesmente de forma imaginativa através da incrível variedade de imagens globais que compõem as culturas cotidianas da mídia. Grandes filmes e novelas costumam causar fluxos turísticos para lugares em que poucos pensavam ir antes de ficarem visíveis nas telas (Tooke e Baker, 1996; Riley *et al.*, 1998; Beeton, 2005; Couldry, 2005; Tzanelli, 2008; Mordue, 2009). Houve um aumento da "peregrinação de mídia", de acordo com o estudioso Couldry, que "é tanto uma viagem real pelo espaço quanto uma atuação no espaço da 'distância' construída entre o 'mundo comum' e o 'mundo da mídia'" (2005: 72). Essas peregrinações da mídia em busca da realidade de um filme ou novela viajam na forma de hiper-realidade pós-moderna (Eco, 1986), na qual modelo e realidade são confundidos em um mundo em que o acesso à realidade não mediada é impossível. Aqui, temos uma situação em que as paisagens cinematográficas se identificam e representam paisagens reais, de modo que destinos turísticos se tornam, em parte, *terras de fantasia* ou *mundos da mídia*.

Como argumenta Mordue em relação ao programa de televisão contemporâneo *Heartbeat*, que gira em torno da vida de um policial do interior vivendo em Goathland na Grã-Bretanha da década de 1960:

> A gestão cênica de Goathland para o turismo de *Heartbeat* significou que sua identidade como vila rural "tradicional" e sua identidade midiática como Aidensfield estão, em termos visuais, completamente entrelaçadas [...]. Em praticamente todos os cantos do centro da vila existe algum lembrete por meio de uma placa, ou *souvenir*, de que você está no coração do país Heartbeat. (2009: 336)

A popularidade dessa série representa uma nostalgia da vida rural, e, quando o programa alcançou grande popularidade, o número anual de visitantes na área aumentou de 200 mil para 1,2 milhão (Mordue, 2009: 332).

Ao mesmo tempo, os estúdios de cinema tornaram-se destinos turísticos. De fato, órgãos de turismo em todo o mundo rapidamente perceberam o potencial das "geografias cinematográficas" populares, o que lhes permite inventar novos destinos ou estabelecer, em antigos destinos, novos mitos imaginativos de geografia ou lugar. Em 1996, a Autoridade Turística Britânica (BTA, na sigla em inglês) lançou um *Movie Map* ["Mapa de filmes", em tradução livre] e um *Movie Map Web Site* ["Site de mapa de filmes", em tradução livre] para promover geografias cinematográficas da Grã-Bretanha como geografias turísticas. Seu novo *slogan* é "férias na locação"[48]. Esse mapa de filmes significa "que um número crescente de visitantes da Grã-Bretanha procura os locais que aparecem em seus filmes e programas de televisão favoritos". Uma

---

48. Disponível em: www.visitbritian.com/corporate/links/visitbritian/campaigns.htm. Acesso em: 22 mar. 2010.

campanha utilizou o tremendo sucesso global de *Harry Potter* como lente para descobrir a magia da Grã-Bretanha, suas "atrações mágicas e misteriosas" (Edensor, 2002; Larsen, 2005). Na tentativa de impulsionar sua marca nacional, as autoridades turísticas escocesas utilizaram o filme *Coração valente*, sucesso de Hollywood (Edensor, 2002).

Considerando que um crítico de cinema comentou que o filme *O capitão Corelli* é "um bom anúncio de férias, mas um filme bastante tedioso" (Channel 4), não surpreende que os operadores turísticos tentassem vender Cefalônia por meio de sua representação cinematográfica. Citando Thompson: "O naufrágio de Cefalônia – a ilha da fama do Capitão Corelli" (citado em Crang e Travlou, 2009: 86).

Os romances da série *O senhor dos anéis* foram escritos pelo romancista britânico Tolkien, sem nenhuma relação específica com a Nova Zelândia. No entanto, os filmes foram dirigidos pelo neozelandês Peter Jackson e rodados na Nova Zelândia. Isso levou muitas agências de turismo no país a capitalizar sua popularidade mundial. De fato, embora a maioria das cenas seja uma mistura de paisagens reais, cenários cinematográficos e modificações digitais de pós-produção, o órgão oficial de turismo da Nova Zelândia se autodenominou "Pátria da Terra Média". Várias empresas organizaram passeios curtos e longos para os principais pontos turísticos do filme. Embora já não existam mais passeios "remanescentes", pode-se viajar com o "guia das locações de *O senhor dos anéis*" por esse ambiente fictício e virtual. Nessa indústria LOTR [sigla de *Lord of the rings*, título original da obra], lugar e cultura não estão exclusivamente vinculados a locais físicos, mas também a ambientes ficcionais e virtuais. Segundo Tzanelli, o "turismo virtual" não refaz simplesmente a narração de "lugar" e "cultura", mas a própria narrativa ficcional cinematográfica se torna o destino para o "turista arquetípico" da indústria do signo LOTR (2008: cap. 3).

CONCLUSÃO

Analisamos neste capítulo algumas mudanças importantes na cultura contemporânea, que têm sido expressas em termos da passagem do moderno para o pós-moderno. Examinamos especialmente várias de-diferenciações entre múltiplos domínios, a proliferação da guerra de gostos da classe média e muitos aspectos da midiatização do turismo. Grande parte desse argumento foi demonstrada em relação às atrações e ao fascínio do rural e do natural. No geral, vimos como a cultura é mais significativa para o turismo, pois as economias são, cada vez mais, economias de signos. Terminamos analisando a noção de "pós-turista", envolvendo a de-diferenciação entre o cotidiano e o turismo. De modo geral, examinamos como as culturas da mídia também criam desejos para viagens de turismo, novos destinos e novas formas de "olhar midiatizado".

Os efeitos sobre as experiências turísticas, no entanto, não foram totalmente especificados. Assim, no próximo capítulo, analisaremos os impactos dessas mudanças culturais sobre lugares, edifícios e design. Como os vários olhares turísticos afetam a forma construída do lugar, os vários edifícios antigos e novos, seu design e, na verdade, sua reformulação do design, "para o olhar"? Os signos não são apenas signos, poderíamos dizer, pois têm muitos efeitos materiais.

6. LUGARES, EDIFÍCIOS E DESIGN

LUGARES

Em muitos *textos* sobre turismo, o foco principal é sobre os turistas, o que eles fazem e por que são motivados a ir para certos tipos de lugares em determinados períodos do ano. Há um foco em assuntos humanos. Mas neste livro também estamos preocupados com os lugares que são feitos e refeitos pelas diferentes formas de olhar de tais turistas. Na verdade, estamos interessados em como os lugares estão entrelaçados com as pessoas por sistemas que geram e reproduzem performances no e do lugar (e por comparação com outros lugares). Em *Performing Tourist Places* ["Performance nos lugares turísticos", em tradução livre], analisamos os lugares turísticos recorrendo à metáfora do "castelo de areia" (Bærenholdt *et al.*, 2004; Coleman e Crang, 2002a; ver capítulo 8). Um ambiente físico específico não produz um lugar turístico por si só. Um amontoado de areia com textura adequada não é nada até que se torne um castelo de areia. Precisa ser transformado em edifícios, sociabilidades, vida familiar, amizade e memórias. Os lugares surgem como "locais turísticos" quando são registrados em círculos de antecipação, performance e lembrança. Eles são produzidos econômica, política e culturalmente por meio das mobilidades em redes de capital, pessoas, objetos, signos e informações. A partir desses movimentos complexos é que certos lugares para se divertir são constituídos. Os lugares não são fixos, dados ou simplesmente delimitados. Eles atuam em relação a múltiplos olhares turísticos que se estendem por, através e sobre lugares aparentemente distintos.

Neste capítulo, portanto, vamos afastar os estudos turísticos de seu foco nos turistas, concentrando-nos nas redes e nos discursos que possibilitam ou constroem vários lugares. Os lugares são assim (re)produzidos por meio de performances turísticas possibilitadas por relacionamentos em rede entre organizações, máquinas e, especialmente, edificações. Os lugares estão no centro de tais processos turísticos e, em parte, consistem em edificações previstas, projetadas e lembradas. Assim, trataremos neste capítulo de várias conexões entre edificações, seu design e os lugares que os turistas podem contemplar.

Na próxima seção analisaremos o design e a arquitetura de tais construções. O turismo consiste em encontrar determinados tipos de lugares agradáveis e interessantes para contemplar, e esse olhar necessariamente se depara com o design das edificações nesses locais. Começamos com questões de design e reformulação do design do local e, depois, passamos brevemente para o design e o uso de temas e centros comerciais. Em seguida, passamos a considerar as questões de patrimônio e, especialmente, a aparência dos edifícios de valor patrimonial. Finalmente, examinamos o caráter mutável dos museus e, principalmente, o design e o uso dos museus pós-modernos.

DESIGN PARA O OLHAR

Considerando que grande parte do consumo turístico envolve o visual e o significado dos edifícios como objetos para os quais o olhar é direcionado, é essencial analisar as mudanças de design estético, padrões, formas e temas que essas edificações podem ter. Aqui nos voltamos para discussões sobre economia da experiência e encenação, disneyficação e, especialmente, edifícios pós-modernos, a esfera que muitos diriam mais demonstrar esse paradigma cultural.

Argumentamos, inicialmente, que existem várias arquiteturas contemporâneas. Existe o *depois* do moderno, o *retorno* ao pré-moderno e o *contra* o moderno. Descreveremos brevemente o estilo arquitetônico associado a cada um deles.

O *depois* do moderno é o "pós-modernismo consumista". A deixa para isso é o chamado de Venturi para "aprender com Las Vegas" (1972; Jencks, 1977; Frampton, 1988; Ibelings, 1998). Esse pós-modernismo consumista é a marca estilística do pós-fordismo e, mais recentemente, da "economia da experiência". Os hotéis Luxor Las Vegas, Caesars Palace, Bellagio e The Venetian em Las Vegas ou Disneylândia são seus ícones, celebrando o comercialismo e a "temática" pós-moderna (Harris e Lipman, 1986: 844-5; Klingmann, 2007: 194-205). A arte e a vida são fundidas ou imitadas recorrendo a deliberados e divertidos empréstimos do estilo ornamental (ver o Trafford Centre ou os projetos de John Jerde). Os elementos anteriores da alta cultura são produzidos em massa e deixam de significar um estilo único. Essa é uma arquitetura de superfícies e aparências, de diversão e pastiche. Ela é maneirista – como se todos os estilos históricos e convenções de arquitetura estivessem ali para serem interminavelmente aproveitados, justapostos e reaproveitados. O passado é um "repertório inesgotável de formas e 'estilos' que todos poderiam 're-ciclar'" (Ibelings, 1998: 21). O espetáculo visual de Las Vegas mostra como a arquitetura pode ser libertada da mortalidade das "formas puras" da arquitetura moderna.

O simbolismo ampliado de Las Vegas cria um cenário de fantasia ficcional. Sua arquitetura de signos e estilos parece quase não espacial, com a temática obscurecendo a função. É uma arquitetura de conteúdo narrativo que a liberta de seu silêncio visual, tornando-a um mundo imaginário da aparência. Uma lição aprendida em Las Vegas é que a arquitetura da zona de prazer deve ter uma estrutura narrativa capaz de envolver as pessoas em um papel imaginário (Venturi, 1972: 53). É um tipo de arquitetura que atende aos olhares coletivos e de espectadores.

Essa arquitetura, assim como os centros comerciais projetados por John Jerde, agora são essenciais para a chamada economia da experiência. Klingmann liga a economia da experiência com a arquitetura: "Para a arquitetura, na economia da experiência, o sucesso relativo do design está na sensação que um consumidor extrai dela – no prazer que ela oferece e nos prazeres resultantes que ela evoca" (2007: 19). Enquanto a arquitetura moderna se preocupava muito com formas e funções, Klingmann argumenta que o design na economia da experiência se concentra nas experiências e produz sensações afetivas. Não é mais o design formal de um edifício que determina sua qualidade, e sim seus poderes de afetar e envolver os usuários emocional, corporal e mentalmente. O fundamental passa a ser o que ele faz, e não o que ele é (Klingmann, 2007: 317 [ver a figura 7, p. 324]). Seus poderes transicionais e performativos são centrais. E os arquitetos passam a se considerar coreógrafos de temas e situações dinâmicas (Klingmann, 2007: 214).

Por outro lado, existe o estilo associado ao *retorno* ao pré-moderno. Aqui se celebra a forma clássica, a arquitetura de uma elite e o olhar romântico. Leon Krier resume sua atração:

> As pessoas nunca protestaram contra a tradição da arquitetura clássica [...]. A arquitetura atingiu sua forma mais elevada possível nos princípios e ordens clássicas [...] [que] possuem a mesma capacidade inesgotável dos princípios que governam a natureza e o próprio universo. (1984: 87, 119)

Esse classicismo reconstruído nasce dos que se acreditam dotados de poderes singulares de *insight*, capazes de retornar à aura do edifício refinado. A arquitetura aqui é uma prática de autodeterminação, uma disciplina autônoma capaz de reproduzir as três ordens clássicas. Isso está ligado à crença de que esse classicismo é realmente o que as pessoas gostariam se suas escolhas não fossem distorcidas pela chamada arquitetura moderna.

Na medida em que refletem o estilo georgiano inglês, os edifícios clássicos contemporâneos britânicos serão objetos populares do olhar do turista. Se existe um estilo único de casa que os turistas querem contemplar, pelo menos na Grã-Bretanha, é o da clássica casa de campo georgiana (Hewison, 1987: cap. 3). Grande parte dos edifícios georgianos é preservada em muitas vilas e cidades da Grã-Bretanha. A paisagem urbana em estilo georgiano mais impressionante encontra-se em Bath, onde o estoque de casas é um bem posicional (ver o capítulo 9). Poderíamos descrever muitos dos moradores como vivendo em um museu e, ao mesmo tempo, rodeados por museus. A cidade é quase uma definição de bom gosto e um cenário em que parte do capital cultural de seus moradores é o conhecimento de suas condições habitacionais e as habilidades necessárias para melhorá-las, ao mesmo tempo em que parecem conservá-las. O renascimento de Bath é um ícone tão importante do pós-moderno (no retorno ao sentido pré-moderno) quanto o mais recente parque temático divertido ou shopping center.

A terceira variante é *contra* o moderno. Isso é encontrado no conceito de "regionalismo crítico" de Frampton (1988) e na noção de Foster de um "pós-modernismo crítico" (1985a, 1985b). Este último centra sua crítica ao modernismo como um conjunto de discursos eurocêntricos e falocêntricos (ver Hebdige, 1986-7: 8-9). Argumenta-se que o modernismo (como o classicismo pré-moderno) privilegia os centros metropolitanos em relação às pequenas e médias cidades provincianas, o mundo desenvolvido em relação aos países em desenvolvimento, o litoral do Atlântico Norte em relação ao litoral do Pacífico, as formas de arte ocidentais em relação às do "Oriente" e do "Sul", a arte produzida pelos homens em relação à arte produzida pelas mulheres, o profissional em relação ao povo e assim por diante. Essa variante envolve questionar esses discursos dominantes, vendo o espaço como localizado, específico, dependente do contexto e particularista, em contraste com o espaço modernista, que é absoluto, generalizado e independente do contexto (Harvey, 1989).

Leon Krier fala da necessidade de criar "localidades de dignidade humana" (1984: 87). A localidade é fundamental. E há resistências importantes nas sociedades contemporâneas, que tornaram a arquitetura vernacular local particularmente popular, pelo menos fora dos centros metropolitanos. Existe um desejo aparente, por parte das pessoas que vivem em determinados lugares, de conservar ou de desenvolver edificações, pelo menos em seus espaços públicos, que expressem a localidade específica em que vivem. Essas edificações antigas parecem ter algumas características: solidez, pois sobreviveram a guerras, erosões, empreiteiros e planejadores urbanos; continuidade, pois fornecem elos entre as gerações passadas e o presente; autoridade, pois significam que a idade e a tradição são dignas de preservação; e engenhosidade, já que foram construídas recorrendo, majoritariamente, a técnicas e materiais pré-modernos subestimados (Lowenthal, 1985: 52-63). Um exemplo significativo de Londres é a galeria Tate Modern, instalada em uma antiga usina elétrica na margem sul do Tâmisa, que atraiu 5 milhões de visitantes em seu primeiro ano de funcionamento.

Devido à globalização do olhar do turista, todos os tipos de lugares (na verdade, quase todos os lugares) passaram a estruturar-se como objetos do olhar do turista; em outras palavras, não apenas como centros de produção ou símbolos de poder, mas como locais de prazer. Quando as pessoas visitam lugares fora das capitais e de outros grandes centros, o que elas consideram aprazível são edificações que parecem apropriadas para aquele local e que o distinguem dos outros. Uma forte objeção à arquitetura moderna era como ela gerava uniformidade ou dessubstancialização do local e, portanto, entendia-se improvável que ela pudesse gerar edifícios distintos, atraentes aos turistas em potencial. As principais exceções são encontradas nas grandes cidades, como o Centro Pompidou, de alta tecnologia, projetado por Richard Rogers e Renzo Piano em Paris, que agora atrai mais visitantes do que o Louvre, ou o Museu Guggenheim de Frank Gehry em Bilbao, talvez o novo edifício mais conhecido em todo o mundo. Fora das grandes cidades, o olhar do turista fez com que diversos outros lugares exaltassem a diferença, muitas vezes com a redescoberta dos estilos nativos que transmitem histórias peculiares. Como pergunta Lynch: "de que época é este lugar?" (1973). Em outras palavras, os lugares indicam determinadas épocas ou histórias e nesse processo o pós-modernismo regional é importante. Wright fala da "estetização abstrata e artificial do ordinário e do antigo", embora lugares diferentes signifiquem tempos "antigos" muito diferentes (1985: 230).

Além disso, cada um desses lugares será visto de várias perspectivas. Haverá diferenças entre o que os visitantes e os locais veem em um lugar e entre os pontos de vista dos antigos e dos novos moradores. Wright afirma:

> As pessoas vivem em mundos diferentes, apesar de compartilharem a mesma localidade: *não existe uma comunidade ou um bairro único.* Aquilo que é agradavelmente antigo para uma pessoa é decadente e deteriorado para outra. (1985: 237, em itálico no original)

Até agora, falamos de vários tipos de arquitetura e de como eles coincidem ou não com os prováveis olhares dos moradores locais e visitantes. Analisamos brevemente as respectivas influências dos arquitetos e empreiteiros no desenvolvimento de diferentes locais turísticos. Nos EUA, houve um aumento do emprego de arquitetos em cidades de pequeno e médio porte, onde uma classe média deu origem a localidades

LUGARES, EDIFÍCIOS E DESIGN

com altos níveis de renda, sensibilidade ao meio ambiente e consciência de design (ver Knox, 1987; Blau, 1988). Marcado por arquitetos locais, desenvolveu-se em alguns lugares um planejamento mais participativo e influenciado por ativistas, "visando não só interromper os esquemas de renovação urbana, como também preservar e aprimorar a vida da vizinhança" (Knox, 1988: 5). A eficácia tem variado e, muitas vezes, os esquemas para a conservação desejada de uma área acabam tendo consequências inesperadas. A renovação do Covent Garden em Londres como resultado de uma decisão de planejamento influenciada por ativistas preocupados em conservar os edifícios após o término de sua função como mercado gerou um local turístico de imenso sucesso (com consequente congestionamento, preços inflacionados e pilhas de lixo não recolhidas).

ESPAÇOS TEMÁTICOS

Passamos agora a dois aspectos específicos da arquitetura contemporânea: tematização e centros comerciais. A tematização "envolve o uso de um tema abrangente, como o velho oeste, para criar uma organização espacial holística e integrada" (Lukas, 2008: 67). É um processo de significação em que determinadas representações e significados geográficos são seletivamente inventados, retrabalhados ou emprestados no design material e simbólico de espaços autossegregados de lazer ou turismo (Hollinshead, 2009). Trataremos de aspectos de parques temáticos recentes antes de nos voltarmos para o caráter temático de shopping centers e hotéis resort contemporâneos. Nesta seção analisaremos mais semelhanças entre arquitetura consumista e disneyficação. Mostramos que muitas das temáticas giram em torno do olhar do turista. Ambientes temáticos estimulam principalmente o sentido da visão através de signos espetaculares, mas também previsíveis e bastante conhecidos. Eles se baseiam em experiências hipersensoriais nas quais as visões são reduzidas a um conjunto limitado de características, em seguida são exageradas, desagradáveis e por fim passam a dominar outros sentidos. Cheiros ofensivos são eliminados e reduzidos a uma leve brisa desodorizada. O tema turístico geralmente acontece através da importação de signos de locais turísticos icônicos de outros lugares e de outras épocas.

Tematizar é importar lugares e estimular viagens imaginativas para outros lugares. Os espaços temáticos representam uma mistura paradoxal de presença e ausência, aqui e ali. Também são caracterizados por elevado investimento de capital, propriedade privada, marcas internacionais e vigilância. Indicam que o espaço público é cada vez mais privatizado, mercantilizado e regulamentado.

O primeiro tipo de tematização consiste em fracionar os países em termos de novas divisões espaciais, com novos nomes de lugares. No norte da Inglaterra existe a "Última Região Vinícola do Verão", a "Região das Fazendas Emmerdale", a "Região James Herriot", a "Região Robin Hood", a "Região Catherine Cookson", a "Região Brontë" e assim por diante. O espaço é dividido em termos de signos que remetem a determinados temas – mas não temas que necessariamente se relacionam com processos históricos ou geográficos reais. No Canadá, o tema "Marítimo" vem se desenvolvendo desde a década de 1920, como resultado da busca da administração provincial e do capital privado de mobilizar o turismo na Nova Escócia. McKay descreve essa iniciativa como "uma peculiar retórica pequeno-burguesa de panelas de lagosta, pescadores grisalhos, ancoradouros e escunas [...], uma mitologia da Idade do Ouro em uma região que se tornou economicamente dependente do turismo" (1988: 30). Ao longo dos anos, Peggy's Cove tornou-se um simulacro cada vez mais puro, uma cópia de uma aldeia de pescadores próspera e tranquila que jamais existiu de verdade.

As atrações temáticas na Grã-Bretanha incluem o Jorvik Centre em York, o parque temático Camelot em Lancashire, a American Adventure em Peak District, a História de Oxford, a experiência das Cruzadas em Winchester ("a história revivida") e a Rota dos Peregrinos em Canterbury. Esta última é descrita no material publicitário como "uma peregrinação ao passado". No entanto, o sentido da história é bizarro, pois "um homem em um programa de televisão destinado às crianças é o modelo para um boneco que é um auxiliar de uma cena não existente em um poema religioso medieval, cujas palavras você não ouve" (Faulks, 1988). Outro exemplo está em Llandrindod Wells, no País de Gales. Uma vez por ano, a maioria da população se veste com roupas eduardianas. Mas foi sugerido que a população poderia se vestir dessa maneira *durante o ano inteiro.* Assim, o município inteiro e sua população seriam transformados em uma cidade temática permanente. Já Visby, na Suécia, uma ilha no Báltico, vive uma "semana medieval" durante a qual todos se vestem com trajes temáticos, dando vida ao tema medieval. Em nenhum lugar o tema é mais prevalente do que nos EUA, com cerca de 700 atrações temáticas por todo o país, mesmo em meados de 1980 (ver exemplos dos EUA em Hollinshead, 2009, e abaixo [ver também a figura 6, p. 324]).

Os temas são, nas palavras de Debord, elementos da "sociedade do espetáculo" (1983). Os responsáveis por Jorvik ou pela História de Oxford tentam tornar a experiência autêntica. Nessas áreas temáticas, os objetos observados parecem reais e absolutos com o uso do olfato, bem como da simulação visual e auditiva. As cenas são mais reais do que o original, ou hiper-reais. Ou pelo menos as superfícies, captadas pelos sentidos imediatos, são mais reais. Lowenthal observa que "a habituação a réplicas tende a nos convencer de que as antiguidades devem parecer completas e 'novas'" (1985: 293). Assim, as representações se aproximam mais de nossas expectativas em relação à realidade, dos signos que carregamos esperando ser desencadeados: "A Disneylândia nos diz que a natureza falsificada corresponde muito mais aos nossos sonhos e devaneios [...]. A Disneylândia nos diz que a tecnologia pode nos dar mais realidade do que a natureza" (Eco, 1986: 44; Lukas, 2007, 2008).

Essa capacidade tecnológica de criar novos temas que parecem mais reais que o original se espalhou por toda parte. A arquitetura simbólica dos recentes mega-hotéis em Las Vegas envolve um nível surpreendente de temas, recorrendo a locais turísticos icônicos de outros pontos do globo. O Luxor Las Vegas tem como tema um simulacro orientalista pós-moderno do atemporal "Egito turístico", de monumentos emblemáticos, ruínas, camelos e pirâmides. Esse tema, segundo Cass, representa o "Egito com esteroides" (2004). A "Itália" também está presente em Las Vegas. Os luxuosos mega-hotéis do Caesars Palace, Bellagio e The Venetian trazem como tema uma paisagem simulada da arquitetura, arte e pontos turísticos entendidos como tipicamente italianos (Raento e Flusty, 2006).

Muitos mega-hotéis com tudo ou quase tudo incluso, atendendo turistas ocidentais em países não ocidentais como Índia, Turquia e Quênia, também empregam a temática arquitetônica e performativa da alteridade exótica, mas em um ambiente controlado e sem os perigos e as geografias sensorialmente bagunçadas à espreita do lado de fora. Há um elemento colonial nesses espaços encravados nos países em desenvolvimento, que muitas vezes são ex-colônias, como a Índia. Edensor fala desses "acampamentos" luxuosos como enclaves onde os turistas são isolados dos locais circundantes. Ele argumenta que, "acima de tudo, o enclave turístico é concebido para a contemplação", com interior exótico, shows noturnos e garçons performáticos. São "bolhas ambientais" onde os turistas são protegidos de odores, gostos e locais desagradáveis (Edensor, 1998: 51; Edensor e Kothari, 2004). São lugares familiares onde os turistas se sentem em casa longe de casa. Os turistas são cercados por outros turistas com ideias semelhantes, interior e comodidades internacionais, comida de estilo ocidental, funcionários que falam inglês etc.

A temática dos enclaves do turismo de massa no Mediterrâneo está ligada ao que Billig chama de "nacionalismo banal" (1997). Bares e restaurantes com temas nacionais muitas vezes superam em número os que se apresentam como localmente autênticos; assim, os turistas podem comer e beber alimentos de seu país de origem, cercados por turistas da mesma nacionalidade, bem como por bandeiras e outros símbolos de sua terra natal (Jacobsen, 2003; Haldrup e Larsen, 2010). Uma etnografia recente das características britânicas nesse estilo de turismo fretado em Maiorca mostra:

> Por exemplo, os nomes dos lugares lembram aqueles encontrados no Reino Unido, com cafés e bares chamados *The Britannia*, *The Willows*, *The Red Lion* e outros que fazem referência à cultura popular britânica – Benny Hill e Eastenders, por exemplo. Somado a isso, o inglês é o principal idioma falado e os eventos esportivos, notícias e outros programas de televisão britânicos são transmitidos por satélite ou reproduzidos por gravações de vídeo. A comida tem um sabor distintamente britânico, com pão, leite, salsichas e *bacon* britânicos, sendo alguns dos itens importados e anunciados para venda. (Andrews, 2005: 252; ver também West, 2006)

LUGARES, EDIFÍCIOS E DESIGN

Muitos shopping centers tornaram-se importantes atrações turísticas por si sós e representam uma excepcional de-diferenciação na tematização. Considere o West Edmonton Mall:

> Imagine visitar a Disneylândia, a praia de Malibu, Bourbon Street, o zoológico de San Diego, Rodeo Drive em Beverly Hills e a Grande Barreira de Corais da Austrália [...] em um fim de semana – e sob o mesmo teto [...]. Anunciado como o maior complexo comercial desse gênero no mundo, o shopping está instalado em uma área de 450 mil metros quadrados e possui 828 lojas, 110 restaurantes, 19 teatros [...], um parque aquático de 2 hectares com uma cúpula de vidro com mais de 19 andares de altura [...]. Contemple o lago interno completo do shopping com quatro submarinos a partir dos quais você pode ver tubarões, polvos, vida marinha tropical e uma réplica da Grande Barreira de Corais [...]; o Fantasyland Hotel deu aos seus quartos uma variedade de temas: um andar com quartos romanos clássicos, outro com quartos árabes das *1001 noites*, outro com quartos polinésios [...]. (Travel Alberta, sem data)

Esse shopping tem sido um sucesso, atraindo mais de 9 milhões de visitantes por ano desde 1987. Representa uma rejeição simbólica à geografia mundial, como ela é normalmente entendida, na qual existem centros culturais com Edmonton localizado na periferia do mundo. O que se afirma aqui é um novo senso coletivo de lugar baseado na transcendência de barreiras de distância e de lugar. As relações do espaço real do globo são assim substituídas por relações do espaço imaginário (Shields, 1989: 153).

Isso só foi possível devido à difusão dos signos turísticos, à rápida circulação de imagens fotográficas e em movimento. É essa troca de signos que possibilita a construção de um pastiche de temas, com cada um deles parecendo mais real que o original, principalmente pela forma como os shoppings, em geral, enfatizam a novidade e a limpeza:

> É um mundo em que galeões espanhóis navegam pela Main Street e passam pela cadeia de supermercados Marks and Spencer para

entrar em "Nova Orleans", onde tudo se resume a compradores domesticados e felizes se misturando com golfinhos sorridentes. (Shields, 1989: 154)

O Metrocentre, no nordeste da Inglaterra, está localizado em Gateshead, um lugar que também tem sido considerado periférico à vida britânica e europeia. Seus temas são "Vila Antiga"; um "Fórum Romano", com áreas nas quais se pode descansar em estilo romano; e uma "Vila Mediterrânea", com restaurantes italianos, gregos e libaneses ao longo de uma rua mediterrânea sinuosa e exótica. Comprar aqui é apenas parte de seu apelo, pois a área também se destina a lazer e turismo. Há uma de-diferenciação do olhar do comprador e do turista. Em poucos minutos de caminhada, as pessoas consomem muitos temas e serviços turísticos, podendo passear, ver e serem vistos como se estivessem "de férias".

O Trafford Centre, perto de Manchester (Reino Unido), parece uma mistura de um edifício romano clássico com o Taj Mahal. A entrada principal é um espaço aberto com colunas de pedra e granito, trazendo esculturas, fontes e bancos decorados. Uma vez dentro do "porto", palmeiras e um transatlântico convidam os visitantes para uma "grande escapada turística". De todos os ícones do turismo, a palmeira é um dos mais conotativos, significando paraíso, liminaridade, "alteridade", consumo extravagante e prazer corporal (Osborne, 2000: 107). O transatlântico do Trafford não é uma pálida imitação de um navio real, possuindo botes e coletes salva-vidas, escotilhas, uma piscina e uma superfície branca com manchas marrom-avermelhadas mostrando muitos anos no mar! O *deck* principal é uma praça de alimentação com capacidade para 1.600 pessoas, onde os clientes se divertem com apresentações ao vivo, com a *Trafford-TV* ou olhando para outros passageiros. Há um teto espetacular com efeito de céu que leva os visitantes do dia para a noite e da noite para o dia através de um entardecer e amanhecer a cada hora.

Os visitantes podem entrar facilmente em diferentes mundos: China, Itália, Nova York e Nova Orleans. No bairro francês de Nova Orleans, a pessoa é recebida por uma estátua de quatro sorridentes trompetistas negros e restaurantes com mesas "do lado de fora". Roupas secam

LUGARES, EDIFÍCIOS E DESIGN

penduradas nas janelas, e varandas proliferam com flores e ornamentos. Quando Nova Orleans é consumida (sem nenhum furacão à vista!), a jornada continua pelas ruas do shopping. Regent Crescent dá a sensação da Roma e da Grécia antigas, com seus ornamentos de inspiração neoclássica, enquanto o Festival Village traz como tema o mercado tradicional inglês.

O Trafford Centre aprendeu as lições de Las Vegas e da Disney. Em primeiro lugar, o Centro nada mais é do que efeitos de superfície, imagens, decorações e ornamentos. É uma festa visual brilhante, um êxtase do olhar. Em segundo lugar, ele cita indiretamente formas históricas. No entanto, a grandeza clássica é aqui invocada com toques de nostalgia e humor – como parte de uma narrativa. Isso não é arquitetura como arte, mas como narrativa popular, uma história do mundo como a "ostra do turista" (Bauman, 1993: 241). Na verdade, esses shoppings oferecem ambientes encenados e experiências temáticas, tanto quanto bens de consumo. Nesse sentido, eles se redesenharam e se tornaram alguns dos principais impulsionadores da economia da experiência. Citando Klingmann:

> Em uma geração, os shoppings passaram de máquinas de compra funcionais a ambientes altamente imersivos, onde iluminação, música e uma cuidadosa seleção de materiais não apenas exibem a mercadoria em si, como oferecem o ambiente certo. (2007: 36)

Em um design caracterizado como pós-moderno, a arquitetura subsequente ao estilo internacional moderno deveria ser sensível ao contexto e à identidade. Deveria promover diferenças e paisagens heterogêneas (Ibelings, 1998: 18). No entanto, há muito poucas referências históricas, estilos arquitetônicos ou ícones culturais que identifiquem o Trafford Centre com Manchester, ou mesmo com o nordeste da Inglaterra.

Isso ressalta o quanto as tematizações pós-modernas não respeitam mais as semióticas e os estilos locais, mas se tornaram globais, o que Castells chama de "uma arquitetura do espaço dos fluxos". Isso expressa

> [...] em termos quase diretos a nova ideologia dominante, o fim da ideologia: o fim da história e a supressão de lugares nos espaços

de fluxos. Porque, se estamos no fim da história, podemos agora misturar tudo o que sabíamos antes. Como não pertencemos mais a nenhum lugar, a nenhuma cultura, a versão extrema do pós-modernismo impõe quebra de código codificada em qualquer lugar em que algo seja construído. (Castells, 1996: 419)

Uma leitura mais aprofundada do Trafford Centre é que o shopping foi projetado para ser caloroso e inclusivo. Como diz o gerente de relações públicas:

Nós pretendíamos criar um edifício que fosse caloroso, onde você se sentisse protegido, fazendo parte dele. Não um lugar que fosse contemporâneo, moderno ou clínico. Todo o edifício foi construído para ser uma enorme mansão. Os detalhes arquitetônicos remontam ao design neoclássico que dá uma sensação acolhedora [...], ele tem um ambiente e uma atmosfera agradáveis.

Esse é o ambiente que grande parte da arquitetura pós-moderna se esforça para alcançar. O gerente de relações públicas reproduz o menosprezo generalizado pelo arquiteto moderno como alguém alienado e sem alma. A arquitetura pós-moderna é populista em comparação com o elitismo da arquitetura moderna. Considera-se que o Trafford Centre tem uma arquitetura "inclusiva", para pessoas "reais" (Jencks, 1977: 8).

Parques temáticos, centros comerciais e resorts representam a participação em uma comunidade de consumidores. Estar presente na corte das mercadorias é ser reconhecido como cidadão na sociedade contemporânea, como consumidor. No entanto, a recente filosofia de marketing tem sido a de desenvolver espetáculos de diversidade e segmentação de mercado. Desdobramentos desse tipo também representam a natureza mutável do espaço público nas sociedades contemporâneas. Um papel cada vez mais central está sendo desempenhado por espaços de consumo controlados e de propriedade privada, como no Trafford Centre e nas renovadas galerias comerciais Gum, próximas à Praça Vermelha, em Moscou. Elas envolvem elevados níveis de vigilância, onde determinados tipos de comportamento, roupas e atitude são esperados, como não sentar no chão. A entrada e os corredores dos shoppings são geralmente policiados por empresas de segurança privada (semelhante aos aeroportos) e pessoas indesejáveis, como os sem-teto, são excluídas.

Cada movimento dos consumidores é gravado, sendo alvo do olhar onipresente das câmeras de circuito fechado de televisão. Os contempladores são constantemente observados por câmeras ocultas. Os shoppings costumam se gabar de serem os lugares mais seguros na Grã-Bretanha para fazer compras, enquanto os hotéis resort protegem os turistas do mundo externo, supostamente perigoso, sujo e barulhento. Existem algumas analogias entre a prisão panóptica de Bentham e a vigilância visual e eletrônica encontrada nesses espaços temáticos. Uma observação foucaultiana sobre espaços temáticos enfatizaria que não estamos nem no anfiteatro, nem no palco, mas na máquina panóptica (Foucault, 1979: 217; Hollinshead, 1999). Como diz o gerente de relações públicas do Trafford Centre: "Você não pode escapar da vigilância" (Larsen, 2000: 54). Os espaços temáticos também primam pela limpeza e novidade, sem lugar para lixo descuidado, o velho, o roto ou o gasto (Fiske, 1989: 39-42; Larsen, 2000).

Outro cenário para ambientes temáticos é o das feiras mundiais. São enormes atrações turísticas internacionais. Por exemplo, mais de 500 mil visitantes por dia participaram da Expo 1992 em Sevilha (Harvey, 1996: 155). Mais de cem países participaram da Expo 2008 em Zaragoza. Esperava-se que de 70 a 100 milhões de pessoas – principalmente chineses – visitassem a Expo 2010 em Xangai, na China, durante um período de seis meses. O desenvolvimento e a popularidade de feiras mundiais são mais um exemplo da de-diferenciação do lazer, do turismo, das compras, da cultura, da educação, da alimentação e assim por diante.

As Expos são organizadas em torno de diferentes pavilhões nacionais (Harvey, 1996: cap. 3). Existem muitos ambientes temáticos baseados em estereótipos nacionais, como o *pub* britânico, as conquistas norte-americanas no esporte, o jardim de cerveja alemão e as danças exóticas do Mar do Sul. Tais temas são concebidos para demonstrar o orgulho nacional em relação às atividades culturais presumivelmente específicas daquele país. Em geral, esse orgulho é revelado tanto na reembalagem de aspectos das tradições e do patrimônio cultural de cada país quanto na demonstração da tecnologia moderna que cada país alcançou.

Essas exposições nacionais envolvem as mobilidades de pessoas, objetos, signos e até atrações arraigadas. A icônica atração para o olhar do turista em Copenhague, a Pequena Sereia, foi arrancada de seu rochedo no porto da cidade e levada para um lago artificial no centro do pavilhão dinamarquês na Expo de Xangai. Não se trata de uma cópia pós-moderna, mas da original, viajando para uma nação onde ela é uma figura icônica popularizada pelo escritor Hans Christian Andersen. Como disse o arquiteto do pavilhão dinamarquês, Bjarke Ingles: "Quando os políticos dinamarqueses descobriram que todos os chineses realmente cresceram com a sereia fazendo parte de sua educação, todos pensaram que seria um belo gesto enviar sua sereia à China por seis meses". Na noite de inauguração, o vice-prefeito de Xangai previu que ela se tornaria "uma das estrelas brilhantes de todo o Expo Park"[49]. Dificilmente haveria uma forma mais espetacular de divulgar a Dinamarca na China, um país que logo viria a gerar o maior fluxo de turistas viajando pelo mundo [ver a figura 11, p. 328].

Nenhum conjunto hegemônico de mensagens é transmitido pelas Expos e feiras internacionais. Elas são uma espécie de microversão do turismo internacional. Em vez de os turistas precisarem viajar pelo mundo para experimentar e contemplar signos diferentes, estes são convenientemente reunidos em um único local. Harvey diz, de forma mais geral: "agora é possível experimentar a geografia do mundo indiretamente, como um simulacro" (1989: 300). Isso pode ser visto no entretenimento oferecido nessas feiras mundiais. Na Expo de Vancouver, em 1986, houve 43 mil apresentações gratuitas no local, realizadas por 80 mil artistas (Ley e Olds, 1988: 203). Embora houvesse apresentações de cultura erudita, incluindo uma apresentação do *La Scala* para um público de 40 mil pessoas, a maior parte do entretenimento consistia em formas folclóricas ou populares, um pastiche cultural pós-moderno, um pouco como a disponibilidade de cozinhas de todo o mundo já existentes em cidades ao redor do globo (Pillsbury, 1990).

---

49. Disponível em: http://news.bbc.co.uk/2/hi/ asia-pacific/8644013.stm. Acesso em: 18 nov. 2010.

A maioria das apresentações era reconhecidamente de um país específico e consistia no tipo de entretenimento étnico proporcionado aos turistas em cada país que visitam. A diferença aqui era que os visitantes somente tinham de caminhar de um estande para o próximo, a fim de contemplar outro evento cultural, significando mais uma nação.

Essas exposições funcionam como uma tecnologia da nacionalidade, oferecendo possibilidades de narrativas para a imaginação de culturas nacionais e, de fato, da "marca" nacional (Harvey, 1996: cap. 3). Por meio de imagens, símbolos e ícones poderosos, os Estados-nações são representados como repositórios de estabilidade, continuidade, singularidade e harmonia. No entanto, a Expo de Sevilha também foi um lugar do capital internacional, que financiou várias exposições nacionais, a Expo como um todo e seus próprios espaços de exposição, sobretudo com avanços de comunicação e informações que transcendiam as fronteiras nacionais. Nessas exposições, a ênfase é colocada no desejo do consumidor, na escolha individual, no cosmopolitismo e na liberdade do mercado de cruzar fronteiras nacionais (a passagem turística pelas fronteiras também pode ser encontrada na coleção de selos no Passaporte da Exposição). Portanto, as exposições universais são locais para celebrar paisagens e fluxos globais, e as empresas que mobilizam essas mobilidades. As nações estão lá principalmente como espetáculo e signo nos processos de marca que as Expos constroem e celebram (ver McCrone *et al.*, 1995, sobre a Escócia, a marca).

Muitos estandes nas Expos pretendem ser educativos e, de fato, grupos de crianças em idade escolar constituem uma categoria importante de visitantes. Essa é mais uma característica da de-diferenciação das esferas culturais. Educação e entretenimento estão se fundindo, em um processo auxiliado, sobretudo, pelo papel cada vez mais central da mídia visual e eletrônica em ambos. De fato, os espaços temáticos estão envolvidos no fornecimento de "edutretenimento". Assim, as férias não estão em contraste tão direto com educação e aprendizado como no passado. De muitas maneiras, grande parte do turismo está mais intimamente entrelaçada com a aprendizagem, voltando, de certa forma, ao *Grand Tour*. Analisamos a seguir a crescente popularidade dos museus, o fascínio pela vida dos trabalhadores da indústria, em especial, e a popularidade de recriações históricas hiper-reais. Vamos avaliar a importância do mercado do patrimônio cultural e, posteriormente, dos museus para o turismo contemporâneo.

PATRIMÔNIO CULTURAL

Tem havido muito debate sobre as causas do fascínio contemporâneo em contemplar o histórico ou o que é frequentemente visto como patrimônio cultural. Lugares como a remodelada Havana "colonial" em Cuba (Lasansky, 2004), o Wigan Pier Heritage Centre (fechado em 2007) em Lancashire (Reino Unido) ou as usinas restauradas em Lowell, Massachusetts, a primeira cidade industrial nos EUA, são exemplos de patrimônio cultural. Alguns indicadores desse fenômeno na Grã-Bretanha incluem 500 mil edifícios listados, 17 mil monumentos protegidos e 5.500 áreas de conservação. Diz-se que um novo museu abre a cada quinze dias no Reino Unido, há 78 museus dedicados a ferrovias e 180 moinhos de água e de vento são abertos ao público (Samuel, 1994: Parte II). Dos 1.750 museus em 1987, metade foi fundada a partir de 1971. Há muitos centros históricos no Reino Unido, incluindo Ironbridge Gorge, perto de Telford; o Wigan Pier Heritage Centre; o Black Country World, perto de Dudley; o Beamish Open Air Museum, perto de Newcastle; e o Jorvik Viking Centre, em York. No vale Rhondda, um museu e um *parquet* histórico foram fundados na antiga mina de carvão Lewis Merthyr (Dicks, 2000). Quase todos os lugares e tudo do passado podem ser conservados. Em Lancashire, os ambientalistas procuraram conservar o maior depósito de escória de mineração da Grã-Bretanha, que a antiga British Coal queria remover. Um ex-diretor do Museu de Ciência disse, a respeito do crescimento do patrimônio histórico, que: "Você não pode projetar ainda mais esse tipo de taxa de crescimento, pois todo o país se tornaria um grande museu a céu aberto, com você entrando nele assim que sai do aeroporto de Heathrow" (citado em Hewison, 1987: 24). A doença da nostalgia do século XVII parece ter se tornado uma epidemia contemporânea.

De modo semelhante, Lowenthal diz dos EUA que "as armadilhas da história agora enfeitam todo o país" (1985: xv). O número de propriedades listadas no Registro Nacional de Locais Históricos dos EUA aumentou de 1.200 em 1968 para 37 mil em 1985 (Frieden e Sagalyn, 1989: 201). Da mesma forma, muitos outros países que desenvolvem seu turismo também procuraram criar a "herança" do ambiente construído, mesmo sendo de uma época que agora é rejeitada, como ocorre em Cuba e em sua "arquitetura colonial".

Outros destinos de patrimônio cultural que atualmente fazem parte do turismo global trazem vários locais históricos sombrios, como Auschwitz-Birkenau, locais de ocupação nazista nas Ilhas do Canal, Dachau, Ilha Robben na África do Sul, Alcatraz, a "trilha do massacre" de Sarajevo, o Marco Zero (*Ground Zero*) e o Museu Memorial do Holocausto dos Estados Unidos, em Washington. Esses locais turísticos sombrios são locais históricos de morte, desastre e depravação (Lennon e Foley, 2000; Strange e Kempla, 2003; Lisle, 2004). E, com o colapso dos regimes comunistas na Europa Oriental em 1989, muitos ocidentais viajam para "contemplar o comunismo", experimentar esse "outro" sistema político, econômico e social e a "arquitetura" que era a antítese do capitalismo ocidental (Hoffman e Musil, 1999; Light, 2001). Esses "turistas do legado comunista", em busca de signos materiais de um passado comunista, estão causando dilemas. Embora componham uma fonte importante de receita, os turistas entram em choque com a busca dos países comunistas por construir novas identidades pós-comunistas (Light, 2001).

Muitos desses desdobramentos recentes resultam do aumento da privatização do setor de museus/patrimônios, com 56% dos museus do Reino Unido abertos na década de 1980 sendo do setor privado (Hewison, 1987: 1, cap. 4). Essas iniciativas envolvem novas formas de representar a história ao mercantilizar o passado de outro modo, geralmente em combinação com ativistas e apoiadores locais. Um grande número de pessoas visita museus e locais históricos. A quantidade de trabalhadores do setor de serviços que visita museus e centros históricos é cerca de três vezes maior que a de trabalhadores manuais. As visitas a tais locais variam etnicamente, com pessoas brancas mais propensas a visitar prédios ou museus históricos do que as pessoas negras ou asiáticas, que querem aprender sobre várias experiências históricas, não apenas as da Inglaterra. No entanto, existe um amplo apoio à manutenção de locais históricos ingleses, com três quartos da população acreditando que suas vidas são mais ricas por ter a oportunidade de visitar locais históricos. Nove em cada dez pessoas apoiam o uso de fundos públicos para preservar o patrimônio.

Raban refere-se a uma disposição das pessoas de apresentar uma determinada impressão do patrimônio histórico das vilas inglesas: "em nenhum outro lugar que não a África [...] as pessoas da tribo estavam tão dispostas a se vestir com trajes 'tradicionais' e a se divertir com os visitantes [...]. A coisa se tornou uma indústria nacional. Ano após ano, a Inglaterra estava se tornando mais pitoresca" (1986: 194-5). Agora, alguns desses eventos são organizados como "dramatizações com trajes de época" pelo English Heritage, principal órgão da Inglaterra preocupado com a preservação de locais históricos. A tendência de visitar grandes casas de campo também permanece imensamente popular, com 12 milhões de pessoas por ano visitando as propriedades do National Trust. Existem mais de oitocentos museus contendo exposições rurais, alguns dos quais descritos como "fazendas de mentirinha", com artesãos que constroem ou consertam rodas de madeira, ferreiros, criadores e ferradores de cavalos, e assim por diante.

Na verdade, houve um aumento ainda mais notável no interesse pelas vidas reais dos trabalhadores nas indústrias e nas minas. MacCannell aponta a ironia dessas mudanças: "O Homem Moderno está perdendo seus vínculos com a bancada de trabalho, a vizinhança, a vila, a família, que outrora considerava 'suas', mas, ao mesmo tempo, está desenvolvendo o interesse pela 'vida real' dos outros" (1999: 91). Isso se nota principalmente no norte da Grã-Bretanha, onde grande parte da indústria pesada estava localizada. São essas indústrias que mais interessam aos visitantes, principalmente por causa da característica aparentemente heroica do trabalho, como ocorre nas minas de carvão e nas siderúrgicas. O fascínio pelo trabalho alheio está ligado à quebra pós-moderna de barreiras, sobretudo entre o palco e os bastidores da vida das pessoas. Esse desdobramento também faz parte de uma cultura pós-moderna dos museus, na qual quase tudo pode tornar-se objeto de curiosidade para os visitantes (veja a próxima seção).

A desindustrialização notavelmente rápida da Grã-Bretanha durante as décadas de 1980 e 1990 criou um profundo sentimento de perda, tanto de certos tipos de tecnologia (máquinas a vapor, altos-fornos, escavações nas minas) quanto da vida social que se desenvolvia em torno dessas tecnologias. A rapidez dessa mudança concentrou-se principalmente no norte da Inglaterra, no sul do País de Gales e no centro da Escócia. Além disso, historicamente as sedes de grande parte dessa indústria situavam-se em instalações vitorianas no centro da cidade, muitas das quais ficaram disponíveis para usos alternativos. Tais edificações eram atraentes por si sós (como o Albert Dock, em Liverpool) ou podiam ser reformadas em um estilo histórico adequado, tornando-se moradias, escritórios, museus ou restaurantes. Esse estilo é normalmente pictórico, finalizado com jateamento de areia nas paredes, novas janelas com aparência autêntica e atraentes equipamentos de rua (caixas de correio, placas de sinalização, bancos). Esse processo de desindustrialização ocorreu na Grã-Bretanha em um momento em que muitas autoridades locais estavam buscando uma saída estratégica para o desenvolvimento econômico e viram no turismo uma maneira de gerar empregos diretamente e através de mais publicidade sobre o local.

Com a globalização, diversos países começaram a se especializar em diferentes setores do mercado de férias. A Grã-Bretanha passou, em parte, a se especializar em férias para visitantes estrangeiros que enfatizam o histórico e o pitoresco (os norte-americanos costumam se referir à Grã-Bretanha como aquele "país pitoresco" ou "país antigo"). Esta localização na divisão global do turismo reiterou ainda mais a força específica do patrimônio histórico na Grã-Bretanha. Portanto, o legado cultural é particularmente importante no turismo britânico e é mais central para o olhar na Grã-Bretanha do que em outros lugares.

Contudo, o que se entende por patrimônio cultural, sobretudo em relação às noções de história e autenticidade (Uzzell, 1989)? Um intenso debate tem sido travado sobre a interpretação das causas e consequências de tal patrimônio, estimulado pelo livro de Hewison com o subtítulo de *Britain in a Climate of Decline* ["A Grã-Bretanha em um clima de declínio", em tradução livre] (1987). Ele inicia comentando que, em vez de fabricar produtos, a Grã-Bretanha está, cada vez mais, fabricando patrimônio cultural. Isso ocorreu devido à percepção de que a Grã-Bretanha está em alguma espécie de declínio terminal. E o desenvolvimento do patrimônio não envolve apenas a reafirmação de valores antidemocráticos, mas a intensificação do declínio através do sufocamento da cultura do presente. O necessário seria uma cultura crítica baseada na compreensão da história, e não, conforme diz Hewison, um conjunto de fantasias de herança histórica.

O autor se preocupa em analisar as condições em que a nostalgia é gerada. Ele argumenta que ela se intensifica em momentos de descontentamento, ansiedade ou decepção. E, no entanto, os tempos pelos quais sentimos mais nostalgia foram períodos de considerável perturbação. Além disso, a memória nostálgica é bem diferente da recordação total; trata-se de uma construção socialmente organizada.

Hewison observa o quanto da nostalgia contemporânea é pelo passado *industrial*. A Associação de Arqueologia Industrial foi fundada em 1973 e, nos anos 1980, os museus industriais estavam se desenvolvendo em quase todo o norte da Grã-Bretanha. Hewison apresenta os contrastes entre o desenvolvimento do museu industrial de Beamish e a devastação provocada pelo fechamento quase simultâneo das siderúrgicas de Consett, localizadas a apenas 16 quilômetros de distância. A proteção do passado esconde a destruição do presente. Há uma distinção entre história autêntica (que continua e que, portanto, é perigosa) e patrimônio (passado, morto e seguro). Este último, em resumo, oculta as desigualdades sociais e espaciais, mascara um comercialismo e um consumismo superficiais, e pode, pelo menos em parte, destruir elementos dos edifícios ou artefatos que supostamente estão sendo conservados. Hewison argumenta que, "se estamos realmente interessados em nossa história, talvez tenhamos de preservá-la dos conservacionistas" (1987: 98). O romancista Tom Wolfe propôs que a população britânica servisse de Disneylândia nacional para turistas estrangeiros. E uma fantasia desse tipo pode ser vista no romance de Julian Barnes, *Inglaterra, Inglaterra*, com a proposta de um parque temático cobrindo toda a Ilha de Wight. Ele seria conhecido como *Englandland* e conteria réplicas em escala reduzida de quase todos os edifícios históricos conhecidos da Inglaterra (Barnes, 1999).

No entanto, essas críticas à indústria do patrimônio histórico carregam muita semelhança com a crítica da chamada sociedade de massa. De fato, os cientistas sociais podem muito bem ficar propensos a certo tipo de nostalgia por uma Idade do Ouro em que a massa da população não se deixava levar por formas culturais novas e distorcidas (Stauth e Turner, 1988). É claro que nunca houve tal período. Além do mais, Hewison ignora as bases populares enormemente importantes da conservação. Por exemplo, ele vê o National Trust inglês como um gigantesco sistema de ajuda externa para as antigas classes altas poderem manter seus imponentes lares. Essa visão, no entanto, ignora o amplo apoio a essa conservação. O National Trust, com 3,5 milhões de membros, é a maior organização de massa da Inglaterra (ver McCrone et al., 1995, sobre o equivalente escocês). Além disso, grande parte do movimento inicial de conservação tinha caráter plebeu – por exemplo, preservação de ferrovias, arqueologia industrial, comícios pela tração a vapor e similares nos anos 1960 –, bem antes de indicadores mais evidentes do declínio econômico começarem a se materializar na Grã-Bretanha. Como se observa, Covent Garden, no centro de Londres, que pode ser criticado como um "*playground* de patrimônio cultural", só se transformou em um local turístico por causa de uma campanha de conservação conduzida por moradores locais (Januszczak, 1987; Samuel, 1994). Da mesma forma, a preservação de algumas minas de carvão abandonadas no País de Gales resultou da pressão de grupos locais de mineradores e suas famílias, que procuravam preservar aspectos de "sua" história. De fato, diz-se que os visitantes de Big Pit, no sul do País de Gales, por exemplo, sentem-se satisfeitos pelo fato de o local não ter sido "embelezado" para os turistas (Urry, 1996).

Em geral, os críticos do mercado do patrimônio histórico também falham em associar a pressão pela conservação com o desenvolvimento muito mais amplo de políticas ambientais e culturais. Assim, uma pesquisa sobre a participação no National Trust for Scotland mostra que o patrimônio escocês é um elemento significativo no desenvolvimento do nacionalismo cultural e envolve um forte sentimento de linhagem e herança. Tem o *status* de outorgar identidade. Para a maioria dos entrevistados na pesquisa, conservar o legado escocês carrega um fervor fundamentalmente importante. McCrone, Morris e Kiely escrevem, portanto, sobre os membros do National Trust for Scotland:

> Há uma rica rede de grupos de atividades locais, de excursionistas e de participação ativa na conservação do patrimônio por meio de

trabalho voluntário. Os sócios vitalícios passam a ter acesso a um estilo de vida coordenado alcançado pela associação [...], "uma organização atemporal defendendo os valores tradicionais". (1995: 155)

Além disso, Hewison supõe um modelo bastante simples pelo qual determinados significados, como a nostalgia de tempos passados, são inequivocamente transferidos aos visitantes por esses locais históricos (1987). Há pouco entendimento sobre a complexidade pela qual diferentes visitantes podem contemplar o mesmo conjunto de objetos e lê-los e realizá-los de maneiras diferentes (ver Urry, 1996; Franklin, 2003). De fato, os locais não são uniformemente entendidos e passivamente aceitos pelos visitantes. Macdonald mostra, em uma exposição no Museu da Ciência, como os visitantes enquadram e interpretam a visita de maneiras não esperadas ou planejadas por seus organizadores (1995: 21). Esses visitantes conectam exposições que não deveriam ser vinculadas, leem as exposições como prescritivas quando não pretendem ser e, principalmente, não descrevem a exposição da maneira que os organizadores pretendiam (veja Shaw *et al.*, 2000: 276).

Uma pesquisa no Albert Dock, em Liverpool, mostra ainda que as pessoas usam ativamente os locais como bases para reminiscências, "como ponto de partida para suas próprias lembranças de um modo de vida em que as dificuldades econômicas e a exploração do trabalho eram compensadas por um sentimento de comunidade, vizinhança e reciprocidade" (Mellor, 1991: 100). A reminiscência pode realmente ser uma prática importante nesses locais. E relembrar envolve performance – tanto pelos recepcionistas reais que estão lá para estimular as lembranças, quanto pelos visitantes que muitas vezes precisam trabalhar em cooperação com os outros para produzir suas lembranças. Relembrar não é um processo passivo de consumo visual individual. De certa forma, é semelhante a várias outras práticas espaciais que ocorrem em locais turísticos, como caminhar, conversar, sentar, fotografar etc., geralmente realizadas com outras pessoas e, principalmente, com a família e amigos (ver Edensor, 1998; ver capítulo 8 sobre performances).

Há algo de condescendente na visão de Hewison de que tal apresentação do patrimônio histórico não pode ser interpretada e realizada de maneiras diferentes, ou que o fato de a experiência ser agradável significa que ela não pode também ser educativa. Isso pode ser constatado no caso de New Salem, onde Abraham Lincoln viveu durante a década de 1830. O significado desse local não é dado e fixo (Bruner, 1994: 410-11). Os turistas brincam com períodos de tempo e experimentam realidades alternativas. Eles reconstroem sua percepção do passado, mesmo que esses locais possuam um forte caráter lúdico e de entretenimento. Bruner conclui que "muitos turistas fazem associações entre o que veem no local e suas vidas pessoais" (1994: 410; e ver capítulos 1 e 8 sobre performances).

Hewison concentra-se no Wigan Pier Centre (fechado em 2007), no noroeste da Inglaterra, como símbolo dessa transformação da história em patrimônio. No entanto, essa crítica é parcialmente injusta, pois o Centro é acadêmico e educativo; ele apresenta uma história de intensa luta popular; identifica os patrões como parcialmente responsáveis pelos desastres da mineração; celebra uma cultura popular que não é de elite; e foi em parte organizado por um conselho local com o objetivo de lembrar o "trabalho heroico" do passado. Comparado com a compreensão da história da maioria das pessoas, o centro transmite algo dos processos sociais envolvidos nessa história, mesmo que seja difícil ver como construir no futuro com base nessa história. Na verdade, não é de todo claro qual é o entendimento da história que a maioria das pessoas tem. Na ausência da indústria do patrimônio, como geralmente o passado é entendido pelas pessoas (ver Lowenthal, 1985: 411)? Para muitas pessoas, a história será aprendida, na melhor das hipóteses, através da leitura de biografias e romances históricos, e assistindo a dramas históricos na televisão. Não é óbvio que a narrativa do mercado do patrimônio seja mais enganosa. No entanto, o importante é que a história do patrimônio é problemática porque é visual. Os visitantes veem uma variedade de artefatos, incluindo edifícios ("reais" ou "fabricados"), e precisam então imaginar os padrões de vida que teriam surgido em torno desses objetos vistos (ver Bruner, 1994). Essa é uma história com base em artefatos, em que vários tipos de experiências *sociais* são, de fato, ignoradas ou banalizadas, como as relações de guerra, exploração, fome, doença, a lei e assim por diante, que não podem ser vistas como tais.

Anteriormente, observamos que há um considerável apoio local para a conservação de edifícios como marcadores do lugar. No entanto, os grupos de conservação costumam variar de um lugar para outro. Por exemplo, em 1980, enquanto havia 5,1 membros de "sociedades de proteção" por mil pessoas no Reino Unido como um todo, a proporção era superior a 20 por mil em Hampshire e acima de 10 por mil na maioria dos condados em torno de Londres, em Devon, North Yorkshire e Cumbria (Lowe e Goyder, 1983: 28-30). Claramente, parte da lógica de tais grupos é impedir novos empreendimentos que prejudiquem o suposto caráter da localidade. O papel da classe média e de trabalhadores do setor de serviços nesses grupos é crucial – e é um meio importante pelo qual aqueles que possuem bens posicionais, como uma bela casa em uma vila agradável, procuram preservar suas vantagens. No entanto, os movimentos de conservação podem ter objetivos mais amplos: não apenas impedir o desenvolvimento, mas promover a reforma dos edifícios públicos existentes e, de maneira mais geral, conservar e desenvolver as principais características da paisagem urbana. Ademais, mesmo que os movimentos não tenham nada a ver com o turismo, o efeito aumenta a atratividade do local para o olhar do turista.

Um fator que fortaleceu os movimentos de conservação no Reino Unido foi a menor taxa de mobilidade geográfica, pelo menos entre os trabalhadores do setor de serviços do sexo masculino (ver Savage, 1988). Em consequência, é provável que essas pessoas tenham desenvolvido mais apego pelo local. Pode-se falar, portanto, da "permanência local dos trabalhadores do setor de serviços" e isso terá seu impacto, através da formação de grupos de preservação, no grau de conservação (Bagguley et al., 1989: 151-2). À medida que esses grupos vão tendo sucesso, os lugares ficam mais atraentes visualmente para os visitantes em potencial. Assim, é quase certo que a preservação da paisagem pitoresca da vila, através da ação coletiva da classe média, aumenta o número de turistas e o acúmulo de pessoas com as quais os moradores passam a conviver.

Observamos anteriormente como o mercado turístico se tornou competitivo, em parte porque todos os tipos de lugares concorrem para atrair pós-turistas, cada vez mais seletivos e criteriosos. Como ocorre com muitos outros produtos, o mercado é muito mais diferenciado e lugares específicos foram forçados a desenvolver estratégias de turismo baseadas na "reflexividade do turismo". Essa reflexividade significa auditar as instalações locais, desenvolver um plano de ação e direcionar o marketing para o nicho de mercado identificado. Em alguns casos, envolveu ações do governo local para iniciar o turismo do zero – como em Bradford (Williams, 1998). As autoridades locais também desempenham um papel importante devido à estrutura de propriedade em cidades turísticas. Isso geralmente é fragmentado e é difícil conseguir capital local para implementar ações apropriadas do ponto de vista da localidade como um todo. Muitas vezes, a administração local pode ser o único agente com capacidade para investir em nova infraestrutura (como proteção contra as marés, centros de convenções, portos) ou para fornecer o tipo de instalação que deve ser encontrado em tais centros (entretenimentos, museus, piscinas). As administrações locais têm se mostrado dispostas a se engajar na promoção do turismo, pois em um período de restrição do governo central essa tem sido uma área em que existem fontes de financiamento para iniciar projetos que também podem beneficiar os moradores locais (sobretudo no final dos anos 1990, através do financiamento da loteria do Reino Unido). Além do mais, essas instalações são importantes, pois também podem atrair futuros empregados e empregadores e, então, mantê-los satisfeitos.

Alguns desses pontos sobre contemplar a história podem ser vistos no Quarry Bank Mill, em Styal, Cheshire (construído por Samuel Greg em 1784). Ao redor da fábrica têxtil estão os edifícios de toda uma comunidade fabril, duas capelas, uma escola, lojas, casas para os trabalhadores e uma casa de aprendizes, que permaneceram fisicamente bem conservados. O museu foi fundado em 1976, descrito como "um museu do sistema fabril", com o objetivo de dar vida ao papel da força de trabalho, da família Greg e das circunstâncias que deram início à revolução industrial no setor têxtil. O museu abriga uma série de exposições sobre acabamento têxtil e energia da água. Os expositores, alguns vestidos com roupas apropriadas, mostram aos visitantes como fiar algodão em um tear mecânico, como tecer à mão, como funciona uma máquina de cardar lã, o trabalho de uma mula de tecelagem e as rotinas domésticas da mão de obra infantil de cozinhar, limpar e lavar as roupas. Considerável pesquisa foi feita por historiadores profissionais para produzir tanto as exposições quanto a grande quantidade de documentos de apoio, distribuídos ou vendidos aos visitantes (Rose, 1978). Engenheiros também se envolveram no desenvolvimento do museu para fazer com que as máquinas, muitas vezes abandonadas, voltassem a funcionar.

O museu produziu vários materiais de apoio para esses visitantes, incluindo um "Pacote de materiais e documentos". Quase cem guias são empregados para explicar os aspectos do funcionamento da fábrica. Há também uma série de outras atividades educativas realizadas pelo museu. Os cursos ministrados incluem tecelagem, fiação, retalhos e acolchoados, bordados e rendas, tecidos experimentais, moda e vestuário, design de tecidos, tingimento, estampagem e tricô. A fábrica fez grandes esforços para atrair o "público que não visita museus", aumentando especificamente os elementos de entretenimento da exposição. Isso é conseguido pelo uso de pessoas para demonstrar os muitos processos e para interagir com os visitantes. Também contribui a organização de vários eventos especiais: almoços de domingo com mães, um projeto de fabricação de tendas, comemoração do dia de São Jorge, *tours* assombrados, Natal dos aprendizes e assim por diante.

A fábrica teve de lidar com a questão de autenticidade. Embora o edifício seja o original e não tenha passado por um processo de limpeza, o maquinário que ele abriga não vem do século XVIII. Alguns itens estavam ali desde o século XIX ou início do século XX, enquanto muitos deles, inclusive a imensa roda d'água, foram importados de outras áreas fabris, muitas vezes abandonadas. O trabalho no maquinário envolveu o uso de técnicas tradicionais, que precisaram ser aprendidas. O museu tenta explicitar o que é autêntico, embora esse não seja um exercício simples, pois o que se pensa ser autêntico depende do período específico que está sendo considerado. Há que se levar em conta, evidentemente, que as fábricas autênticas existentes contêm máquinas de vários períodos. O que Quarry Bank Mill mostra, em última análise, é que não existe uma simples reconstrução "autêntica" da história, mas que todas envolvem adaptação e reinterpretação.

Por último, o museu não apresenta uma visão excessivamente romantizada da vida da classe trabalhadora. Há evidências de problemas de saúde e miséria no trabalho industrial. No entanto, a literatura sobre as fábricas também chama bastante a atenção para as opiniões de pesquisadores atuais, sugerindo que as condições nas comunidades rurais industriais, como Styal, eram melhores do que as das grandes cidades industriais, como as vizinhas Manchester e Salford. Assim, parece ter havido níveis mais baixos de agitação industrial, embora isso também possa estar relacionado com as formas de vigilância e controle disponíveis em cada local. Também foi sugerido pelo curador que os visitantes não voltariam se um relato excessivamente depressivo da vida na fábrica lhes fosse apresentado. No entanto, o Quarry Bank Mill não é um santuário da tecnologia industrial – na verdade, é provável que os visitantes considerem as máquinas têxteis barulhentas, perigosas e sujas.

Passamos agora a discutir como os *países* promovem o turismo histórico e, de forma mais ampla, como o turismo histórico e as viagens a santuários e edifícios nacionais são fundamentais para culturas, regiões e nações. Fazer parte de qualquer cultura quase sempre envolve viagens. A "viagem para desenvolver e manter a cultura" pode assumir diferentes formas: viajar para os locais sagrados da cultura; para os locais de textos escritos ou visuais centrais, onde os principais eventos ocorreram; para ver indivíduos particularmente notáveis ou seu registro documental; ou para ver outras culturas e reforçar seus próprios apegos culturais. Isso pode ser constatado no caso do Marco Zero, nos EUA. Logo após os atentados terroristas "espetaculares" de 11 de setembro, milhões de norte-americanos e pessoas de todo o mundo viajaram para Nova York em números *recordes* para contemplar o Marco Zero, mostrar solidariedade nacional e cosmopolita aos mortos e confirmar a realidade do colapso das Torres Gêmeas que todo mundo viu pela televisão. O Marco Zero se transformou em outra atração turística cheia de turistas fotografando e de souvenires (Lisle, 2004).

De fato, uma forma de as nações se apresentarem a si mesmas e aos outros é através do turismo nacional e internacional. Como diz Edensor:

> À medida que o turismo se torna o maior setor do mundo, as estratégias nacionais de turismo procuram competir nesse mercado global fazendo publicidade de seus encantos distintos; tentando criar um nicho incomparável que possa atrair as "hordas de ouro". Isso depende

da publicidade de paisagens e atrações genéricas e da promoção de locais e eventos simbólicos específicos. Parte desse imperativo para atrair turistas e recompensar sua escolha de destino com experiências inesquecíveis envolve a encenação da nação. (2002: 85)

O fundamental é a narrativa da nação sobre si mesma. As histórias nacionais narram eventos de um povo passando pela história, que geralmente começa nas brumas do tempo (Bhabha, 1990). Grande parte dessa história de suas tradições e seus ícones foi inventada. A Europa do final do século XIX foi um período de notável invenção dessa herança nacional. Na França, Joana d'Arc só foi resgatada da obscuridade pela Igreja Católica na década de 1870 (McCrone, 1998: 45-6). *A Marselhesa* tornou-se o hino nacional em 1879, o Dia da Bastilha foi inventado em 1880, ano em que o 14 de julho passou a ser celebrado como festa nacional. De forma mais geral, a ideia de "França" foi construída "por um processo semelhante à colonização através da comunicação (estradas, ferrovias e, sobretudo, pelos jornais), de modo que, no final do século XIX, a cultura popular e de elite se uniram" como resultado de diversas mobilidades (McCrone, 1998: 46). O fundamental nisso foi a produção em massa de monumentos públicos da nação, especialmente na Paris reconstruída, monumentos esses que foram visitados, vistos, comentados e compartilhados por meio de pinturas, fotografias, filmes e pelo turismo europeu.

Essa participação coletiva e o papel geral das viagens na consolidação da ideia de nação foram iniciados com a Grande Exposição de 1851 no Crystal Palace em Londres, o primeiro evento turístico nacional de todos os tempos. Embora a população britânica fosse de apenas 18 milhões de pessoas, foram realizadas 6 milhões de visitas à Exposição, muitas delas usando as novas ferrovias para ir à capital nacional pela primeira vez. Na segunda metade do século XIX, megaeventos semelhantes ocorreram por toda a Europa, e em alguns casos o comparecimento chegou a cerca de 30 milhões de pessoas (Roche, 2000). Na Austrália, uma Exposição Internacional do Centenário foi realizada em 1888, em Melbourne, e acredita-se que dois terços da população australiana compareceram (Spillman, 1997: 51). Os visitantes locais e estrangeiros confirmaram as conquistas e características da Austrália.

LUGARES, EDIFÍCIOS E DESIGN

De maneira mais geral, desde meados do século XIX, as viagens para ver os principais locais, textos, exposições, edifícios, paisagens, restaurantes e conquistas de uma sociedade desenvolveram o sentimento cultural de nacionalidade. Particularmente importante nisso foi a fundação de museus nacionais, o desenvolvimento de um patrimônio nacional, artistas, arquitetos, músicos, teatrólogos, romancistas, historiadores e arqueólogos (McCrone, 1998: 53-5; Kirshenblatt-Giblett, 1998; e ver capítulo 7). Recentemente surgiu uma arena pública global no qual todas as nações precisam aparecer, competir, mobilizar-se como espetáculo e atrair grandes quantidades de visitantes. Esse posicionamento ocorre através de megaeventos como as Olimpíadas, Copas do Mundo e Exposições (Harvey, 1996). A China na última década (Jogos Olímpicos de Pequim e Expo Xangai) e o Brasil (Copa do Mundo e Olimpíadas) na seguinte[50] são nações realizando eventos turísticos globais para se anunciar como novos integrantes do palco do mundo. Esses eventos internacionais, cujas premissas são o turismo de massa e o cosmopolitismo, significam que o patrimônio nacional é cada vez mais concebido em termos do posicionamento da nação nesse palco. É essa encenação que facilita as viagens para megaeventos da ordem global, especialmente as "Olimpíadas e as exposições no crescimento da cultura global" (Roche, 2000).

Mas esses ícones são continuamente discutidos. O poder das elites nacionais foi, por exemplo, fortemente contestado nos intensos debates sobre o bicentenário australiano de 1988 (Spillman, 1997: cap. 4). Houve forte oposição aborígene às celebrações da herança australiana. Eles chamaram o Dia da Austrália, que era um enorme evento turístico, de "Dia da Invasão".

Tem havido a proliferação de diversos agrupamentos nativos, muitas vezes localizados, que procuram salvar "sua história e herança singulares". Na Grã-Bretanha, Samuel documentou os novos legados democráticos, familiares, operários, feministas, consumistas e domésticos que várias associações salvaram, colocaram em exibição e atraíram visitantes para ver, tocar, ouvir e lembrar (1994; ver Macdonald,

---

50. O original do livro foi publicado em 2011, antes, portanto, da Copa do Mundo de 2014 e das Olimpíadas de 2016, no Rio de Janeiro. [N.T.]

1997, sobre o centro Aros da herança celta na Ilha de Skye). Como vimos anteriormente, as antigas comunidades galesas de mineração de carvão mostram a importância dos locais de experiência do patrimônio regional. Existem várias excursões de "legado alternativo" – como o circuito do Atlântico Negro, que visita locais vinculados ao comércio transatlântico de escravos. Portanto, o papel do legado e da história tornou-se muito importante. As questões de patrimônio fazem com que a "história" se torne central para a natureza de determinadas culturas e demonstram como o patrimônio não pode ser dissociado das várias "técnicas de recordação", muitas delas envolvendo locais turísticos, festivais, eventos e assim por diante (ver Arellano, 2004).

A área degradada de El Raval em Barcelona foi transformada, mas de uma maneira considerada um tanto prejudicial às pessoas que viviam há muito tempo na região. Há "paisagens sensoriais" profundamente contestadas, uma guerra significativa de paladar e lugar (Degen, 2008). Degen descreve mudanças nessa área de boemia e permissividade que funcionava em oposição à Barcelona burguesa. Ela descreve que, ao visitar El Raval na década de 1980, a pessoa evitava o contato visual prolongado com a maioria dos habitantes, que viviam à margem da sociedade: pobres, idosos, viciados em drogas e prostitutas. Respirando o ar viciado, a pessoa passeava por uma variedade de mercearias e oficinas administradas por famílias locais. El Raval evoluiu para uma série de vizinhanças cuja paisagem sensorial refletia decadência: era um lugar de perda, uma espécie de cidade do terceiro mundo que refletia, de maneira mais geral, como a Catalunha foi negligenciada durante o período de Franco (Degen, 2008: 139). Porém, com a democratização da Espanha em 1976, o restabelecimento de Barcelona como capital catalã em 1989 e sua nomeação em 1986 como cidade-sede para as Olimpíadas de 1992, isso tudo mudou. Degen discute a importância dos Jogos Olímpicos de 1992 na transformação e reinterpretação de Barcelona:

> Embora tenha havido muitos resultados heroicos, foi unânime a análise de que um dos principais vencedores das Olimpíadas foi a própria cidade de Barcelona: os Jogos não apenas irradiaram sua paisagem urbana metamorfoseada (que muitas vezes aparecia

como pano de fundo em eventos esportivos) para o olhar do mundo, como também reafirmaram seu orgulho e identidade catalães. Os Jogos Olímpicos de 1992 catapultaram Barcelona para o palco global e para o centro das redes de turismo urbano do mundo. Em menos de cinco anos, a cidade se transformou de uma metrópole industrial degradada para um dos locais turísticos mais desejados da Europa. (2004: 131)

NOVOS MUSEUS

Em grande parte dos lugares transformados em patrimônio histórico tem havido um aumento espetacular no número de museus. Isso faz parte do processo que passou a valorizar mais o passado que o presente e o futuro. E a atração dos museus cresce à medida que as pessoas ficam mais velhas – de modo que o envelhecimento da população mundial aumenta a quantidade e a variedade de museus.

Os museus abertos ao público foram desenvolvidos no início do século XIX, começando com o Louvre em Paris, o Prado em Madri e o Museu Antigo em Berlim. Especialmente desde que os *Guias Michelin* apareceram pela primeira vez, os museus têm sido fundamentais para a experiência turística, sobretudo para turistas com elevado "capital cultural". Horne descreve o turista contemporâneo como um peregrino moderno, carregando guias de turismo como se fossem textos de devoção (1984). O que importa, afirma ele, é o que se diz a respeito daquilo que as pessoas estão vendo. A fama do objeto transforma-se em seu significado. Existe, portanto, uma agenda cerimonial, na qual é estabelecido o que deve ser visto e até mesmo a ordem em que a contemplação tem de ocorrer. Os museus baseavam-se em uma percepção especial de aura. Horne resume a experiência típica do turista, em que o museu funciona como uma metáfora do poder do Estado, do aprendizado do acadêmico e da genialidade do artista:

> Espera-se que os turistas com pouco ou nenhum conhecimento de pintura prestem homenagem apenas à fama, ao custo e à autenticidade desses objetos sagrados e remotos em suas molduras. Como

"obras de arte" das quais os turistas devem manter distância, o valor das pinturas pode depender não de sua natureza, mas de sua escassez autenticada. Mantém-se, portanto, o abismo entre a "arte" e o próprio ambiente do turista. (1984: 16)

Assim, os museus têm se baseado na aura de artefatos históricos autênticos, sobretudo daqueles que são escassos em virtude da suposta genialidade de seu criador (Michelangelo) ou de sua cultura (os gregos).

No entanto, argumentamos que a forma como as pessoas contemplam dentro dos museus mudou significativamente. A sensação de aura tem sido prejudicada pelo museu pós-moderno, que envolve diferentes modos de visão e uso. Em primeiro lugar, houve uma clara ampliação da quantidade de objetos considerados dignos de preservação. Como visto na seção anterior, há uma nova concepção da história, com um declínio na força de determinada história nacional incontestável, exemplificada pelos museus nacionais. Em seu lugar, muitas histórias alternativas ou vernaculares se desenvolveram – sociais, econômicas, populistas, feministas, étnicas, industriais e assim por diante. Existe uma pluralização e, de fato, uma transformação da história em algo contemporâneo. A Autoridade Turística Britânica calculou que, mesmo na década de 1980, havia mais de 12 mil locais do tipo museu na Grã-Bretanha. Os museus se preocupam com as representações da história e tem havido um aumento razoável no leque de histórias consideradas dignas de serem representadas. Já chamamos a atenção para alguns desses museus, sobretudo os rurais e industriais. É quase como se, quanto pior a experiência histórica anterior, mais autêntica e fascinante a atração resultante. Os visitantes não estão mais interessados apenas em ver bons trabalhos de arte ou artefatos de períodos históricos muito distantes. As pessoas parecem atraídas por representações do comum, de casas modestas e formas mundanas de trabalho. Soprar vidro, operar máquinas, trabalhar em oficinas, fazer velas, tecer algodão, fazer sal, produzir sapatos de forma artesanal, fabricar produtos químicos, tirar férias, tecer rendas, realizar tarefas domésticas, minerar carvão etc., são atos que valem a pena representar e observar em museus contemporâneos. Há um fascínio pelo mundano e popular e uma tendência a tratar com interesse quase igual todos os tipos de objetos, seja a Mona Lisa, seja a velha fôrma de fazer bolos de uma trabalhadora da indústria têxtil de Lancashire. Pode-se resumir essa mudança como sendo "da aura para a nostalgia", refletindo o antielitismo do pós--modernismo (Edgar, 1987). Além disso, todo tipo de material agora é preservado nos museus, incluindo imagens em movimento, rádio, televisão, fotografias, cinema, ambientação e até mesmo os cenários de novelas de TV (Lumley, 1988).

Houve também uma mudança acentuada na natureza dos próprios museus. Não se espera mais que os visitantes fiquem parados admirando as exposições. Mais ênfase está sendo colocada na própria participação dos visitantes. Os museus vivos substituem os museus mortos, os museus ao ar livre substituem os museus cobertos, o som substitui o silêncio abafado, os visitantes não são separados dos objetos expostos por vidros e há uma multimidiatização da exposição. No geral, os museus e as várias mídias são cada vez mais de-diferenciados. A publicidade do que foi chamado de museu Tyne & Wear expressou essa tendência à participação:

> No nosso museu a ênfase está na ação, participação e diversão. Chega das intermináveis vitrines de proteção de vidro antiquadas que você examinava em silêncio abafado. Entram os *displays* projetados profissionalmente, modelos para brincar, configurações de salas em período integral para visitar e efeitos sonoros para completar o quadro. (citado em White, 1987: 10)

Outro exemplo é o museu The Farmers em Cooperstown, Nova York. Essa vila antiga reconstruída apresenta a vida de uma comunidade agrícola simples. Aqui,

> [...] em vez de se esperar que absorvam diligentemente fatos e números, os visitantes são convidados a se envolver no que seria uma rotina diária típica da época. [...] Cada pessoa se torna um ator em um drama encenado e participa ativamente, com todos os seus sentidos envolvidos, em uma simulação de eventos históricos. (Klingmann, 2007: 40)

Outro exemplo é o Museu do Navio *Viking* em Roskilde, na Dinamarca, que é uma atração com três estrelas no Michelin (a mais alta possível). Enquanto os navios são exibidos em um espaço arquitetônico moderno e emblemático, caracterizado pela simplicidade, ordem espacial e leveza, um espaço adjacente proporciona vistas espetaculares e participativas. Réplicas recém-construídas de navios *viking* totalmente equipados convidam os turistas a embarcar com roupas da época. Embora destinados a crianças e casais jovens, com os objetos parecendo cópias de segunda categoria, muitos adultos passam bastante tempo e tiram muitas fotos nessa experiência *viking*. Quase todo mundo inspeciona o mastro e as velas, se senta e anda em torno dos botes, segura os objetos nas mãos e brinca com as várias armas. Muitos adultos se vestem com trajes *vikings* (Bærenholdt e Haldrup, 2004; Larsen, 2004b).

Os museus também estão se tornando mais conscientes dos diversos públicos e de como melhorar as variadas experiências de visita. Há um reconhecimento de que os visitantes virão de diferentes grupos étnicos/nacionais e a equipe do museu deve se preocupar com as várias formas de interagir com os objetos expostos e as histórias diferentes que apresentam (Hooper-Greenhill, 1988: 228-30; Bærenholdt e Haldrup, 2004).

As exposições são também menos auráticas. Agora é comum que seja revelado como um objeto específico foi preparado para exibição e, em alguns casos, como foi feito para parecer autêntico. Em vários museus, atores desempenham papéis históricos e interagem com os visitantes, participando de esquetes históricos. No Beamish, as pessoas desempenham papéis nas diferentes lojas, enquanto no Wigan Pier os visitantes são incentivados a participar de uma aula simulada na escola. Em outros lugares, ex-mineradores descrevem o trabalho nas minas para os visitantes e pessoas operam máquinas que na verdade não produzem nada, mas que demonstram o mecanismo, "o funcionamento da indústria" (White, 1987: 11). Lumley resume essas mudanças argumentando que elas envolvem substituir a noção de que o museu é uma coleção para uso acadêmico pela ideia de que é um meio de comunicação (1988: 15). Há uma alteração de "legislador" para "intérprete", como expressa Bauman (1987). E isso se aplica até mesmo aos deficientes visuais. O museu ainda é um lugar para ver e

LUGARES, EDIFÍCIOS E DESIGN

lembrar visualmente, mas ainda assim os deficientes visuais esperam encontrar maneiras não visuais de visitar os museus, especialmente usando o sentido do tato para tocar os objetos (Hetherington, 2000a).

Além disso, há uma mudança entre o que é considerado museu e outras instituições sociais. Algumas instituições tornaram-se mais parecidas com museus. As lojas, por exemplo, podem ter agora uma aparência de museu, exibindo de forma elaborada mercadorias de alta qualidade, com as pessoas sendo atraídas para passear e contemplar. Um exemplo é a loja Epicenter da Prada em Nova York, projetada pelo arquiteto alçado a celebridade Rem Koolhaas (ver Klingmann, 2007: 126-7). Em lugares como o Albert Dock em Liverpool, que contém a Tate Gallery of the North, um museu marítimo e muitas lojas elegantes, é difícil ver exatamente o que é característico das lojas em si, pois as pessoas parecem considerar seu conteúdo como peças em exposição. Stephen Bayley, do London Design Museum, observou:

> [...] o antigo museu do século XIX era um pouco como uma loja [...], um lugar onde você vai e olha para valores e ideias, e eu acho que as compras estão realmente se tornando uma das grandes experiências culturais do final do século XX [...]. As duas coisas estão se fundindo. Assim, você tem museus se tornando mais comerciais, lojas se tornando mais inteligentes e mais culturais. (citado em Hewison, 1987: 139)

Os museus passaram a se assemelhar a negócios comerciais em que os visitantes tratam suas experiências como "uma questão de consumo – algo parecido com compras e turismo" (Macdonald, 1995: 25). Em decorrência disso, "o ar corporativo das ruas comerciais está se difundindo pelo mundo dos museus [...] As embalagens criam uma identidade de marca [...]. Comprar não é apenas adquirir algo, mas viver toda uma experiência, incluindo o ambiente da loja, o estilo da equipe de vendedores" (Pemberton, citado em Lumley, 1988: 20). Isso traz dificuldades para a equipe do museu, que tenta mostrá-lo como algo diferente de uma empresa. O crescimento de parques temáticos, shopping centers e centros históricos tem forçado os museus a competir e a se tornar mais voltados para o mercado, com loja e café, mas também montando exposições espetaculares, como no Museu Canadense da Civilização. Centros históricos como o Jorvik Viking Centre em York ou a Rota dos Peregrinos em Canterbury, ambos no Reino Unido, competem com os museus existentes e desafiam as noções de autenticidade. Nesses centros, há uma curiosa mistura de museu e teatro. Tudo é feito para ser autêntico, até os cheiros, mas nada realmente data da época, como também descreveu Macdonald a respeito de Aros, um centro histórico celta na Ilha de Skye (1997).

Parte desse processo em evolução envolve o surgimento das marcas de museus. Várias décadas depois que o museu Solomon R. Guggenheim (projetado por Frank Lloyd Wright) foi fundado em 1937 em Nova York, o Guggenheim tornou-se a principal marca global de museus, com espetaculares filiais em Veneza, Nova York, Berlim, Bilbao e Abu Dhabi (previsto para 2011, mas ainda em construção; Ostling, 2007). Os dois últimos foram projetados pelo arquiteto celebridade Frank Gehry, que por si só é uma marca global. Seu extravagante Museu Guggenheim desempenhou um papel crucial na recriação de Bilbao (Ockman, 2004; Klingmann, 2007; Ostling, 2007). O arquiteto e crítico Giovannini destaca a importância do Guggenheim Bilbao:

> A história de Bilbao, na Espanha, remonta aos tempos medievais, mas só depois do Museu Guggenheim de Frank Gehry, com sua fachada de painéis de titânio, é que o porto basco no Atlântico ficou internacionalmente famoso. A fama, porém, não foi apenas um subproduto acidental de um design surpreendentemente original, mas o resultado de uma ação consciente por parte dos administradores da cidade para reposicionar Bilbao no cenário mundial. A cidade do cinturão da ferrugem, a Pittsburgh da Espanha, precisava de uma imagem de cartão-postal comparável à Torre Eiffel e à Ópera de Sydney para simbolizar seu surgimento como um ator no tabuleiro de xadrez de uma Europa unida e de uma economia globalizada. Ela precisava de um monumento. Um edifício e 110 milhões de dólares depois, Bilbao é agora uma concorrente à cidade de classe mundial, e muitas das cidades de segundo e terceiro níveis do mundo entraram em contato com o escritório do Sr. Gehry esperando uma transformação comparável, do tipo Cinderela. (citado em Klingmann, 2007: 238)

O Museu Guggenheim de Bilbao foi um sucesso instantâneo. Em seu primeiro ano de abertura, 1,3 milhão de visitantes pagaram pelos custos de construção e a cidade foi impulsionada pelo crescimento econômico e por uma nova visibilidade social (Ostling, 2007).

Assim, a soberania dos consumidores e as tendências do gosto popular estão transformando o papel social do museu. Ele vem deixando de representar uma alta cultura homogênea, da qual a maioria da população é excluída. Nas décadas de 1980 e 1990, os museus ficaram mais acessíveis, sobretudo para a classe média e trabalhadores do setor de serviços (Merriman, 1989). Na Grã-Bretanha, Liverpool é interessante na forma como capitalizou sua herança cultural popular específica e sua designação como uma das Cidades Europeias da Cultura[51]. Liverpool era o lar dos Beatles e anuncia sua marca como "Beatleland" (seu aeroporto é o Liverpool John Lennon Airport). Um destaque em seu perfil turístico é o passeio diário Beatles Magical History Tour ["Passeio da história mágica dos Beatles", em tradução livre]. A visita a museus, antes associada à alta cultura, agora permite a aquisição de capital cultural por pessoas que "leem" e desfrutam de muitos tipos diferentes de museus.

CONCLUSÃO

Edifícios, tematizações e patrimônios diversos são, portanto, essenciais para o olhar do turista. Ressaltamos que muitos pontos turísticos e resorts são projetados como temáticos, com espaços que estimulam principalmente o sentido da visão. Esses espaços temáticos podem ser contrastados analiticamente com o que Edensor chama de espaço turístico "heterogêneo", onde turistas (especialmente mochileiros) e moradores compartilham os mesmos espaços, ficam em contato

---

51. O projeto Capitais Europeias da Cultura, inicialmente nomeado Cidade Europeia da Cultura, foi criado em 1985 por Melina Mercouri, então ministra da cultura da Grécia. Atualmente, o programa é conduzido pela União Europeia. Todo ano, duas cidades selecionadas beneficiam-se de verbas destinadas a financiar ações e eventos de promoção de seu patrimônio cultural. Liverpool foi Capital Europeia da Cultura em 2008. Disponível em: https://ec.europa.eu/programmes/creative-europe/actions/capitals-culture_en. Acesso em: 17 set. 2020. [N.E.]

próximo e a paisagem sensorial é mais multissensorial e imprevisível (1998). E, no entanto, mesmo nesses locais turísticos heterogêneos, a tematização e o nacionalismo banal costumam prevalecer.

Neste capítulo, afastamos os estudos turísticos de seu foco nos turistas, centrando-os nas redes e nos discursos que possibilitam ou constroem vários lugares, especialmente como temáticos ou como patrimônio histórico. Os lugares são, assim, (re)produzidos via performances possibilitadas por relacionamentos em rede entre organizações, máquinas e, especialmente, edifícios. Os lugares estão no centro de tais processos turísticos e, em parte, consistem em edifícios previstos, projetados e lembrados.

Trataremos ainda mais de lugares e edifícios no próximo capítulo, analisando a importância de fotografar edificações que representam o local. De fato, muitos desses edifícios históricos contemporâneos e reformados são projetados para serem captados fotograficamente e para que os olhares fotográficos circulem globalmente na mídia convencional, nas novas mídias e na web 2.0.

LUGARES, EDIFÍCIOS E DESIGN

7. VISÃO E FOTOGRAFIA

INTRODUÇÃO

Argumentamos que a visão é essencial para a experiência turística. No entanto, não há nada de inevitável ou natural nesse poder organizador da visão. Na verdade, houve uma luta secular para que a visualidade se libertasse de outros sentidos com os quais havia sido envolvida. Aqui começamos examinando a história da visualidade e o significado da ideia de ver e, por sua vez, ser visto, e como a visão tornou-se o sentido dominante nas sociedades modernas. Damos especial atenção à profusão de novas tecnologias visuais e espaços urbanos.

Em segundo lugar, ligamos a visão e o olhar do turista à fotografia, a tecnologia mais importante para desenvolvê-lo e ampliá-lo. Osborne descreve: "a inseparabilidade definitiva do meio [da fotografia] da cultura e economia gerais do turismo e das variedades das culturas modernas das quais são constitutivas" (2000: 70). Mostramos como o olhar do turista está inseparavelmente ligado ao desenvolvimento e à popularização de câmeras e fotografias. O olhar é construído discursiva e materialmente através de imagens e performances de fotografia e vice-versa. Analisamos *momentos* significativos na fotografia de turismo e mostramos como as fotografias aprimoram, emolduram e substituem as viagens físicas de maneiras complexas e contingentes, especialmente porque a fotografia é central para o encontro turístico do outro. Os turistas, como observou Sontag, sentem-se obrigados a colocar a câmera entre eles e o que é notável no encontro (1979).

Com base em pesquisas, mostramos como a fotografia ativa tanto a mobilidade imaginativa quanto a viagem rememorativa, enquadra os olhares dos turistas e a manipulação de suas câmeras. As fotografias são mais do que representações, e enquanto as *imagens* fotográficas são captadas com o momento, os *objetos* fotográficos têm duração no tempo e no espaço. São objetos performativos gerando sensações afetivas. As fotografias são blocos de espaço-tempo que têm efeitos que vão além das pessoas, dos lugares ou dos eventos aos quais se referem.

Examinamos a performatividade, ou ações, das fotografias, a forma como elas organizam os olhares, constroem e mobilizam os lugares que os turistas consomem e recordam. Precisamos considerar que as fotografias são corpóreas, viajam, envelhecem e causam afetos, em vez de serem etéreas, atemporais, fixas e passivas. E enfatizamos que essas fotografias não são objetivas ou inocentes, mas produzidas dentro de relações de poder assimétricas e da necessidade de "situar politicamente a representação do turismo, examinar o que incluem e excluem, e expor a quais interesses servem" (Mellinger, 1994: 776). Tanto as organizações de turismo quanto os turistas investem muita energia em fotografias. Mostramos como as primeiras usam e distribuem fotografias de modo a invocar a antecipação e construir o olhar dos turistas. Já os turistas tiram fotos com o intuito de produzir recordações tangíveis que possam ser apreciadas e consumidas muito tempo depois da viagem. Através de fotografias, os turistas se esforçam para fazer com que os olhares fugazes durem mais.

Por fim, nos voltamos para a maneira como a digitalização da fotografia transformou algumas dessas relações. Muitas imagens fotográficas pessoais são agora destinadas a ter vidas virtuais e digitais sem substância material, em câmeras, computadores e na internet. E-mails, blogs e sites de redes sociais deslocam as memórias fotográficas de seu lar físico fixo e do objeto, distribuindo-as para *desktops*, pastas, impressoras, papel fotográfico, molduras – ou latas de lixo. Muitas dessas fotografias possuem biografias complexas à medida que se materializam, desmaterializam e rematerializam, assumindo e retomando várias formas e habitando diferentes materialidades enquanto viajam a uma velocidade espantosa e são usadas como elementos de múltiplas narrativas e práticas.

HISTÓRIA DA VISUALIDADE

A própria ideia de um olhar turístico decorre de discussões no pensamento intelectual, governamental e religioso ao longo dos últimos séculos. Febvre argumenta que na Europa do século XVI, "assim como sua audição aguçada e forte sentido de olfato, os homens daquela época sem dúvida tinham uma visão afiada. Mas era apenas isso. Eles ainda não a tinham separado dos outros sentidos" (1982: 437; Cooper, 1997). Em consequência, dizia-se que as pessoas viviam em um mundo fluido em que as entidades mudavam rapidamente de forma e tamanho, as fronteiras se alteravam com rapidez e havia pouca estabilização sistemática dos mundos social ou físico. A "interação" descreve as formas de percepção fluidas e mutáveis que caracterizavam a vida do século XVI (Cooper, 1997).

Entre aquela época e 1800, houve muitas mudanças. A observação visual, e não o conhecimento *a priori* da cosmologia medieval, passou a ser considerada a base da legitimidade científica. Ela se tornou o próprio fundamento do método científico ocidental, baseado em dados sensoriais produzidos e garantidos, principalmente, pela visão. Foucault mostra no livro *As palavras e as coisas* como a história natural envolve a estrutura observável do mundo visível e não funções e relações invisíveis aos sentidos (1970). Várias ciências da "natureza visível" desenvolveram-se e foram organizadas em torno de taxonomias visuais, especialmente a de Lineu (Gregory, 1994: 20). Tais classificações foram baseadas na episteme moderna do sujeito individual, no olho que vê e nas observações, distinções e classificações que o olho é capaz de fazer (Foucault, 1970).

Em consequência, os tratados de viagens sofreram mudanças. A ênfase escolástica na viagem como oportunidade de criar um discurso a ser ouvido foi substituída pela viagem como observação de uma *testemunha ocular*. E, com o desenvolvimento de expedições científicas (a primeira registrada em 1735: Pratt, 1992: 1), os viajantes não podiam mais esperar que suas observações se tornassem parte da própria ciência. A viagem passou a ser justificada não através da ciência, mas através da ideia de conhecimento – "o olho bem treinado" (Adler, 1989: 22). Um conhecimento de edifícios, obras de arte e paisagens que se desenvolveu especialmente no final do século XIX com o crescimento do chamado turismo cênico na Grã-Bretanha e, em seguida, na Europa. "O turismo tornou-se simultaneamente uma atividade passional mais efusiva e mais privada" (Adler, 1989: 22). Tal conhecimento passou a envolver novas formas de ver: "um [olhar] prolongado e contemplativo em relação ao campo de visão com certo desinteresse e indiferença, durante um intervalo tranquilo" (Bryson, 1983: 94; Taylor, 1994: 13).

Ao longo do século XVIII, desenvolveu-se um sentido de visão mais especializado, baseado na *camera obscura*, no espelho de Claude, no uso de guias turísticos, no amplo conhecimento das rotas, na arte do desenho e na disponibilidade de cadernos de esboços, plataformas de observação e assim por diante (Ousby, 1990). Essa mudança pode ser vista no caso da Suécia, entre as expedições científicas de Lineu na década de 1730 para coletar flores e minerais e as viagens de Linnerhielm na década de 1780 para coletar observações e humores. Este último expressa a mudança na natureza da viagem: "Viajo para ver, não para estudar" (Löfgren, 1999: 17; também Pratt, 1992).

O espelho de Claude foi importante nessa mudança. Recebendo o nome em homenagem ao pintor pitoresco Claude Lorraine, eram espelhos convexos leves e móveis que cabiam em um bolso (masculino) e que rapidamente se tornaram equipamento padrão entre os turistas europeus anteriores à fotografia (Andrews, 1989; Ousby, 1990: 155; Löfgren, 1999: 18). A pessoa que pretendia contemplar um objeto ficava de costas para a cena e a consumia por um pequeno espelho no qual a paisagem refletida era aparada e recomposta de acordo com o movimento do olho. Um turista explicou: "Quando os objetos eram grandes ou próximos, o espelho os removia para uma distância adequada e os mostrava nas cores suaves da natureza e na perspectiva mais regular que o olho consegue perceber, que a arte ensina ou que a ciência demonstra" (citado em Ousby, 1990: 155). Outro afirmou: "meu espelho convexo trouxe todas as cenas para dentro do espaço abrangido por um quadro" (citado em Batchen, 1999: 73). A natureza foi domada, colocada em perspectiva pelo olho humano, como um quadro de paisagem, uma visão única da ordem.

Efeitos especiais de luz *à la* Lorraine também foram criados pelo uso de filtros. Esses óculos aperfeiçoavam a natureza. Mesmo antes da invenção e popularização das câmeras, a visão era mediada por tecnologias híbridas e protéticas. Para perceber o cenário pitoresco desejado – isto é, "semelhante a um quadro" – que o olho nu se esforçava para formar e possuir, esses turistas anteriores à fotografia empregavam a câmera escura e, principalmente, o espelho de Claude (Andrews, 1989; Ousby, 1990).

O sentido da visão permite que as pessoas se apossem de objetos e ambientes, geralmente à distância (como argumenta Simmel; Frisby e Featherstone, 1997: 116). Isso facilita que o mundo do outro seja controlado de longe, combinando desapego e domínio. É buscando a distância que se obtém uma "visão" apropriada, abstraída da agitação da experiência cotidiana (ver relato de Pratt sobre os "olhos imperiais": 1992). Como mostra Gregory, uma poderosa posição de visualização que era, ao mesmo tempo, de imersão e distanciamento, permitiu que os turistas contemplassem o Egito como se estivessem dentro das *Mil e uma noites*. Um turista escreveu:

> vista à distância, essa metrópole pode realmente corroborar [...] as imagens encantadoras esboçadas com verdadeiro calor oriental no livro das *Mil e uma noites* [...], [essa] fantasia pode ser capturada por uma visão distante da cidade; uma maior aproximação causa o efeito reverso. Ao entrar na cidade, o feitiço se dissolve. (citado em Gregory, 2001: 9)

O Egito teatral previsto foi produzido por turistas que procuravam posições elevadas e horizontes amplos, especialmente navegando pelo Nilo em uma *dahabeeyah* (uma grande casa flutuante de luxo com velas).

Já as áreas de natureza selvagem e árida, que antes eram fontes de terror e medo sublimes, foram transformadas no que Raymond Williams chama de "cenário, paisagem, imagem, ar fresco", lugares aguardando à distância o consumo visual de quem as visita vindo de vilas e cidades cheias de "fábricas satânicas e escuras" (1972: 160; Macnaghten e Urry, 1998: 114-15). Mesmo antes do final do século XVIII, as montanhas dos Alpes, que eram consideradas imensamente inóspitas, feias e aterrorizantes, tornaram-se "civilizadas". Ring sustentava que "não eram simplesmente os Alpes. As montanhas são um fenômeno visual, cultural, geológico e natural único, que estão indissoluvelmente ligadas à história europeia" (2000: 9). O turismo pitoresco foi fundamental na transformação dos Alpes e das paisagens montanhosas de todo o mundo em locais visualmente atraentes. Löfgren escreve a respeito de como os turistas na Noruega falavam de "paisagens lembrando a Suíça" e os resorts nas montanhas norte-americanas competiam para se tornar a "Suíça dos EUA" (1999: 34). Larsen descreve como Bornholm passou a ser associado aos Alpes como a "Suíça da Dinamarca" (2006b). Também no final do século XVIII, a "natureza tropical" foi romantizada por viajantes que começaram a ver o cenário como se fosse uma "pintura" (Sheller, 2003).

Ao longo do século seguinte, todo tipo de natureza passou a ser visto como cenário, vista e sensação perceptiva, em parte por causa dos românticos: "A natureza tem muito a ver com lazer e prazer – turismo, entretenimento espetacular, frescor visual" (Green, 1990: 6, sobre a França de meados do século XIX). Em 1844, Wordsworth notou que o desenvolvimento da ideia de paisagem tinha surgido recentemente; ele, de fato, promoveu os Alpes e o Lake District como paisagens atraentes. Ele observa que anteriormente os celeiros e anexos dos edifícios costumavam ser colocados na frente das casas, "por mais bela que fosse a paisagem que pudesse ser vista pelas janelas" (Wordsworth, 1984: 188). Em meados do século XIX, as casas estavam sendo construídas com relação às "paisagens", como se fossem uma espécie de "câmera" (Abercrombie e Longhurst, 1998: 79).

Larsen mostra como os hotéis em Bornholm também foram construídos "como câmeras" (2006b). Eles proporcionavam uma vista bem emoldurada dos quartos e grandes visões panorâmicas a partir de sacadas e varandas elevadas. Sentados com segurança e conforto na poltrona do hotel, os visitantes ficavam diante de uma pintura da natureza. Áreas de pedreiras foram protegidas por cercas para não estragarem a vista. O escritor dinamarquês Drachmann descreve a *espetacularização* das vilas de pescadores:

> No meio dessa fantasia suíça, ainda era possível ver as cabanas dos pescadores [...]. As casas de campo ficavam no alto, voltadas para elas. As cabanas precisavam estar lá embaixo ou não seria uma vila de pescadores e a imagem perderia seus adornos. As casas de campo não sentiriam falta das cabanas, do barco de vela vermelha, dos chiqueiros ou das dezenas de crianças seminuas, mas seriam menos grandiosas sem eles. A cultura penetrou com sucesso. Mas

os habitantes originais não deveriam desaparecer completamente. Eles eram necessários como garantia de que realmente se vivia à beira-mar. (1881: 62, nossa tradução)

Foram erguidos bancos e mirantes, trilhas para caminhadas e calçadões, oferecendo vistas permanentes quando em descanso e muitas vistas em movimento lento durante caminhadas de lazer. Assim, o que começou como uma geografia imaginativa da visão, da escrita e da fantasia, acabou reconstruindo e integrando a composição material de muitos lugares (Larsen, 2006b). Portanto, a linguagem das vistas prescreveu uma estrutura visual específica para a experiência da natureza (Green, 1990: 88).

A construção de embarcadouros, calçadões e praias domesticadas permitiu o consumo visual do mar selvagem, indomável e "natural" (Corbin, 1992). Contemplar a vista não significa olhar passivamente ou a partir de qualquer lugar. Paisagens e cidades raramente agradam o suficiente por si sós; precisam ser colocadas em ordem visual e espacial, como uma imagem emoldurada e distanciada.

Mas há outro aspecto do século XIX. Diz respeito ao surgimento de modos relativamente novos de percepção visual, que se tornaram parte da experiência moderna de visitar centros urbanos em expansão, sobretudo as grandes capitais recentes. Essa nova experiência visual foi caracterizada por Berman, que vê a reconstrução de Paris durante o Segundo Império, em meados do século XIX, como construção das condições para a experiência moderna por excelência (1983: seção 3). Trata-se de um dos mais celebrados dos olhares turísticos.

Fundamentalmente importante é a reconstrução do espaço urbano que permite novas maneiras de ver e de ser visto. Isso foi engendrado pela enorme reconstrução de Paris por Haussmann, que lançou uma vasta rede de novas avenidas no coração da antiga cidade medieval. A reconstrução de Paris deslocou 350 mil pessoas; em 1870, um quinto das ruas do centro de Paris era criação de Haussmann e, no auge da reconstrução, um em cada cinco trabalhadores na capital estava empregado na construção (Clark, 1984: 37).

Os *boulevards* eram centrais para essa reconstrução planejada – eram como artérias em um imenso sistema circulatório e foram concebidos, em parte, para facilitar a rápida movimentação de tropas. No entanto, também reestruturaram o que podia ser visto ou contemplado. O plano de Haussmann envolveu a construção de mercados, pontes, parques, a Ópera e outros palácios culturais, muitos deles localizados nas extremidades dos vários *boulevards*. Esses *boulevards* passaram a estruturar o olhar, primeiramente dos parisienses e mais tarde dos visitantes. Pela primeira vez em uma grande cidade, as pessoas podiam ver bem à distância e, de fato, para onde estavam indo e de onde vieram. Grandes vistas panorâmicas foram projetadas para que cada caminhada levasse a um clímax dramático. Como diz Berman:

> Todas essas qualidades ajudaram a fazer de Paris um espetáculo atraente, um banquete visual e sensorial [...]; após séculos de vida como um aglomerado de células isoladas, Paris estava se tornando um espaço físico e humano unificado. (1983: 151)

Algumas dessas vistas espetaculares tornaram-se símbolos da entidade Paris (ao contrário dos distritos individuais).

Esses *boulevards* reuniram um grande número de pessoas de maneiras relativamente novas. O nível da rua estava alinhado com muitos pequenos negócios, lojas e, principalmente, cafés. Estes passaram a ser conhecidos em todo o mundo como signos de *la vie parisienne*, sobretudo à medida que gerações de pintores, escritores e fotógrafos passaram a representar os padrões de vida ao redor deles, começando com os impressionistas na década de 1800 (ver Berman, 1983: 151; Clark, 1984). Os amantes envolvidos pelo extraordinário movimento da Paris moderna nas décadas de 1860 e 1870 podiam vivenciar intensamente seu afeto emocional. O tráfego de pessoas e cavalos transformou a experiência social nesse ambiente urbano moderno. A vida urbana era rica e cheia de possibilidades e, ao mesmo tempo, perigosa e assustadora.

Gozar de intimidade em meio a semelhante caos e perigo criava o cenário romântico perfeito dos tempos modernos, e milhões de visitantes têm tentado vivenciar novamente essa qualidade única entre as avenidas e os cafés de Paris. Essa experiência romântica podia ser sentida de maneira especialmente intensa diante dos infindáveis desfiles de estrangeiros subindo e descendo pelos *boulevards* – era para esses estrangeiros que se dirigia o olhar e eles, por sua vez, olhavam de volta. Portanto, parte do olhar na nova e moderna cidade de Paris vinha da multidão de transeuntes, que, ao mesmo tempo, realçavam a visão que os amantes tinham de si mesmos e proporcionavam uma fonte inesgotável de curiosidade e fascínio.

A reconstrução de Paris, empreendida por Haussmann, também significou que grande parte da classe trabalhadora foi forçada a sair do centro da cidade, principalmente por causa dos aluguéis excepcionalmente altos cobrados nos luxuosos blocos de apartamentos que se alinhavam ao longo dos novos *boulevards*. A reconstrução levou, portanto, à segregação residencial e ao afastamento dos piores sinais de privação dos olhares dos parisienses mais ricos e, principalmente, dos visitantes.

Além disso, Paris era considerada a cidade do vício, da vulgaridade e da exibição – de ostentação e não luxo, enfeites baratos e não moda, consumo e não comércio (ver Clark, 1984: 46-7). Era a cidade do *flâneur* ou daquele que vagabundeava. O anonimato da multidão proporcionava um refúgio para os que, situados às margens da sociedade, conseguiam passar despercebidos, observando e sendo observados, mas sem interagir com aqueles a quem encontravam. O *flâneur* era o herói moderno, capaz de viajar, chegar, olhar, seguir, ser anônimo, estar em uma zona liminar (ver Benjamin, 1973; Wolff, 1985; Tester, 1994). O *flâneur* era invariavelmente do sexo masculino e isso tornava invisíveis as diferentes maneiras pelas quais as mulheres eram mais confinadas à esfera doméstica e, ao mesmo tempo, começavam a colonizar outras esferas públicas que surgiam em meados e no final do século XIX, especialmente as lojas de departamentos (ver Wolff, 1985, 1993). O *flâneur* que passeava foi um precursor do turista do século XX e da atividade de fotografar – de ser visto e registrado e de ver os outros e registrá-los. Susan Sontag estabelece explicitamente a ligação entre o *flâneur* e a fotografia, a qual:

> afirma-se inicialmente como uma extensão do olho do *flâneur* de classe média [...]. O fotógrafo é uma versão armada do caminhante solitário que reconhece, persegue, cruza o inferno urbano, o caminhante voyeurístico que descobre a cidade como uma paisagem de

extremos voluptuosos. Adepto dos prazeres de observar, conhecedor da empatia, o *flâneur* acha o mundo "pitoresco". (1979: 55)

Enquanto o *flâneur* da classe média era atraído pelos cantos escuros da cidade, o fotógrafo do século XX é atraído por todos os lugares, por cada objeto, evento e pessoa possível. Ao mesmo tempo, o fotógrafo também é observado e fotografado. As pessoas veem e são vistas.

A sensação visual de posse desenvolveu-se na Europa ocidental durante o século XIX e, mais tarde, nos espaços urbanos norte-americanos. O desenvolvimento do arranha-céu em Chicago, na década de 1880, levou a uma maior segregação dos sentidos; sua janela panorâmica permitia que as pessoas lá dentro olhassem para a multidão, mas isoladas de seus odores e possível toque. Cada vez mais a visão foi se separando do tato, do olfato e da audição. Novas tecnologias do olhar começaram a ser produzidas e colocadas em circulação, incluindo cartões-postais, guias de viagem, fotografias, mercadorias, galerias, cafés, dioramas, espelhos, janelas de vidro laminado, bem como locais de encarceramento com base no "império desimpedido do olhar" (Foucault, 1976: 39; Urry, 1992).

Enquanto o *flâneur* é uma figura central da modernidade, também o são o passageiro do trem, o motorista do carro e o passageiro do avião. A chegada deles muda a natureza da visão. As maneiras "estáticas" do olhar do turista, como de uma varanda, concentram-se nas formas bidimensionais, nas cores e nos detalhes apresentados diante de alguém e que podem se mover com os olhos dessa pessoa (Pratt, 1992: 222). Tal olhar estático é paradigmaticamente captado através da câmera imóvel. Por outro lado, com o que Schivelbusch chama de "mobilidade da visão", há um panorama que passa rapidamente, uma sensação de pressa multidimensional e as interconexões fluidas de lugares, pessoas e possibilidades (1986: 66; semelhantes à avalanche de imagens encontradas na televisão e no cinema). Existem vários *olhares turísticos*: a captura de pontos turísticos na passagem de um vagão de trem, pelo para-brisa do carro, pela vigia de um barco a vapor ou pelo visor da câmera de vídeo (Larsen, 2001). Como argumenta Schivelbusch: "o viajante vê [...] através do aparato que o move pelo mundo. A máquina e o movimento que ela cria ficam integrados à sua

VISÃO E FOTOGRAFIA

percepção visual; assim, ele só pode ver coisas em movimento" (citado em Osborne, 2000: 168).

A evolução da ferrovia no século XIX foi importante no desenvolvimento desse olhar mais afeito à observação do movimento. Do vagão de trem, a paisagem é vista como uma série de panoramas emoldurados que passam rapidamente, uma "percepção panorâmica", ao invés de algo para se absorver com calma, esboçar, pintar ou captar de alguma forma (Schivelbusch, 1986). Nietzsche observou como "todo mundo é parecido com o viajante que conhece uma terra e seu povo a partir de um vagão de trem" (citado em Thrift, 1996: 286). A ferrovia teve consequências específicas no início do desenvolvimento do turismo dentro das fronteiras norte-americanas. Os viajantes observavam como a ferrovia aniquilava o espaço através de sua velocidade excepcional, que não era plenamente apreciada por causa do conforto do trem. A jornada ferroviária produzia uma enorme sensação de vastidão, escala, tamanho e domínio da paisagem pela qual o trem passava (Retzinger, 1998: 221-4). Um contemporâneo declarou, em 1888, que a viagem na ferrovia era como "um avião que atravessa a floresta para o oceano" (Löfgren, 1999: 3).

Da mesma forma, a vista pelo para-brisa do carro teve consequências significativas para a natureza do olhar visual, permitindo que a *materialidade* da cidade ou da paisagem fosse apreciada de passagem (Larsen, 2001). Em obra anterior, Urry analisa alguns momentos da história da automobilidade, incluindo como na Europa o automobilismo do entreguerras envolvia uma espécie de "viagem através da vida e da história de uma terra" (2000: cap. 3). As classes médias cada vez mais domesticadas, localizadas confortavelmente e com segurança em seus Morris Minors[52], "começaram a viajar pela Inglaterra e a tirar fotografias como nunca" (Taylor, 1994: 122). Nos EUA do pós-guerra, por sua vez, certas paisagens foram alteradas para produzir uma vista "*agradável* ao motorista [...], usando a terra de maneira a 'criar uma *imagem* atraente a partir da estrada'" (Wilson, 1992: 35, grifos nossos). O Estado transformou a natureza em algo "a ser apreciado apenas pelos olhos" (Wilson, 1992: 37). A vista pelo para-brisa do carro significa que, "quanto mais rápido dirigimos, mais

---

52. Modelo de carro compacto da British Motor Company (BMC), produzido de 1948 a 1971. [N.T.]

plana a terra parece" (1992: 33). De um modo mais geral, Baudrillard sugere que os desertos nos EUA constituem uma metáfora do futuro sem fim, a obliteração do passado e o triunfo do tempo instantâneo (1988: 6). Dirigir pelo deserto envolve deixar o passado para trás, seguir sem parar e ver o vazio sempre desaparecendo, emoldurado pela forma do para-brisa (Kaplan, 1996: 68-85).

A partir de agora, nos voltamos para a fotografia em si, começando com a sua pré-história, que está intimamente ligada ao olhar pitoresco discutido anteriormente (ver Larsen, 2004a, para detalhes sobre o que vem a seguir).

DESEJOS E AS ORIGENS DA FOTOGRAFIA

Vimos como a fotografia foi inventada por volta de 1840 com o anúncio quase simultâneo de Fox Talbot e Daguerre do processo negativo/positivo e do daguerreótipo. No entanto, as bases científicas da química e da física para *projetar* e *fixar* imagens já haviam sido estabelecidas. O princípio ótico da câmera já era dominado havia pelo menos dois mil anos e o conhecimento de que certos produtos químicos eram sensíveis à luz foi estabelecido em 1727 (Batchen, 1999). Gernsheim afirma que "o fato de a fotografia não ter sido inventada antes continua sendo o maior mistério de sua história" (1982: 6).

Porém, isso fica menos misterioso se entendermos que os desejos sociais, e não o conhecimento, é que são os geradores de inovação tecnológica. Ao adotar o método de Foucault da "arqueologia", Batchen mostra que foi primeiro no final do século XVIII e início do século XIX que o desejo pelo que podemos, retrospectivamente, chamar de "fotografia" surgiu e se manifestou como "um imperativo social generalizado" entre cientistas, escritores, pintores e turistas (1999: 36). Os turistas anteriores à fotografia desejavam apaixonadamente algo que pudesse fixar as imagens fugazes e elusivas da câmera escura e do espelho de Claude. Como disse Gilpin em 1782:

> Uma sucessão de imagens coloridas desliza continuamente diante dos olhos. Elas são como visões da imaginação ou as paisagens

brilhantes de um sonho. Formas e cores na matriz mais brilhante passam diante de nós; e se o olhar transitório de uma boa composição acontece de se unir a elas, nós pagaríamos *qualquer preço para fixar e nos apropriar da cena*. (citado em Batchen, 1999: 93-4, grifos nossos)

Meio século depois, durante uma viagem pela Itália, as dificuldades de Fox Talbot com a câmera escura geraram um desejo por uma máquina que fixasse sem esforço a beleza da natureza no papel. Pelizzari argumenta que "a fotografia nasceu a partir da sensação de inadequação de Talbot como artista quando diante de uma cena estrangeira atraente" (2003: 55). No livro *O lápis da natureza*, Talbot escreve:

Em um dos primeiros dias do mês de outubro de 1833, eu me divertia nas encantadoras margens do Lago de Como, na Itália, fazendo esboços com a câmera lúcida de Wollaston, ou melhor, devo dizer, tentando fazê-los, mas com muito pouco sucesso [...]. Foi durante esses pensamentos que a ideia me ocorreu [...], como seria encantador se fosse possível fazer com que essas imagens naturais se imprimissem de forma duradoura e permanecessem fixadas no papel. (1844-1846, não paginado)

Esses desejos incentivaram a invenção do que hoje conhecemos como fotografia. Como escreveu Talbot em *Some Account of the Art of Photographic Drawing* ["Alguns informes sobre a arte do desenho fotográfico", em tradução livre], "para o viajante em terras distantes, que é ignorante, como muitos infelizmente o são, da arte do desenho, essa pequena invenção pode prestar um verdadeiro serviço" (1839: 11). Os viajantes aguardavam ansiosamente sua invenção. Uma revista francesa informou que "sobretudo os viajantes – e conhecemos mais de um que adiou sua viagem para países distantes – esperam impacientemente a demonstração do daguerreótipo" (citado em Schwartz, 1996: 18). Talbot descreveu sua invenção fotográfica da seguinte maneira:

A coisa mais transitória, uma sombra, o símbolo proverbial de tudo o que é passageiro e momentâneo, pode ser acorrentada pelo feitiço de nossa *mágica natural*, e pode ser fixada para sempre na posição em que parecia destinada apenas a ocupar por um único instante. Esse é o fato, de que podemos receber no papel a sombra fugaz, prendê-la ali e no espaço de um minuto fixá-la com tanta firmeza a ponto de não sermos mais capazes de mudar. (1839: 12)

Essa "mágica natural" foi realizada em 1840. Como visto no capítulo 1, o ano de 1840 é um daqueles momentos marcantes em que o mundo parece mudar e novos padrões de relacionamento são estabelecidos. Há a peculiar combinação dos meios de viagem coletiva, do desejo de viajar e das técnicas de reprodução fotográfica. A partir de 1840, o turismo e a fotografia foram reunidos e reconstruíram um ao outro em uma hélice dupla irreversível e importante. A partir de então, podemos dizer que um "olhar do turista" surge e torna o mundo móvel e moderno (Macnaghten e Urry, 1998: 180-5; Löfgren, 1999).

A partir de 1840, viajantes fotógrafos e fotografias móveis puseram em movimento e exibiram lugares distantes; eles criaram exibições espetaculares que ensinavam a arte de ver o mundo com curiosidade turística. Forneceram experiências de mobilidades simuladas que levaram o campo, os tempos antigos e o exotismo às metrópoles modernas, resultando em uma "profunda multiplicação" de imagens e em uma "extensão geográfica do campo do visível" sem precedentes:

> A segunda metade do século XIX vive em uma espécie de frenesi do visível. Isso é, claro, efeito da multiplicação social das imagens: distribuição cada vez maior de papéis ilustrados, levas de impressos, caricaturas etc. Contudo, também é efeito, na mesma medida, de algo como uma extensão geográfica do campo do visível e do representável: por viagens, explorações, colonizações, o mundo se torna visível ao mesmo tempo em que se torna apropriável. (Comolli, 1980: 122-3)

Como argumenta Mitchell, o final do século XIX concebeu e organizou o mundo "como uma exposição". Este período "configurou o mundo como uma imagem [...] [e organizou-o] diante da audiência como um objeto de exibição – para ser visto, investigado e experimentado" (Mitchell, 1989: 220). O chamado mundo real passou a ser pensado como uma exibição espetacular. Aqui, Mitchell baseia-se em Heidegger, que argumentava que a modernidade é "a era da imagem do mundo" (1993). O mundo moderno como exibição/imagem significa não apenas que o mundo passou a ser exibido, mas também que foi concebido e apreendido como se fosse uma imagem. A rápida e sofisticada transformação tecnológica do sentido visual tornou possível o mundo como exibição e, assim, a visão surgiu como principal sentido (Jay, 1993: 65-6).

A capacidade da fotografia de objetificar o mundo como uma exposição, de organizar o globo inteiro para o olhar do turista, é enfatizada por Sontag: "O principal efeito [da fotografia] é converter o mundo em uma loja de departamentos ou um museu sem paredes em que cada tópico é rebaixado a um artigo de consumo, promovido a um item de apreciação estética" (1979: 110). Já em 1859, Oliver Wendall lamentava como a fotografia havia reduzido o mundo a superfícies "baratas e transportáveis":

> Existe apenas um Coliseu ou Panteão (em Roma, Itália); mas quantos milhões de negativos em potencial eles verteram – representativos de bilhões de imagens – desde que foram erguidos! A matéria em grandes massas deve sempre ser fixa e preciosa; a forma é barata e transportável. Temos agora o fruto da criação e não precisamos nos preocupar com o núcleo físico. Todo objeto concebível da Natureza e da Arte sairá de sua superfície para nós. Caçaremos todos os grandes objetos curiosos e belos, como eles caçam o gado na América do Sul, por suas *peles*, e deixam suas carcaças de pouco valor. (citado em Wells, 2001: 20)

Antes da fotografia, os lugares não viajavam bem. Embora os pintores tenham sempre retirado locais específicos de suas moradas, levando-os para outros lugares, as pinturas levavam tempo para produzir, eram relativamente difíceis de transportar e únicas. A multiplicação das fotografias ocorreu especialmente com a introdução da placa de meio-tom na década de 1880, que possibilitou a reprodução mecânica em jornais, periódicos, livros e anúncios. A fotografia passou a acoplar-se ao capitalismo de consumo, e o globo era agora oferecido em "quantidades, números, paisagens e eventos ilimitados, que ainda não tinham sido utilizados como um todo ou como imagens para um único cliente" (Benjamin, 1973: 163; Osborne, 2000: 11). Com a organização capitalista do mundo como uma "loja de departamentos", "a proliferação e circulação de representações [...] alcançaram uma magnitude espetacular e praticamente inevitável" (Grenblatt, 1991: 6). Pouco a pouco, as fotografias passaram a ser objetos baratos de produção em massa, tornando o mundo visível, estético e desejável. As experiências foram "democratizadas", traduzindo-se em imagens baratas (Sontag, 1977: 7; Tagg, 1988: 55-6). Fotografias leves, pequenas e produzidas em massa tornaram-se veículos dinâmicos para a circulação espaço-temporal de lugares (della Dora, 2007: 293). Como as imagens viajam rapidamente, os lugares estão, de fato, em movimento, conectados com outros locais e consumíveis à distância.

Essas mobilidades das fotografias não destroem os lugares, mas constituem olhares e lugares em uma economia de relações (Crang, 2006: 54-5). Em vez de reflexos ou distorções de um mundo preexistente, as fotografias podem ser entendidas como uma tecnologia de criação do mundo.

> As imagens não são algo que aparece sobre ou contra a realidade, mas como partes de práticas através das quais as pessoas trabalham para estabelecer realidades. Em vez de olhar para o espelhamento como uma metáfora-raiz, as tecnologias da visão constituem maneiras de apreender o mundo. (Crang, 1997: 362)

Mais do que espelhar ou representar geografias, as fotografias, em parte, as criam, cultural, social e materialmente. Elas produzem o que Said chamou de "geografias imaginativas" (1995: 49-73).

O desejo por imagens "mecanicamente reproduzidas" representa, de acordo com Benjamin,

> [...] o desejo das massas contemporâneas de trazer as coisas para perto de si tanto espacial quanto humanamente, que é tão ardente

quanto sua inclinação para superar a singularidade de toda realidade ao aceitar sua reprodução. Todos os dias cresce o desejo de se apossar de um objeto a uma distância muito curta, por meio de sua similitude, sua reprodução. (1973: 225)

Para a maioria não abençoada com os meios para viajar, as fotografias oferecem ingressos de passeios pelo mundo sem a necessidade de viagens físicas assustadoras e caras:

> Ao lado de nossa lareira, temos a vantagem de examiná-los, sem ficarmos expostos à fadiga, à privação e aos riscos dos artistas ousados e empreendedores que, para nossa satisfação e aprendizado, atravessaram terras e mares, cruzaram rios e vales, escalaram rochas e montanhas com sua bagagem fotográfica pesada e incômoda. (Claudet, citado em Gernsheim 1989: 66-7)

Um fotógrafo de viagens do século XIX acreditava que "a fidelidade de tais imagens oferece a melhor abordagem possível para realmente colocar o leitor diante da cena representada" (citado em Ryan, 1997: 25). Barthes argumenta que o "realismo ontológico" da fotografia invoca uma sensação de "estar lá", de ser literalmente transportado "de volta" para a cena retratada (2000). Assim, as fotografias ativam viagens imaginativas. No entanto, o poder de invocar uma sensação de estar lá também foi construído culturalmente, incentivado pela fé no realismo superior do veículo transmissor. A fotografia *parece* ser um meio de transcrever a realidade. As fotografias parecem não ser afirmações sobre o mundo, mas fragmentos dele; até mesmo fatias em miniatura da realidade, sem revelar sua natureza construída ou seu conteúdo ideológico. Parece que a câmera não mente. O realismo das fotografias tornou essas viagens sedutoras e reais. Visitar lugares através de fotografias tornou-se quase tão bom quanto olhar pessoalmente. A fotografia

> nos apresenta cenas conhecidas somente a partir das relações imperfeitas de viajantes; leva-nos às ruínas da arquitetura antiga, ilustrando os registros históricos de civilizações antigas e perdidas, a genialidade, o gosto e o poder de eras passadas, com as quais nos

familiarizamos como se as tivéssemos visitado. (citado em Schwartz, 1996: 16, grifos nossos)

Nesse estágio inicial, as viagens imaginativas satisfaziam, em vez de promoverem, desejos de viajar, de experimentar a coisa "real" (Schwartz, 1996). Sentados na poltrona, os olhos podiam passear sem serem incomodados pelo corpo. O problema com o turismo corporal (*corporeal tourism*) é o corpo; segundo De Botton: "parece que podemos habitar melhor um lugar quando não somos confrontados com o desafio adicional de ter que estar lá" (2002: 23).

De maneira mais ampla, os locais turísticos são afetados pelos mitos de lugares distantes. Como argumenta Crang:

> O turismo funciona como interação de movimento e fixidez, ausência e presença. Ou seja, o turista procura estar presente em um local, mas, ao examinarmos esses lugares, descobrimos que eles são atingidos por ausências, em que outras pessoas distantes, removidas no espaço e no tempo, assombram os locais. (2006: 49, 55)

Isso inclui as maneiras de ver que viajam junto com os turistas. Duncan discute como os turistas britânicos do século XIX viam constantemente as montanhas de Kandy, no Sri Lanka, através de traços de semelhanças com suas paisagens nativas. Um turista escreveu para casa: "Em Kandy, quer você queira ou não, a mente volta para a região dos lagos na Inglaterra" (1999: 156). Mesmo ao atravessar terras a 12 mil quilômetros de distância de casa, os turistas se lembravam das paisagens de seus países. O choque de ver o novo era atenuado por vê-lo através de um filtro doméstico.

Muitas vezes, esperava-se que a fotografia de viagem pudesse salvar culturas autênticas "desaparecidas", povos primitivos e tradições antigas (Albers e James, 1993; Taylor, 1994; Schwartz, 1996; Gregory, 2003; Cohen e Manspeizer, 2009; Whittaker, 2009). As fotografias se prestam a esse desejo nostálgico de parar o tempo e conservar objetos, pois congelam o tempo e transformam o momento em algo permanente; elas documentam "o que foi" (Barthes, 2000). Elas são "relógios para a visão" (Taylor, 1994).

VISÃO E FOTOGRAFIA

No entanto, a câmera objetiva precisava ser orientada para capturar imagens fugazes e a alteridade. Os fotógrafos fechavam os olhos para certas características e lançavam uma bela luz sobre outras. Ironicamente, o olho da câmera ignorava o que o olho humano podia ver sem dificuldades na cena e capturava o que ele mal podia ver. Ao apagar os signos contemporâneos, os seres humanos modernos e as conexões com outros lugares, a fotografia ocidental de viagem aprisionou o Oriente em um espaço antigo atemporal de arquitetura e monumentos para produzir o Oriente desejado, entendido como autêntico (Schwartz, 1996; Osbourne, 2000). Uma vez fixados na imaginação, mesmo ao encontrar realidades diferentes, eles fotografavam a imaginação ou retocavam os signos modernos indesejados da fotografia original (Jackson, 1992: 95).

Portanto, as fotografias são o resultado de uma prática significante ativa na qual os fotógrafos selecionam, estruturam e moldam o que vai ser fotografado e como. Em particular, há uma tentativa de construir imagens idealizadas que embelezam o objeto que está sendo fotografado. Sontag resume: "a tendência estética da fotografia é tal que o meio que transmite o sofrimento acaba por neutralizá-lo" (1979: 109). Fotografar, de certa forma, é se apropriar do objeto sendo fotografado. É uma relação de poder/conhecimento. Ter conhecimento visual de um objeto é ter poder, mesmo que momentâneo, sobre ele.

A fotografia, portanto, domestica o objeto do olhar, sendo que alguns dos exemplos mais impressionantes são de culturas consideradas exóticas. Nos EUA, as companhias ferroviárias se esforçaram para criar atrações "indígenas" para serem fotografadas, selecionando cuidadosamente as tribos com uma aparência particularmente "pitoresca e antiga" (Albers e James, 1988: 151). O poder retórico da fotografia baseia-se na capacidade de *naturalizar*, de tornar inocentes suas mensagens e conotações culturais. Embora as fotografias profissionais sejam parciais e construídas, elas parecem ter se desenhado espontaneamente (Barthes, 2000).

As produções de fotógrafos de viagens podem ser consideradas reais e objetivas, *não* no sentido de espelhar as complexas realidades vividas dos lugares representados, mas por refletir e reforçar a imaginação ocidental estereotipada desses mundos. Em outras palavras, elas guardavam uma conformidade precisa com uma perspectiva ocidental específica; fatos distantes foram transformados em geografias imaginativas ocidentais. Como tecnologia do imperialismo cultural, o *fotógrafo* empregava a câmera objetiva para retratar ou contemplar o mundo através de filtros etnocêntricos (Albers e James, 1983; Schwartz, 1996: 30-1; McQuire, 1998: 39).

KODAKIZAÇÃO

Foi no final da década de 1880, com o lançamento pela Kodak das câmeras Brownie leves, fáceis de usar e baratas, que nasceu a fotografia tirada pelos próprios turistas. Antes disso, a fotografia era algo mais consumido do que produzido. Assim como Thomas Cook em relação ao turismo em geral, a Kodak percebeu que a fotografia exigia a organização de um especialista institucional (Slater, 1991, 1999). A empresa estabeleceu como alvo a nova família de classe média e o turismo como agentes e espaços em que as relações de poder-conhecimento de "fotografar com Kodak" poderiam *produzir* "momentos Kodak" e "famílias Kodak". Nos EUA e, em seguida, em grande parte da Europa, a Kodak reformulou e reprogramou a fotografia como uma performance centrada no lazer da família. Na realidade, a Kodak inventou a fotografia *turística* através do desenvolvimento de um novo sistema, reunindo um novo conjunto de relações materiais e sociais.

Já em 1890, as câmeras Kodak eram comuns entre os turistas europeus que viajavam para o Egito (Gregory, 2003: 211). O *Photographic News* informou que em 1899 "milhares de meninas de Birmingham estão espalhadas pelos balneários de férias da Grã-Bretanha este mês e uma porcentagem muito grande delas está armada com câmeras" (citado em Coe e Gates, 1977: 28). Em 1910, um terço das famílias norte-americanas possuía uma câmera Kodak (West, 2000: 75). A Kodak transformou a câmera e as imagens em coisas comuns, e o ato de fotografar em uma parte do novo *habitus* turístico.

Uma etapa foi mobilizar e simplificar *materialmente* a fotografia. Como o desenvolvimento precisava ser executado *in loco*, a fotografia exigia, no início, muito conhecimento e acúmulo de viagens. Como disse o fundador da Kodak, Eastman, em 1877:

> Naqueles dias, a pessoa não "levava" a câmera, ela carregava o equipamento do qual a câmera era apenas uma parte [...]. Eu comprei o conjunto completo e descobri que, além de forte, a pessoa precisava ser destemida para fotografar ao ar livre. (citado em Ford e Steinorth, 1988: 14)

Eastman previu que a popularização dependia de tornar a fotografia leve para atrair pessoas *sem* habilidades fotográficas anteriores. A Kodak conseguiu isso através do "acondicionamento". O "sistema Kodak" consistia de uma câmera portátil leve pré-carregada com um rolo de 100 quadros que a Kodak depois desenvolveu e recarregou. Em vez de complicada, exigente e confusa tecnicamente, a produção de fotografias foi reorganizada como uma prática simples e fácil de usar. "O sistema Kodak remove da prática da fotografia a necessidade de instalações excepcionais, de modo que *qualquer pessoa* pode tirar fotografias sem necessidade de estudo, experimento, problemas, sala escura, produtos químicos e sem sequer sujar os dedos", e não requer nada além de "inteligência suficiente para apontar uma pequena caixa para frente e apertar um botão" (citado em West, 2000: 49, 51). Como dizia o slogan da Kodak: "Você pressiona o botão, nós fazemos o resto".

Por meio do marketing, a Kodak roteirizou os significados culturais e performances sociais desta nova rede de atores fotográficos[53] (Slater 1991, 1999; West, 2000). "Entes queridos" e o turismo atenderam ao objetivo da Kodak de ensinar pessoas e famílias "a apreender as suas experiências e memórias como objetos de nostalgia", especialmente evitando experiências dolorosas e desagradáveis (West, 2000: 1; Hammond, 2001). Atos de omissão e esquecimento tornaram-se, assim, parte integrante – do "outro" – dessa fotografia, enquanto a nostalgia se tornou um personagem definidor de seu ponto de vista cultural (ver Taylor, 1994). A Kodak enfatizou que a nova simplicidade tornava a fotografia conveniente e prazerosa. A Garota Kodak – seu ícone de publicidade por quase oitenta anos –, que dirigia, andava de trem e contemplava paisagens

---

53. Os autores fazem aqui uma alusão à Teoria do Ator-Rede (ANT). Vale lembrar que um dos seus principais formuladores, o sociólogo John Law, foi colega de departamento de John Urry na Universidade de Lancaster. Para maiores informações sobre ANT, ver http://wp.lancs.ac.uk/sciencestudies/the-actor-network-resource-thematic-list/. Acesso em: 12 maio 2021. [N.T.]

e lugares extraordinários, promoveu "o puro prazer e aventura de tirar fotografias [...], o deleite de manusear uma câmera diminuta, de não se preocupar com revelação e impressão, de capturar objetos em situações espontâneas, de registrar viagens a lugares exóticos" (West, 2000: 13). Ela promovia câmeras como equipamento padrão para passear e fotografar, como a coisa turística a fazer, enquanto legendas como "Leve uma KODAK com você", "Kodak, com você", "Dias de férias são DIAS KODAK", "A vida ao ar livre convida a sua Kodak", eram comuns (West, 2000: ilustrações 2, 8, 9, 16). O lema de simplicidade da Kodak significava liberdade, viagens incessantes e fotografia fácil.

A publicidade da Kodak começou a girar em torno da vida e das recordações da família (West, 2000: 13). O novo *slogan* "Deixe a Kodak guardar a história" construiu discursivamente as memórias da Kodak como muito superiores à frágil memória humana:

> As únicas férias que duram para sempre são as férias com uma Kodak [...]. Poucas recordações são tão agradáveis quanto as lembranças de suas férias. E, no entanto, você permite que essas lembranças escapem! Quão pouco você se lembra, mesmo de seus momentos mais felizes! Não deixe que as férias deste ano sejam esquecidas – leve uma Kodak e guarde sua felicidade. Faça instantâneos com a Kodak de todas as cenas felizes. As pequenas imagens manterão suas férias vivas – elas o levarão de volta à felicidade e liberdade. (citado em Holland, 2001: 145)

A câmera foi promovida como um objeto turístico indispensável, pois permitia que as famílias "narrassem" *suas* experiências, que poderiam transportá-las de volta "à felicidade e liberdade", repetidas vezes. Outro anúncio instruía como "a História Kodak dos dias de verão se torna encantadora à medida que os meses passam – é sempre interessante – é pessoal – fala de lugares, pessoas e incidentes do seu ponto de vista – exatamente como *você* os viu" (citado em West, 2000: 179). A Kodak assegurava às famílias que as imagens delas seriam únicas e cheias de aura, não importando quão semelhantes se parecessem com as de outros turistas, porque mostrariam os entes queridos *delas* e o mundo através dos olhos *delas*.

A Kodak foi poderosa em refazer e repensar a fotografia como uma tecnologia mundana fundamental para a vida familiar moderna. A Kodak "ensinou aos americanos modernos como ver, lembrar, como amar" (West, 2000: xv) e, segundo Chalfen, formou uma "cultura Kodak" específica que veio a definir as práticas e os significados da fotografia vernacular privada (1987). Essa rede fotográfica compreendia famílias, consumismo e turismo. "O que mantém esses sujeitos juntos é o tema do lazer doméstico: a família moderna se divertindo [...], cega para a vida cotidiana" (Slater, 1991: 57-8). Bourdieu destaca as intrincadas relações entre a fotografia e a "vida em família": "As práticas fotográficas somente existem e subsistem, na maior parte do tempo, em virtude de sua função familiar" (1990: 14; Kuhn, 1995; Rose, 2003, 2004). A fotografia imortaliza e celebra os pontos altos afetivos da vida em família. Grande parte da fotografia turística ocorre no espaço móvel entre o lar e o ambiente externo, de lugares extraordinários e rostos familiares. A fotografia turística e a fotografia de família não são, portanto, dois mundos separados, mas pontes constantemente atravessadas dentro e através dos espaços do turismo (Haldrup e Larsen, 2003; Larsen, 2005).

IMAGENS COMERCIAIS SEDUTORAS

> A saudade provocada pelo folheto foi um exemplo, ao mesmo tempo tocante e patético, de como os projetos (e até vidas inteiras) podem ser influenciados pelas imagens simples e acríticas de felicidade; de como uma jornada longa e absurdamente cara pode ser desencadeada por apenas uma fotografia de uma palmeira delicadamente inclinada em uma brisa tropical. Eu resolvi viajar para a ilha de Barbados. (De Botton, 2002: 8-9)

Esta seção examina como as fotografias comerciais são máquinas de poder-conhecimento que produzem desejos, implicadas no capitalismo de consumo pós-fordista. A arte de conhecimento-poder da fotografia comercial envolve a criação de imagens que estimulam – e não substituem – os desejos de "transportar o corpo de alguém" para o local fotografado.

A mobilidade imaginativa é claramente um mau negócio para os negócios do turismo. Em termos mais amplos, evocando Foucault, podemos considerar essa produção de imagens e destinos sedutores como uma mediação institucional feita por "olhares especializados", em que espetáculo e vigilância se cruzam e relações de poder-conhecimento são exercidas (Hollingshead, 1999; Cheong e Miller, 2000).

Analisaremos como a "fotografia de uma palmeira delicadamente inclinada em uma brisa tropical" pode desencadear uma "jornada longa e absurdamente cara". As fotografias comerciais têm um duplo papel para o setor do turismo. Elas produzem desejos por viagens corpóreas, e roteirizam e encenam destinos com extraordinárias geografias imaginativas. Em outras palavras, "o marketing do destino está, portanto, simultaneamente implicado na construção de imagens de lugares e na constituição de sujeitos que vivenciam essa imagem de maneiras específicas" (Goss, 1993: 663).

O capitalismo de consumo investe em fotografia para fabricar necessidades voláteis e corpos desejantes; corpos que poderíamos considerar disciplinados para consumir (Berger, 1972). A publicidade promove o consumo. Ela expõe ansiedades e carências antes de oferecer uma fuga, alívio e um caminho instantâneo para a melhoria através do consumo e da fantasia de outros lugares. Mostra às pessoas que o consumo pode torná-las felizes, bonitas e realizadas (Berger, 1972: 133).

Através de embelezamento, subtração, exagero, estereotipia e repetição, a fotografia comercial produz o tipo de geografia imaginativa que Shields chama de "mitos do lugar". Aqui, Shields diz que existem "vários significados distintos associados a lugares ou regiões reais, independentemente de seu caráter real. As imagens, parciais e muitas vezes exageradas ou minimizadas, podem ser precisas ou imprecisas. Elas resultam de estereótipos" (1990: 60). Na economia da experiência, as fotografias encenam e roteirizam cenas para experiências:

> Os folhetos tornam-se análogos aos teatros; eles imaginam cenas de palco através das quais os consumidores entram em paisagens turísticas imaginativas e se conectam pessoalmente com o local, criando performances por meio de mentalidades em que o consumidor e o produto se unem. (Scarles, 2004: 47, 2009)

Fotografias turísticas comerciais despertam desejos ao encenar geografias que emocionam e seduzem o olhar. Elas criam lugares duplicados, esteticamente mais atraentes do que aqueles vistos através da simples visão humana. Elas superam a visão humana por serem mais teatrais, iluminadas, nítidas e coloridas do que ver por si só. Além de tornar os locais visíveis, frequentáveis e inesquecíveis, as fotografias também são esculpidas materialmente em simulações de fotos idealizadas como "locais de cartão-postal". De acordo com Osborne:

> Todos os turistas, tirando ou não fotografias, consomem lugares e experiências que são fotográficas, na medida em que foram feitos ou evoluíram para serem vistos e, acima de tudo, para serem fotografados [...]. Tais lugares são, muitas vezes, fotografias materializadas em forma tridimensional. (2000: 79)

Crawshaw e Urry (1997) e Scarles (2004) examinam muitas maneiras pelas quais os fotógrafos profissionais melhoram a aparência do lugar por meio de "paisagismo" e visão seletiva (ver Feighery, 2009, para uma interpretação foucaultiana dos arquivos de fotos). Antecipando que os turistas os considerariam fora de lugar, diluindo o mito do local, os fotógrafos procuram evitar

> [...] veículos, carros, qualquer coisa que possa datar uma foto [...]. Qualquer coisa que seja intrusiva ou perturbe. Pessoas vestindo roupas chamativas, pessoas carregando sacos plásticos [...], árvores mortas, arame farpado [...], prédios abandonados, andaimes. Sinais de trânsito, lixo, estacionamentos, multidões, engarrafamentos, aviões voando em baixa altitude, bermudas. (Crawshaw e Urry, 1997: 187)

Fotógrafos profissionais encenam paisagens com a luz, a moldura e a composição *certas*. A paciência é fundamental. Enquanto os fotógrafos ignoram pessoas e objetos indesejados na cena, as mãos do editor em computadores melhoram muito a realidade do local por meio da digitalização. Elementos dentro de imagens individuais podem ser excluídos, movidos, enfatizados, justapostos e até mesmo unidos a outros fragmentos fotográficos. "Cirurgia" e "maquiagem" tornam as praias mais brancas, produzem mares e céus de um azul profundo e corpos bronzeados e atléticos. Nenhuma coisa desagradável estraga o paraíso. Tais práticas fotográficas demonstram como o ambiente deve ser visto, dominado pelos humanos e sujeito ao seu domínio possessivo (Taylor, 1994: 38-9).

Vários discursos servem de base para o olhar turístico profissional. O olhar romântico emoldura a representação do Lake District, bem como de muitas outras paisagens, como cenários atemporais pitorescos ou sublimes. Para isso, é preciso fechar os olhos para os signos da modernidade. O mesmo processo é visível na montagem de paisagens urbanas históricas. A "máquina do tempo" da indústria e da fotografia turísticas congela as paisagens urbanas em uma visão idílica e intocada de uma caixa de chocolate em que o tempo se move lentamente, se é que o faz (Waitt e Head, 2002). Os artefatos modernos e as pessoas de aparência contemporânea são apagados. Os lugares são apresentados como museus vivos, onde pouca vida acontece. Quando os habitantes locais entram em cena, sua função é significar autenticidade, induzir romantismo e dar vida à cena. A busca por paisagens urbanas pitorescas é alimentada pelo desejo generalizado de viajar no tempo para uma suposta Era de Ouro do escapismo romantizado (Taylor, 1994; Larsen, 2006a, 2006b [ver a figura 5, p. 323]).

O exotismo e o olhar antropológico também são lentes populares através das quais as imagens turísticas comerciais produzem geografias extraordinárias do turismo da mítica "alteridade". Vários estudos mostram como as imagens promocionais "congelam" e colocam em cena os "outros" étnicos como pré-modernos, exóticos, sensuais e disponíveis para consumo visual (Albers e James, 1983; Hollingshead, 1992; Goss, 1993; Selwyn, 1996; Dann, 1996a; Adams, 2004). Tais imagens de outros exóticos são tradicionalmente produzidas e consumidas por um olhar branco abastado e fotos de um corpo negro relativamente empobrecido.

As imagens promocionais também encenam lugares turísticos atraentes através de olhares coletivos e da família (Haldrup e Larsen, 2003). O estudo de Dann sobre "as pessoas dos folhetos turísticos" em "11 folhetos representativos de férias de verão direcionados ao público britânico" mostra que cerca de 40% das fotografias retratam "apenas turistas", geralmente em guetos turísticos claramente demarcados. "Nessas fotos, a ênfase estava no grupo de turistas – comendo juntos, na praia juntos, relaxando juntos na piscina coletiva, divertindo-se como uma grande família feliz" (Dann, 1996a: 72). Por outro lado, aproximadamente 24% das fotografias mostram lugares sem pessoas (em sua maioria, paisagens e pontos turísticos) e os moradores locais aparecem em apenas 7% (no geral, trabalhando sob o olhar do turista ou reduzidos a marcadores culturais da localidade).

As fotografias comerciais são normalmente compostas para fazer com que o espectador sonhe com a imagem, que aguarda seus desejos e prazeres para ser concluída.

> Um exemplo típico mostraria praias vazias nas quais a linha d'água, uma fileira de árvores ou um píer atravessariam diagonalmente a imagem. A diagonal introduz na imagem a antecipação empolgada do turista, uma agitação hedonista, a linha do desejo do espectador entrando e sendo penetrada pelo cenário turístico e seus prazeres. (Osborne, 2000: 85; Scarles, 2004)

Outros exemplos são fotografias com a presença de turistas. Elas orientam as fantasias do espectador e as fazem parecer realizáveis: este poderia ser eu! Isso é ainda mais enfatizado pela forma como os textos escritos sempre se concentram em "você" (Scarles, 2004: 46). Pode ser a imagem de um jovem casal exultante e afetuoso, cujos corpos estão sintonizados, bronzeados e atraídos um pelo outro. Mostra como férias ao sol transformam corpos cansados e pálidos em corpos bronzeados e atraentes.

As imagens turísticas comerciais causam efeitos que provocam o inconsciente do espectador. "A fotografia faz com que o espectador sonhe com ela, tornando-a subjetivada por seus desejos, memórias e associações" (Osborne, 2000: 77). "Elas nos transportam em fantasia, mas para lugares que parecem existir" (Osborne, 2000: 88). Embora o poder da fotografia comercial funcione por meio da naturalização, ela também funciona através de uma economia de desejos e geografias imaginativas. As pessoas desejam ser seduzidas e essas imagens são artisticamente construídas para seduzir. O corpo consumidor contemporâneo é um corpo seduzido e um corpo que *quer* ser seduzido, incansavelmente buscando novas sensações, experiências, identidades e lugares (Bauman, 1999: 83; Elliott e Urry, 2010). "O desejo não deseja satisfação. Pelo contrário, o desejo deseja o desejo" (Taylor e Saarinen, citado em Bauman, 1999: 83). As imagens publicitárias são estruturadas em torno e funcionam através da mobilização e do desencadeamento dos desejos e das fantasias do espectador por meio de "ficções espaciais". Fotografias comerciais são ficções e pedem aos espectadores que se envolvam com elas "como se fossem reais: deter a descrença e, em vez disso, sonhar com o paraíso retratado como se estivessem no teatro ou no cinema" (Osborne, 2000: 77). Para seduzir, elas precisam que as pessoas acreditem em suas fantasias e ficções, aceitando-as como reais. As ficções dependem da autenticidade e da realidade, e os prazeres da ficção estão em aceitar as fantasias como reais (Slater, 1995). Os turistas conseguem tratar as geografias imaginativas do turismo como reais porque estas são construídas com base em convicções de "realidades" – paisagens, pessoas características do país e edifícios. Os desejos e as fantasias do turismo estão localizados dentro de uma gramática visual palpável que parece real e convida à identificação. Esta é uma mistura sedutora de devaneio, realidade e ficção – de naturalização e ficção simultâneas.

A FOTOGRAFIA E O OLHAR DO TURISTA

Tem havido, portanto, uma enorme proliferação de fotografias desde a sua invenção. Ao longo desse século e meio houve total insaciabilidade do olhar fotográfico, uma insaciabilidade que ensina novas maneiras de ver e retratar o mundo, encenando a vida familiar, e novas formas de autoridade para fazê-lo. No norte da Europa do século XIX, o desejo e a capacidade de fixar lugares do outro desenvolveram-se enormemente. Como vimos, os lugares passaram a ser "kodakizados". Esses locais de desejo e fixação através dos objetos da câmera, tripé e fotografia incluíam o Mediterrâneo (Pemble, 1987), os Alpes (Ring, 2000), o Caribe (Sheller, 2003; Thompson, 2006), o Grand Canyon (Newmann, 1992, 1999), o exótico Nilo (Gregory, 1999), vilas malcheirosas de pescadores (Lübbren, 2001) e água em geral (Anderson e Tabb, 2002).

Gregory descreve como o Egito do século XIX foi roteirizado como um local de visibilidade construída, com múltiplos cenários teatrais emoldurados, estabelecidos para a edificação, entretenimento e consumo visual dos visitantes europeus. Como escreveu um passageiro de um *dahabeeah*[54] que portava uma Kodak: "Uma visão de vida semi-bárbara passa diante de seus olhos o dia todo e você a examina nos intervalos da culinária francesa: o Egito rural ao alcance da Kodak – e você sentado em uma espreguiçadeira para vê-lo" (citado em Gregory, 1999: 131). Isso produziu um novo Egito disponível para os visitantes que consomem visualmente. Esse Egito consistia no Canal de Suez, na "Paris no Nilo", no Thomas Cook and Sons, em um "Egito antigo" higienizado, no Outro de um Oriente exótico e nas convenientes posições estratégicas e plataformas de observação para o olhar do turista (ver Brendon, 1991: 118).

Outro exemplo de kodakização são os Kodak Hula Shows, apresentando dançarinos da "tradicional" dança hula. Esse show, financiado pela Kodak, ocorre no Havaí desde 1937. O espetáculo é materialmente encenado e corporalmente realizado de modo a tornar os dançarinos fotogênicos e facilmente fotografáveis (Hammond, 2001). Antes do show, os turistas podem fotografar os artistas de perto ou serem fotografados com eles. O show ocorre em uma arena ao ar livre com as arquibancadas de frente para o palco central e o sol voltado para os dançarinos (e não para o turista-câmera) a fim de assegurar ótimas condições de luz para fotografar. O show em si é coreografado para poder ser fotografado. Os movimentos não são muito rápidos e os dançarinos param e congelam sua postura por instantes para que os turistas tenham tempo de capturar o movimento. O show é concebido como uma série contínua de novos momentos Kodak, à medida que danças, figurinos e dançarinos mudam incansavelmente (Hammond, 2001).

Assim, a fotografia sobrecarrega o ambiente visual. Isso envolve a democratização de muitas formas de experiência humana, transformando tudo em imagens fotográficas e permitindo que qualquer pessoa as

---

54. Embarcação de passageiros típica do Nilo que, na época, tornou-se um meio de transporte para passeios de turistas. [N.E.]

fotografe, especialmente com câmeras Kodak e agora com câmeras digitais, conforme examinaremos a seguir. A fotografia, então, faz parte do processo de pós-modernização, uma "sociedade de espetáculos", onde as imagens instantâneas e em circulação dominam a realidade; a "realidade" se torna turística, pronta para o consumo visual (Debord, 1983; ver o capítulo 6). O consumo e a produção de imagens passam a ser de suma importância, e participar de eventos equivale a vê-los e capturá-los como "paisagens de imagens" espetaculares (Sontag, 1979). Às vezes, parece que cada objeto ou pessoa fotografada se torna equivalente a qualquer outro, igualmente interessante ou desinteressante.

Barthes observa que a fotografia começou com fotos do notável e acabou tornando notável tudo aquilo que é fotografado (2000: 34; Sontag, 1979: 111). A fotografia é uma forma promíscua de ver que não pode ser limitada a uma elite, como arte. Sontag refere-se ao "zelo da fotografia em desmascarar a alta cultura do passado [...], a corte consciente que ela faz à vulgaridade [...], sua capacidade de reconciliar as ambições da vanguarda com as recompensas da comercialização [...], sua transformação da arte em documento cultural" (1979: 131). À medida que as pessoas se tornam fotógrafas, elas também se tornam semiólogas amadoras e contempladoras competentes. Elas aprendem que um chalé coberto de palha com rosas ao redor da porta representa "a velha Inglaterra"; ou que as ondas quebrando nas rochas significam "natureza selvagem indomável"; ou, principalmente, que uma pessoa com uma câmera pendurada no pescoço é um "turista" (Hutnyk, 1996).

Grande parte do turismo se torna, na verdade, uma busca pelo fotogênico. Às vezes, parece que a viagem turística é uma estratégia para a acumulação de fotografias e, portanto, para a mercantilização e privatização das lembranças pessoais, principalmente da família. Assim, a fotografia tem sido enormemente importante na democratização de vários tipos de mobilidades, tornando notável qualquer coisa que seja fotografada, e não o que as elites possam ter especificado como notável. Além disso, a fotografia dá forma à viagem, de modo que as jornadas consistam de uma boa vista ou "momento Kodak" da família para capturar, para uma série de outros. A fotografia tem sido crucial na constituição da própria natureza de viajar e contemplar, à medida que os lugares se transformam em pontos turísticos, construindo-se o que vale a pena ir "ver" e quais imagens e lembranças devem ser trazidas de volta. A fotografia dá forma a grande parte da viagem e contemplação. É a razão para parar, tirar uma foto e seguir em frente. A fotografia envolve obrigações. As pessoas sentem que não podem deixar de ver cenas específicas ou "momentos Kodak", pois, caso contrário, as oportunidades fotográficas serão perdidas e esquecidas:

> Não seria errado falar de pessoas com uma *compulsão* de fotografar: transformar a própria experiência em uma maneira de ver. Em última análise, ter uma experiência torna-se idêntico a tirar uma foto dela, e participar de um evento público passa a ser cada vez mais equivalente a vê-lo na forma de fotografia [...]. Hoje tudo existe para terminar em uma fotografia. (Sontag, 1979: 24)

Argumentamos que o olhar do turista é, em grande parte, formado *previamente* pela paisagem de mídias existentes. Hutnyk, em sua etnografia da "Calcutá fotogênica" (1996), argumenta que os turistas sempre fotografam os "pobres locais", pois esse tema atende às geografias de Calcutá geradas pela mídia. Além de emoldurar e explorar, os turistas também são emoldurados e fixados. Em grande parte do contemplar e fotografar está envolvido o círculo da hermenêutica. O que se busca nas férias é um conjunto de imagens fotográficas que já foram vistas em folhetos, programas de televisão, blogs e sites de redes sociais. Muito da fotografia turística envolve um ritual de "citação" (ver Osborne, 2000: 81; ver também Selwyn, 1996; Jenkins, 2003). Quando o turista está fora viajando, as fotos passam então a rastrear e a capturar as imagens por si mesmas. E os viajantes demonstram que realmente estiveram lá mostrando aos amigos e familiares sua versão das imagens que haviam visto antes de partir. Assim, uma fotografia fornece evidências de que alguém realmente esteve lá, que a montanha era mesmo tão grande, que a cultura era de fato pitoresca ou que realmente foi um momento agradável em família. Como dizem Cohen *et al.*:

> Por um lado, as pessoas tendem a preservar nas fotos o que está mais próximo delas: seus filhos, cônjuges, amigos e parentes, bem

como os eventos mais importantes ou agradáveis em suas vidas. Por outro lado, também procuram reter paisagens estranhas, interessantes e exóticas. (1992: 213-14)

A arte de grande parte da fotografia turística é colocar os "entes queridos" dentro de uma "atração", de modo que ambos sejam representados esteticamente (ver Larsen, 2005, para muitos exemplos etnográficos). Os lugares turísticos se entrelaçam nas teias de histórias e narrativas que as pessoas produzem à medida que constroem e mantêm suas identidades sociais (Hsiu-yen Yeh, 2009). O olhar da família realça o quanto a fotografia turística envolve pessoas significativas em lugares significativos e faz parte do "teatro" que permite às pessoas legitimar e produzir a desejada união, totalidade e intimidade (Haldrup e Larsen, 2006: 283).

Em publicações anteriores, analisamos o "olhar da família" dentro de um contexto dinamarquês (Bærenholdt *et al.*, 2004: cap. 6). Mais de metade das mil fotografias turísticas coletadas dos visitantes de Bornholm (ilha no mar Báltico) contêm um ou mais membros da família ou amigos em primeiro plano, enquanto pouquíssimas contêm outros turistas ou moradores locais. As pessoas em férias desejam fotos privadas. No entanto, suas fotografias privadas refletem uma noção produzida pela sociedade e pela mídia de aparentemente "amar" a vida familiar ou a amizade. Muitas fotografias retratam momentos alegres e união familiar, estando ausentes os traços de infelicidade ou atrito. As pessoas gostam de fotografar, pois é no espaço da fotografia que elas desfrutam da almejada felicidade em família. As pessoas olham para a imagem das férias – e a família ou amizade imaginária de suas férias olha de volta. A relação social perfeita e as férias perfeitas podem ser uma invenção da imaginação do público, mas representam algo que deveria existir. A fotografia turística não se caracteriza pela suspensão das normas, mas, como o cotidiano, é alimentada culturalmente por noções particulares sobre o que constitui uma vida social amorosa.

A Kodak nos ensinou que olhares e lembranças não registrados evaporam, e estudos mostram como os desejos por capturar lembranças na forma de imagens inspiram grande parte das fotografias turísticas. Os turistas antecipam que as câmeras transformarão magicamente olhares e eventos de vida curta e efêmera em artefatos duráveis que fornecem ingressos para uma "recordação de viagem" eterna (Haldrup e Larsen, 2003). Nesse sentido, o turismo não é "tanto para ser vivenciado no momento, mas para sua recordação no futuro" (Crang, 1997: 366). As fotografias ampliam o olhar do turista no tempo e no espaço. Estudos mostram que os turistas consideram suas fotos turísticas como pertences preciosos destinados a uma vida longa. São objetos *materiais* cheios de vida e emoção, e não facilmente descartáveis (Haldrup e Larsen, 2003; Rose, 2010).

A câmera afeta tudo isso transformando o cenário e o olhar em objetos que podem ser capturados (exatamente como a fotografia transforma as mulheres em objetos materializados em uma página ou vídeo) e que podem ter uma longa vida posterior. Lugares e pessoas são transformados em objetos que passam de mão em mão. São colocados nas paredes para decorar uma casa, estruturar reminiscências e criar imagens de lugar (Spence e Holland, 1991; Taylor, 1994; sobre a vida posterior de fotografias turísticas, ver Haldrup e Larsen, 2010: cap. 7). Ou assim foi até a digitalização.

DIGITALIZAÇÃO E INTERNET

O momento mais atual nessa história da fotografia turística é a recente digitalização e o uso da internet. Ao longo do século passado, a fotografia analógica foi mais ou menos desaparecendo à medida que a fotografia digital se tornou comum. As fotografias são agora amplamente produzidas, consumidas e veiculadas em computadores, telefones celulares e através da internet, sobretudo pelos sites de redes sociais. Há a digitalização de imagens, convergência de mídias e novas performances de sociabilidade refletindo mudanças mais amplas na direção da sociabilidade à distância, colaborativa e em tempo real. Poucos turistas agora tiram fotos com câmeras analógicas (Haldrup e Larsen, 2010). Em 2004, a Kodak parou de vender câmeras tradicionais na América do Norte e na Europa ocidental. Ao mesmo tempo, 68 milhões de câmeras digitais e 246 milhões de telefones celulares com câmeras digitais foram vendidos em todo o mundo (Larsen, 2008a). Muitos celulares agora produzem fotografias de boa qualidade e os comerciais de celulares (como os da Nokia) destacam cada vez mais a funcionalidade da câmera. No Reino Unido, "448.962.359 de mensagens multimídia foram enviadas em 2007, o equivalente a 19 milhões de rolos tradicionais (24 exposições) de filme para câmera"[55].

A convergência em rede da fotografia, com telefones celulares e a internet, significa que as *possibilidades* técnicas da fotografia aumentam enormemente. A fotografia digital torna as imagens fotográficas instantâneas, móveis e consumíveis imediatamente em telas (Lister, 2007; Larsen, 2008a; Murray, 2008; Rubinstein e Sluis, 2008). Em contraste com o que tem sido a temporalidade das fotografias analógicas, as telas das câmeras digitais mostram eventos em andamento logo ali, com os espaços de imagem, pose e consumo convergindo. Enquanto a fotografia analógica era direcionada para um público *futuro*, as fotografias dos telefones com câmeras (e câmeras digitais com tecnologia Wi-Fi) viajam "de modo atemporal" para que os receptores possam contemplar o desenrolar dos acontecimentos mais ou menos em tempo real (Gye, 2007; Hjorth, 2007; Villi, 2007; Larsen, 2008a). Aqui, podemos falar de cartões-postais ao vivo de acontecimentos. A fotografia digital caracteriza-se pelo tempo instantâneo, o poder do agora e o que chamamos de telificação (ver tudo na tela).

Uma etnografia da fotografia digital mostra a importância da *tela*; a tela da câmera é o local em que a maioria das fotografias é inspecionada *imediatamente* após vir à luz, bem como durante seus primeiros dias (antes de "fazer *upload*"). Tornou-se um ritual examinar a tela da câmera digital depois de cada foto ou de uma série mais longa, na própria cena ou em algum lugar com sombra, para que a imagem possa ser vista. "Aqui você tira cinco [fotos de tudo] e depois senta na sombra e diz: 'isso é uma porcaria, isso é uma porcaria' e, então, restam duas [...]; há muita *liberdade* nisso" (mulher dinamarquesa, 20 anos, entrevistada em Istambul). Em um curto espaço de tempo, os turistas *aprenderam* a consumir fotografias instantânea e digitalmente

---

55. Disponível em: www.themda.org/mda-press-releases/the-q1-2008-uk-mobiletrends-report.php. Acesso em: 1º abr. 2010.

em telas, e a excluir as consideradas pouco atraentes. É menos provável que sejam assombrados por imagens esteticamente desagradáveis no futuro. Essas práticas são características da fotografia digital. A mágica das câmeras digitais é que elas fazem fotografias, e o fazem instantaneamente; assim, as fotografias são amplamente consumidas e apagadas na tela. As fotografias que não agradam instantaneamente são apagadas e refeitas, o que permite experimentar e controlar a forma como as pessoas e os locais são representados. Surpreendentemente, poucos turistas expressam dificuldades emocionais em deletar fotos, mesmo de entes queridos. Esse hábito de deletar representa algo radicalmente novo. Consumir e deletar fotografias passou a fazer parte da produção de fotos, o que torna mais fácil (embora consuma tempo devido à necessidade de refazer algumas) produzir as imagens antecipadas. A câmera digital *flexível* representa mais uma reviravolta na sociedade de consumo, em que "a apresentação do *self*" assume uma importância renovada (para detalhes sobre essa pesquisa, ver Haldrup e Larsen, 2010).

A maioria das imagens que sobrevivem à eliminação nesta fase é enviada para computadores e visualizada em mais uma tela, a do *computador*. A partir daqui, uma pequena seleção é mobilizada e distribuída, enviada por e-mail ou carregada em sites de redes sociais, onde elas (espera-se) serão consumidas em outras telas de computador ao redor do mundo. Enquanto as fotografias turísticas costumavam ser objetos materiais fixos com um lar estável e seguro na prateleira, a maioria hoje é de objetos digitais variáveis enfrentando existência imprevisível em lixeiras, pastas, caixas de e-mail de computadores, blogs e sites de redes sociais. As fotografias em rede de computadores podem ser deletadas, editadas, distribuídas livremente e a qualquer tempo como anexos de e-mail e exibidas nas páginas da família, blogs, sites como Myspace e Facebook e serviços de compartilhamento de fotos/vídeos como o Flickr e o YouTube. Tudo isso ilustra como a fotografia digital em rede é um componente fundamental da web 2.0 (ver capítulo 3). Milhões de fotografias pessoais são carregadas diariamente em sites de redes sociais gerados pelos usuários, como www.virtualtourist, www.tripadvisor.co.uk, www.trekearth.com e www.flickr.com. Estima-se que de 2 a 3 milhões de fotografias sejam enviadas para este último, com quatro em cada cinco pessoas possuindo locais de exibição abertos (perfis) (Cox *et al.*, 2008; Larsen, 2008a).

De fato, muitos sites turísticos examinados neste livro estão no Flickr. O site contém 372.316 fotografias georreferenciadas da Torre Eiffel, 170.966 do Taj Mahal, 2.242.591 de Las Vegas, 364.841 do Lake District e 105.716 do Bilbao Guggenheim[56]. Os usuários do Facebook fizeram *upload* de mais de 10 bilhões de fotografias, com o número aumentando em espantosos 700 milhões a cada mês. A digitalização e a internet significam que as fotografias viajam mais rápido e de modo mais barato. Assim, podem ser facilmente (re)distribuídas para outros entes queridos à distância ou exibidas no espaço virtual. As fotografias de férias podem ser consumidas sem que o fotógrafo precise estar presente.

Muitas imagens fotográficas pessoais estão agora destinadas a ter, por períodos mais curtos ou mais longos, vidas digitais virtuais sem substância material em câmeras, computadores e na internet. E-mails, blogs e sites de redes sociais deslocam as lembranças fotográficas do lar e do objeto físico fixo, e as distribuem para caixas de e-mail selecionadas, de onde podem viajar para *desktops*, pastas, impressoras, papel fotográfico, molduras – ou lixeiras. Além disso, algumas fotografias têm biografias complexas, pois se materializam, desmaterializam e materializam novamente, assumem e retomam várias formas e habitam diferentes materialidades ao longo do tempo. E sua aparência corpórea e facial também é potencialmente transformável, pois a "mão do computador" tem a capacidade de alcançar as entranhas de uma fotografia. As fotografias analógicas não conseguem deixar de ser imagens e objetos, mas este não é o caso da fotografia digital. Embora as telas das câmeras tenham uma materialidade táctil, as fotografias exibidas são imagens, não objetos físicos. No entanto, à medida que as telas das câmeras aumentam em tamanho e qualidade da imagem, elas se assemelham a álbuns mais tradicionais. Um exemplo é o iPhone da moda, talvez o principal dispositivo da nova pequena burguesia, que vem com uma tela ampla em que se pode rolar de uma foto para outra *tocando* em cada imagem.

---

56. Disponível em: www.flickr.com. Acesso em: 27 abr. 2010.

VISÃO E FOTOGRAFIA

Diferentemente do álbum de fotos tradicional, as exibições de fotografias no Flickr e Facebook estão ligadas ao fluxo do dia a dia e tendem a refletir o "tempo instantâneo", uma "cultura da instantaneidade", em que as pessoas esperam "entrega rápida, disponibilidade universal e satisfação instantânea dos desejos" (Tomlinson, 2007: 74). Elas não compartilham memórias como *experiências* em andamento ou recentes. As fotografias são menos "relógios para ver" do que performances do agora. Embora ainda seja cedo para confirmar, a vida das fotografias no Facebook e no Flickr tende a ser curta; um fluxo de imagens "transitórias, efêmeras e descartáveis" (Van House, 2007: 4; Murray, 2008). Elas são discutidas hoje e esquecidas amanhã (Murray, 2008). No entanto, isso não as torna insignificantes e despercebidas. Dado que o usuário médio do Facebook tem mais de 100 "amigos", entrar no site é uma prática cotidiana, com suas fotografias muito vistas e comentadas. Essas fotografias agora chegam a um grande público (incluindo laços fracos e antigos) e tornaram-se parte da vida cotidiana da família em rede e de sua sociabilidade na tela. No entanto, isso também significa que, ao liberar uma imagem na internet, o fotógrafo perde o controle sobre o seu destino, pois amigos ou estranhos podem usá-la em contextos não previstos ou distribuí-la ainda mais. Como *bites* de informação copiáveis e atemporais, as fotografias na internet enfrentam vidas imprevisíveis com vários caminhos possíveis, sendo alguns deles prejudiciais e desagradáveis (Dijck, 2008).

Embora sua vida posterior seja incerta, muitas fotografias turísticas são visíveis, móveis e ligadas à socialização cotidiana nas várias telas em rede. E, podemos acrescentar: descartáveis. A falta de uma "aura de coisificação" explica em parte por que tantas fotografias digitais têm vida curta, mas também por que são valorizadas como uma forma rápida de comunicação móvel. As fotografias digitais são um componente fundamental das sociedades de redes móveis, com laços distanciados e sociabilidade através de telas (Larsen *et al.*, 2006). Embora muitas imagens digitais existam virtualmente, a fotografia digital não deixa de ter uma substância material, e algumas imagens digitais de fato se materializam como objetos com uma "aura de coisificação" (Edwards e Hart, 2004: 9).

CONCLUSÃO

Portanto, a fotografia foi fundamental no desenvolvimento do olhar do turista e do turismo em geral; eles não são processos separados, mas cada um deriva e aprimora o outro, como um conjunto coordenado. Se a fotografia não tivesse sido criada por volta de 1840 e, em seguida, desenvolvida e popularizada pela câmera barata da Kodak, o olhar do turista contemporâneo teria sido totalmente diferente. A fotografia é, sem dúvida, central para o olhar do turista e para o turismo como um todo.

Para alguns estudiosos, isso resume a natureza "alienante" do turismo (Albers e James, 1988: 136). Recordando sua experiência como guia de um grupo de turistas cultos que, logo depois de chegar a um ritual, desejava seguir rapidamente em frente, Bruner expressa seu desprezo pela natureza visual do turismo moderno:

> "*Mas já vimos tudo*". Essas palavras ainda me *assombram*. O modo turístico de experimentar é principalmente visual, e ter estado lá, ter "visto", *apenas requer a presença*. O turista "vê" o suficiente do ritual balinês para confirmar suas imagens anteriores extraídas da mídia [...]. "Ver" um ritual é comparável a colecionar um *souvenir* [...]. O turista "viu" uma coisa estranha, um símbolo do exótico, e não há necessidade de ir mais longe, de penetrar em qualquer nível mais profundo [...] [do que] captar [...] a cerimônia em fotografias. (1995: 235-6, grifos nossos)

A fotografia é condenada por sua recusa da experiência. Ela é muito visual, breve, voltada para a imagem e tecnológica; muito passiva e impura (Osborne, 2000). As câmeras e as imagens aceleraram e mecanizaram a visão do turista. Lugares complexos são consumidos como cenas fotográficas leves organizadas previamente, e experimentar é semelhante a ver; com o "ver" sendo reduzido a contemplar e a "produção de imagens" a clicar. Grande parte da crítica normativa do turismo de massa moderno, a começar por Boorstin (1964), gira em torno do desprezo dos encontros do turista fotográfico com a "alteridade". Desse modo, não surpreende ver a dicotomia improdutiva turista-viajante posicionada em torno da fotografia. Taylor, embora astuto em outras circunstâncias, de repente divide os fotógrafos turísticos em "viajantes" (que olham contemplativamente), "turistas" (que acumulam olhares superficiais) e "excursionistas" (que veem tudo num piscar de olhos, aos borrões ou num "estalo") (1994: 14).

Embora tenhamos argumentado que as imagens profissionais são fundamentais para guiar os olhares e as câmeras dos turistas e que grande parte do turismo forma um círculo hermenêutico, é muito simplista retratar isso como um fluxo unidirecional e pré-programado de imagens de organizações de turismo e mídia para os turistas que, por sua vez, reproduzem essas imagens recebidas. Na verdade, as fotografias dos turistas podem violar os mitos de lugar existentes e contribuir para novos mitos, enquanto as fotografias comerciais espelham as fotografias dos turistas, e não o contrário (Garrod, 2009; Scarles, 2009; Haldrup e Larsen, 2010). De fato, os gerentes de marketing empregam pesquisas de mercado sobre as preferências de turismo em constante mudança para obter conhecimento de como os turistas de fato contemplam e experimentam lugares, e quais são seus mitos de lugares positivos e negativos (Scarles, 2004: 49).

Com a web 2.0, os turistas, cada vez mais, produzem e consomem fotografias comuns colocadas em exibição pública. Essas fotografias de colegas turistas podem vir a coreografar as câmeras, tanto quanto as imagens profissionais e os programas de TV. Conforme discutiremos no próximo capítulo sobre performances, embora sejam roteirizadas e coreografadas por mídias comerciais, as práticas de turismo nunca são totalmente predeterminadas e previsíveis. Como Foucault nos lembra, o poder é distribuído, onipresente e não é propriedade de um grupo (1976). O poder está em toda parte e é exercido nas relações das redes – e isso também é verdade no turismo (Cheong e Miller, 2000). Os moradores locais e os turistas também exercem o poder, de tempos em tempos, realizando e retratando de modo diverso ou desviando-se dos roteiros das organizações de turismo e discursos mais disseminados. As práticas dos turistas nunca são completamente determinadas pelo seu "enquadramento", uma vez que existem, pelo menos em certas ocasiões, imprevisibilidade, criatividade e performances corporificadas (Ek *et al.*, 2008; Haldrup e Larsen, 2010).

8. PERFORMANCES

INTRODUÇÃO

Defendemos a compreensão do turismo através das lentes do olhar do turista. Os capítulos anteriores analisaram o olhar do turista em relação à prestação de serviço, à "economia de signos", à cultura contemporânea midiatizada, ao ambiente construído e à história da visão e da fotografia. Neste capítulo, analisaremos algumas práticas contemporâneas do olhar, e o faremos considerando o olhar do turista como *performance*. Acreditamos que nossa noção vagamente inspirada em Foucault do olhar do turista pode ser reforçada, tornada mais corpórea e teatral, pela incorporação da abordagem de baixo para baixo (*bottom-down*) da interação de Goffman. Aqui, seguimos a posição de Hacking de que a abordagem de cima para baixo de Foucault e a abordagem de baixo para cima de Goffman são ambas necessárias ao analisar a interação social (2004).

No capítulo 1, observamos que a ocorrência de uma "virada performativa", examinando a "produção do turismo como uma série de eventos e espaços encenados e como um conjunto de técnicas e disposições performativas" (Edensor, 2001a: 61, 2001b), pode ser traçada a partir do final dos anos 1990 dentro da teoria do turismo, um movimento para o qual contribuímos (Bærenholdt *et al.*, 2004; Haldrup e Larsen, 2010). A metáfora dramatúrgica de Goffman inspirou essa virada. Franklin e Crang sugerem que "as competências culturais e habilidades adquiridas que compõem a cultura turística em si denotam um mundo goffmanesco em que o mundo todo é, de fato, um palco" (2001: 17-18). Este capítulo repensa o olhar do turista à luz dessa virada performativa e de uma sociologia dramatúrgica goffmaniana mais ampla. Há muitas semelhanças entre os paradigmas do olhar e da performance, e eles devem dançar juntos, em vez de se olhar à distância. Desenvolvemos isso ainda mais, analisando a natureza corporificada e multissensorial do olhar, bem como as relações sociais complexas e as geometrias de poder fluido que abrangem as performances do olhar.

Terminamos ilustrando o olhar performativo, corporificado e relacional através do *fazer* da fotografia turística.

Nesse sentido, respondemos a vários autores que criticaram a tese do olhar do turista. Dizem que esta não leva em conta que a maioria das experiências de férias é física ou corpórea, e não apenas visual (Veijola e Jokinen, 1994). Escritoras da área de turismo argumentam que há uma base *masculina* para o olhar e para o *flâneur*, significando o domínio visual e voyeurístico das mulheres pelos homens (Veijola e Jokinen, 1994; Wearing e Wearing, 1996; Pritchard e Morgan, 2000a, 2000b; Johnston, 2001). Alguns afirmam que as turistas do sexo feminino encontram prazer na *interação* social e no *toque* (Wearing e Wearing, 1996). Relacionado com isso, argumenta-se que a noção do olhar é muito estática e passiva, ignorando performance e aventura (Perkins e Thorns, 2001). Além disso, diz-se que negligenciamos algumas das complexas relações sociais do olhar, especialmente as dos anfitriões (Maoz, 2006). MacCannell também argumenta que *O olhar do turista* falha em identificar um tipo de "segundo olhar", que sabe que a visão engana, que há coisas invisíveis e não ditas e que cada olhar gera seu próprio "além" (2001).

Começaremos descrevendo a virada performativa e como a sociologia de Goffman influenciou e compartilha pontos em comum com o olhar e, em seguida, esclareceremos alguns elementos do que se pretende alcançar com a ideia do "olhar" (ver Larsen, 2009, para mais detalhes).

VIRADA PERFORMATIVA

Em primeiro lugar, a virada performativa argumenta que "o turismo exige novas metáforas baseadas mais no ser, fazer, tocar e ver em vez de apenas 'ver'" (Perkins e Thorns, 2001: 189; Edensor, 2006). A virada performativa destaca como os turistas experimentam lugares de maneiras multissensoriais que envolvem sensações e afetos corporais. Diz-se que os turistas se cansaram de ser meros espectadores e que muitas atividades turísticas – turismo de aventura – fornecem explicitamente sensações corporais ativas e multissensoriais, afetos e ações (Cloke e Perkins, 1998; Franklin e Crang, 2001: 12; Bell e Lyall, 2002; Franklin,

2003). Alguns espaços turísticos são playgrounds onde corpos trabalhadores disciplinados, por meio do envolvimento ativo com pessoas, objetos e lugares, tornam-se vibrantes, divertidos e juvenis. Pons, por exemplo, discute as geografias lúdicas e táteis da vida de praia em etnografias do nudismo e do trabalho comunitário, processual e performativo de construir um castelo de areia com mãos que esculpem, areia fina, água, pás, baldes e assim por diante (2007; sobre a construção de um "castelo de areia", ver Bærenholdt *et al.*, 2004: cap. 1).

Em segundo lugar, a virada performativa emprega metáforas performativas goffmanianas para conceituar a natureza temática e encenada dos lugares turísticos, bem como as corporeidades roteirizadas e teatrais e as ações *corporificadas* dos corpos turísticos. Ela aborda os papéis de improvisadores, atores, membros do elenco, locais como palcos, guias como diretores, direção de cena e assim por diante (Edensor, 1998, 2000, 2001a). Esta é uma perspectiva em que situações, processos e performances são tudo; não há performances sem ações. Através das lentes da virada performativa, o turismo é um fazer, algo realizado *por meio* de performances. Ao se voltar para ontologias do fazer e agir (Franklin e Crang, 2001), Goffman fica à espreita nos bastidores. Goffman fornece detalhes meticulosos sobre a natureza corporificada e performativa da interação e da vida social em geral dentro de sua microssociologia de corpos em encenação, expressivos, emocionais e responsivos. São corpos que posam, gesticulam, conversam, pedem desculpas, coram, evitam o contato visual e assim por diante. A virada performativa é goffmaniana ao retratar o corpo do turista como psicobiológico, expressivo e socializado.

Em terceiro lugar, após a observação de Goffman de que as equipes são as unidades básicas, a virada performativa discute os muitos agentes que compõem determinadas etapas do turismo. Há um conjunto de textos que explora o "lado da produção" (semelhante à análise do capítulo 4), examinando como os lugares são material e simbolicamente encenados e como o pessoal-chave executa o produto turístico e mantém roteiros. Edensor mostra como os guias turísticos coreografam os movimentos espaciais dos turistas, sua interpretação dos lugares e o comportamento apropriado. Diz ele: "A gestão cênica do espaço turístico, a direção dos turistas e a coreografia de seu movimento podem revelar os controles espaciais e sociais que auxiliam e regulam a performance" (Edensor, 2001: 69). Essa virada, porém, vai além de Goffman, ao abordar a "ordem de interação" em relação ao poder. Como diz Weaver em sua etnografia do "trabalho de serviço interativo" no setor de cruzeiros marítimos: "a importância do poder, controle e conflito é subestimada na pesquisa de Goffman" (2005: 8).

Alguns textos examinam como os turistas não são apenas audiências, mas também *performers*. Edensor analisa como os turistas no Taj Mahal realizam o caminhar, contemplar, fotografar e lembrar (1998), enquanto Bærenholdt *et al.* examinam as performances do passeio, da vida na praia e da fotografia (2004). A virada performativa se baseia na "Viagem como uma Arte Performática" de Adler, em que ela argumenta que "o corpo do viajante, como veículo literal da arte de viagem, tem sido objeto de construção histórica e limitação estilística. Os próprios sentidos através dos quais o viajante recebe experiências culturalmente valorizadas foram moldados por diferentes graus de cultivo e, de fato, disciplina" (1989: 8). Os turistas não são apenas coreografados por guias e signos visíveis, mas também por códigos, normas e etiquetas culturais ausentes ou invisíveis de como perceber e valorizar objetos turísticos (Edensor, 2001a: 71). Assim como Goffman, que enfatizou como os estilos de expressão corporal e autoapresentação são específicos, aprendidos e regulados pela "associação cultural", a virada performativa mostra que as performances turísticas são, em parte, formadas *previamente*. As performances nunca ocorrem pela primeira vez porque exigem ensaios, imitação de outras performances e ajuste às normas e expectativas, a ponto de parecerem naturais e se tornarem rituais já assumidos. As performances são, em grande parte, habituais e não planejadas. Como afirma Goffman:

> As performances legítimas da vida cotidiana não são "encenadas" ou "fingidas" no sentido de que o *performer* sabe com antecedência o que ele fará, e o faz somente por conta do efeito que ele antecipa. As expressões que se considera que ele emite serão especialmente "inacessíveis" para ele [...]. A incapacidade do indivíduo comum de formular antecipadamente os movimentos de seus olhos e corpo não significa que ele não se expressará através

desses dispositivos de maneira dramatizada e pré-formada em seu repertório de ações. Em resumo, todos nós agimos melhor do que sabemos. (1959: 79-80; isso prefigura aspectos dos argumentos de Thrift em 2008)

Na mesma linha, Edensor argumenta contra a ideia de que o turismo representa uma ruptura do cotidiano:

> Em vez de transcender o mundano, a maioria das formas do turismo é moldada por tentativas de fuga culturalmente codificadas. Além disso, embora impregnados de noções de fuga da normatividade, os turistas carregam consigo hábitos e respostas cotidianos: estes fazem parte de sua bagagem. (2001a: 61)

Os turistas não apenas viajam para lugares: suas mentalidades, práticas habituais e relações sociais viajam inconscientemente *com* eles (Larsen, 2008b; Haldrup e Larsen, 2010). Padrões culturalmente codificados de comportamento do turista giram em torno de classe, gênero, etnia e sexualidade, e geram convenções compartilhadas sobre o que deve ser visto e quais ações são apropriadas (Edensor, 2001a: 60).

Em quarto lugar, embora sejam ensinadas, aprendidas e reguladas, as performances nunca são predeterminadas por completo. Goffman sustenta que, "para os que interagem, as regras são questões a serem levadas em consideração, seja como algo a ser seguido, ou como algo a ser cuidadosamente contornado" (1963: 42). Em contraste com os estudos que retratam o turismo como um palco excessivamente determinado, onde os turistas seguem rotas e roteiros prescritos de modo passivo, a virada performativa também revela criatividade, desvios e práticas produtivas. Löfgren nos lembra de "que o marketing padronizado não precisa padronizar os turistas. Os estudos sobre a encenação da experiência turística no turismo de massa tendem a reduzir ou negligenciar a singularidade de toda experiência de viagem pessoal" (1999: 8). Os turistas não apenas seguem um roteiro; eles também encenam e marcam os lugares com suas próprias histórias e podem seguir seus próprios caminhos. As performances nunca são determinadas apenas por sua coreografia

(Larsen, 2005). A performance turística é uma prática corporificada e, portanto, como em "qualquer performance (na verdade, qualquer atividade performativa), é um processo contingente em si" (Schieffelin, 1998: 197). As metáforas performativas questionam as ideias de padronização e controle completos e enfatizam a fluidez e maleabilidade da atividade humana, bem como os múltiplos papéis que podem ser desempenhados (Weaver, 2005: 6). Edensor afirma que

> as noções do turismo como performance indicam que uma variedade de papéis pode ser selecionada e encenada através da experiência, desde rituais disciplinados, performances parcialmente improvisadas, até encenações completamente improvisadas em espaços ilimitados. Assim, o mesmo turista pode encenar uma mistura de papéis durante uma única excursão ou férias. (2000: 341)

Isso abre espaço para agência, luta e resistência do turista.

Em quinto lugar, costuma-se presumir que os locais turísticos sejam relativamente fixos, dados, passivos e separados daqueles que os visitam. A virada performativa desestabiliza essas concepções estáticas e fixas de lugares e locais. Lugares e performances são concebidos como encenações não estáveis e contingentes. Como argumenta Edensor:

> A natureza do palco é dependente dos tipos de performances nele executadas. Pois até mesmo espaços cuidadosamente gerenciados podem ser transformados pela presença dos turistas que seguem diferentes normas. Assim, os palcos podem mudar continuamente, expandindo-se e contraindo-se. Isso porque a maioria dos palcos é ambígua, locais onde ocorrem diferentes performances. (2001a: 64)

Os locais turísticos são continuamente reproduzidos e contestados pelo uso e pela performance. Os lugares somente surgem como locais turísticos, palcos de turismo, quando e à medida que neles são realizadas performances (Bærenholdt *et al.*, 2004).

Em sexto lugar, a virada performativa enfatiza como os objetos e as tecnologias, tais como câmeras, ônibus de turismo e carros, são fundamentais para permitir que as performances de turismo *aconteçam*.

Eles aprimoram a fisicalidade do corpo para além de suas capacidades e permitem que ele faça coisas *novas* e sinta *outras* realidades. E sem superfícies materiais, como gramados, areia da praia e pistas de dança, que oferecem golfe, churrasco, bronzeamento, vôlei de praia, dança e inúmeras outras performances, o turismo seria "sem vida" (Haldrup e Larsen, 2006, 2010: cap. 4). Fundamental para analisar as performances é o conceito de "disponibilidade material" (*affordance*) (Gibson, 1986). Diferentes superfícies e diferentes objetos, em relação ao organismo humano e suas tecnologias, fornecem possibilidades. Estas são objetivas *e* subjetivas, tanto por parte do ambiente quanto do organismo. As disponibilidades materiais decorrem de sua reciprocidade através do movimento cinestésico das pessoas em seu mundo particular. Elas restringem o comportamento em função de determinadas características: "há uma gama de opções [...] implícitas dentro de um meio físico e isto está diretamente conectado com as capacidades e os limites corporais do organismo [humano]" (Michael, 1996: 149). Assim, considerando certas relações sociais passadas e presentes, "objetos" específicos no ambiente oferecem possibilidades e resistências, dado que os humanos são seres sensoriais, corpóreos, tecnologicamente ampliados e *móveis*.

Em sétimo lugar, a virada performativa não vê o turista como uma ilha, mas explora as conexões entre turismo, cotidiano e outras pessoas importantes, como familiares e amigos. A obra *Performing Tourist Places* ["Performance nos lugares turísticos", em tradução livre] (Bærenholdt *et al.*, 2004) inicia com uma fotografia *privada* de duas famílias posando com pás e baldes na praia em frente ao seu castelo de areia. As performances comunitárias de construir um castelo de areia e tirar fotografias mostram como as pessoas também atuam com outros corpos. Muitas performances de turismo são realizadas em equipe, e esta sociabilidade é, em parte, o que as torna agradáveis e irritantes. O turismo não é apenas uma maneira de consumir lugares (novos), mas também uma geografia emocional da sociabilidade, de estar com amigos próximos e familiares (Haldrup e Larsen, 2010: cap. 2).

Por último, a virada performativa questiona as leituras representacionais e textuais do turismo, fazendo *etnografias* daquilo que os humanos e as instituições encenam e atuam para que o turismo e as performances aconteçam. Ela se recusa a "escrever ou ler o sentimento, o estilo ou a atmosfera de um lugar específico como o 'efeito' de algumas relações já determinadas" (Degen *et al.*, 2008: 1909) e examina as "táticas" (De Certeau, 1984) através das quais os turistas fazem performances fora de sintonia com os signos, objetos e lugares oficialmente determinados (Edensor, 1998; Cloke e Perkins, 2005).

Após descrever os principais componentes da virada performativa, agora a discutiremos em relação ao olhar do turista *em si mesmo*. Começaremos esclarecendo a relação entre os sentidos e o olhar e, em seguida, desenvolveremos uma abordagem corporificada e multissensorial do olhar.

OLHAR CORPORIFICADO

Mostramos a natureza fundamentalmente visual das experiências turísticas. No entanto, nunca houve a intenção de argumentar que a visão é o único sentido pelo qual os turistas encontram lugares e que o olhar do turista pode explicar todos os aspectos dos encontros de turismo. Isso seria uma afirmação injusta e, de fato, perversa (ver Urry, 1992). Os turistas encontram lugares através de uma variedade de sentidos. Saldanha pergunta: "Os turistas não nadam, escalam, passeiam, esquiam, relaxam, ficam talvez entediados, ou tudo isso junto? Eles não vão a outros lugares para provar, cheirar, ouvir, dançar, embebedar-se, fazer sexo?" (2002: 9). Sim, eles o fazem. Os turistas comem alimentos exóticos, sentem novos aromas, se tocam, são tocados pelo sol, dançam em ritmos pulsantes, conversam com amigos e ocasionalmente ficam bêbados. Sabores, toques, cheiros e sons, e fazer e encenar também podem produzir a diferença e o extraordinário (Franklin e Crang, 2001: 14). Os prazeres cinestésicos são onipresentes no turismo: caminhar por uma montanha, andar de bicicleta na natureza, mergulhar no mar, brincar na praia, esquiar nos Alpes, agitar durante a noite. E os turistas não se fixam, mas alternam, entre os diferentes papéis. "A principal atração de estar em férias", como diz Löfgren de modo mais geral, "é que existe a possibilidade de escolher entre muitas atividades ou estados mentais, entre passeios, compras, cochilar na praia, fazer uma caminhada, ler um romance ou beber muita tequila" (1999: 267).

Porém, muitas construções, objetos, tecnologias e práticas turísticas (em oposição às motivações turísticas) são estruturadas em torno do visual, conforme discutido nos capítulos anteriores em relação a câmeras, fotografias, publicidade e espaços temáticos. Embora não seja o único, o sentido da visão é o sentido organizador. Ele organiza o lugar, o papel e o efeito dos outros sentidos. O caráter incomum das sensações visuais as coloca em um quadro diferente (Rodaway, 1994). Um visual distinto é fundamental para dar a todo tipo de prática e performance um caráter especial ou único: as palmeiras na praia, o restaurante charmoso, o resort temático, o quarto com uma vista, a visão de pássaros tropicais, as cores de plantas exóticas e assim por diante. As atividades mais comuns, como fazer compras, passear, tomar uma bebida, nadar ou fazer *rafting* no rio, parecem extraordinárias e se tornam "turísticas" quando conduzidas contra um pano de fundo visual impressionante ou incomum. Como dizem Bell e Lyall a respeito do turismo de aventura: "O turismo na natureza como experiência cinestésica – remar, pular, atravessar – ainda depende de uma vista gloriosa" (2002: 27).

Embora muitos locais turísticos sejam concebidos segundo a lógica do visual, e neste processo suprimam ou controlem os outros sentidos, e o sentido da visão seja normalmente o sentido organizador dentro das experiências turísticas, nós agora propomos uma abordagem *relacional* que reconhece as complexas intersecções dos sentidos nos encontros das pessoas com lugares. Argumentamos a favor de uma análise sensorial do turismo e analisamos a relação entre o visual normalmente dominante e os outros sentidos, incluindo vários tipos de movimento. O olhar precisa ser examinado "em relação aos corpos multissensoriais em movimento porque isso nos fornece um escopo para olhar para o corpo que sente – vê, toca, cheira, ouve e prova – e como todos esses sentidos são integrados pela maneira como o corpo vivo se move" (Lund, 2006: 41).

Em quase todas as situações, diferentes sentidos estão interconectados entre si para produzir um ambiente sensível de pessoas e objetos distribuídos no tempo e no espaço. Não há apenas paisagens (e paisagens urbanas visuais), mas também paisagens sonoras associadas, como no turismo cubano, especialmente após o filme *Buena Vista Social Club* e *raves* em Goa, na Índia (ver Saldanha, 2002); "paisagens olfativas", como as vivenciadas ao caminhar por bosques específicos (ver Macnaghten e Urry, 2000a) ou locais turísticos heterogêneos no chamado terceiro mundo (ver Edensor, 1998; Dann e Jacobsen, 2003); "paisagens gustativas", especialmente depois da invenção do restaurante no final do século XVIII (ver Spang, 2000), e o chamado turismo gastronômico (ver Boniface, 2003; Everett, 2008); e geografias do toque, como com a mão do alpinista (ver Lewis, 2000), os pés dos alpinistas (ver Lund, 2006), bronzear a pele "branca" (ver Ahmed, 2000) e construir castelos de areia (ver Pons, 2009). Como diz Lund em seu estudo sobre a caminhada nas colinas escocesas, "o sentido da visão e o olhar do alpinista não podem ser separados do exame do corpo que se move e toca o chão" (2006: 40).

Os corpos se movimentam entre a sensação direta do "outro" e várias paisagens dos sentidos (Rodaway, 1994). Os corpos navegam para frente e para trás entre sentir diretamente o mundo externo à medida que se movem corporalmente dentro e através dele (ou permanecem inertes à espera de serem bronzeados) e paisagens sensoriais mediadas pelo discurso que significam gosto e distinção social, ideologia e significado. Esses corpos que são sentidos e que sentem têm a ver com várias atividades performáticas. Os corpos não são fixos e dados, mas envolvem performances, especialmente para agrupar noções de movimento, natureza, gosto e desejo dentro e através do corpo. Há, portanto, conexões complexas entre sensações corporais e "paisagens" socioculturais dos sentidos mediadas pelo discurso e pela linguagem (ver Crouch, 2000, e Macnaghten e Urry, 2000b, sobre paisagens de lazer corporificadas). Isso pode ser visto no caso de muitas viagens tropicais, como as para o Caribe, em que os primeiros visitantes puderam provar novas frutas, cheirar as flores, sentir o calor do sol, mergulhar o corpo na vegetação úmida da floresta tropical, bem como ver novas paisagens surpreendentes (Sheller, 2003).

Há também conexões complexas entre sensações e sentidos corporais e várias tecnologias (Ingold e Kurttila, 2000; Michael, 2000; Sheller e Urry, 2004). Michael traz à tona a "agência" de botas andando para promover trilhas e contemplações de lazer no campo (2000). Elas proporcionam uma caminhada mais agradável e permitem que se possa passar por determinadas superfícies, que seria doloroso, se não impossível, atravessar descalço ou mesmo com sapatos comuns. Várias tecnologias aumentam a capacidade do corpo e, como tal, expandem as possibilidades que a natureza permite ao corpo "puro". Embora concebidas para serem intangíveis, às vezes são dolorosas e, portanto, muito tangíveis. Considere o exemplo do ônibus de turismo. Enquanto em movimento, os olhos são estimulados e os corpos relaxam no conforto do assento. Mas, devido à posição de visualização apertada e imóvel que dificulta a circulação sanguínea adequada, o banco do ônibus pode causar uma dor no traseiro. Assim como é difícil vivenciar a natureza com admiração inspiradora se as botas de caminhada apertam os pés, os shows em movimento do ônibus são arruinados se as pernas ou as costas doem. Enquanto os lugares e o clima são experimentados de modo desencarnado, a experiência de estar no ônibus é corpórea. Quer gostem ou não, as pessoas inevitavelmente trazem seus corpos sofredores para dentro do ônibus.

Além disso, às vezes há conflito entre o sentido da visão, ou visualismo, que pode ser o sentido organizador de um dado lugar, e as formas específicas de performance por parte dos turistas daquele determinado lugar. Eles podem resistir ao lugar, caminhar de uma maneira contrária ao que os sinais dizem e podem ir para um lugar de beleza visual e fazer muito barulho ou desencadear todo tipo de protestos. Um exemplo é Stonehenge (Reino Unido). O local é coreografado e representado por meio de um *éthos* preservacionista, que privilegia um rápido envolvimento visual do tipo museu com as pedras "arqueológicas". No entanto, alguns turistas tentam tocá-las e fazem visitas mais longas para se conectar física e espiritualmente com as pedras e sua "atmosfera" (Letcher *et al.*, 2009). Os sistemas de discurso, roteiro e planejamento envolvidos no olhar do turista geram modos de resistência (como discutido a seguir). Argumentamos que existe uma multiplicidade de olhares turísticos, e uma maneira de abordar isso é examinando as paisagens gustativas, olfativas, sonoras e táteis envolvidas nas performances do olhar.

Degen *et al.* desenvolvem uma interessante abordagem multissensorial e performativa da visão em sua etnografia de como "ambientes

PERFORMANCES

urbanos projetados" – como o shopping center em Milton Keynes, no Reino Unido – são visualmente consumidos. A abordagem contém três componentes:

> O primeiro é que as experiências são teorizadas como *performativas*. Isto é, as experiências visuais são geradas através de determinadas práticas, em momentos e locais específicos, com consequências constitutivas tanto para o objeto quanto para o sujeito envolvido. [...] Em segundo lugar, essas experiências são *relacionais*: a interação entre o espectador e o objeto produz as qualidades do objeto, e vice-versa. Em terceiro lugar, a visualidade é sempre *multimodal*: ou seja, as experiências visuais são quase sempre acompanhadas por experiências auditivas, táteis e orais, e, no caso de ambientes urbanos projetados, por certas espacialidades como forma, rota e volume. (2008: 1909, grifos nossos)

Degen *et al.* revelam a natureza "performativa", "relacional" e "multimodal" das experiências visuais através de vinhetas etnográficas de maneiras distintas de "olhar" dentro do shopping center. Isso inclui o "movimentar-se", o "ver para comprar" e o "olhar dos pais". Todos implicam engajamentos sensoriais para além da visão e complexas relações intersubjetivas entre pessoas e objetos.

Assim, o "movimentar-se" põe em destaque as intersecções entre caminhar e olhar. Permite que as pessoas "manobrem e naveguem um caminho através do shopping. Trata-se de um olhar amplo, de sondagem, que é usado para contornar os objetos, que reconhece os objetos, mas não se envolve profundamente com eles" (Degen *et al.*, 2008: 1919). Tato, olfato e imobilidade são essenciais ao "ver para comprar".

> Ao fazer compras, a visão é mais concentrada, procurando ativamente o produto desejado. Ao procurá-lo, tocamos em diferentes materiais. Passamos de um olhar "mais estreito", sem foco, que nos ajuda a navegar pela loja para um ver "mais espesso" e focado, que envolve tocar e cheirar, sobretudo se a peça de roupa ou perfume tem uma textura distinta. (Degen *et al.*, 2008: 1919)

O "olhar parental" acentua a natureza comunitária *relacional* do olhar. A maioria das pessoas realiza o olhar na companhia de familiares ou amigos e a composição social da "equipe" da pessoa prioriza algumas formas de ver em detrimento de outras. Em especial, os filhos influenciam o olhar de seus pais:

> Quando alguém está no shopping cuidando das crianças, os olhos e os corpos estão receptivamente em sintonia com os corpos e os movimentos delas. O shopping e seus estímulos sensoriais (vitrines, música, rua, mobiliário nos corredores) ficam em segundo plano à medida que os corpos das crianças são seguidos e a geografia do shopping transforma-se (às vezes de forma perigosa, outras vezes divertida) em playground [...]; com dois filhos móveis, gostando de estar com eles, meus olhos, ouvidos e mãos estavam em sintonia com eles, focados neles e não tanto no espaço mais amplo. Onde estavam, o que diziam, o que faziam. Isso em relação aos muitos objetos materiais, naturalmente, mas também em relação às outras pessoas. Às vezes, é quase possível ver e sentir através dos olhos das crianças. Afinamos as nossas percepções com as de uma criança e relemos as potencialidades de um lugar quando aprendemos que uma escultura pública se torna um esqueleto para escalar, a borda de uma fonte se torna uma pista de corrida. (Degen *et al.*, 2008: 1911)

Essa reformulação da visão tem implicações importantes para o olhar do turista. Ao longo deste livro, enfatizamos diferentes modos de olhar e que a mesma vista pode ser consumida de diferentes maneiras, de acordo com o *habitus* e as inclinações dos turistas. O olhar do turista performativo envolve outras paisagens sensoriais; o olhar é multimodal. As pessoas nunca são olhos viajando sem corpo. Contemplar uma determinada vista ou objetos em um museu depende do bem-estar corporal da pessoa. Se um visitante está de ressaca, com fome, com sede, sofrendo de diarreia, seus sapatos doem, o sol está muito quente ou o ar-condicionado muito frio, ele pode não se deixar impressionar pela vista. Do mesmo modo, uma vista impressionante pode ficar prejudicada por cheiros ou ruídos inadequados. Embora as excursões turísticas girem em torno de vistas e de olhar, os guias oferecem trilhas

PERFORMANCES

sonoras para os cenários e as atrações que vão passando. Muitos pontos turísticos requerem alguns modos de escuta, às vezes envolvendo tecnologias de áudio [ver a figura 12, p. 329].

Além disso, quem observa muitas vezes tem um forte desejo de tocar, acariciar, caminhar ou subir e até mesmo pegar animais, plantas, ruínas, edifícios e objetos de arte nos quais põe os olhos. Enquanto a maioria dos museus não proporciona ou permite essa proximidade física entre quem olha e o objeto do olhar, em muitos outros lugares, o contemplar compreende olhar e tocar. Por fim, os turistas nunca olham apenas lugares e coisas; eles olham com outras pessoas, conhecidas e/ou desconhecidas. E as pessoas com quem olhamos são tão importantes para a qualidade da experiência quanto o objeto do olhar. Na próxima seção, discutiremos as relações sociais multifacetadas do olhar, como elas estão ligadas às relações entre os que olham, por um lado, e os anfitriões e visitantes, por outro.

RELAÇÕES SOCIAIS DO OLHAR

O "olhar parental" especifica como os filhos influenciam os ritmos e olhares de seus pais. Seu olhar permanece sobre os filhos, e os pais veem as atrações através dos seus olhos, com pouco tempo para manter um olhar contemplativo. Mesmo assim, de tempos em tempos, as crianças são forçadas a seguir os passos de seus pais e a ver coisas de adultos. O nosso argumento é que o olhar é uma prática *relacional* que envolve negociações e interações corporais e verbais sutis entre os "membros da equipe". A maioria dos turistas não vivencia o mundo como um *flâneur* solitário, mas em equipes de colegas, amigos, familiares e parceiros. Olhar, quase sempre, envolve entes queridos. O olhar é um jogo interativo e comunitário em que os olhares individuais são mediados e afetados pela presença e pelos olhares de outras pessoas. Tais relações sociais do olhar possibilitam e constrangem. Como diz Crouch, de forma mais genérica: "A nossa própria presença tem uma influência sobre os outros, sobre o seu espaço e suas práticas nesse espaço, e vice-versa, muitas vezes considerada negativa, como fonte de conflitos, mas tal posição ignora seu potencial positivo" (2005: 29).

Viajar com quem se ama torna fácil apaixonar-se pela "Paris romântica". E, no entanto, a Paris romântica pode provocar sentimentos de solidão e amor perdido em quem viaja sozinho, assim como fazer com que um casal conturbado perceba que nem mesmo *esse* lugar consegue restabelecer a afeição de um pelo outro. Talvez sonhem secretamente em olhar a Paris romântica com outra pessoa na próxima vez. As experiências emocionais e afetivas de um turista com determinado lugar dependem tanto da qualidade das relações sociais que viajam com ele como do próprio lugar.

Os *outros* turistas também influenciam e disciplinam o olhar do turista. Os turistas passam muito tempo olhando para outros turistas. Como diz Löfgren, de forma mais geral:

> [...] os turistas têm tempo suficiente para observar os outros turistas e companheiros de viagem, enquanto esperam na fila, estão sentados em um café ou à beira da piscina. Tais situações podem transformar-nos em sociólogos amadores, constantemente observando e julgando o comportamento dos outros turistas, mas também oferecem boas oportunidades para sonhar acordado, fantasiando sobre a vida dos estranhos ao seu redor. O que pensar do casal ali, da família à beira da piscina, do grupo de turistas japoneses atravessando a praça? Inventamos vidas secretas; comparamos nossa própria situação com a dos outros. (2008: 94)

E também podemos dizer que os turistas se transformam em sociólogos *críticos*, reclamando e zombando de *outros* turistas por seu comportamento superficial, esnobe ou chato. Esse jogo de *status* e gosto afeta a todos. Os turistas sinalizam a identidade apartando-se dos outros presentes. Os turistas dionisíacos zombam dos turistas culturais por perderem a diversão, enquanto os últimos desprezam os banhistas preguiçosos pela falta de capital cultural. Enquanto tentam evitar um ao outro, estão sempre juntos em hotéis, aeroportos, pontos turísticos e praias e podem arruinar a experiência para o outro (Edensor, 1998).

Os observadores coletivos em pacotes de férias e excursões guiadas estão sujeitos ao olhar disciplinar dos coparticipantes. *Outros* turistas restringem possíveis performances e mostram convenções sobre maneiras apropriadas de ser um turista. Outros mediadores importantes nessa rede de relações sociais do olhar coletivo são os guias e representantes das agências de turismo que direcionam e enquadram os olhares para as atrações turísticas: eles sugerem oportunidades de foto, fornecem comentários roteirizados, coreografam os movimentos ao longo dos caminhos prescritos e definem o comportamento normalizador (Edensor, 1998; Cheong e Miller, 2000). Em parte, essa orientação rígida faz com que os enclaves turísticos se assemelhem à "instituição total" de Goffman, em que um grupo de pessoas é "separado da sociedade em geral por um período apreciável de tempo, sendo conduzido em conjunto por uma etapa da vida formalmente administrada" (citado em Ritzer e Liska, 1997: 106). As "instituições totais" ou os "espaços de enclaves" do turismo moderno são tipificados pela "performance de equipe", que é

> [...] uma operação altamente direcionada, com guias e gestores dos passeios atuando como coreógrafos e diretores; a performance é repetitiva, especificável em movimento e altamente restringida pelo tempo. Além de representar ali seu próprio papel no drama, fotografando, contemplando e se movendo *em massa* segundo um precedente desgastado, o grupo também absorve os solilóquios do ator central, os guias, que encenam o mesmo *script* a cada performance. (Edensor, 1998: 65)

Larsen (2004a) explora etnograficamente como o olhar coletivo é social e materialmente orquestrado pelos guias em passeios turísticos, no seu caso, o Viking Land Tour, nos arredores de Copenhague e Roskilde, na Dinamarca. Enquanto o ônibus pega o caminho mais rápido saindo de Copenhague, o guia estabelece o cenário:

> O Viking Land Tour! Este é um passeio horrível; é um passeio terrível. Vocês não verão nada além de túmulos e sepulturas e outras coisas mais. Mas não se preocupem. No final, vocês vão adorar [...]. Estamos levando vocês pela bela paisagem rural dinamarquesa, mostrando um pouco da região. Em seguida, iremos ao famoso

> Viking Ship Museum ["Museu do navio *viking*", em tradução livre]. Isso fará de vocês especialistas nos *vikings*. No caminho para uma tumba sombria e antiga de 5 mil anos, levaremos vocês novamente a um pitoresco passeio no campo [...]. Antes de fazermos uma refeição típica dinamarquesa em uma antiga e charmosa pousada, visitaremos a impressionante catedral de Roskilde. (Larsen, 2004a: 148-9)

Discursos sobre o sublime, pitoresco e autêntico emolduram o passeio e suas paisagens e pontos turísticos. Depois de 20 minutos, o guia anuncia: "Agora, pegaremos a autoestrada por alguns minutos. Pelo resto do dia, passaremos por estradas pequenas e agradáveis com uma bela vista". Então, com alívio em sua voz, o guia nos informa que chegamos ao nosso destino. Entrando na primeira vila, o ônibus reduz a velocidade enquanto a coreografia do guia se intensifica:

> Agora estamos na vila Sengeløse. Olhem para a esquerda! Apreciem as casas antigas. Vejam a lagoa da vila. Esqueçam o supermercado. Agora, por favor, olhem para frente! Novamente, uma típica igreja do campo. Tem cerca de 800 anos. Olhem à direita! Estão colocando um telhado novo na casa. Olhem lá à direita! Essa é a maneira tradicional de fazer isso – antigas habilidades manuais. Agora, olhem para a esquerda! Desfrutem o elegante adro da igreja. Todas as sepulturas são como um pequeno jardim – bem cuidadas e tratadas. (Larsen, 2004a: 149)

Por meio de expressão verbal e gestos corporais, o guia – educadamente (por favor!), mas com firmeza – coreografa o consumo do que ver, como ver e o que não ver na vila. Todos respeitam sua orquestração; corpos e cabeças se movem de um lado para o outro como um corpo social. As visões de trinta a quarenta pessoas individualmente sentadas são sincronizadas e coreografadas em um olhar coletivo.

Durante todo o passeio, mas principalmente quando o guia instrui, os participantes olham de forma ativa – contemplando pela janela com um olhar fixo concentrado. Quando o fotografar é intenso ou as oportunidades de fotos se aproximam, o ônibus reduz a velocidade

PERFORMANCES

para que as pessoas tenham tempo de focar e produzir imagens não borradas. O fotografar aumenta de forma proporcional à intensidade do guia. Ao direcionar as pessoas a olharem para um ou outro lado, a reação costuma ser um olhar e um clique. As atividades típicas de matar o tempo, como ler e ouvir música, raramente ocorrem e até mesmo as conversas de viagem são raras. Quem está no ônibus parece cativado pelas histórias do guia e pelas paisagens cênicas passando lentamente.

Embora consumidas através de um olhar coletivo, o guia descreve as vilas como objetos do "olhar romântico". As pessoas são orientadas a olhar para as "casas antigas", "igreja típica de vilas", "antigas habilidades manuais" e um "adro elegante". Lugares e objetos são rotulados como "típicos", "dinamarqueses" e "antigos", refletindo como "a retórica do turismo é cheia de manifestações sobre a importância da autenticidade das relações entre os turistas e o que eles veem" (MacCannell, 1999: 14). O guia também atua de maneira pós-turística em algumas ocasiões. Em tom de brincadeira, as pessoas são instruídas a não se preocupar em entrar no conjunto sombrio de sepulturas, porque ele as liderará, e que os visitantes devem "esquecer o supermercado".

O guia fornece uma quase interminável trilha sonora para o cenário que passa. É uma comunicação (predominantemente) unidirecional da qual não se consegue escapar, pelo menos enquanto se está no ônibus. Como o guia indica a todo momento o que ver e como entender e dar valor, as pessoas raramente fazem suas próprias interpretações. Fora do ônibus, elas também estão sujeitas a um leve controle. Elas são implicitamente desaconselhadas a fazer explorações individuais e explicitamente solicitadas a seguir os passos do guia. E, viajando em equipe, elas são monitoradas por seus coparticipantes. Assim, os ritmos e as coreografias desse passeio são caracterizados por uma sociabilidade específica de espontânea autonomia, compartilhamento e controle social.

Tendo discutido algumas relações entre grupos dos que olham (e os seus guias) e dos que são observados individualmente, agora nos voltamos para os relacionamentos entre os que contemplam e os que são vistos, ou entre os anfitriões e os visitantes. Em textos anteriores, argumentamos que os anfitriões também contribuem para os balés dos lugares que compõem performances e palcos do turismo, embora tenhamos enfatizado os primeiros sobre os últimos (ver Bærenholdt *et al.*, 2004; Sheller e Urry, 2004). Isso costuma ser descrito como uma relação de poder assimétrica, na qual quem olha constrói e consome poderosamente quem é olhado, com pouca resistência do anfitrião impotente. Semelhante à virada performativa que insiste em analisar a resistência e a criatividade entre os turistas, vamos agora discutir algumas publicações que destacam que as pessoas olhadas não são totalmente passivas e impotentes. Quinn argumenta: "o fato de os habitantes locais estarem envolvidos em complexas maneiras de encontrar, negociar, controlar e contestar a presença de turistas é tão importante quanto entender os papéis desempenhados pelos últimos" (2007: 461).

O conceito de Maoz sobre o "olhar mútuo" realça a resistência e o poder dos anfitriões ao interagir frente a frente com os turistas (2006). Essa noção é explicitamente desenvolvida em relação às formulações anteriores do olhar do turista, que examinaram as relações entre a cadeia do turismo e os turistas, prestando pouca atenção às performances ativas, manipuladoras e de resistência dos anfitriões. Com efeito, enfatizou-se que os turistas exercem muito poder sobre os lugares, e os habitantes locais se tornaram os "loucos" por trás das grades, incansavelmente observados e fotografados (Urry, 1992). "Por outro lado", diz Maoz, "o olhar local se baseia em uma imagem mais complexa, de dois lados, onde existe tanto o olhar do turista quanto os olhares dos habitantes locais, afetando e alimentado uns aos outros, resultando no que é chamado de 'olhar mútuo'" (2006: 222). Segundo Maoz, *todos* se entreolham nos espaços do turismo; os habitantes locais retornam o olhar dos turistas e, consequentemente, os turistas também podem se transformar nos loucos atrás das grades. No entanto, "a maioria dos turistas mal percebe esse olhar, principalmente porque descarta arrogantemente sua presença. Raramente sentem que estão sendo observados e, portanto, atuam no que percebem ser um ambiente totalmente livre e permissivo" (Maoz, 2006: 229).

Maoz propõe, assim, uma relação de poder mais complexa e recíproca entre anfitriões e visitantes, em que o poder é onipresente e fluido, um resultado localizado de interações performativas (ver também Ateljevic e Doorne, 2005). Em linha com a dualidade poder/resistência de Foucault,

> [...] o olhar mútuo faz com que ambos os lados pareçam fantoches em uma corda, pois esta regula o comportamento deles. Isso resulta em esquivar-se mutuamente e em afastamento e atitudes e comportamentos negativos. Não há "dominadores" e "dominados" definidos, pois ambos os grupos sofrem e exercem o poder simultaneamente. (Maoz, 2006: 225)

Com base em estudos etnográficos das interações entre mochileiros de Israel e habitantes locais na Índia, Maoz descreve três modos de respostas a turistas que os moradores, em grande parte, consideram como "gente superficial, hedonista e rude, que é mal-educada e pode ser facilmente enganada" (2006: 235). Um dos modos é a "cooperação", em que os locais se tornam os "impotentes" que sempre e incondicionalmente atendem às necessidades dos turistas, mudando o seu estilo de vida e de negócios para satisfazer esses "desejos". Alguns internalizam o olhar do turista a ponto de torná-lo o seu próprio. Mas Maoz também identifica duas formas de resistência. Existe uma forma discreta de "resistência velada", na qual os moradores riem e fofocam sobre os turistas, assim como exploram aquela "autenticidade encenada" de bens, serviços, espiritualidade etc., que pode facilmente seduzir os visitantes. Os que procuram autenticidade não têm consciência deste olhar local e é pouco provável que percebam a encenação. Finalmente, há a "resistência aberta", em que os moradores "revidam" o comportamento de turistas ignorantes ou desagradáveis por meio de confrontos verbais, instruções escritas sobre comportamento respeitoso, um mau serviço aos clientes rudes e negócios que proíbem a entrada de turistas com cartazes dizendo "israelenses não" (Maoz, 2006: 231). Maoz argumenta que o olhar mútuo é *complementar* à noção do olhar do turista, que pode se tornar mais complexo, performativo e interativo, reconhecendo que é sempre um "olhar mútuo" com uma infinidade de olhares entrecortados e responsivos entre anfitriões e visitantes, turistas e "mediadores" e entre os próprios turistas.

OLHARES E LUGARES

A virada performativa mostra como os turistas são coprodutores de locais turísticos e podem vivenciar determinado lugar através de muitos estilos, sentidos e práticas diferentes. Embora tenhamos sugerido que o olhar é altamente mediado e formado *previamente* por meio de representações circulantes e temas arquitetônicos, também foi observado que o olhar nunca é predeterminado e previsível por completo. No capítulo 1, relacionamos várias maneiras distintas de olhar, legitimadas por diferentes discursos e práticas, e fizemos isso para ilustrar que qualquer atração turística pode ser consumida visualmente de diferentes maneiras, apesar de a maioria ser projetada e regulada de acordo com discurso ou lógica histórica específica. A presença de diferentes olhares para um ponto turístico pode causar conflito e transformá-lo em um espaço disputado, infestado por *outros* turistas. Edensor mostra como os turistas ocidentais no Taj Mahal podem perceber os indianos como "péssimos turistas", enquanto os mochileiros podem reclamar que os turistas guiados estragam seu prolongado encontro visual romântico com essa visão icônica (1998: cap. 4).

Os visitantes de locais históricos e shopping centers não são simplesmente atraídos por esses locais, assim como os visitantes de pontos turísticos não são consumidores passivos de narrativas e passeios guiados. Os turistas não são ingênuos em relação à cultura. Após a virada performativa, precisamos de um *itinerário* cujo modelo de performance, ao obscurecer a distinção entre produção (coreografia) e consumo (atuação), trate-os como inter-relacionados e sobrepostos de modo complexo. "Os corpos não são apenas afetados, mas também inscrevem seus próprios significados e sentimentos nos espaços em um processo contínuo de refazer continuamente" (Edensor, 2001a: 100). O ato do "consumo" é simultaneamente o da produção, da reinterpretação, da reformulação, da reexecução, da decodificação do codificado no presente (Du Gay *et al.*, 1997). Além disso, os turistas não apenas decodificam os textos passados, mas fazem parte da criação de novos textos por meio de interações e performances contínuas com outros turistas, guias, discursos, edificações e objetos.

PERFORMANCES

Uma parte fundamental do argumento contra *The Heritage Industry* ["A indústria do patrimônio histórico", em tradução livre] (1987) de Hewison era mostrar as diversas leituras, respostas e resistências a uma "patrimonialização" imposta (ver capítulo 6). Como conclui Chronis em seu relato da construção coletiva da paisagem histórica de Gettysburg, da Guerra Civil Americana:

> A narrativa da Guerra Civil não é o resultado de um produtor individual que introduz seu significado na sociedade. A paisagem histórica de Gettysburg ilustra o processo interativo pelo qual uma batalha da Guerra Civil se torna uma história significativa através da performance em um espaço turístico. Como um evento do passado, a batalha de Gettysburg é um fato histórico. No entanto, como produto cultural, Gettysburg é um texto narrativo fluido, encenado por profissionais de marketing e apresentado de várias formas heterogêneas. As narrativas resultantes são contestadas pelos turistas e ficam sujeitas a negociação. Durante a performance da história, os turistas não são leitores passivos do texto. Em vez disso, eles se envolvem ativamente usando seus conhecimentos anteriores, negociando, preenchendo lacunas e imaginando. Portanto, os prestadores de serviços não ensinam simplesmente a história e os turistas não apenas aprendem sobre o passado. Na verdade, através de sua interação, os profissionais de marketing e os turistas representam a história por meio de negociação, preenchimento da narrativa e corporificação. (2005: 400)

Embora grande parte do turismo seja coreografada e os turistas precisem se submeter ao seu ordenamento, isso não exclui momentos de resistência e ironia pós-turística. Até os shoppings atraem sua parcela de pós-compradores, pessoas que brincam de ser consumidores em uma zombaria complexa e autoconsciente. Os usuários não devem ser vistos apenas como vítimas do consumismo, como viciados em cartão de crédito, mas como sendo capazes de afirmar sua independência dos empreendedores de shoppings. Isso se alcança através de uma espécie de *flânerie* turística, quando se continua a passear, a ver e a ser visto; "o andar a esmo, os modos de sua prática de multidão constituem uma determinada ambientação urbana: uma contínua reafirmação dos direitos e das liberdades do lugar onde as mercadorias são compradas, a *communitas* do carnaval" (Shields, 1989: 161). Fiske fala de um tipo de consumo sensorial que não gera lucro. O prazer positivo de desfilar para cima e para baixo, de ofender os consumidores "reais" e os senhores da lei e da ordem, de afirmar sua diferença (e uso diferente) na catedral do consumismo tornou-se uma prática cultural de oposição (1989: 17).

Além disso, em relação a passeios e enclaves, Edensor argumenta: "assumir muito literalmente essas metáforas cria um determinismo espacial, sugerindo erroneamente que os turistas são totalmente compelidos a encenar performances conformistas específicas" (2000: 330). A etnografia de Tucker revela a resistência exercida pelos jovens participantes em uma excursão guiada mais longa, quando percorriam o "país das maravilhas naturais", a Austrália. Como muitos consideram o passeio uma oportunidade de conhecer pessoas novas (amigos, parceiros e parceiros sexuais) e se divertir, eles olhavam e prestavam mais atenção aos outros desejados do que às paisagens e às narrativas dos guias; faziam caretas quando o guia ficava muito entusiasmado e tiravam fotos tolas uns dos outros ao visitar os supostos destaques da excursão (Tucker, 2007).

Tendo discutido o olhar do turista enquanto corporificado, as relações sociais do olhar e as formas de resistência, retornaremos agora à fotografia e discutiremos suas variadas performances.

REALIZANDO FOTOGRAFIAS TURÍSTICAS

A fotografia turística é frequentemente vista como passiva, superficial e descorporificada, uma atividade discursivamente prefigurada de citação. Algumas formulações do "círculo hermenêutico" transformam as performances fotográficas dos *turistas* em um ritual de citação pelo qual eles são enquadrados e fixados pelas imagens comerciais, em vez de enquadrar e explorar a si mesmos (Osborne 2000: 81). Ela é formada *previamente* em vez de *performada*. Isso ilustra o fato de que analisar a fotografia "sem olhar para as práticas só pode produzir uma geografia mortuária esvaziada da vida real que habita esses lugares" (Crang, 1999: 249). Os textos sobre fotografia turística têm produzido turistas sem vida, eventos sem eventos e geografias mortas. Discutiremos agora como a virada performativa dá vida à análise da fotografia turística.

Os teóricos da performance afirmam que esta contém rituais, mas também diversão (ver Haldrup e Larsen, 2010: cap. 7). No capítulo 7, discutimos como a fotografia é um teatro ritualizado que as pessoas encenam para produzir sua autoimagem desejada e esperada, além de união, totalidade e intimidade com o parceiro, a família e os amigos. Há também um elemento importante de *diversão* na fotografia, mas isso fica com muita frequência em segundo plano nos textos que destacam a natureza ritualizada da fotografia e o que ela representa. Normalmente, a fotografia é considerada um meio para um fim (fotografias), mas a intenção de se divertir inverte essa premissa: agora, a fotografia também pode ser um fim em si mesma. Sem negligenciar o valor da fotografia, o aspecto de diversão mostra como ela pode ser uma fonte de prazer, criatividade e sociabilidade em si mesma, e isso explica suas performances. Escrevendo antes das câmeras digitais, Löfgren afirma:

> A crítica ao desejo de documentar deixa de considerar um aspecto importante. O prazer pode não estar em reunir momentos para exibir no próximo inverno, mas apenas em criá-los: deixar o vídeo rolar [...], clicar com um filme de Kodachrome. Por mais que se gaste muita energia na produção dessas narrativas e seja qual for o destino delas, produzi-las foi uma experiência por si só [...]. Esta é uma área em que os que não são artistas [...] não hesitam em tentar produzir uma narrativa fotográfica [...] [ou] documentário em vídeo. Aqui você pode se tornar seu próprio diretor, roteirista ou cenógrafo. (1999: 74)

A partir disso, passamos do porquê para o *como*, de estudar as funções da fotografia para o ato de fotografar (que podem reproduzir rituais e discursos da vida amorosa em família). Fundamentalmente, essas ações performativas são ao mesmo tempo representacionais (envolvendo pose, autorrepresentação e base em discursos culturais) e não representacionais (envolvendo interações, trabalho, sociabilidade e assim por diante). As performances fotográficas são sempre *mais* do que apenas representacionais.

Começamos aqui com a afirmação de Said de que "a própria ideia de representação é teatral" (1995: 63). Compreender a fotografia turística como performance pode realçar as práticas corporificadas, as relações sociais e seus dramas. Fotografar não é a performance de um único olho, mas de um corpo engajado e multissensorial. A prática de tirar fotografias costuma ser concebida como uma prática visual que é rápida e não requer muito mais do que clicar, mas uma abordagem performativa pode realçar os corpos da fotografia ocupados, ativos e divertidos. Quando concebemos a fotografia como performance, trata-se de um processo ao longo do tempo. Como diz Sather-Wagstaff em relação à fotografia do antigo World Trade Center [em Nova York, nos EUA]:

> Os turistas no WTC simplesmente não "imaginam" o local da mesma maneira. Eles simultaneamente veem e vivenciam o local através das lentes de suas subjetividades individuais, escolhendo seletivamente o engajamento com os objetos e as atividades no local que lhes são importantes, criando lembranças protéticas através desse engajamento, e capturando fotograficamente essas diferentes experiências. (2008: 77)

Ou, para citar Suonpää: "Quando você descobre que está vendo o sol da meia-noite em Nordkapp com centenas de turistas se acotovelando às suas costas, a transmissão de experiências românticas exige o uso habilidoso da câmera" (2008: 79).

Em publicações anteriores, mostramos como os corpos dos fotógrafos estão eretos, ou ajoelhados ou pendendo para o lado, ou para frente e para trás, encostados em ruínas, deitados no chão, e assim por diante. Os turistas fotografados posam fazendo uma composição de seu rosto e corpo como equipes vinculadas corporalmente. O toque – entre corpos ou o que Goffman chama de "segurar o ombro" e "segurar a mão" (1976: 55-6) – é essencial em relação à fotografia turística encenada

PERFORMANCES

pelo olhar da família [ver a figura 10, p. 327]. Quando as câmeras aparecem, as pessoas assumem posturas afetuosas e assexuais, como dar as mãos e se abraçar. Braços em volta dos ombros ou segurar o ombro é a maneira comum de unir amigos e familiares como um corpo social. A fotografia turística produz e exibe simultaneamente a proximidade corporal. A proximidade ocorre porque o evento câmera aproxima as pessoas. Para produzir signos de vida familiar amorosa e íntima, as famílias precisam encenar isso fisicamente, tocando-se. Esse vínculo de grupo através da fotografia também caracteriza o olhar coletivo das visitas guiadas [ver a figura 13, p. 329]. Tal intimidade encenada tende a se encerrar quando as fotos terminam (seria bastante inapropriado continuar abraçando até mesmo um bom amigo depois que a foto é tirada!). Isso se vincula à ideia central de Goffman de que "um dos momentos mais interessantes para observar o gerenciamento de impressões é quando um artista sai dos bastidores e entra no local em que o público se encontra, ou quando ele retorna daí, pois nesses momentos é possível detectar o entrar e sair do personagem" (1959: 123).

Quando confrontadas pelas lentes da câmera, as pessoas se tornam extraordinariamente conscientes de seu corpo psicobiológico e cultural, de sua aparência e comportamento, e do cenário do qual fazem parte, e posam por reflexo, para passar uma impressão pessoal apropriada. Ser fotografado é uma situação social em que a consciência dramatúrgica parece sempre surgir; é uma forma de comunicação corporal preocupada com a expressão. Como afirma Barthes: "Fui fotografado e sabia disso. Agora, quando me sinto observado pelas lentes, tudo muda: eu me constituo no processo de 'posar', faço instantaneamente outro corpo para mim, me transformo antecipadamente em uma imagem" (2000: 10). Posar como uma forma de gerenciamento de impressões é parte integrante da fotografia. Parece ser uma lei que as pessoas devem posar quando a face da câmera olha para elas. Ao ser fotografado, não se pode evitar "liberar" informações, mas pela pose pode-se tentar transmitir uma imagem específica para o futuro (Larsen, 2005). No entanto, essas poses geralmente passam despercebidas como "mensagens expressivas"; como diz Goffman, "devem sempre preservar a ficção de que não são calculadas, e sim espontâneas e voluntárias" (1963: 14).

Em *Performing Tourist Places* ["Performance nos lugares turísticos", em tradução livre], discutimos os esforços continuados de duas mulheres para encenar e fotografar seus filhos (Bærenholdt *et al*., 2004: cap. 7). Em primeiro lugar, há a encenação do evento. Como se estivesse malvestida para o trabalho com a câmera, talvez sentindo o tempo muito quente e abafado, a mulher que usa a câmera tira o casaco. Então, meticulosamente, um após o outro, ela posiciona os meninos. Em seguida, começa a fotografar. Ela se agacha para que o olho da câmera fique mais nivelado com os olhos dos filhos. O contato visual direto é estabelecido. Agora, a outra mulher se junta à ação. De pé logo atrás da fotógrafa ajoelhada, com os olhos fixos nos meninos, ela acena vigorosamente com os braços no ar. Em seguida, ocorre uma pequena pausa e a fotógrafa muda a posição da foto, endireitando um pouco o corpo. Agora os eventos se intensificam. Por mais ou menos um minuto, a fotógrafa constantemente enquadra e tira fotos, enquanto os braços da outra mulher fazem todo tipo de movimentos circulares e agitados – estampando um grande sorriso no rosto. Embora os braços dos meninos não estejam "se juntando", seus rostos provavelmente estão rindo e, felizmente, uma foto alegre das férias é produzida.

Essa vinheta etnográfica ilustra algumas *relações sociais* da fotografia. Os turistas encenam a fotografia de forma corporal, criativa e multissensorial em grupos de entes queridos (família, parceiro, amigos, turistas que viajam juntos, e assim por diante) e com um público (futuro) em mente. Os aspectos performáticos da fotografia turística relacionam-se com as práticas de tirar fotos, posar para as câmeras, coreografar corpos posando, assistir a turistas fotografando e consumir fotografias. O ato de fotografar geralmente envolve trabalho em equipe e um público, o que também indica a utilidade de estudá-lo como performance. Fotografar é caracterizado por relações sociais complexas entre fotógrafos, os que posam e o público presente, imaginado e futuro. É comum que os que posam sejam instruídos pelos fotógrafos ou por outros membros da equipe para mostrar certas frontes apropriadas (o mais comum sendo "Sorria"!) ou interromper atividades inadequadas.

Isso também ilustra como o trabalho de câmera dos turistas se preocupa não apenas com "consumir os lugares" (Urry, 1995a) ou com os "mitos do lugar" hegemônicos (Shields, 1990), mas também com

PERFORMANCES

a apresentação de si e o "gerenciamento estratégico de impressões" encenado por equipes de amigos, casais e especialmente famílias através do "olhar da família" (Haldrup e Larsen, 2003; Larsen, 2005). A maioria dos turistas expressa um desejo simultâneo de fazer imagens de destinos e nos destinos. Eles procuram configurações físicas como monumentos, mirantes, belos locais e vistas para enquadrar os membros de sua equipe.

O *self* é um "efeito dramático" criado continuamente em performances públicas. A idealização é uma prática dramatúrgica comum (Goffman, 1959: 47). Muitas imagens representam um palco de gerenciamento de impressões codificadas e encenadas. Os atritos são quase automaticamente colocados em espera, e até mesmo reuniões sem graça ficam cheias de vida quando a câmera aparece. Nem todo amor pela câmera é "sincero" (Goffman, 1959: 28). Mesmo famílias em que há pouco afeto envolvido podem aparentar uma vida familiar afetuosa pela câmera (Kuhn, 1995).

Goffman disse certa feita que: "temos faces de festas, faces de funerais e vários tipos de faces institucionais" (1963: 28). E a essa lista podemos adicionar *faces de turistas*. A fotografia turística está intimamente ligada a rostos amorosos. Pais estressados, adolescentes entediados e crianças chorando são instruídos a colocar um sorriso no rosto e a se abraçar antes que a câmera comece a clicar. O gerenciamento cuidadoso de impressões garante o retorno para casa com lembranças fotográficas de uma família aparentemente amorosa ou de uma vida de amizades. Muitas equipes de turistas coproduzem *um corpo social* que é cerimoniosamente exibido. Todos mostram respeito pelo evento fotográfico posando de maneira digna; sorrisos gentis são mostrados, os corpos endireitados, as mãos são mantidas de lado. Ninguém zomba ou domina (para uma evidência etnográfica disso, ver Bærenholdt, *et al.*, 2004: cap. 6). Este é um *olhar solene* que celebra a relação social e a atração. Pode haver contestações moderadas e o que Goffman chama de "distância do papel desempenhado" a essa fotografia de família idealizada. Nem todo mundo está sempre disposto a "se encaixar". Existem conflitos entre os membros da equipe sobre quais poses são apropriadas. Os exemplos incluem adolescentes que resistem às instruções de seus pais para parecerem doces, porque desejam parecer descolados ou indiferentes. Os membros da família – sobretudo o pai – podem parecer desconfortáveis em encenar a família amorosa em atrações lotadas.

Existe também a pose divertida, em que os turistas se fazem de tolos e mostram caretas engraçadas e gestos obscenos do corpo, brincando com a câmera. Essa antipose é mais difundida entre os jovens e foi popularizada pelas câmeras digitais. Tucker mostra o significado dessa pose em um passeio guiado em que os jovens participantes tiraram fotos tolas de si mesmos e dos lugares que visitaram, de modo a questionar a "seriedade" com a qual o guia tentava transmitir e caracterizar a excursão (2007: 151). De forma um pouco semelhante, há a "pose pós-turista", reflexiva e levemente subversiva, em que os turistas zombam dos roteiros convencionais da fotografia turística. Edensor ouviu por acaso um grupo de turistas norte-americanos fotografando e posando no Taj Mahal:

> TURISTA 1: Muito bem, pessoal, alinhem-se e pareçam surpresos.
> TURISTA 2: Sim, mas [...] é ótimo, suponho – mas para que serve isso?
> TURISTA 3: Bob teve a melhor tirada "o Taj é incrível, mas chato".
> TURISTA 1: Vamos lá, vamos tirar a foto para que possamos sair daqui.
> (1998: 133)

Finalmente, voltamos às complexas relações de poder entre visitantes e anfitriões. Embora essa relação seja assimétrica em termos de poder, a noção de Gillespie do "olhar reverso", inspirado pelas noções de Maoz do "olhar mútuo", curiosamente revela a vergonha e o desconforto que os fotógrafos turistas experimentam quando o fotografado percebe e devolve o olhar. O argumento de Gillespie é que este olhar reverso magoa porque os autoproclamados viajantes, com seu olhar antropológico, sentem que isso os transforma em meros turistas e performadores do olhar *voyeur*, justamente porque fotografar é uma atividade turística ridicularizada e questionável. Ao ser apanhado pelo olhar reverso, o fotógrafo perde o respeito, mesmo quando o alvo da foto não se importa em ser fotografado. Como diz Gillespie:

> O fotografado, através de um olhar prolongado, um olhar questionador, ou mesmo apenas pelo levantar de uma sobrancelha, pode

momentaneamente inverter a relação entre o fotógrafo e o fotografado. Em um piscar de olhos, o fotografado pode [...] capturar e objetificar o turista que fotografa como um tipo específico de turista. Ou seja, o olhar reverso, em suas várias formas, pode revelar o *self* emergente do turista. (2006: 347)

CONCLUSÃO

Vimos, portanto, muitas maneiras pelas quais as performances são fundamentais para o turismo. Encontramos em Goffman uma rica fonte de *insights* sobre o caráter performativo de grande parte do turismo. Também observamos que a interação social em geral é cheia de performances e que elas não desaparecem ou se tornam menos importantes com facilidade. Isso é muito relevante para o capítulo final, quando examinaremos alguns dos riscos do turismo como mercado e como um conjunto central de atividades no mundo contemporâneo, pelo menos para aqueles que vivem no Norte rico. E nesse Norte rico pode acontecer que a escala e o escopo crescentes das viagens de lazer sob o regime do olhar do turista acabem por ser um período um tanto limitado na história da humanidade. Analisamos os riscos dessa viagem de lazer e observamos que ela é destrutiva para os ambientes visitados, para a situação climática no longo prazo e para o suprimento de petróleo que alimentou o olhar do turista durante o mundo de mobilidade do século XX.

E, no entanto, é difícil conseguir encontrar substituições para esse mundo móvel moderno por muitas razões, mas em parte por causa do caráter performativo. Poderíamos perguntar: que tipo de performances substituiriam as performances do turismo globalizado contemporâneo? É concebível que as performances possam ser realocadas? Como podemos imaginar o olhar do turista sendo direcionado para o próprio local e o mundano? Será que é necessário viajar por longas distâncias e para novos lugares quando vimos que grande parte do turismo gira em torno de geografias emocionais de curtir a vida familiar e a amizade com pessoas com quem se está mais ou menos próximo no cotidiano? Como seria, de fato, a fotografia digital se todos os objetos fotografados fossem encontrados na vizinhança local? É possível imaginar as performances do olhar do turista sendo inteiramente baseadas em paisagens virtuais vistas nas telas e nunca corporalmente visitadas? As interações entre quem olha e quem é olhado poderiam ser apenas virtuais e nunca corpóreas e, como tais, ir contra toda a argumentação derivada de Goffman elaborada neste capítulo? Ou será que os futuros olhares turísticos passarão a ser mais locais e mais ligados às relações sociais do que às viagens de longa distância e ao ato de colecionar lugares distantes?

9. RISCOS E FUTUROS

INTRODUÇÃO

Neste capítulo, analisaremos alguns desdobramentos contemporâneos e futuros no turismo. De especial importância são as interconexões entre turismo e risco. Quando a primeira edição deste livro apareceu em 1990, havia pouco exame de riscos, exceto para considerar os sistemas especializados que Thomas Cook desenvolveu a partir da década de 1840. Estes eram pensados para deduzir alguns dos riscos óbvios da viagem para cada indivíduo. No entanto, desde 1990 têm surgido muitas novas análises de "risco", provocadas principalmente pelo livro *Sociedade de risco* de Beck (2002, publicado pela primeira vez em inglês em 1992). Nesse livro, Beck não se preocupa com desastres "naturais", mas com os riscos "provocados por pessoas" da sociedade industrial. A radiação nuclear que se espalhou por grande parte da Europa após as explosões da usina nuclear de Chernobyl, em 1985, é vista como sintomática de uma mudança da sociedade industrial para uma sociedade de risco. Numa sociedade de risco não existem apenas mercadorias, mas também muitos "males" "provocados por pessoas". Essa noção de sociedade de risco e da disseminação de múltiplos males é aplicada a muitos dos perigos ambientais das sociedades contemporâneas, da poluição local, das restrições de energia e recursos e das mudanças climáticas. Especialmente a partir do ataque terrorista de 11 de setembro, os males e, principalmente, o medo do terrorismo, que geraram muita vigilância visual e controle dos corpos móveis em cidades, resorts e aeroportos, são parte da sociedade de risco contemporânea.

Examinamos, particularmente, se e de que maneira o turismo em si é autodestrutivo, se está exaurindo ou destruindo as próprias precondições de sua atividade ao gerar poderosos riscos ou males locais ou globais. Esses males parecem advir do excepcional desenvolvimento do turismo e das viagens a partir do início do século XIX. O poema *The Brothers* ["Os irmãos"], de Wordsworth, começa assim:

> Estes turistas, que os céus nos protejam!, devem viver
> Uma vida lucrativa: alguns contemplam tudo
> Rápidos e felizes, como se a terra fosse ar.
> E eram borboletas girando em volta
> Enquanto seu verão durasse; alguns, como sábios,
> No limite de um penhasco saliente
> Sentam-se empoleirados com livro e lápis nos joelhos,
> E olham e rabiscam, rabiscam e olham[57].

Buzard argumenta que esse poema de 1800 "significa o início da modernidade [...], uma época em que alguém deixa de pertencer a uma cultura e só pode visitá-la" (1993: 27). Assim começam os processos de procurar, comparar, contrastar e colecionar lugares, que marcaram os últimos dois séculos. Muitos lugares são agora ícones globais, maravilhas do mundo que valem a pena ser vistas viajando-se até lá. Viajar pelo mundo tem sido a forma mais significativa de vivenciá-lo nos últimos dois séculos, especialmente desde que sua mobilização começou por volta de 1840 na Europa. Schultz descreve em um livro de 972 páginas, *1.000 lugares para conhecer antes de morrer*, mil lugares para serem contemplados (2003).

Analisamos neste livro muitos tipos diferentes de lugares que os turistas contemporâneos procuram ver por si mesmos. E os turistas podem colecioná-los e compará-los com outros lugares e obter capital cultural por ter visitado e exibir cada vez mais essas informações através da web 2.0. Que os céus nos protejam, poderíamos dizer, de todos esses turistas. De fato, à medida que se torna global, o olhar do turista gera algumas novas configurações de risco poderosas no mundo contemporâneo. Esses riscos, ou males, incluem os efeitos sobre os

---

57. These Tourists, Heaven preserve us! needs must live/ A profitable life: some glance along/ Rapid and gay, as if the earth were air./ And they were butterflies to wheel about/ Long as their summer lasted; some, as wise,/ Upon the forehead of a jutting crag/ Sit perch'd with book and pencil on their knee,/ And look and scribble, scribble on and look, [...].

próprios lugares visitados, sobre o suprimento de petróleo que move as pessoas para dentro e para fora dos lugares, e sobre as futuras condições de vida no planeta. Antes de examinar esses riscos, analisaremos algumas intersecções estranhas de risco e perigo que resultam da proliferação do olhar do turista e das muitas compulsões para consumir que isso gera.

RISCO E PERIGO

Embora o turismo supostamente se refira ao prazer, esse consumo de lugares ao redor do mundo muitas vezes envolve doenças, perigos e morte (ver Urry, 2004). Pode haver estranhas combinações de prazer e dor, risco e perigo. Em primeiro lugar, isso ocorre porque os locais turísticos são, com frequência, cheios de doentes e moribundos. Relatamos no capítulo 2 a história inicial dos balneários como estâncias termais. Muitos balneários continuam sendo lugares para os doentes se banharem nas águas e sentirem o ar fresco, receberem tratamento e convalescerem. Muitas vezes, há altas concentrações de lares de idosos, aposentados e enfermos, principalmente porque o turismo médico e *fitness* se desenvolveu amplamente. Neste sentido, a Cuba contemporânea tem uma interessante vantagem comparativa no turismo médico atual devido ao legado de seu bom serviço de saúde comunista.

Segundo, consumir outros lugares costuma envolver contemplar e colecionar locais de morte violenta. Discutimos como os locais turísticos sombrios incluem prisões, memoriais de guerra, castelos, campos de extermínio, locais de batalhas mortais, desastres e fortalezas. Os exemplos incluem a prisão de Changi em Singapura, fortes de escravos na África Ocidental, locais de ocupação nazista nas Ilhas do Canal, Glencoe, Falls Road em Belfast, Marco Zero (de Nova York), pirâmides do Egito, Dachau, Hiroshima, Pearl Harbor, furacão Katrina em Nova Orleans e a "trilha do massacre" de Sarajevo. Há também lugares para comemorar a morte de pessoas icônicas. Isso inclui a colina gramada em Dallas, onde JFK foi assassinado, Graceland, o túmulo de Jim Morrison em Paris e a passagem subterrânea onde a princesa Diana morreu (Lennon e Foley, 2000). Além disso, culturas sedentas de sangue muitas vezes são convertidas em culturas que podem ser consumidas e servir para brincadeiras, como os guerreiros *vikings*, incas ou da tribo zulu (ver Bærenholdt e Haldrup, 2004, sobre os *vikings*).

Esses locais de morte, desastre e sofrimento passaram a ser visitados como locais de lazer, geralmente cobrando uma taxa de entrada, fornecendo interpretação e vendendo vários outros serviços e *souvenirs*. Muitos desses locais se desenvolveram e continuam a existir por causa de entusiastas e fãs bem organizados (Bærenholdt e Haldrup, 2004; Hui, 2008). Esses entusiastas realizam trabalhos que envolvem reciprocidade e ajuda mútua. A ênfase está em obter, através de redes de contatos, formas misteriosas de conhecimento sobre esse local ou pessoa. Os entusiastas procuram manter vivas as lembranças de sua raça, religião, astro, cultura ou povo em particular. Fãs ou entusiastas organizados trazem essa experiência de morte e desastre aos olhos do público, fazendo com que o mundo testemunhe através de um memorial visto por visitantes que são, assim, essenciais para esta comemoração pública. Além disso, essas performances turísticas mantêm essas lembranças à vista do público e, portanto, reduzem a probabilidade de "fadiga do desastre", como bem mostra Pezzullo no caso da Nova Orleans pós-Katrina (2009).

De um modo mais geral, existem muitas conexões entre as mobilidades de pessoas e doenças. Altas taxas de mobilidade internacional geraram novos riscos, como sífilis, aids ou sars, que são doenças das mobilidades de viajantes e turistas, pragas modernas conforme Farmer (1999). O "turismo do sexo" e os encontros sexuais entre "convidados" e "anfitriões" discutidos no capítulo 3 contribuíram para a disseminação geográfica de doenças sexuais como aids, enquanto a sars resultou de padrões específicos de viagem na diáspora chinesa. Os lugares são imensamente vulneráveis aos movimentos de doenças e, sobretudo, ao medo de doenças que, da noite para o dia, podem transformar um local turístico em um lugar que teme a morte. O pânico pode fazer com que os visitantes evitem esse local, como ocorreu, em parte, no Lake District inglês em 2001, quando o campo idílico ficou cheio de carcaças de gado queimadas, abatidas para retardar a propagação da febre aftosa.

RISCOS E FUTUROS

Terceiro, os lugares turísticos costumam ser imaginados como, e efetivamente são, locais de perigo, onde o crime e os temores quanto à segurança pessoal são centrais. O Rio mostra uma hiperconcentração de turismo e criminalidade, em que os criminosos têm como alvo os turistas, que funcionam como um chamariz. Há muitos exemplos da atração de turistas por criminosos, assaltantes, prostituição, furtos e negócios ilegais relacionados com os vícios dos visitantes. Parte do fascínio do Caribe é que o perigo está logo ali, por trás das aparências. Histórias de piratas, rastafaris, drogas e *yardies*[58] contribuem para o "turismo perigoso" nessas ilhas paradisíacas do Caribe (Sheller, 2003). Existem vários guias para "viagens perigosas" (Sheller, 2003), bem como séries da BBC chamadas *Holidays in the Danger Zone* ["Férias na zona perigosa", em tradução livre]. E, no entanto, conforme discutido no capítulo 6, enclaves turísticos como resorts, hotéis internacionais, shopping centers e parques temáticos representam uma arquitetura de *segurança* explicitamente projetada para isolar os consumidores dos locais de perigo e medo. Em ambientes de risco, com muitos males reais ou imaginários, os turistas tendem a preferir a segurança do acampamento protegido.

Quarto, as performances de turismo costumam envolver a colocação do corpo em outros tipos de perigo pessoal, pois, como diz Sennett, "o corpo ganha vida ao lidar com dificuldades" (1994: 310; Macnaghten e Urry, 2000b). Como observado nos capítulos anteriores, o turismo de aventura se desenvolveu como novas versões do olhar do turista, envolvendo performances turísticas perigosas e emocionantes. Essas performances de extremos corporais incluem *bungee jumping*, esqui estilo livre, parapente, paraquedismo, *rafting* e caminhadas em altas altitudes. Thomas Mann escreveu certa feita que a modernidade, e especialmente aqueles que "viajam" pelo mundo, vivem apaixonados pelo abismo (citado em Bell e Lyall, 2002: 23). A Nova Zelândia, em especial, tem desenvolvido novas performances do abismo. Há algo de intensamente sublime quando se diz: "A natureza fornece um local em que os turistas realizam seus sonhos de domínio sobre a terra; de serem heróis de aventura estrelando

---

58. Espécie de máfia jamaicana. [N.T.]

seus próprios filmes", enquanto tentam enganar a morte (Bell e Lyall, 2002: 22). A Nova Zelândia é onde as "vistas gloriosas" fornecem locações apropriadas para o consumo dinâmico do "intensamente sublime". É assim que a "Nova Zelândia apresenta a paisagem para o consumo" (Bell e Lyall, 2002: 36). Outros turistas jovens colocam seu corpo em risco lúdico quando deliram quimicamente durante a noite e de manhã cedo (como em Goa e Ibiza) ou bebem em excesso (como em muitos pacotes turísticos destinados aos jovens festeiros).

Finalmente, neste novo século estão os riscos (imaginados) e os medos corporais do terrorismo e o amplo olhar de vigilância que esses riscos e temores geram no ambiente construído. Os terroristas do ETA, no País Basco, visavam principalmente áreas turísticas, como o seu plano de colocar bombas no museu Guggenheim de Bilbao. Eles usaram bombas dirigidas contra turistas como chave em sua campanha para garantir a independência basca. Mas o terrorismo é cada vez mais global. O terrorismo mundial busca desafiar o poder global dos EUA e seus aliados, sobretudo os do Oriente Médio. Nesta nova desordem mundial, os lugares que atraem os turistas ocidentais são o novo alvo. Os turistas estão na linha de frente dessa guerra global, como ilustram os incidentes no Cairo, Luxor, Nova York, Bali, Mombaça, Jacarta e Caxemira. Os locais turísticos atraem visitas mortais daqueles que buscam a morte no sacrifício em massa de outras pessoas. Como escreveu um comentarista: "As bombas na Espanha caem principalmente sobre os turistas"[59]. A morte em potencial e o medo da morte agora perseguem muitos locais turísticos.

Os locais turísticos podem, assim, atrair turistas e terroristas. Algumas vezes, os terroristas são turistas, transmutando-se intermitentemente em terroristas. A arma dos fracos é o medo, induzindo o pânico naqueles "turistas inocentes" que se divertem, fazendo o que deveriam fazer. "O novo medo está ligado a uma incerteza radical. O terror ataca aleatoriamente [...]; o novo terror é cego e difuso" (Diken e Laustsen, 2005: 2). No entanto, muitas vezes, atinge os espaços dos viajantes e turistas. Esse novo medo é como uma epidemia, que pode atingir o aeroporto, o avião, o hotel, a boate, a praia, o posto de

---

59. Disponível em: http://slate.msn.com/id/112743/. Acesso em: 2 dez. 2010.

gasolina, o ônibus turístico, o metrô. Ser um turista é estar na linha de frente da guerra contra o terrorismo, podendo morrer. Em certa medida, pelo menos, "Bin Laden já venceu; sua vitória consiste em criar um medo que tudo consome" (Diken e Laustsen, 2005: 14). Esse medo que tudo consome é particularmente evidente nos aeroportos, nos terminais do turismo internacional.

Esse novo inimigo invisível gera novas e sofisticadas formas de "classificação panóptica". Os turistas internacionais precisam de sistemas de vigilância excepcionalmente refinados para mantê-los em movimento. Nos EUA, essa exigência provocou um evento sem precedentes, a nacionalização da segurança aeroportuária e o desenvolvimento geral de sistemas de controle sobre os 550 milhões de pessoas que entram no país todos os anos (Diken e Laustsen, 2005: 3). A noção de dentro e fora fica desgastada; todos estão dentro e fora ao mesmo tempo. Poder, olhares e terror estão por toda parte. De fato, os turistas estão agora sujeitos a monitoramento, vigilância e regulamentação mais intrusivos. Para serem consumidores no mercado global, os turistas submetem-se a sistemas poderosos e abrangentes e a olhares de monitoramento e regulamentação pelo olhar institucional de corporações e Estados. Assim, pessoas se divertindo em lugares turísticos são alvos fáceis, na linha de frente da guerra contra o terror. Como tanto os terroristas quanto os turistas estão em movimento e ainda assim precisam ser mantidos separados, portões, acampamentos, cães farejadores, câmeras, câmeras biométricas de reconhecimento facial, cartões inteligentes, reconhecimento de íris, satélites, dispositivos de escuta cada vez menores e *Total Information Awareness* (TIA – Conhecimento Total da Informação) fazem parte das performances das viagens e do turismo contemporâneos. Para que alguém possa entrar no paraíso por uma semana, os sistemas de segurança pessoal estão se transformando em um novo *Big Brother*, em que os turistas contemplativos ficam sujeitos a uma vigilância onipresente.

As cidades e os resorts compartilham cada vez mais características com os aeroportos. Novas formas de vigilância, monitoramento e regulamentação estão sendo implementadas como parte da "guerra global contra o terror", no que foi chamado de "sociedade sob revista policial". As tecnologias testadas nos aeroportos tornam-se características comuns de cidades e resorts turísticos, lugares de medo e contingências na nova ordem mundial. Por isso, Martinotti escreve que aeroportos e afins "são os lugares da cidade em que residimos hoje. Os não lugares são nada menos que os lugares típicos da cidade de nossos tempos" (1999: 170; Cwerner *et al.*, 2009). Os espaços aéreos são típicos daqueles "lugares" que a ordem global está lançando, mostrando muitas sobreposições e semelhanças com vilas e cidades ao redor do mundo. É cada vez mais difícil distinguir entre espaços aéreos e outros lugares. O campo excepcional do espaço aéreo se tornou a regra. Não só os passageiros voam cada vez mais ao redor do mundo, como os sistemas de movimento e segurança que tornam possíveis essas viagens também voam ao redor, aterrissando em muitas vilas e cidades. Como afirmam Fuller e Harley, "o aeroporto é a cidade do futuro", sobretudo quando essas cidades estão cheias de visitantes, pessoas de outros lugares que podem ou não ser "apenas turistas" e precisam ser vigiadas (2005: 48). Estima-se que uma pessoa média no Reino Unido seja filmada mais de 300 vezes por dia pelas câmeras de circuito fechado de televisão (Morgan e Pritchard, 2005). No capítulo 6, argumentamos que o *flâneur* era o precursor do turista e que ele podia ser anônimo, estar em uma zona limitada. Mas o anonimato e a liminaridade urbanos são agora ilusórios diante do olhar onipresente de câmeras digitais de vigilância funcionando continuamente:

> O olhar onipresente da câmera que tudo vê coloca em risco as oportunidades de anonimato que a esfera pública tem tradicionalmente pretendido oferecer. Sistemas sofisticados de circuito fechado de televisão [...], juntamente com bancos de dados e/ou *software* de identificação automática, registram discretamente indivíduos e seus movimentos – mesmo em espaços e situações em que se pode legitimamente esperar ser um membro anônimo e não identificado do público. (Dubbeld, 2003: 158)

Os turistas são agora rotineiramente captados e sujeitos a uma poderosa máquina panóptica digital, justificada pelos riscos percebidos de crime, violência e terrorismo.

RISCOS E FUTUROS

Ao mesmo tempo, lugares de terror tornam-se novos lugares para contemplar. Assim, o Marco Zero ou as estradas Falls e Shankhill em Belfast estão agora no mapa turístico, aguardando a chegada dos visitantes (em Belfast existe um Troubles Tour, ou "Passeio de Tumultos", em tradução livre). Lugares de mortes se transformam em locais para visitantes, que aparecem sempre em novos itinerários turísticos, fazendo parte das práticas de consumo do turismo sombrio. Logo após o 11 de setembro, houve apelos em prol do chamado turismo patriótico americano, para garantir que os americanos subissem naqueles aviões e fossem a lugares para se divertir, para mostrar ao inimigo que eles não poderiam vencer, que o medo da morte poderia ser derrotado. Como já relatado, um número recorde de turistas foi para Nova York depois de 11 de setembro.

DISPUTA POR POSIÇÕES

Passaremos, agora, ao exame de outros males gerados pelo olhar do turista globalizado. Analisaremos primeiro a geração de congestionamento, superlotação e degradação do ambiente local, tópicos de debate desde a década de 1960 em grande parte do chamado Ocidente. Mishan escreveu sobre "o conflito de interesses [...] entre, por um lado, os turistas, agências de turismo, empresas de transporte e serviços auxiliares [...] e, por outro lado, todos aqueles que se preocupam com a preservação da beleza natural" (1969: 140). Ele cita o lago Tahoe, na Flórida, cuja vida vegetal e animal foi destruída pelo esgoto gerado pelos hotéis construídos ao longo de suas margens. Existem inúmeros exemplos de danos ambientais localizados, especialmente documentados por ONGs como a Tourism Concern[60].

Mishan sustenta que há um conflito de interesses entre as gerações atuais e futuras, decorrente de como as viagens e o turismo são custeados. O custo marginal do turista não leva em conta os custos adicionais do congestionamento que ele impõe. Esses custos de congestionamento incluem os efeitos indesejáveis das praias

---

60. Disponível em: http://tourismconcern.org.uk/. Acesso em: 11 jun. 2010.

superlotadas, a falta de paz e sossego, o ruído dos aviões, a destruição de paisagens, os danos à vida vegetal e animal e assim por diante (Verbeek, 2009). Além disso, muitos turistas sabem que não há nada a ganhar com o adiamento da visita ao local em questão. Na verdade, existe um forte incentivo para ir o mais cedo possível – para apreciar a vista intacta antes que as multidões cheguem lá. Assim, "o comércio turístico, em uma disputa competitiva para descobrir todos os lugares de repouso tranquilo, de fascinação, beleza e interesse histórico para a multidão endinheirada, está de fato, literal e irrevogavelmente destruindo-os" (Mishan, 1969: 141). Mishan destaca que os "jovens e crédulos" são atraídos por fantasias inventadas pelo mercado do turismo (podemos perguntar quais seriam suas opiniões sobre Ibiza ou Goa: D'Andrea, 2007).

A expansão do turismo de massa não democratiza as viagens. O turismo é uma ilusão que destrói os próprios lugares que estão sendo visitados. Isso porque o espaço geográfico é limitado. Mishan diz: "o que alguns podem desfrutar em liberdade, a multidão necessariamente destrói por si mesma" (1969: 142). A menos que seja alcançado um acordo internacional, a próxima geração herdará um mundo quase privado de lugares de "beleza natural intocada" (1969: 142). Mishan claramente defende a proibição de todas as viagens aéreas internacionais! Permitir que o mercado se desenvolva sem regulamentação é o mesmo que destruir os próprios lugares que são objeto do olhar do turista.

Beckerman esclareceu dois pontos aqui (1974: 50-2). Primeiro, a preocupação com os efeitos do turismo de massa é basicamente uma ansiedade da "classe média" (como muitas outras preocupações ambientais); e, segundo, a maioria dos grupos afetados pelo turismo de massa efetivamente se beneficia de alguns aspectos dele, incluindo visitantes pioneiros que descobrem serviços disponíveis que seriam impossíveis de obter.

No entanto, o fundamental aqui é a tese de Hirsch sobre os limites sociais ao crescimento e à economia posicional (1978). Ele observa que a liberação individual através do exercício de escolha do consumidor não torna essas escolhas liberadoras para todos por causa da economia posicional. Todos os aspectos de bens, serviços, trabalho, posições e outras relações sociais são escassos ou estão sujeitos a congestionamento ou aglomeração. A competição é, portanto, de soma zero: à medida que alguém consome mais do bem em questão, outra pessoa consome menos ou obtém menos satisfação. A oferta não pode ser aumentada, diferentemente dos bens materiais, em que o crescimento econômico pode gerar mais. O consumo que as pessoas fazem de bens posicionais é *relacional*. A satisfação obtida por um indivíduo não é infinitamente expansível, pois depende do consumo de cada pessoa em comparação com o de outras. Há uma "competição forçada" em que as pessoas realmente não têm escolha. Elas precisam participar e consumir mais, embora no final do processo de consumo ninguém esteja melhor; ou seja: "é preciso correr mais rápido para ficar parado" (ver Schwartz, 2004).

Grande parte do turismo demonstra essa competição posicional. A costa do Mediterrâneo é, sem dúvida, escassa e o consumo de uma pessoa é feito à custa do consumo de outra. Existem, também, muitos destinos de férias que são consumidos não por serem intrinsecamente superiores, mas porque transmitem bom gosto ou *status*. Para os europeus, o Extremo Oriente seria um exemplo atual, embora isso mude à medida que os próprios padrões do turismo em massa se alteram. Além disso, existem muitos locais turísticos em que a satisfação das pessoas depende do grau de congestionamento. Hirsch cita um profissional de classe média que observou que o desenvolvimento de voos *charter* baratos para um país anteriormente "exótico" significa que: "Agora que posso me dar ao luxo de vir para cá, sei que o local será destruído" (1978: 167).

No entanto, neste livro nós mostramos que não está claro exatamente o que se entende por consumo em grande parte do turismo. Seria a capacidade de contemplar um objeto específico, se necessário na companhia de muitas outras pessoas? Ou seria conseguir contemplar sem que outras pessoas estejam presentes? Ou seria poder alugar acomodações por um curto período de tempo com uma visão próxima do objeto? Ou seria a capacidade de adquirir uma propriedade com vista para ele? O problema surge por causa da centralidade do olhar no turismo. A escassez envolvida no turismo é complexa. Uma estratégia das empresas do setor de turismo tem sido a construção de novos empreendimentos que permitam que um número maior de pessoas contemple o mesmo objeto, como no caso de todos os quartos de um hotel com "vista para o mar" ou navios de cruzeiro redesenhados para que todos os quartos tenham vista para o exterior.

Há outra distinção importante relacionada com a escassez. Podemos distinguir entre a capacidade física de um local turístico e a capacidade visual de um local (Walter, 1982). Em termos de capacidade física, fica claro quando uma trilha na montanha literalmente não aguenta mais visitantes, pois se deteriora e desaparece. No entanto, existem milhares de outros caminhos que podem ser percorridos e, portanto, a escassez física só se aplica a *este* caminho que leva a esta vista, não a todos os caminhos de todas as montanhas.

A noção de capacidade visual muda isso. Walter está preocupado aqui com a qualidade subjetiva da experiência turística (1982: 296). Embora o caminho ainda possa ser fisicamente transitável, ele não mais significa a natureza intocada que o visitante esperava contemplar. Assim, sua capacidade visual foi alcançada, mas não sua capacidade física. Walter cita o exemplo de uma montanha alpina. Como um bem material, a montanha pode ser vista por sua grandeza, beleza e conformidade com o pico alpino idealizado. Quase não há limite para esse bem. No entanto, a mesma montanha pode ser vista como um bem posicional, como um santuário da natureza que as pessoas desejam desfrutar em solidão ou em um pequeno grupo, sem a presença de outros turistas. Esse "consumo" solitário demonstra um suposto bom gosto (ver Bourdieu, 1984). Trata-se de um olhar turístico "romântico" em que as pessoas esperam solidão, privacidade e uma relação pessoal, semiespiritual, com o objeto do olhar (ver capítulos 2 e 8).

Barthes caracteriza isso no *Guide Blue*[61] como "essa promoção burguesa das montanhas, este velho mito alpino [...], apenas montanhas, desfiladeiros e torrentes [...], parecem encorajar a moralidade do esforço e da solidão" (1972: 74). Walter discute um bom exemplo do olhar romântico, o do Stourhead Park em Wiltshire, que ilustra:

---

61. Série de guias de viagem em francês publicados pela Hachette Livre, a partir de 1841. Os guias são dirigidos àqueles que buscam "descobertas em profundidade". [N.T.]

RISCOS E FUTUROS

> a noção romântica de que o *self* não é encontrado na sociedade, mas na contemplação solitária da natureza. O jardim de Stourhead é a paisagem romântica perfeita, com caminhos estreitos entre árvores e arbustos, grutas, templos, uma cabana gótica, tudo isso ao redor de um lago com margens irregulares [...]. O jardim foi projetado para ser percorrido deslumbrando-se com a Natureza, e a presença de outras pessoas imediatamente passa a prejudicar isso. (1982: 298)

Por outro lado, o olhar "coletivo" não se parece com isso. Walter descreve Longleat, uma propriedade diferente em Wiltshire, onde há:

> [...] uma imponente casa, situada no parque Capability Brown; a quantidade de árvores foi deliberadamente reduzida [...], de modo a se poder ver o parque a partir da casa, e a casa a partir do parque. De fato, a casa é o ponto focal do parque [...]; o folheto lista 28 atividades e instalações [...]. Toda essa atividade e as multidões resultantes se encaixam perfeitamente na tradição do lar imponente: essencialmente, a vida dos aristocratas era pública, em vez de privada. (1982: 198)

Esta casa foi projetada como um local público; as pessoas é que caracterizam o local. O olhar coletivo, portanto, necessita de uma grande quantidade de outras pessoas, como ocorria antigamente nos balneários ingleses à beira-mar, discutidos no capítulo 2. As outras pessoas fornecem atmosfera, indicando que este é *o* lugar para se estar. Observamos que este também é o caso nas grandes cidades, cuja peculiaridade é seu caráter cosmopolita. É a presença de pessoas de todo o mundo (turistas, em outras palavras) que dá às capitais sua emoção característica. Um grande número de outros turistas não gera apenas congestionamento, como sugere o argumento do bem posicional (ver capítulo 8).

Assim, os argumentos de Hirsch sobre a disputa por posições se aplicam principalmente ao turismo caracterizado pelo olhar romântico, e também pelo olhar antropológico. Onde o olhar midiatizado e o olhar coletivo são encontrados e executados, há menos problema de aglomeração e congestionamento. De fato, o argumento de Hirsch se baseia na noção de que há somente um número limitado de objetos que podem ser vistos pelo turista. No entanto, nos últimos anos, conforme descrito neste livro, houve um enorme aumento nos objetos do olhar do turista, para muito além da "beleza natural intocada" de Mishan. Parte da razão para esse aumento é que os turistas contemporâneos são, muitas vezes, *colecionadores* de olhares e parecem menos interessados em repetir visitas ao mesmo local.

Temos discutido como o olhar do turista contemporâneo é cada vez mais dirigido, identificando as coisas e os lugares dignos do olhar. Essa orientação identifica um número relativamente pequeno de nós turísticos, concentrando a maioria dos turistas em áreas limitadas. Walter diz que "o nó sagrado fornece um bem posicional que é destruído pela democratização" (1982: 302). Ele é a favor da visão de que existem "pedras preciosas para serem encontradas em toda parte e em tudo [...], não há limite para o que você encontrará" (Walter, 1982: 302). Devemos, diz ele, evitar a tendência de dirigir o olhar do turista para alguns poucos locais sagrados, e ser mais católicos em relação aos objetos que contemplamos. Isso tem ocorrido de certa forma nos últimos anos, sobretudo com o desenvolvimento do turismo industrial, rural e patrimonial, do turismo induzido por filmes e do turismo de aventura, conforme examinado anteriormente. No entanto, a análise de Walter do caráter de classe do olhar romântico é convincente:

> Formadores de opinião profissionais (redatores de folhetos, professores, funcionários da Countryside Commission [Comissão Rural] etc.) são, em grande parte, da classe média, e é no âmbito da classe média que o desejo romântico por bens posicionais está amplamente baseado. Portanto, a solidão romântica tem patrocinadores influentes e recebe boa publicidade. Em contrapartida, o grande prazer da classe trabalhadora pelo convívio, sociabilidade e fazer parte de uma multidão é muitas vezes menosprezado pelos interessados em preservar o meio ambiente. Isso é lamentável, pois [...] exalta uma atividade que está disponível apenas para os privilegiados. (Walter, 1982: 303; ver também Butcher, 2003)

Portanto, existem conexões complexas entre congestionamento, bom gosto e local. Aqueles que valorizam a solidão e um olhar romântico não consideram isso apenas como *uma* maneira de olhar a natureza. Na verdade, tentam fazer com que sacralizem a natureza da mesma maneira (ver Wood e House, 1991, sobre o "bom turista" e, em contraste, a crítica de Butcher ao "novo turismo moral": 2003). O romantismo que sustentou o turismo de massa na sua origem tornou-se abrangente e generalizado. Quanto mais seus adeptos alardeiam suas virtudes para os outros, mais isso enfraquece o olhar romântico: "o turista romântico estará cavando sua própria sepultura se procurar evangelizar os outros para sua própria religião" (Walter, 1982: 301). O olhar romântico é um mecanismo importante que ajuda a espalhar o turismo em uma escala global, atraindo quase todos os países para o seu âmbito, na medida em que o romântico busca sempre novos objetos desse olhar solitário. Isso inclui o recente desenvolvimento do ecoturismo como, por exemplo, as ecopousadas localizadas dentro de florestas virgens ou em ilhas da Grande Barreira de Corais (Austrália), que demonstram um "bom gosto ambiental". A disputa por posições é, portanto, um mecanismo poderoso para difundir o turismo por todo o mundo.

Na próxima seção, abordaremos uma crítica diferente do turismo e um conjunto diferente de riscos. A disputa por posições e o olhar romântico fazem parte do processo pelo qual outro risco está sendo gerado, um risco que pode se mostrar muito poderoso em seus efeitos. Isso porque o turismo está centralmente envolvido no uso de um recurso crucial, não da beleza natural, mas da energia utilizada para mover, construir, aquecer, refrescar e divertir todos os milhões de visitantes que se deslocam ao redor do mundo. Esses visitantes não pagam todos os custos do petróleo, ou suas consequências em termos de emissões de carbono, que de fato parecem fazer o mundo girar (ver Elliott e Urry, 2010).

PETRÓLEO

A economia mundial e a sociedade de hoje são profundamente dependentes e inundadas de petróleo barato em profusão. A maior parte dos sistemas industriais, agrícolas, comerciais, domésticos e de consumo é construída em torno do suprimento abundante de petróleo, que é notadamente versátil, conveniente e que, durante o século XX, foi barato. Sem isso, não haveria turismo global e olhar encarnado nos corpos dos turistas. "O petróleo impulsiona praticamente toda a movimentação de pessoas, materiais, alimentos e bens manufaturados – dentro de nossos países e ao redor do mundo" (Homer-Dixon, 2006: 81). Tornou-se vital para quase tudo o que se *move* no planeta (Kunstler, 2006). O setor de transporte mundial tem uma dependência do petróleo de pelo menos 95%. Houve uma taxa de crescimento médio anual da produção de petróleo de mais de 2% (Leggett, 2005: 21). O petróleo barato lubrifica a maioria das áreas da vida social, industrial, militar e comercial. Além disso, o petróleo está vinculado a políticas sujas (Bower, 2009). O poder de seus interesses constituídos tem sido central para seu desenvolvimento. Leggett descreve o "Império do Petróleo" como mais poderoso do que a maioria dos Estados-nação (2005: 12, 15; Bower, 2009). Podemos falar do "complexo militar-industrial do carbono", que procura desenvolver e ampliar os principais sistemas baseados em carbono, como o sistema de automóveis; locais distantes e especializados de lazer e turismo visitados por pessoas vindas de longe; e a mobilidade por avião, com seus múltiplos espaços aéreos. Esses interesses complexos fundamentam direta e indiretamente o ceticismo quanto às mudanças climáticas e fazem *lobby* contra a regulamentação e a intervenção nos mercados de energia (Urry, 2011). Com exceção da Noruega, a maioria dos Estados petrolíferos é autoritária, corrupta e altamente desigual. Esses Estados são a fonte indireta de grande parte do terrorismo em todo o mundo, sobretudo no Oriente Médio.

O petróleo foi central no século XX, mas agora está se esgotando e contribui maciçamente para o aumento das emissões de carbono e, portanto, para as mudanças climáticas. A hipótese do pico do petróleo afirma que a extração de reservas de petróleo tem um começo, um meio e um fim. E em algum momento atinge o máximo, com o pico ocorrendo quando cerca de metade do petróleo potencial for extraído. Depois disso, o petróleo fica mais caro e difícil de extrair. A produção de petróleo geralmente segue uma curva em forma de sino. Isso não significa que o petróleo acaba repentinamente, mas a que sua oferta diminui e seus preços aumentam, às vezes na forma de picos bruscos, como nos anos intermediários da década de 2000. Após o pico de petróleo, o processo de extração em uma jazida específica torna-se muito menos lucrativo. Alguns sugerem que o pico global de petróleo ocorreu no final dos anos 1990. Outros estimam que ele foi alcançado em 2004 ou 2005 (Deffeyes, 2005; Strahan, 2007). Previsões mais otimistas, como as da Agência Internacional de Energia, localizam o pico do petróleo na década de 2020.

Os maiores campos de petróleo foram descobertos há mais de meio século, com o pico da *descoberta* de petróleo em 1965. Não houve grandes descobertas desde a década de 1970. Atualmente, de três a quatro barris de petróleo são consumidos para cada novo descoberto. O pico do petróleo nos EUA, que é onde o vício global em automóveis e transporte aéreo à base de petróleo se desenvolveu primeiro, ocorreu em 1970. Portanto, a longo prazo, o petróleo será cada vez mais caro e haverá escassez frequente devido a quedas em sua disponibilidade *per capita*. Não existe petróleo suficiente para abastecer os sistemas mundiais de viagens e consumo que precisam, mantendo os negócios atuais, dobrar até 2050 (Homer-Dixon, 2006: 174). Assim, "a civilização industrial está baseada no consumo de recursos energéticos que são inerentemente limitados em quantidade, e que estão prestes a se tornar escassos [...]; no final, pode ser impossível até mesmo para uma única nação sustentar a industrialização como a conhecemos durante o século XX" (Heinberg, 2005: 1).

Assim, o "período do petróleo" na história humana pode vir a ser um breve século (XX) ou mais de Petróleo Fácil. Os suprimentos de petróleo estão concentrados em poucos países e isso aumenta a probabilidade de ofertas desiguais e problemáticas. E os interesses do petróleo, tanto de corporações quanto de Estados, exageram consistentemente o tamanho de suas reservas, de cujas estimativas dependem os números oficiais globais. Além disso, existe a economia que mais cresce no mundo. De 1999 a 2004, as importações de petróleo da China dobraram. O pesquisador de pico de petróleo, Kunstler, estima que, na atual taxa de crescimento da demanda, a China consumirá 100% das exportações mundiais de petróleo atualmente disponíveis dentro de dez anos. E isso não leva em conta o crescimento da demanda em outras partes do mundo e a queda na produção global (Kunstler, 2006: 84).

Não ter petróleo suficiente para sustentar níveis cada vez maiores de crescimento econômico global, das viagens e do consumo gerará desacelerações econômicas significativas, guerras por recursos e níveis populacionais mais baixos. O provável pico de petróleo já teve grandes consequências econômicas e sociais que poderiam ser um prenúncio do futuro. O colapso econômico e financeiro mundial em 2008 foi parcialmente ativado pela construção especulativa e pelo financiamento arriscado de extensas áreas de subúrbios marginais e empreendimentos relacionados de compra e lazer nos EUA[62]. O período de excedente de petróleo do final dos anos 1980 e início dos anos 1990 levou ao comércio de petróleo por apenas 10 dólares o barril (em 1998). Contudo, em meados de 2008, o preço por barril de petróleo subiu para mais de 135 dólares. Isso fez com que muitos desses subúrbios e instalações de lazer relacionadas não fossem mais viáveis, pois os moradores não poderiam mais continuar vivendo ali; e esta fuga dos subúrbios teve a mais terrível das repercussões sobre o sistema financeiro mundial.

Quando os preços do petróleo atingiram um pico, os bancos entraram em colapso e precisaram ser socorridos. As várias consequências para as viagens foram que as companhias aéreas começaram a pedir falência, os fabricantes de automóveis registraram vendas reduzidas, sobretudo dos modelos maiores (queda de 13% em 2009), os EUA deixaram de ser o maior mercado de automóveis do mundo, já que empresas icônicas pediram falência, uma diminuição da velocidade máxima dos carros foi registrada em todo o mundo, Detroit parecia cada vez mais com uma cidade bombardeada, muitos empreendimentos especulativos de lazer e turismo foram interrompidos, e as viagens e o turismo internacionais despencaram (ver Dennis e Urry, 2009; Urry, 2011).

---

62. O termo "subúrbio", a partir do inglês *suburbs*, designa uma nova forma urbana emergida nas primeiras décadas do século XX e reforçada após o final da Segunda Guerra Mundial. O modelo de "cidades à beira da estrada" baseava-se em um urbanismo de baixa densidade, monótono e distante do centro original das cidades tradicionais, articulado por um sistema de autoestradas, dependente, portanto, do crescente acesso ao automóvel. Não confundir com a noção de subúrbio ou periferia nas cidades latino-americanas, que assume outra conotação espacial e socioeconômica (ver P. Hall, *Cidades do amanhã: uma história intelectual do planejamento e do projeto urbanos no século XX*. São Paulo: Perspectiva, 2002). [N.T.]

A principal exceção a isso é a China, tanto como destino quanto como fonte de turistas domésticos e, principalmente, internacionais. Aqui, em 2006, um editorial do *China Daily* exortou os chineses a "liberar o consumo", e isso não apenas gerou o maior mercado de automóveis do mundo, como também aumentou enormemente o número de visitantes chineses em todo o mundo. Em trinta anos, a China chegou a ser fundamental para o turismo global, embora durante o período maoísta, até meados da década de 1970, a mobilidade tenha sido considerada um vício burguês. Muitos destinos em todo o mundo relatam que estão se redesenhando para atender os visitantes chineses, com os números aumentando cinco vezes desde o início do novo século. Tais desdobramentos podem ser vistos em Bali, onde as estátuas agora são de deuses budistas, ao invés de hindus; na França, onde os turistas chineses representam a maior categoria de visitantes; nos EUA, onde os hotéis Marriott estão introduzindo café da manhã chinês e, sobretudo, em Hong Kong e Macau, onde os turistas chineses pós-socialistas estão aprendendo a desenvolver corpos consumidores em hotéis, cassinos, shopping centers, galerias e assim por diante (ver Simpson, 2009; Anderlini, 2010; Nyíri, 2010, sobre as novas culturas de mobilidade chinesa).

Assim, o turismo usa muito petróleo, esse petróleo sustenta regimes desiguais e corruptos, esses regimes geram terrorismo e, portanto, os turistas correm o risco de ser atingidos por bombas nesses locais turísticos que são intermitentemente visitados por terroristas. O petróleo faz o mundo girar, mas este é um mundo de turismo e terrorismo. E esta lubrificação do mundo através do petróleo pode muito bem estar diminuindo. É possível que as viagens se tornem cada vez mais caras, o que torna menos provável o crescimento a longo prazo do turismo internacional.

MUDANÇAS CLIMÁTICAS

Além do pico do petróleo, existem as prováveis futuras consequências das mudanças climáticas. O capitalismo do século XX parece ter resultado no aumento das temperaturas globais em pelo menos 0,8 ºC. Isso parece resultar de níveis mais altos de gases de efeito estufa na atmosfera da Terra (IPCC, 2007; Stern, 2007). Os gases de efeito estufa retêm os raios do Sol. Em consequência desse efeito, a Terra se aquece. Além disso, o nível desses gases e as temperaturas mundiais aumentarão significativamente ainda mais nas próximas décadas. No cenário atual e sem reduções significativas nos sistemas de alto carbono, sobretudo nas viagens, o estoque de gases de efeito estufa poderá triplicar até o final do século. O Relatório Stern afirma que as temperaturas médias podem aumentar dentro de algumas décadas entre 3 ºC e impressionantes 10 ºC (em vez dos 6 ºC que a maioria dos analistas sugere). Pode haver uma redução de 5 a 20% nos níveis de consumo mundial (Stern, 2007: 3). Mesmo um aumento mundial de temperatura de 3 ºC no geral está além da experiência humana e pode mudar os padrões de temperatura, precipitação, colheitas, animais e vida em todo o mundo.

As evidências científicas para as mudanças climáticas são menos incertas do que quando o primeiro Relatório do Painel sobre Mudanças Climáticas (IPCC, da sigla em inglês) apareceu em 1990. No Relatório de 2007, o IPCC declarou que o aquecimento do clima do mundo é agora "inequívoco", com base em amplas observações de aumentos na temperatura média global do ar e do oceano, derretimento generalizado de neve e gelo, e aumento do nível médio global dos oceanos. O Relatório mostra ainda que o dióxido de carbono é o mais importante dos gases do efeito estufa produzidos pelo homem ou antropogênicos. Seus níveis de concentração excedem em muito a faixa natural identificada ao longo dos últimos 650 mil anos. Os altos e crescentes níveis de dióxido de carbono resultam, portanto, de causas não naturais. Há muitos elementos do aquecimento global: aumento das temperaturas do Ártico, diminuição do tamanho de *icebergs*, derretimento de calotas polares e geleiras, redução do *permafrost*, mudanças nas chuvas, menor biodiversidade, novos padrões dos ventos, secas, ondas de calor, ciclones tropicais e outros eventos climáticos extremos (Lovelock, 2006; Pearce, 2006; Lynas, 2007; Monbiot, 2007).

Através do IPCC, as ações organizadas de milhares de cientistas em todo o mundo transformaram o debate público, e isso se reflete em vários filmes, incluindo *O dia depois de amanhã* (2004), *Uma verdade inconveniente* (2006) e *A era da estupidez* (2009). O Pentágono anunciou que as mudanças climáticas resultarão em uma catástrofe global, custando milhões de vidas em guerras e desastres naturais, e são uma ameaça muito maior à estabilidade mundial do que o terrorismo.

No entanto, ainda há uma razoável incerteza quanto à escala, ao impacto e à velocidade das futuras mudanças climáticas ao longo do próximo século. Os modelos climáticos globais utilizados para prever taxas de gases de efeito estufa e aumentos de temperatura contêm muitas incógnitas. Os Relatórios IPCC buscam alcançar um complexo consenso científico e político e, portanto, não levam em consideração todos os efeitos potenciais e incertos de *feedback*. Esses efeitos de *feedback*, por sua vez, dependem de certas variáveis: se as pessoas viajam de avião, dirigem carros, viajam em trens de alta velocidade, vão a megaeventos como Copas do Mundo, usam aquecimento/refrigeração em seus lares/hotéis, dessalinizam a água ou desenvolvem o turismo espacial (ver cálculos recentes de pegada de carbono[63] para todos esses casos em Berners Lee, 2010). Se o fizerem, as temperaturas subirão; e à medida que as temperaturas aumentarem nas próximas décadas, isso provavelmente desencadeará *mais* aumentos de temperatura, pois os sistemas ambientais da Terra não conseguem absorver os aumentos originais. O mais dramático desses *feedbacks* positivos envolveria o derretimento total ou parcial da calota de gelo da Groenlândia. Assim, as mudanças climáticas produzem mais mudanças climáticas. Pesquisas recentes sobre os mantos de gelo mostram que em períodos glaciais e interglaciais anteriores ocorreram mudanças bruscas e rápidas na temperatura da Terra. A Terra não se envolve em mudanças graduais (Pearce, 2007). Mudanças rápidas têm sido a norma, e não a exceção. Além disso, as temperaturas na época da última Era do Gelo foram apenas 5 ºC mais frias do que são agora. E no Ártico, recentes aumentos na temperatura foram realmente marcantes, com *feedbacks* que criaram aquecimento local de 3 a 5 ºC nos últimos trinta anos.

Assim, mudanças diversas, ainda que interconectadas, nos sistemas ambientais da Terra podem criar um círculo vicioso de rupturas acumulativas. A Organização Mundial da Saúde calculou em 2000

---

63. Para cálculos instantâneos da pegada de carbono individual, usar a calculadora em: https://www.iniciativaverde.org.br/calculadora/index.php. Acesso em: 17 maio 2021. [N.T.]

que mais de 150 mil mortes são causadas a cada ano pelas mudanças climáticas. O planeta resistirá, mas muitas formas de habitação humana, especialmente aquelas que envolvem estar regularmente e extensivamente em movimento, podem não resistir. E os primeiros lugares a desaparecer podem ser os resorts turísticos construídos perto da praia, incluindo as Maldivas, onde os planos para realocar a população das ilhas já estão avançados (Amelung, Nicholls e Viner, 2007; Becken e Hay, 2007).

Na próxima seção, analisaremos brevemente como serão o mundo e o turismo em 2050, dada a interdependência entre a disponibilidade decrescente de petróleo (e gás), as mudanças climáticas e o enorme crescimento contínuo da população. Ainda haverá um poderoso olhar do turista em meados deste século (ver Smart, 2010; Urry, 2011: cap. 9)? Pensamos em três cenários para 2050.

FUTUROS

A primeira possibilidade para 2050 é um futuro de hipermobilidade e hiperconsumo turístico. A escassez de recursos e os efeitos das mudanças climáticas realmente acabam sendo menos significativos, pelo menos para aqueles no Norte rico, cujos padrões de movimento e consumo de alimentos, objetos, lugares e serviços ficam ainda mais abrangentes, frequentes e totalmente integrados a sua *persona*.

Este é um mundo *hiper*, as pessoas estão sempre ligadas, com mensagens e mídia individual continuamente transmitidas para dispositivos inteligentes em miniatura, sobretudo quando em movimento, com os quais as pessoas estão em grande parte do dia e da noite. Os cidadãos viajam, em média, de quatro a cinco horas por dia, superando assim a noção de tempo de viagem constante e limitada. Novos tipos de combustíveis e veículos superam os limites de espaço e tempo. Viagens aéreas personalizadas são comuns através do uso de biocombustíveis de terceira geração ou hidrogênio. Os carros presos ao chão ficam fora de moda, enquanto um futuro inspirado em Corbusier atrai todos para o céu, incluindo voos regulares ao espaço com a *Virgin Galactic*. Viagens regulares para pelo menos a troposfera são comuns.

A fronteira final é realmente superada à medida que o turismo espacial é privatizado e o longo declínio da ideia de viagem espacial é revertido (Dickens e Ormrod, 2007: cap. 5).

Neste cenário, a maioria das pessoas estuda em outros lugares, migra com frequência, reúne-se e reencontra-se regularmente com a família, muitas vezes vê amigos com os quais perdeu o contato há muito tempo, vai às compras do outro lado do mundo, e alguns vão de férias para a Lua. Como procuram fazer essas coisas com outras pessoas que estão geograficamente distantes e em constante movimento, as pessoas viajam e se comunicam com muita frequência e em distâncias muito longas. Existe uma carga enorme de viagens rápidas e comunicações constantes para manter o contato com colegas, amigos e familiares. Subjacente a esse cenário está a maneira com que o *status* social é decorrente de altos níveis de consumismo extraordinário e, principalmente, de movimentos de longa distância baseados em máquinas e na descoberta de novos locais turísticos. Presume-se aqui que viagens rápidas e o olhar do turista continuem sendo poderosos "bens posicionais". O consumo, neste caso, é evidente, de modo que o carro rápido, o acesso a um avião particular ou a posse de um apartamento de férias destinam-se a ser vistos, comentados e gerar *status*. Viajar por longas distâncias e ter conexões distantes com pessoas de outras sociedades são as principais bases de *status*, exceto, é claro, para aqueles que são forçados a ser migrantes ou exilados.

As comunicações eletrônicas não *substituem* as viagens físicas, mas as aprimoram e fornecem outras maneiras pelas quais o consumo se torna conspícuo e melhora o *status*. Neste mundo altamente conectado, a vida social e o trabalho são intensos, e as fronteiras entre os dois não ficam claras. Até prestadores de serviços com baixa remuneração estão se acostumando a ficar sempre disponíveis e as férias deixaram de ser um descanso. Esta é uma visão "Jornada nas Estrelas" do futuro, com muitas pessoas "de férias" na maior parte do tempo.

O segundo cenário é o que muitos ambientalistas defendem, ou seja, uma reconfiguração mundial da economia e da sociedade em torno da ideia de "sustentabilidade local". Esse modelo de Schumacher envolve uma rede de comunidades autossuficientes (e, provavelmente, também semi-isoladas), em que a maioria das pessoas vive, trabalha e, principalmente, se diverte. Isso envolve uma imensa mudança global na direção de estilos de vida mais locais e em menor escala. Os amigos têm de ser escolhidos nas ruas da vizinhança, as famílias não se afastam em momentos de nova composição familiar, o trabalho é encontrado nas proximidades, caminhadas, ciclismo e transporte público substituem os carros e aviões, a educação é buscada somente em escolas e faculdades locais, as estações climáticas determinam quais alimentos são produzidos e consumidos e em que momento, a maioria dos bens e serviços é mais simples e produzida nas proximidades, e quase todas as viagens são locais, com muito pouco "turismo" como tal.

Fica fora de moda viver e criar os filhos em qualquer lugar exceto nessas "cidades compactas" ou fazer viagens para locais distantes, sobretudo pelo prazer turístico. As atribuições de *status* seriam realocadas e a mobilidade de longa distância seria um mal posicional, não um bem. Esse cenário depende de novos tipos de amizade, de escolher conhecer principalmente pessoas que moram perto, a uma distância que pode ser percorrida a pé ou de bicicleta. As pessoas não se incomodam com a falta de viagens e conexões de longa distância. As viagens de longa distância e as formas de turismo de massa baseadas em escolha e conveniência, carros e aviões, seriam incomuns e de baixo *status*.

Kunstler prevê que o século XXI se caracterizará muito mais por ficar parado do que ir para outros lugares (2006). Em um cenário extremo após o pico do petróleo, os carros são um luxo, criando ressentimento entre aqueles que não podem dirigir. Isso pode levar a uma situação em que os veículos são vandalizados e os motoristas ficam sujeitos a agressões. Kunstler argumenta que o futuro envolverá uma abrangente redução de escala, redução de tamanho, realocação e radical reorganização dos estilos de vida. Ele afirma que:

> Independentemente de como se imagine isso, o quadro dos transportes em meados do século XXI será muito diferente da festa de mobilidade de que desfrutamos nos últimos cinquenta anos. Será caracterizado pela austeridade e pelo retorno a escalas menores de operação em praticamente todos os aspectos de viagens, turismo e transporte. Isso nos obrigará a aproveitar ao máximo nossos ambientes mais próximos. (Kunstler 2006: 270)

Muitas formas de vida são centradas e concentradas localmente. Como grande parte do movimento é local, andar a pé, de bicicleta e por novas formas de transporte de baixo carbono convivem com algumas formas motorizadas.

Esse cenário poderia se desenvolver em resposta a uma redução drástica na disponibilidade de energia barata e aumento da contestação global. Uma intensa crise econômica poderia gerar um impulso global em direção à sustentabilidade e um senso de vida locais, com um forte *retrocesso* da globalização do olhar do turista, exceto através de viagens virtuais pela internet. Os valores da comunidade e da ecorresponsabilidade poderiam passar a ser considerados mais importantes do que os do consumismo e da mobilidade turística desenfreada. Consequentemente, muitos sistemas internacionais de turismo, de lugares e transporte, desapareceriam.

No terceiro cenário, as mudanças climáticas, a escassez de petróleo, gás e água e as guerras intermitentes levam ao substancial colapso de muitas das conexões de mobilidade, energia e comunicação que hoje estão espalhadas pelo mundo e que são o legado ambivalente do século XX. Nesse futuro de desmonte civilizatório há queda do padrão de vida, realocação dos padrões de mobilidade, ênfase crescente nos senhores da guerra locais, formas nacionais ou globais relativamente fracas de governança e poucas viagens turísticas por causa de riscos e danos ambientais e culturais. Não há monopólio da coerção física nas mãos de Estados nacionais legítimos. As guerras tribais e outras nos países são cada vez mais comuns, tornando perigosas as viagens e o turismo.

É provável que muitos sistemas de infraestrutura comecem a entrar em colapso e que ocorra um aumento da separação de produção e consumo entre as diferentes regiões. Esses senhores da guerra controlam formas recicladas de mobilidade e armamentos, com uma reciclagem cada vez mais local de bicicletas, carros, caminhões e sistemas de telefonia. Na maior parte do tempo, eles não funcionam. Carros e caminhões enferrujam nos desertos ou são levados pelas inundações. Certas consequências das mudanças climáticas podem se autocorrigir parcialmente com a diminuição do uso de petróleo e outros recursos e a redução da população mundial em geral (ver recentes distopias de "senhores da guerra" pós-petróleo, *The Carhullan Army* ["O exército Carhullan", em tradução livre], 2007, de Sarah Hall, e *Far North* ["Extremo norte", em tradução livre], 2009, de Marcel Theroux).

Sistemas seguros de mobilidade e turismo de longo alcance desaparecem, exceto para os muito ricos, que se reúnem em enclaves ou colônias "policiadas". Como na época medieval, as viagens de longa distância são arriscadas e provavelmente não realizadas, a não ser armadas. O turismo de massa desaparece. Os ricos viajam principalmente por via aérea, em helicópteros armados ou aeronaves leves. Cada região dominada pelos senhores da guerra está provavelmente em guerra com seus vizinhos, especialmente pelo controle da água, do petróleo e do gás. Com grandes inundações, sobretudo dos litorais ocupados em excesso no século XX, eventos climáticos extremos e a ruptura de oleodutos e gasodutos de longa distância, esses recursos são disputados e defendidos por gangues armadas. Alguns carros e caminhões continuam existindo, mas são versões enferrujadas das décadas anteriores. Enormes esforços e habilidades precisam ser empregados para manter esses destroços em movimento e impedir que sejam controlados. O uso e a reutilização de carros nas atuais sociedades em desenvolvimento indicam o tipo de cultura de reparo e improviso que provavelmente se desenvolveria.

O filme *Mad Max 2* retrata esse futuro de uma sociedade desolada, distópica e empobrecida enfrentando um colapso da ordem civil resultante da escassez de petróleo e onde o poder recai sobre aqueles capazes de improvisar novas mobilidades, incluindo voos de curta duração. Neste cenário, a vida, como já prefigurado em partes do Sul pobre do mundo, seria mais fixa e desagradável, brutal e breve.

Nenhum desses cenários é desejável e sem custos para o turismo e, sobretudo, para a sociedade em geral. O futuro do movimento perpétuo se torna duvidoso devido à falta de futuras fontes de energia e às muitas consequências das emissões de carbono. O segundo futuro só poderia servir de base para uma população muito menor em todo o mundo, enquanto o terceiro envolveria muitas vidas que seriam desagradáveis, brutais e curtas. Para superar as deficiências de cada um desses cenários, existem várias estratégias que deveriam ser desenvolvidas (ver Smart, 2010, para argumentos a respeito).

RISCOS E FUTUROS

Em primeiro lugar, precisamos de alguma forma prescindir do "olhar exótico" que impulsiona grande parte do turismo contemporâneo e, em vez disso, favorecer discursos, esquemas e financiamentos que desenvolvam o que poderíamos chamar de "olhar local", para manter as pessoas *nos* lugares ao invés de vagando pelo mundo. E quando as pessoas viajam por distâncias maiores, isso deve ser empreendido coletivamente e, sempre que possível, por trens de alta velocidade sustentáveis. Da mesma forma, precisamos reduzir a escala da sinalização para que as pessoas procurem e achem tesouros que estão em seus quintais, sem imaginar que o exótico e o distante sejam necessariamente melhores. De alguma forma, os efeitos da internet precisam se concentrar na revelação de prazeres das proximidades e no desenvolvimento de *softwares* e experiências que possam substituir as viagens corporais pelas viagens virtuais. Em geral, os padrões locais de visitas e reuniões devem ser redescobertos e isso seria facilitado por uma rejeição mais generalizada da ideia de olhar do turista, ou o que Heidegger chama de um objeto "pronto ao alcance do espectador" (Smith, 2009: 627). Além disso, precisam ser desenvolvidas formas de reunião virtual que efetivamente substituam todos, ou pelo menos a maioria, dos prazeres emocionais de estar presente com outras pessoas frente a frente, corpo a corpo, ou estar em algum outro lugar ou evento. A internet e a web 2.0 precisam fortalecer o aspecto local e não mais a escolha global e as viagens corporais. Além disso, o poder dos interesses do carbono precisa ser radicalmente compensado com impostos e regulamentação, enquanto o transporte público e novas formas sustentáveis de transporte pessoal precisam de muito financiamento e subsídios. Este é, provavelmente, o mais desafiador dos requisitos em um mundo de persistente capitalismo neoliberal. E, paralelamente, isso favoreceria, em termos de diretrizes de planejamento e arquitetura, a especificidade local e cidades de baixo carbono, para pedestres e ciclistas, em vez de cidades temáticas pós-modernas caracterizadas pela ausência de sentido de lugar (discutido no capítulo 6) e "dominadas pelos automóveis" dentro de um design e planejamento contemporâneos (Dennis e Urry, 2009, desenvolvem esse tipo de inovação em detalhes).

Mas pode ser que o futuro em perpétuo movimento já esteja caminhando para outra coisa. No século XX, um lugar em especial simbolizou esse movimento e consumo excessivo, e sua ascensão e possível queda podem indicar algo importante sobre o futuro dos locais turísticos e do olhar do turista em todo o mundo (embora possa ser apenas como a ascensão e queda normal dos resorts turísticos, conforme discutido no capítulo 2).

DUBAI

No período que se iniciou na década de 1980, que alguns chamam de neoliberalismo, muitos locais de turismo com novos temas e design, com excesso de consumo, foram desenvolvidos, alguns dos quais examinados no capítulo 6. Davis e Monk (2007) provocativamente referem-se a esses locais como "paraísos do mal", cujos exemplos incluem Arg-e Jadid, um oásis californiano no deserto iraniano; as Olimpíadas de Pequim de 40 bilhões de dólares, em 2008; o condomínio fechado Palm Springs, em Hong Kong; Sandton, em Johanesburgo; Dubai; Las Vegas e Macau. O último deles envolve um investimento de 25 bilhões de dólares para oferecer jogos de azar como lazer para 1,3 bilhão de chineses (Simpson, 2010).

Estes são locais de elevado consumo de carbono. Seu desenvolvimento especulativo geralmente só é possível graças a grandes projetos de infraestrutura envolvendo arquitetos famosos. Os novos sistemas de transporte associados são, em regra, pagos com dinheiro público. A construção de tais locais requer o consumo excessivo de água, petróleo, eletricidade e materiais para construir em terrenos recuperados (Macau, Dubai) ou no deserto (Las Vegas, Gran Scala, Abu Dhabi). Esses locais são altamente comercializados, com muitos ambientes simulados, mais reais do que o original do qual são copiados. Portões, quase sempre digitalizados, impedem a entrada e saída de pessoas locais e daqueles visitantes que não mostram sinais de ter bom crédito. As normas de comportamento não são regulamentadas pela família/vizinhança, com os corpos sujeitos a muitas formas de mercantilização da experiência. Esses locais estão fora do controle da vizinhança, com modos de consumo não regulamentados e apenas prazer, sem culpa, a menos que ocorra consumo insuficiente.

De fato, são locais com potencial vício em massa, sobretudo em jogos de azar, álcool, excesso de alimentação e formas correlatas de criminalidade. Tais zonas passam a ser mundialmente conhecidas pelo excesso de consumo e pelos enormes fluxos de visitantes e, muitas vezes, trabalhadores.

Nos últimos anos do século passado e nos primeiros anos deste século, Dubai tem sido o principal exemplo desse excesso. As perfurações de petróleo começaram ali em 1966, mas o petróleo começou a acabar relativamente cedo e uma gigantesca economia turística, de lazer, esportiva, imobiliária e de consumo o substituiu. Em vez de ser um produtor petrolífero, mais de 90% das receitas de Dubai não se relacionam agora com o petróleo (Davidson, 2008: 1). Na verdade, trata-se de um enorme consumidor de petróleo. Este é usado para construir ilhas, hotéis e atrações no que tem sido o maior canteiro de obras do mundo, para transportar e receber um número muito grande de visitantes e trabalhadores, e para fornecer espetaculares ambientes refrigerados para visitantes, onde as temperaturas médias superam os 40 ºC. Assim, Dubai consome energia, inclusive para abastecer os ares-condicionados soprando a todo vapor ao ar livre para tornar os jardins mais frios e para a estação de esqui coberta, onde temperaturas abaixo de zero são mantidas no meio do deserto, mesmo no verão. Não é de surpreender que Dubai esteja em segundo lugar na liga mundial de emissões de carbono *per capita*, superada apenas por seu vizinho, o Catar (ver Schmid, 2009, para mais detalhes a respeito).

A *skyline* da cidade de Dubai revela dezenas de megaprojetos em andamento. Isso inclui dois empreendimentos de ilhas em forma de palmeira estendendo-se por 120 quilômetros da costa; uma série de novas ilhas com a forma do mundo; grandes complexos comerciais; uma estação de esqui coberta e outros grandes centros esportivos; o edifício mais alto do mundo, o Burj Khalifa; o maior hotel do mundo, Asia-Asia, com 6.500 quartos; e o primeiro hotel sete estrelas do mundo, o Burj Al Arab, com vistas que alcançam 160 quilômetros. Este é um lugar de excesso monumental, que necessita de grandes quantidades de petróleo. A ambição de Dubai é ser o paraíso número um dos consumidores de luxo, sobretudo para os visitantes do Oriente Médio e do sul da Ásia. Para tanto, "a cidade deve incessantemente se esforçar pelo excesso visual e ambiental" (Davis, 2007: 52). Dubai tem conseguido isso através de gigantismo e perfeição arquitetônicos, com muitos simulacros enormes para se divertir: os Jardins Suspensos da Babilônia, o Taj Mahal, as pirâmides e uma montanha de neve – mais perfeitos do que qualquer original. Este é um local de consumo excessivo, de compras, alimentação, bebidas, prostituição e jogos de azar. A culpa naquilo que nominalmente é um país islâmico é não consumir até o limite. E, como convém a um paraíso do consumo, seu feriado oficial nacional é o celebrado Festival de Compras, uma extravagância que dura o mês inteiro. É o local icônico do excesso de consumo para visitantes e também para os ricos locais. Era um lugar em que não se poderia permitir que a natureza fosse um impedimento. Se não havia praias, praias foram construídas, criando-as para que os deuses pudessem ver a forma de uma palmeira ou um mapa do mundo. Com tanto dinheiro, e tão rápido, era impossível acompanhar Dubai em sua superação dos limites da natureza no mais inóspito dos ambientes.

Mas o pico do petróleo e os efeitos das mudanças climáticas, com o aumento do nível do mar e o clima turbulento, podem significar que essa Las Vegas árabe voltará à areia de onde veio. É semelhante a muitos outros locais e resorts de praia que também dependem de uso massivo de energia, mas que podem ser varridos pela elevação do nível do mar e inundações (Amelung, Nicholls e Viner, 2007). Isso esteve próximo de ocorrer em setembro de 2005 na altamente bem-sucedida, embora desigual, cidade turística de Nova Orleans, um local também construído à beira-mar e parcialmente abaixo do nível do oceano, ameaçado por eventos climáticos extremos. O furacão Katrina mostrou o que acontece com os que vivem em uma grande cidade rica quando um evento extremo arrasta muitos bens daqueles que são forçados a viver perto do mar. Imagens de televisão revelaram como populações inteiras são descartáveis, com cadáveres de negros pobres boiando exibidos em mais de um bilhão de telas de TV em todo o mundo. O Katrina também mostrou a vulnerabilidade do fornecimento de petróleo para locais inundados. As refinarias do mundo já estavam trabalhando na capacidade máxima e, portanto, não conseguiram aumentar a produção quando as refinarias do Mississippi fecharam e a escassez passou a ser comum, com os preços do petróleo disparando.

RISCOS E FUTUROS

Esse fato, por sua vez, contribuiu para os aumentos dos preços de petróleo em meados dos anos 2000, que derrubaram muitas hipotecas *subprime* e instrumentos financeiros correlatos durante 2008; isso significou que muitos empreendimentos imobiliários turísticos em todo o mundo pararam no final da década. É típico do mercado do turismo, no entanto, que alguns dos locais do colapso financeiro sejam novas paisagens para o olhar do turista, com uma empresa realizando o "Passeio dos Escândalos e dos Patifes" em Wall Street (Clark, 2010).

Nesse colapso financeiro, a arrogância de Dubai parece vir em primeiro lugar. Seu surpreendente crescimento foi revertido. Dubai realmente não fez nada. O dinheiro para toda aquela construção tinha sido emprestado. O luxo foi construído à custa de trabalhadores estrangeiros, submetidos a formas de escravidão moderna ocultas do olhar do turista. Mais de um milhão de homens e mulheres de toda a Ásia transformaram Dubai de uma vila sonolenta em uma cintilante Las Vegas árabe. Os expatriados estão agora fugindo e deixando seus carros comprados a crédito no aeroporto, milhares de trabalhadores da construção civil foram demitidos, há uma queda prevista de 60% no valor das propriedades, metade dos projetos de construção está parada ou foi cancelada, a população está encolhendo e Dubai precisou ser socorrida por um empréstimo de 10 bilhões de dólares de Abu Dhabi[64]. O jornalista Paul Lewis pronunciou: "Muito alto, muito rápido: a festa acabou para Dubai" (2009; Schmid, 2009).

Será que essa história da ascensão e queda de Dubai é precursora da história do mundo atual, uma vez que, nas próximas décadas, a propagação do olhar do turista poderá chegar a uma parada repentina ou mesmo a uma reversão, a começar pelo deserto árabe? Teria sido o olhar do turista em escala maciça uma característica da arrogância do século XX, que desaparecerá gradualmente quando a produção de petróleo começar a diminuir e o nível do mar se elevar ainda mais? O declínio e a queda de Dubai podem, assim, ser o início de uma queda muito mais geral na importância do olhar do turista. Será que haverá ainda um "olhar do turista" relativamente generalizado e comum em 2050?

---

64. Disponível em: www.cnn.com/2009/BUSINESS/12/14/dubai.10.billion.bailout/index.htm. Acesso em: 5 mar. 2010.

1

1. Passeios pagos e guiados fazem parte da rotina de algumas favelas cariocas desde os anos 1990. Em sua maioria estrangeiros, os turistas registram com suas câmeras o que consideram ser a cidade real e autêntica.
Favela Santa Marta (Rio de Janeiro, Brasil), 2013. Foto de Bianca Freire-Medeiros

2. O desenvolvimento de outros grandes complexos turísticos ao longo do século XX pode ser considerado herdeiro dessa forma de "veranear" produzida nos princípios do turismo moderno.
Vista da região costeira de Blackpool, próximo de Liverpool e Manchester (Reino Unido), 2016. Foto de Thiago Allis

3. O balneário marítimo de Morecambe, próximo de Lancaster (Reino Unido), foi pioneiro na construção de sociabilidades turísticas no século XIX. Hoje, mantém parte de suas funções turísticas, consolidando-se como destino de segundas residências e para aposentados.
Morecambe (Reino Unido), 2019. Foto de Thiago Allis

IMAGENS

2

3

4

4. O "cablecar" turístico na região costeira de Blackpool (Reino Unido) representa uma citação histórica, que remete a um passado urbano glorioso, produzindo, atualmente, uma nova atração turística.
Blackpool (Reino Unido), 2016. Foto de Thiago Allis

5. Misturadas à rotina urbana, algumas práticas turísticas respondem a um desejo de autenticidade de turistas contemporâneos. Apesar de não ser um serviço exclusivamente turístico, o "Eléctrico 28" de Lisboa é um traço marcante do imaginário do turismo da cidade.
Lisboa (Portugal), 2017. Foto de Thiago Allis

IMAGENS

5

6

7

IMAGENS

8

6. The Holy Land Experience apresenta-se como "o maior parque temático cristão do mundo". Sua localização estratégica em Orlando (Flórida) contribui para a presença regular de turistas internacionais, aos quais são ofertadas encenações bíblicas.
Orlando (Estados Unidos), 2016. Foto de Bianca Freire-Medeiros

7. Antiga estrutura industrial convertida em centro cultural, o requalificado Gasômetro articula novas práticas urbanas às margens do Lago Guaíba, em Porto Alegre. Espaços e estruturas urbanas mudam de função com intervenções que projetam outras experiências de lazer e turismo.
Porto Alegre (Brasil), 2020. Foto de Thiago Allis

8. Chinatown surgiu em São Francisco (Califórnia), em fins do século XIX, atraindo tanto visitantes de fora da cidade quanto residentes não chineses. Atualmente, inúmeras cidades têm suas "Chinatowns", enclaves racializados onde os turistas encontram uma suposta etnicidade exótica.
São Francisco (EUA), 2017. Foto de Bianca Freire-Medeiros

9

9. A Cerimônia do Nascer do Sol dos Povos Indígenas, realizada anualmente desde 1975 na ilha de Alcatraz, rememora o protesto de 1969, quando o Alcatraz-
-Red Power Movement (ARPM) ocupou a ilha. Misturam-se ali as câmeras dos participantes, dos turistas, dos jornalistas e de eventuais pesquisadores.
São Francisco (EUA), 2016.
Foto de Bianca Freire-
-Medeiros

10. Executando o olhar da família.
Foto de Jonas Larsen

IMAGENS

10

11

11. A Pequena Sereia na Expo 2010 em Xangai.
Foto de Jonas Larsen

12. Paisagens visuais e sonoras.
Foto de Jonas Larsen

13. O olhar coletivo executado em uma visita guiada.
Foto de Jonas Larsen

IMAGENS

12

13

BIBLIOGRAFIA

ABERCROMBIE, N.; LONGHURST, B. *Audiences*. London: Sage, 1998.

ADAMS, M. K. "The genesis of touristic imagery: politics and poetics in the creation of a remote Indonesian island destination". *Tourist Studies*, v. 4, n. 2, pp. 115-35, 2004.

ADEY, P. "Airports and air-mindedness: spacing, timing and using Liverpool airport, 1918-39". *Social and Cultural Geography*, v. 7, pp. 343-63, 2006.

_____. *Aerial Life: Spaces, Mobilities, Affects*. London: Wiley-Blackwell, 2010.

ADKINS, L. *Gendered Work*. Buckingham: Open University Press, 1995.

ADLER, J. "Origins of sightseeing". *Annals of Tourism Research*, v. 16, pp. 7-29, 1989.

AHMED, S. *Strange Encounters*. London: Routledge, 2000.

ALBERS, P.; JAMES, W. "Tourism and the changing photographic image of the Great Lakes Indians". *Annals of Tourism Research*, v. 10, pp. 123-48, 1983.

_____. "Travel photography: a methodological approach". *Annals of Tourism Research*, v. 15, pp. 134-58, 1988.

AMELUNG, B.; NICHOLLS, S.; VINER, D. "Implications of global climate change for tourism flows and seasonality". *Journal of Travel Research*, v. 45, pp. 285-96, 2007.

ANDERLINI, J. "Chinese travellers change the face of tourism". *Financial Times*, 8 jun. 2010.

ANDERSON, S.; TABB, B. (org.). *Water, Leisure and Culture: European Historical Perspectives*. Oxford: Berg, 2002.

ANDREWS, H. "Feeling at home: embodying Britishness in a Spanish charter tourist resort". *Tourist Studies*, v. 5, pp. 247-66, 2005.

ANDREWS, M. *The Search for the Picturesque: Landscape, Aesthetics and Tourism in Britain, 1760-1800*. Aldershot: Scolar Press, 1989.

ARELLANO, A. "Bodies, spirits and Incas: performing Machu Picchu". *In*: SHELLER, M.; URRY, J. (org.). *Tourism Mobilities*. London: Routledge, 2004.

ATELJEVIC, I.; DOORNE, S. "Dialectics of authentication: performing 'exotic otherness' in a backpacker enclave of Dali, China". *Journal of Tourism and Cultural Change*, v. 3, pp. 1-17, 2005.

ATKINSON, J. "Manpower strategies for flexible organisations". *Personnel Management*, pp. 28-31, ago. 1984.

AUGÉ, M. *Non-Places*. London: Verso, 1995. [Ed. bras.: *Não lugares: introdução a uma antropologia da supermodernidade*. Trad.: Maria Lúcia Pereira. Campinas: Papirus, 2004.]

BÆRENHOLDT, J. O.; HALDRUP, M. "On the track of the Vikings". *In*: SHELLER, M.; URRY, J. (org.). *Tourism Mobilities*. London: Routledge, 2004.

BÆRENHOLDT, J. O.; HALDRUP, M.; LARSEN, J.; URRY, J. *Performing Tourist Places*. Aldershot: Ashgate, 2004.

BAGGULEY, P. "Gender and labour flexibility in hotel and catering". *Services Industries Journal*, v. 10, pp. 737-47, 1991.

BAGGULEY, P.; MARK-LAWSON, J.; SHAPIRO, D.; URRY, J.; WALBY, S.; WARDE, A. "Restructuring Lancaster". *In*: COOKE, P. (org.). *Localities*. London: Unwin Hyman, 1989.

_____. *Restructuring Place, Class and Gender*. London: Sage, 1990.

BALL, R. "Seasonality: a problem for workers in the tourism labour market". *Service Industries Journal*, v. 8, pp. 501-13, 1988.

BARNES, J. *England, England*. London: Picador, 1999. [Ed. bras.: *Inglaterra, Inglaterra*. Trad.: Roberto Gray. Rio de Janeiro: Rocco, 2000.]

BARRETT, F. *The Independent Guide to Real Holidays Abroad*. London: Independent, 1989a.

_____. "Why the tour operators may face their last supper". *Independent*, 7 nov. 1989b.

BARTHES, R. *Mythologies*. London: Jonathan Cape, 1972. [Ed. bras.: *Mitologias*. Trad.: Rita Buorgermino, Pedro de Souza e Rejane Janowitzer. 4. ed. Rio de Janeiro: Difel, 2009.]

_____. *Camera Lucida*. London: Vintage, 2000. [Ed. bras.: *A câmara clara*. Trad.: Júlio Castañon. Rio de Janeiro: Nova Fronteira, 1993.]

BATCHEN, G. *Burning with Desire: The Conceptions of Photography*. London: MIT Press, 1999.

BATE, J. *Romantic Ecology: Wordsworth and the Environmental Tradition*. London: Routledge, 1991.

BAUDRILLARD, J. *Simulations*. New York: Semiotext(e), 1983.

_____. "The ecstasy of communication". *In*: FOSTER, H. (org.). *Postmodern Culture*. London: Pluto Press, 1985.

_____. *America*. London: Verso, 1988. [Ed. bras.: *América*. Trad.: Álvaro Cabral. Rio de Janeiro: Rocco, 1986.]

BAUM, T. "Human resource in tourism: still waiting for change". *Progress in Tourism Management*, v. 28, pp. 1.383-99, 2007.

BAUMAN, Z. *Legislators and Interpreters*. Cambridge: Polity, 1987. [Ed. bras.: *Legisladores e intérpretes*. Trad.: Renato Aguiar. Rio de Janeiro: Zahar, 2010.]

_____. *Postmodern Ethics*. London: Routledge, 1993. [Ed. bras.: *Ética pós-moderna*. Trad.: João Rezende Costa. São Paulo: Paulus, 1997.]

_____. *Globalization: The Human Consequences*. Cambridge: Polity, 1999. [Ed. bras.: *Globalização: as consequências humanas*. Rio de Janeiro: Zahar, 1999.]

_____. *Liquid Modernity*. Cambridge: Polity, 2000. [Ed. bras.: *Modernidade líquida*. Trad.: Plínio Dentzien. Rio de Janeiro: Zahar, 2001.]

_____. *Liquid Love*. Cambridge: Polity, 2003. [Ed. bras.: *Amor líquido: sobre a fragilidade dos laços humanos*. Trad.: Carlos Alberto Medeiros. Rio de Janeiro: Zahar, 2004.]

BEARDSWORTH, A.; BRYMAN, A. "The wild animal in late modernity: the case of the Disneyization of zoos". *Tourist Studies*, v. 1, pp. 83-104, 2001.

BEAVERSTOCK, J.; DERUDDER, B.; FALCONBRIDGE, J.; WITLOX, F. (org.). *International Business Travel in the Global Economy*. Aldershot: Ashgate, 2010.

BECK, U. *Risk Society*. London: Sage, 2002. [Ed. bras.: *Sociedade de risco: rumo a uma outra modernidade*. Trad.: Sebastião Nascimento. São Paulo: Editora 34, 2011.]

BECK, U.; BECK-GERNSHEIM, E. *The Normal Chaos of Love*. Cambridge: Polity, 1995. [Ed. bras.: *O caos totalmente normal do amor*. Trad.: Milton Camargo Mota/ Fernanda Romero Fernandes Engel. Petrópolis: Vozes, 2017.]

BECKEN, S.; HAY, J. *Tourism and Climate Change*. London: Channel View, 2007.

BECKERMAN, W. *In Defence of Economic Growth*. London: Jonathan Cape, 1974.

BEER, D.; BURROWS, R. "Sociology and, of and in Web 2.0: some initial considerations". *Sociological Research Online*, v. 12, n. 5, 2007. Disponível em: www.socresonline.org.uk/12/5/17.html. Acesso em: 22 nov. 2010.

BEETON, S. *Film-induced Tourism*. Chichester: Channel View, 2005.

BELL, C.; LYALL, J. "The accelerated sublime: thrill-seeking adventure heroes in the commodified landscape". *In*: COLEMAN, S.; CRANG, M. (org.). *Tourism: Between Place and Performance*. New York: Berghahn, 2002.

BELL, D. "The hospitable city: social relations in commercial spaces". *Progress in Human Geography*, v. 31, pp. 7-22, 2007.

BENJAMIN, W. "The work of art in the age of mechanical reproduction". *In*: BENNETT, T. (ed.). *Illuminations*. London: Fontana, 1973. [Ed. bras.: *A obra de arte na época de sua reprodutibilidade técnica*. Trad.: Francisco de Ambrosis Pinheiro Machado. Porto Alegre: Zouk, 2012.]

BERGER, J. *Ways of Seeing*. Harmondsworth: Penguin, 1972. [Ed. bras.: *Modos de ver*. Trad.: Lucia Olinto. Rio de Janeiro: Rocco, 1999.]

BERMAN, M. *All that is Solid Melts into Air*. London: Verso, 1983. [Ed. bras.: *Tudo que é sólido desmancha no ar*. Trad.: Carlos Felipe Moisés e Ana Maria L. Ioriatti. São Paulo: Companhia das Letras, 1986.]

BERNERS LEE, M. *How Bad are Bananas?* London: Profile Books, 2010.

BHABHA, H. (org.). *Nation and Narration*. London: Routledge, 1990.

BIANCHI, V. R. "Migrant tourist-workers: exploring the 'contact zones' of post-industrial tourism". *Current Issues in Tourism*, v. 33, pp. 107-37, 2000.

BILLIG, M. *Banal Nationalism*. London: Sage, 1997.

BLACKBOURN, D. "Fashionable spa towns in nineteenth century Europe". *In*: ANDERSON, S.; TABB, B. (org.). *Water, Leisure and Culture*. Oxford: Berg, 2002.

BLAU, J. "Where architects work: a change analysis 1970-80". *In*: KNOX, P. (org.). *The Design Professions and the Built Environment*. London: Croom Helm, 1988.

BODEN, D.; MOLOTCH, H. "The compulsion to proximity". *In*: FRIEDLAND, R.; BODEN, D. (org.). *Now/Here: Time, Space and Modernity*. Berkeley, CA: University of California Press, 1994.

BONIFACE, P. *Tasting Tourism: Travelling for Food and Drink*. Aldershot: Ashgate, 2003.

BOON, B. "Working with the front-of-house/ back-of-house boundary: room attendants in the hotel guest room space". *Journal of Management and Organization*, v. 13, pp. 160-74, 2007.

BOORSTIN, D. *The Image: A Guide to Pseudo-Events in America*. New York: Harper, 1964.

BOSWELL, D.; EVANS, J. (org.). *Representing the Nation: A Reader*. London: Routledge, 1999.

BOURDIEU, P. *Distinction*. London: Routledge and Kegan Paul, 1984. [Ed. bras.: *A distinção: crítica social do julgamento*.

Trad.: Daniela Kern e Guilherme J. F. Teixeira. São Paulo/Porto Alegre: Edusp/Zouk, 2011.]

_____. *Photography: A Middle-brow Art*. London: Polity, 1990.

BOWER, T. *The Squeeze: Oil, Money and Greed in the Twenty First Century*. London: Harper Press, 2009.

BRENDON, P. *Thomas Cook: 150 Years of Popular Tourism*. London: Secker & Warburg, 1991.

BRUNNER, E. *Holiday Making and the Holiday Trades*. Oxford: Oxford University Press, 1945.

_____. "Abraham Lincoln as authentic reproduction: a critique of postmodernism". *American Anthropologist*, v. 96, pp. 397-415, 1994.

_____. "The ethnographer/tourist in Indonesia". *In*: LANFANT, M.-F.; ALLCOCK, J.; BRUNER, E. (org.). *International Tourism*. London: Sage, 1995.

BRYMAN, A. *Disney and His Worlds*. London: Routledge, 1995.

_____. *The Disneyization of Society*. London: Sage, 2004. [Ed. bras.: *A Disneyzação da sociedade*. Trad.: Maria Sílvia Mourão Netto. São Paulo: Ideias e Letras, 2016.]

BRYSON, N. *Vision and Painting*. London: Macmillan, 1983.

BUHALIS, D.; LAW, R. "Progress in information technology and tourism management: 20 years on and 10 years after the Internet: the state of eTourism research". *Tourism Management*, v. 29, pp. 609-23, 2008.

BUTCHER, J. *The Moralisation of Tourism*. London: Routledge, 2003.

BUTLER, T.; SAVAGE, M. (org.). *Social Change and the Middle Classes*. London: UCL Press, 1995.

BUZARD, J. *The Beaten Track*. Oxford: Clarendon Press, 1993.

CALLAN, R. "Small country hotels and hotel award schemes as a measurement of service quality". *Service Industries Journal*, v. 9, pp. 223-46, 1989.

CAMPBELL, C. *The Romantic Ethic and the Spirit of Modern Consumerism*. Oxford: Basil Blackwell, 1987. [Ed. bras.: *A ética romântica e o espírito do consumismo moderno*. Trad.: Mauro Gama. Rio de Janeiro: Rocco, 2001.]

CAMPBELL, M. "Fishing lore: the construction of the 'Sportsman'". *Annals of Tourism Research*, v. 16, pp. 76-88, 1989.

CARLZON, J. *Moments of Truth*. Cambridge, MA: Ballinger, 1987. [Ed. bras.: *A hora da verdade*. Trad.: Maria Luiza Newlands da Silveira. Rio de Janeiro: Sextante, 2005.]

CASEY, M. "Tourist gay(ze) or transnational sex: Australian gay men's holiday desires". *Leisure Studies*, v. 28, pp. 157-72, 2009.

CASS, J. "Egypt on steroids: Luxor Las Vegas and postmodern orientalism". *In*: MEDINA LASANKY, D.; MCLAREN, B. (org.). *Architecture and Tourism: Perception, Performance and Place*. Oxford: Berg, 2004.

CASTELLS, M. *The Rise of the Network Society*. London: Blackwell, 1996. [Ed. bras.: *A sociedade em rede*. Trad.: Roneide Venâncio Majer. São Paulo: Paz e Terra, 2009.]

CHALFEN, R. *Snapshot Versions of Life*. Bowling Green, OH: Bowling Green State University Popular Press, 1987.

CHAN, W. Y. "Coming of age of the Chinese tourists: the emergence of non-Western tourism and host-guest interactions in Vietnam's border tourism". *Tourist Studies*, v. 6, pp. 187-213, 2006.

CHANDLER, P. "The UK outbound tour operating market: changing patterns of distribution". *ETC Insights*. London: English Tourism Council, 2000.

CHEONG, M. S.; MILLER, L. M. "Power and tourism: a Foucauldian observation". *Annals of Tourism Research*, v. 27, pp. 371-90, 2000.

CHHABRA, D. "How they see us: perceived effects of tourist gaze on the Old Order Amish". *Journal of Travel Research*, v. 49, pp. 93-105, 2010.

CHRONIS, A. "Coconstructing heritage at the Gettysburg storyscape". *Annals of Tourism Research*, v. 32, n. 2, pp. 386-406, 2005.

CLARK, A. "Financial crisis: walk this way". *Guardian*, 29 maio 2010.

CLARK, P. *The English Alehouse: A Social History, 1200-1830*. London: Longman, 1983.

CLARK, T. J. *The Painting of Modern Life*. London: Thames & Hudson, 1984. [Ed. bras.: *A pintura da vida moderna*. Trad.: José Geraldo Couto. São Paulo: Companhia das Letras, 2004.]

CLARKE, J.; CRITCHER, C. *The Devil Makes Work*. London: Macmillan, 1985.

CLIFFORD, J. *Routes*. Cambridge, MA: Harvard University Press, 1997.

CLIFT, S.; CARTER, S. *Tourism and Sex: Culture, Commerce and Coercion*. London: Cassell, 2000.

_____ (org.). *Tourism, Travel and Sex*. London: Cassell, 1999.

CLOKE, P.; PERKINS, H. "Cracking the canyon with the awesome foursome: representations of adventure tourism in New Zealand". *Environment and Planning D: Society and Space*, v. 16, pp. 185-218, 1998.

_____. "Cetacean performance and tourism in Kaikoura, New Zealand". *Environment and Planning D: Society and Space*, v. 23, pp. 903-24, 2005.

CLOKE, P.; PHILLIPS, M.; THRIFT, N. "The new middle classes and the social constructs of rural living". In: BUTLER, T.; SAVAGE, M. (org.). *Social Change and the Middle Classes*. London: UCL Press, 1995.

COE, B.; GATES, P. *The Snapshot Photograph: The Rise of Popular Photography, 1888-1939*. London: Ash and Grant, 1977.

COHEN, B.; MANSPEIZER, I. "The accidental tourist: NGOs, photography, and the idea of Africa". In: ROBINSON, M.; PICARD, D. (org.). *The Framed World: Tourism, Tourists and Photography*. Aldershot: Ashgate, 2009.

COHEN, C. "Marketing paradise, making nation". *Annals of Tourism Research*, v. 22, pp. 404-21, 1995.

COHEN, E. "Towards a sociology of international tourism". *Social Research*, v. 39, pp. 164-82, 1972.

_____. "A phenomenology of tourist types". *Sociology*, v. 13, pp. 179-201, 1979.

_____. "Traditions in the qualitative sociology of tourism". *Annals of Tourism Research*, v. 15, pp. 29-46, 1998.

COHEN, E.; NIR, Y.; ALMAGOR, U. "Stranger-local interaction in photography". *Annals of Tourism Research*, v. 19, pp. 213-33, 1992.

COLEMAN, S.; CRANG, M. (org.). *Tourism: Between Place and Performance*. Oxford: Berghahn Books, 2002a.

_____. "Grounded tourists, travelling theory". In: COLEMAN, S.; CRANG, M. (org.). *Tourism: Between Place and Performance*. Oxford: Berghahn Books, 2002b.

COMOLLI, J.-L. "Machines of the visible". *In*: LAURETIS, D. T.; HEATH, S. (org.). *The Cinematic Apparatus*. London: Palgrave Macmillan, 1980.

COOPER, R. "The visibility of social systems". *In*: HETHERINGTON, K.; MUNRO, R. (org.). *Ideas of Difference: Social Spaces and the Labour of Division*. Oxford: Blackwell and Sociological Review, 1997.

CORBIN, A. *The Lure of the Sea: The Discovery of the Seaside in the Modern World, 1750-1840*. Cambridge: Polity, 1982. [Ed. bras.: *O território do vazio: a praia e o imaginário ocidental*. Trad.: Paulo Neves. São Paulo: Companhia das Letras, 1989.]

COSGROVE, D. *Social Formation and Symbolic Landscape*. London: Croom Helm, 1984.

COULDRY, N. "On the actual street". *In*: CROUCH, D.; JACKSON, R.; THOMPSON, F. (org.). *The Media and the Tourist Imagination: Converging Cultures*. London: Routledge, 2005.

COX, A. M.; CLOUGH, P. D.; MARLOW, J. "Flickr: a first look at user behaviour in the context of photography as serious leisure". *Information Research*, v. 13, n. 1: paper 336, 2008. Disponível em: http://informationr.net/ir/13-1/paper336.html. Acesso em: 22 nov. 2010.

CRANG, M. "Picturing practices: research through the tourist gaze". *Progress in Human Geography*, v. 21, pp. 359-73, 1997.

____. "Knowing, tourism and practices of vision". *In*: CROUCH, D. (org.). *Leisure/Tourism Geographies*. London: Routledge, 1999.

____. "Circulation and emplacement: the hollowed out performance of tourism". *In*: MINCA, C.; OAKES, T. (org.). *Travels in Paradox: Remapping Tourism*. Lanham, MD: Rowman & Littlefield, 2006.

CRANG, M.; TRAVLOU, P. "The island that was not there: producing Corelli's island, staging Kefalonia". *In*: OBRADOR, P.; CRANG, M.; TRAVLOU, P. (org.). *Cultures of Mass Tourism: Doing the Mediterranean in the Age of Banal Mobilities*. Aldershot: Ashgate, 2009.

CRANG, P. "It's showtime: on the workplace geographies of display in a restaurant in Southeast England". *Environment and Planning D: Society and Space*, v. 12, pp. 675-704, 1994.

____. "Performing the tourist product". *In*: ROJEK, C.; URRY, J. (org.). *Touring Cultures*. London: Routledge, 1997.

CRAWSHAW, C.; URRY, J. "Tourism and the photographic eye". *In*: ROJEK, C.; URRY, J. (org.). *Touring Cultures*. London: Routledge, 1997.

CRESSWELL, T. *On the Move: Mobility in the Modern Western World*. London: Routledge, 2006.

CRICK, M. "Sun, sex, sights, savings and servility". *Criticism, Heresy and Interpretation*, v. 1, pp. 37-76, 1988.

CROUCH, D. (org.). *Leisure/Tourism Geographies*. London: Routledge, 2000.

____. "Flirting with space: tourism geographies as sensuous/expressive practice". *In*: CARTIER, C.; LEW, A. (org.). *Seductions of Place*. London: Routledge, 2005.

CULLER, J. "Semiotics of tourism". *American Journal of Semiotics*, v. 1, pp. 127-40, 1981.

CUNNINGHAM, H. *Leisure in the Industrial Revolution*. London: Croom Helm, 1980.

CUTHILL, V. "Consuming Harrogate: performing Betty's Café and Revolution Vodka Bar". *Space and Culture*, v. 10, pp. 64-76, 2007.

CWERNER, S. "The times of migration". *Journal of Ethnic and Migration Studies*, v. 27, pp. 7-36, 2001.

CWERNER, S.; KESSELRING, S.; URRY, J. (org.). *Aeromobilities*. London: Routledge, 2009.

D'ANDREA, A. *Global Nomads: Techno and New Age as Transnational Countercultures in Ibiza and Goa*. London: Routledge, 2007.

DANIELS, S.; COSGROVE, D. "Introduction: iconography and landscape". In: COSGROVE, D.; DANIELS, S. (org.). *The Iconography of Landscape*. Cambridge: Cambridge University Press, 1988.

DANN, G. "The people of tourist brochures". In: SELWYN, T. (org.). *The Tourist Image: Myths and Myth Making in Tourism*. Chichester: John Wiley & Sons, 1996a.

_____. *The Language of Tourism: A Social Linguistic Perspective*. Wallingford: CAB International, 1996b.

DANN, G.; JACOBSEN, J. K. S. "Tourism smellscapes". *Tourism Geographies*, v. 5, pp. 3-25, 2003.

DAVIDSON, C. *Dubai: The Vulnerability of Success*. London: Hurst and Company, 2008.

DAVIS, M. "Sand, fear, and money in Dubai". In: DAVIS, M.; MONK, D. (org.). *Evil Paradises*. New York: The New Press, 2007.

DAVIS, M.; MONK, D. (org.). *Evil Paradises*. New York: The New Press, 2007.

DE BOTTON, A. *The Art of Travel*. New York: Pantheon Books, 2002. [Ed. bras.: *A arte de viajar*. Trad.: Clóvis Marques. Rio de Janeiro: Intrínseca, 2012.]

DE CERTEAU, M. *The Practice of Everyday Life*. Berkeley, CA: University of California Press, 1984. [Ed. bras.: *A invenção do cotidiano*. Trad.: José Luiz Miranda. Petrópolis: Vozes, 2014.]

DEANE, P.; COLE, W. A. *British Economic Growth, 1688-1959*. Cambridge: Cambridge University Press, 1962.

DEBORD, G. *Society of the Spectacle*. Detroit, IL: Black & Red, 1983. [Ed. bras.: *A sociedade do espetáculo*. Trad.: Estela dos Santos Abreu. Rio de Janeiro: Contraponto, 1997.]

DEFFEYES, K. *Beyond Oil: The View from Hubbert's Peak*. New York: Hill & Wang, 2005.

DEGEN, M. "Barcelona's games: the Olympics, urban design, and global tourism". In: SHELLER, M.; URRY, J. (org.). *Tourism Mobilities*. London: Routledge, 2004.

_____. *Sensing Cities*. London: Routledge, 2008.

DEGEN, M.; DESILVEY, C.; ROSE, G. "Experiencing visualities in designed urban environments: learning from Milton Keynes". *Environment and Planning A*, v. 40, pp. 1.901-20, 2008.

DELLA DORA, V. "Putting the world into a box: a geography of nineteenth-century 'travelling landscapes'". *Geografiska Annaler*, series B, v. 89, pp. 287-306, 2007.

_____. "Travelling landscape-objects". *Progress in Human Geography*, v. 33, pp. 334-54, 2009.

DENISON-EDSON, P. W. *Some Aspects of a Historical Geography of Morecambe*. Dissertação de bacharelado em Artes. University of Cambridge, Cambridge, 1967.

DENNIS, K.; URRY, J. *After the Car*. Cambridge: Polity, 2009.

DENT, K. "Travel as education: the English landed classes in the eighteenth century". *Educational Studies*, v. 1, pp. 171-80, 1975.

DERRIDA, J. *Of Hospitality*. Stanford, CA: Stanford University Press, 2000.

DESFORGES, L. "'Checking out the planet': global representations/local identities and youth travel". *In*: SKELTON, T.; VALENTINE, G. (org.). *Cool Places*. London: Routledge, 1998.

DESMOND, J. *Staging Tourism*. Chicago, IL: University of Chicago Press, 1999.

DEVINE, F.; SAVAGE, M.; CROMPTON, R.; SCOTT, J. (org.). *Rethinking Class: Identities, Cultures and Lifestyles*. London: Palgrave, 2005.

DICKENS, P.; ORMROD, J. *Cosmic Society*. London: Routledge, 2007.

DICKS, B. *Heritage, Place and Community*. Cardiff: University of Wales Press, 2000.

DIJCK, V. J. "Digital photography: communication, identity, memory". *Visual Communication*, v. 7, pp. 57-76, 2008.

DIKEN, B.; LAUSTSEN, C. *The Culture of Exception: Sociology Facing the Camp*. London: Routledge, 2005.

DILLARD, C.; BROWNING, L.; SITKIN, S.; SUTCLIFFE, K. "Impression management and the use of procedures at the Ritz-Carlton: moral standards and dramaturgical discipline". *Communication Studies*, v. 51, pp. 404-14, 2000.

DRACHMAN, H. *Skraaplaner: Vildt og Tæmmet. Fortællinger og Naturstudier*. Copenhagen: Gyldendahl, 1881.

DU GAY, P.; HALL, S.; JAMES, L.; MACKEY, H.; NEGUS, K. *Doing Cultural Studies: The Story of the Sony Walkman*. London: Sage, 1997.

DUBBELD, L. "Observing bodies: camera surveillance and the significance of the body". *Ethics and Information Technology*, v. 5, pp. 151-62, 2003.

DUNCAN, J. "Dis-orientation: on the shock of the familiar in a far-away place". *In*: DUNCAN, J.; GREGORY, D. (org.). *Writes of Passage: Reading Travel Writing*. London: Routledge, 1999.

DUNCAN, T.; SCOTT, D. G.; BAUM, T. *Mobilities and Hospitality Work*. 27ª International Labour Process Conference, Edinburgh, abr. 2009.

EADE, J.; SALLNOW, M. (org.). *Contesting the Sacred: The Anthropology of Christian Pilgrimage*. London: Routledge, 1991.

ECO, U. *Travels in Hyper-Reality*. London: Picador, 1986. [Ed. bras.: *Viagem na irrealidade cotidiana*. Trad.: Aurora Fornoni Bernardini e Homero Freitas de Andrade. Rio de Janeiro: Nova Fronteira, 1984.]

EDENSOR, T. *Tourists at the Taj*. London: Routledge, 1998.

____. "Staging tourism: tourists as performers". *Annals of Tourism Research*, v. 27, pp. 322-44, 2000.

____. "Performing tourism, staging tourism: (re)producing tourist space and practice". *Tourist Studies*, v. 1, pp. 59-81, 2001a.

____. "Walking in the British countryside: reflexivity, embodied practices and ways to escape". *In*: MACNAGHTEN, P.; URRY, J. (org.). *Bodies of Nature*. London: Sage, pp. 81-106, 2001b.

____. *National Identity, Popular Culture and Everyday Life*. Oxford and New York: Berg, 2002.

____. "Sensing tourist places". *In*: MINCA, C.; OAKS, T. (org.). *Travels in Paradox: Remapping Tourism*. Lanham, MD: Rowman & Littlefield, 2006.

EDENSOR, T.; KOTHARI, U. "Sweetening colonialism: a Mauritian themed resort". *In*: MEDINA LASANKY, D.; MCLAREN, B. (org.). *Architecture and Tourism: Perception, Performance and Place*. Oxford: Berg, 2004.

EDGAR, D. "The new nostalgia". *Marxism Today*, pp. 30-5, mar. 1987.

EDWARDS, E.; HART, J. "Introduction: photographs as objects". *In*: EDWARDS, E. (org.). *Photographs Objects Histories: On the Materiality of Images*. London: Routledge, 2004.

EHRENREICH, B. *The Hearts of Men*. London: Pluto Press, 1983.

____. *Fear of Falling*. New York: Pantheon, 1989.

EK, R.; LARSEN, J.; HORNSKOV, B. S.; MANSFELDT, O. "A dynamic framework of tourist experiences: space-time and performances in the experience economy". *Scandinavian Journal of Hospitality and Tourism*, v. 8, pp. 122-40, 2008.

ELLIOTT, A.; URRY, J. *Mobile Lives*. London: Routledge, 2010.

ENGLISH Tourism Council. *ETC Insights*. London: ETC, 2000/2001.

ENLOE, C. *Bananas, Beaches and Bases*. London: Pandora, 1989.

EVERETT, S. "Beyond the visual gaze? The pursuit of an embodied experience through food tourism". *Tourist Studies*, v. 8, pp. 337-58, 2008.

FAINSTEIN, S.; JUDD, D. (org.). *The Tourist City*. New Haven, CT: Yale University Press, 1999.

FARMER, P. *Infections and Inequalities: The Modern Plagues*. Berkeley, CA: University of California Press, 1999.

FARRANT, S. "London by the sea: resort development on the south coast of England, 1880-1939". *Journal of Contemporary History*, v. 22, pp. 137-62, 1987.

FAULKS, S. "Disney comes to Chaucerland". *Independent*, 11 jun. 1988.

FEATHERSTONE, M. "Consumer culture, symbolic power and universalism". *In*: STAUTH, G.; ZUBAIDA, S. (org.). *Mass Culture, Popular Culture, and Social Life in the Middle East*. Frankfurt: Campus, 1987.

FEBVRE, R. *Problems of Unbelief in the Sixteenth Century*. Cambridge, MA: Harvard University Press, 1982. [Ed. bras.: *O problema da incredulidade no século XVI*. Trad.: Maria Lucia Machado. São Paulo: Companhia das Letras, 2009.]

FEIFER, M. *Going Places*. London: Macmillan, 1985.

FEIGHERY, W. "Tourism, stock photography and surveillance: a Foucauldian interpretation". *Journal of Tourism and Cultural Change*, v. 7, pp. 161-78, 2009.

FINKELSTEIN, J. *Dining Out: A Sociology of Modern Manners*. Cambridge: Polity, 1989.

FISKE, J. *Reading the Popular*. Boston, MA: Unwin Hyman, 1989.

FJELLMAN, S. *Vinyl Leaves: Walt Disney World and America*. Boulder, CO: Westview Press, 1992.

FORD, C.; STEINORTH, K. (org.). *You Press the Button, We Do the Rest: The Birth of Snapshot Photography*. Bradford: Dirk Nissen Publishing/National Museum of Photography, Film and Television, 1988.

FORSTER, E. M. *A Room with a View*. Harmondsworth: Penguin (orig. 1908), 1955. [Ed. bras.: *Um quarto com vista*. Trad.: Marcelo Pen. Rio de Janeiro: Globo, 2006.]

FOSTER, H. "Postmodernism: a preface". *In*: FOSTER, H. (org.). *Postmodern Culture*. London: Pluto Press, 1985a.

____ (org.). *Postmodern Culture*. London: Pluto Press, 1985b.

____. *Vision and Visuality*. Seattle, WA: Bay Press Seattle, 1988.

BIBLIOGRAFIA

FOUCAULT, M. *The Order of Things*. London: Tavistock, 1970. [Ed. bras.: *As palavras e as coisas: uma arqueologia das ciências humanas*. Trad.: Salma Tannus Muchail. 7. ed. São Paulo: Martins Fontes, 2007.]

_____. *The Birth of the Clinic*. London: Tavistock, 1976. [Ed. bras.: *O nascimento da clínica*. Trad.: Roberto Machado. Rio de Janeiro: Forense Universitária, 1994.]

_____. *Discipline and Punish: The Birth of the Prison*. Harmondsworth: Penguin, 1979. [Ed. bras.: *Vigiar e punir: nascimento da prisão*. Trad.: Raquel Ramalhete. Petrópolis: Vozes, 2014.]

FRAMPTON, K. "Place-form and cultural identity". *In*: THACKARA, J. (org.). *Design After Postmodernism*. London: Thames & Hudson, 1988.

FRANKLIN, A. "Zoological gaze". *In*: FRANKLIN, A. (org.). *Animals and Modern Cultures: A Sociology of Human-Animal Relations in Modernity*. London: Sage, 1999.

_____. *Tourism: An Introduction*. London: Sage, 2003.

FRANKLIN, A.; CRANG, M. "The trouble with tourism and travel theory". *Tourist Studies*, v. 1, pp. 5-22, 2001.

FRANKLIN, S.; LURY, C.; STACEY, J. *Global Nature, Global Culture*. London: Sage, 2000.

FREIRE-MEDEIROS, B. *Touring Poverty*. London: Routledge, 2011.

FRIEDEN, B.; SAGALYN, L. *Downtown, Inc.: How America Rebuilds Cities*. Cambridge, MA: MIT Press, 1989.

FRISBY, D.; FEATHERSTONE, M. (org.). *Simmel on Culture*. London: Sage, 1997.

FULLER, G.; HARLEY, R. *Aviopolis: A Book about Airports*. London: Black Dog Publishing, 2005.

GABRIEL, Y. *Working Lives in Catering*. London: Routledge, 1988.

GALE, T. "Urban Beaches, Virtual Worlds and 'The End of Tourism'". *Mobilities*, v. 4, n. 1, pp. 119-38, 2009.

GARROD, B. "Understanding the relationship between tourism destination imagery and tourist photography". *Journal of Travel Research*, v. 47, pp. 346-58, 2009.

GERMANN MOLZ, J.; GIBSON, S. "Introduction: mobilizing and mooring hospitality". *In*: GERMANN MOLZ, J.; GIBSON, S. (org.). *Mobilizing Hospitality*. Aldershot: Ashgate, 2007a.

_____ (org.). *Mobilizing Hospitality*. Aldershot: Ashgate, 2007b.

GERNSHEIM, H. *The Origins of Photography*. London: Thames & Hudson, 1982.

_____. *The Rise of Photography 1850-1880: The Age of Collodion*. London: Thames & Hudson, 1989. v. 2.

GIBSON, C.; KONG, L. "Cultural economy: a critical review". *Progress in Human Geography*, v. 29, pp. 541-61, 2005.

GIBSON, J. *The Ecological Approach to Visual Perception*. Hillsdale, NJ: Lawrence Erlbaum Associates, 1986.

GIDDENS, A. *The Transformation of Intimacy*. Cambridge: Polity, 1992. [Ed. bras.: *A transformação da intimidade: sexualidade, amor e erotismo nas sociedades modernas*. Trad.: Magda Lopes. São Paulo: Editora da Unesp, 2003.]

GIL, J. *Metamorphoses of the Body*. Minneapolis, MN: University of Minneapolis Press, 1998.

GILLESPIE, A. "Tourist photography and the reverse gaze". *Ethos*, v. 34, pp. 343-66, 2006.

GOFFMAN, E. *The Presentation of Self in Everyday Life*. Garden City, NY: Doubleday Anchor, 1959. [Ed. bras.: *A representação do eu na vida cotidiana*. Trad.: Maria Célia Santos Raposo. Petrópolis: Vozes, 2014.]

____. *Behavior in Public Places: Notes on the Social Organization of Gatherings*. New York: Free Press, 1963. [Ed. bras.: *Comportamento em lugares públicos*. Trad.: Fabio Rodrigues Ribeiro da Silva. Petrópolis: Vozes, 2010.]

____. *Gender Advertisements*. London: Harper, 1976.

GOODWIN, A. "Nothing like the real thing". *New Statesman and Society*, 12 ago. 1989.

GOSS, J. "Placing the market and marketing place: tourist advertising of the Hawaiian Islands, 1972-92". *Environment and Planning D: Society and Space*, v. 11, pp. 663-88, 1993.

GOTTDIENER, M. *Life in the Air: Surviving the New Culture of Air Travel*. Lanham, MD: Rowman & Littlefield, 2001.

GOTTLIEB, A. "Americans' vacations". *Annals of Tourism Research*, v. 9, pp. 165-87, 1982.

GOULBORNE, H. "The transnational character of Caribbean kinship in Britain". *In*: MCRAE, S. (org.). *Changing Britain: Families and Households in the 1990s*. Oxford: Oxford University Press, 1999.

GRASS, J. *Morecambe: The People's Pleasure. The Development of a Holiday Resort, 1880-1902*. Dissertação de mestrado. University of Lancaster, Lancaster, 1972.

GRAVES, R. *Majorca Observed*. London: Cassell, 1965.

GREEN, N. *The Spectacle of Nature*. Manchester: Manchester University Press, 1990.

GREENE, M. *Marketing Hotels into the 1990s*. London: Heinemann, 1982.

GREGORY, D. *Geographical Imaginations*. Cambridge, MA: Blackwell, 1994.

____. "Scripting Egypt: Orientalism and the cultures of travel". *In*: DUNCAN, J.; GREGORY, D. (org.). *Writes of Passage*. London: Routledge, 1999.

GREGORY, D. *Performing Cairo: Orientalism and the City of the Arabian Nights*. Trabalho apresentado na conferência "Space Odyssey". Roskilde University, 2001.

____. "Emperors of the gaze: photographic practices and productions of space in Egypt, 1839-1914". *In*: SCHWARTZ, J.; RYAN, J. (org.). *Picturing Place: Photography and the Geographical Imagination*. London: I.B. Tauris, 2003.

GRENBLATT, S. *Marvellous Possessions: The Wonder of the New World*. Oxford: Clarendon Press, 1991. [Ed. bras.: *Possessões maravilhosas: o deslumbramento do novo mundo*. Trad.: Gilson César Cardoso de Souza. São Paulo: Edusp, 1996.]

GUERRIER, Y.; ADIB, A. "Work at leisure and leisure at work: a study of the emotional labour of tour reps". *Human Relations*, v. 56, pp. 1399-417, 2003.

GYE, L. "Picture this: the impact of mobile camera phones on personal photographic practices". *Continuum*, v. 21, pp. 279-88, 2007.

HACKING, I. "Between Michel Foucault and Erving Goffman: between discourse in the abstract and face-to-face interaction". *Economy and Society*, v. 3, pp. 277-302, 2004.

HALDRUP, M.; LARSEN, J. "The family gaze". *Tourist Studies*, v. 3, pp. 23-46, 2003.

____. "Material cultures of tourism". *Leisure Studies*, v. 25, pp. 275-89, 2006.

____. *Tourism, Performance and the Everyday: Consuming the Orient*. London: Routledge, 2010.

HALL, M. "Gender and economic interests in tourism prostitution: the nature, development and implications of sex tourism in south-east Asia". *In*: KINNAIRD, V.; HALL, D. (org.). *Tourism: A Gender Analysis*. Chichester: John Wiley, 1994.

HALL, S. *The Carhullan Army*. London: Faber & Faber, 2007.

HALSALL, M. "Through the valley of the shadow". *Guardian*, 27 dez. 1986.

HAMMOND, D. J. "Photography, tourism and the Kodak Hula Show". *Visual Anthropology*, v. 14, pp. 1-32, 2001.

HANNAM, K. "The end of tourism? Nomadology and the mobilities paradigm". *In:* TRIBE, J. (org.). *Philosophical Issues in Tourism*. Bristol: Channelview, 2009.

HANNAM, K.; KNOX, D. *Understanding Tourism*. London: Sage, 2010.

HARRIS, H.; LIPMAN, A. "Viewpoint: a culture and despair: reflections on 'postmodern' architecture". *Sociological Review*, v. 34, pp. 837-54, 1986.

HARRISON, B. *Drink and the Victorians*. London: Faber & Faber, 1971.

HARVEY, D. *The Condition of Postmodernity*. Oxford: Blackwell, 1989. [Ed. bras.: *Condição pós-moderna*. Trad.: Adail Ubirajara Sobral. São Paulo: Loyola, 1992.]

HARVEY, P. *Hybrids of Modernity*. London: Routledge, 1996.

HAWKEN, P.; LOVINS, A.; LOVINS, L. H. *Natural Capitalism*. London: Earthscan, 1999. [Ed. bras.: *Capitalismo natural: criando a próxima revolução industrial*. Trad.: Luiz A. de Araújo e Maria Luiza Felizardo. São Paulo: Cultrix, 2000.]

HAYES, D.; MACLEOD, N. "Packaging places: designing heritage trails using an experience economy perspective to maximize visitor engagement". *Journal of Vacation Marketing*, 2007, v. 13, pp. 45-58.

HEBDIGE, D. "A report from the Western Front". *Block*, v. 12, pp. 4-26, 1986-1987.

____. *Hiding in the Light*. London: Routledge, 1988.

HEIDEGGER, M. "Building dwelling thinking". *In*: HEIDEGGER, M. *Basic Writings*. London: Routledge, 1993.

____. *Sojourns*. Albany, NY: State University of New York Press, 2005.

HEINBERG, R. *The Party's Over: Oil, War and the Fate of Industrial Society*. New York: Clearview Books, 2005.

HENDRY, J. *The Orient Strikes Back: A Global View of Cultural Display*. Oxford: Berg, 2000.

HERN, A. *The Seaside Holiday*. London: Cresset Press, 1967.

HETHERINGTON, K. "Museums and the visually impaired: the spatial politics of access". *Sociological Review*, v. 48, pp. 444-63, 2000a.

____. *New Age Travellers: Vanloads of Uproarious Humanity*. London: Cassell, 2000b.

HEWISON, R. *The Heritage Industry: Britain in a Climate of Decline*. London: Methuen, 1987.

HIRSCH, F. *Social Limits to Growth*. London: Routledge and Kegan Paul, 1978. [Ed. bras.: *Limites sociais do crescimento*. Trad.: Waltensir Dutra. Rio de Janeiro: Zahar, 1979.]

HJORTH, L. "Snapshots of almost contact: the rise of camera phone practices and a case study in Seoul, Korea". *Continuum*, v. 2, pp. 227-38, 2007.

HOCHSCHILD, A. *The Managed Heart: Commercialization of Human Feeling.* Berkeley, CA: University of California Press, 1983.

HOFFMAN, M. L.; MUSIL, J. "Culture meets commerce: tourism in postcommunist Prague". *In*: JUDD, D. R.; FAINSTEIN, S. (org.). *The Tourist City.* New Haven/London: Yale University Press, 1999.

HOLDERNESS, G. "Bardolatry: or, the cultural materialist's guide to Stratford-upon-Avon". *In*: HOLDERNESS, G. (org.). *The Shakespeare Myth.* Manchester: Manchester University Press, 1988.

HOLLAND, P. "Personal photography and popular photography". *In*: WELLS, L. (org.). *Photography: A Critical Introduction.* London: Routledge, 2001.

HOLLINGSHEAD, K. "'White' gaze, 'red' people – shadow visions: the disidentification of 'Indians' in cultural tourism". *Leisure Studies*, v. 11, pp. 43-64, 1992.

____. "Surveillance of the worlds of tourism: Foucault and the eye-of-power". *Tourism Management*, v. 20, pp. 7-23, 1999.

____. "Theme parks and the representation of culture and nature: The consumer aesthetics of presentation and performance". *In*: JAMAL, T.; ROBINSON, M. (org.). *The Sage Handbook of Tourism Studies.* London: Sage, 2009.

HOMER-DIXON, T. *The Upside of Down: Catastrophe, Creativity, and the Renewal of Civilization.* London: Souvenir, 2006.

HOOPER-GREENHILL, E. "Counting visitors or visitors who count". *In*: LUMLEY, R. (org.). *The Museum Time-Machine.* London: Routledge, 1988.

HORNE, D. *The Great Museum.* London: Pluto Press, 1984.

HSIU-YEN YEH, J. "The embodiment of sociability through the tourist camera". *In*: ROBINSON, M.; PICARD, D. (org.). *The Framed World: Tourism, Tourists and Photography.* Aldershot: Ashgate, 2009.

HUI, A. "Many homes for tourism: re-considering spatializations of home and away in tourism mobilities". *Tourist Studies*, v. 8, pp. 291-311, 2008.

HUTNYK, J. *The Rumour of Calcutta.* London: Zed Books, 1996.

IBELINGS, H. *Supermodernism: Architecture in the Age of Globalisation.* Rotterdam: NAI Publishers, 1998.

INGOLD, T.; KURTTILA, T. "Perceiving the environment in Finnish Lapland". *Body and Society*, v. 6, pp. 183-96, 2000.

IPCC *Climate Change 2007: Synthesis Report.* Geneva: IPCC, 2007.

JACKSON, P. "Constructions of culture, representations of race: Edward Curtis's 'way of seeing'". *In*: ANDERSON, K.; GALE, F. (org.). *Inventing Places: Studies in Cultural Geography.* London: John Wiley & Sons, 1992.

JACOBSEN, S. K. J. "The tourist bubble and the Europeanization of holiday travel". *Tourism and Cultural Change*, v. 1, pp. 71-87, 2003.

JAKLE, J. *The Tourist: Travel in Twentieth-century North America.* Lincoln, NB: University of Nebraska Press, 1985.

JAMAL, J.; ROBINSON, M. (org.). *The Sage Handbook of Tourism Studies.* London: Sage, 2009.

JAMES, N. "Emotional labour: skill and work in the social regulation of feelings". *Sociological Review*, v. 37, pp. 15-42, 1989.

JAMESON, F. "Postmodernism and consumer culture". *In*: FOSTER, H. (org.). *Postmodern Culture*. London: Pluto Press, 1985.

JANUSZCZAK, W. "Romancing the grime". *Guardian*, 2 set. 1987.

JARVIS, R. *Romantic Writing and Pedestrian Travel*. London: Macmillan, 1997.

JAY, M. *Downcast Eyes*. Berkeley, CA: University of California Press, 1993.

JEFFREYS, S. "Globalizing sexual exploitation: sex tourism and the traffic in women". *Leisure Studies*, v. 18, pp. 179-96, 1999.

JENCKS, C. *The Language of Post-Modern Architecture*. New York: Academy, 1977.

JENKINS, O. H. "Photography and travel brochures: the circle of representation". *Tourism Geographies*, v. 5, pp. 305-28, 2003.

JENKINS, S. "Art makes a return to architecture". *Sunday Times*, 15 nov. 1987.

JENKS, C. "The centrality of the eye in western culture: an introduction". *In*: JENKS, C. (org.). *Visual Culture*. London: Routledge, 1995.

JOHNSON, J.; POOLEY, C. (org.). *The Structure of Nineteenth Century Cities*. London: Croom Helm, 1982.

JOHNSON, K.; MIGNOT, K. "Marketing trade unionism to service industries: an historical analysis of the hotel industry". *Service Industries Journal*, v. 2, pp. 5-23, 1982.

JOHNSTON, L. "(Other) bodies and tourism studies". *Annals of Tourism Research*, v. 28, pp. 180-201, 2001.

JOKINEN, E.; VEIJOLA, S. "The disoriented tourist: the figuration of the tourist in contemporary cultural critique". *In*: ROJEK, C.; URRY, J. (org.). *Touring Cultures*. London: Routledge, 1997.

JONES, A. "Green tourism". *Tourism Management*, pp. 354-6, dez. 1987.

JORDAN, F.; AITCHISON, C. "Tourism and the sexualisation of the gaze: solo female tourists' experiences of gendered power, surveillance and embodiment". *Leisure Studies*, v. 27, pp. 329-49, 2008.

KAPLAN, C. *Questions of Travel*. Durham, NC: Duke University Press, 1996.

KING, A. *The Bungalow*. London: Routledge, 1984.

KINNAIRD, V.; HALL, D. (org.). *Tourism: A Gender Analysis*. Chichester: John Wiley, 1994.

KIRSHENBLATT-GIMBLETT, B. *Destination Culture: Tourism, Museums and Heritage*. Berkeley, CA: University of California Press, 1998.

KLEIN, N. *No Logo*. London: Flamingo, 2000. [Ed. bras.: *Sem logo: a tirania das marcas em um planeta vendido*. Trad.: Ryta Vinagre. Rio de Janeiro: Record, 2002.]

KLINGMANN, A. *Brandscapes*. Cambridge, MA: MIT Press, 2007.

KNOX, P. "The social production of the built environment". *Progress in Human Geography*, v. 11, pp. 354-77, 1987.

_____. "The design professions and the built environment in a postmodern epoch". *In*: KNOX, P. (org.). *The Design Professions and the Built Environment*. London: Croom Helm, 1988.

KRIER, L. "'Berlin-Tagel' and 'building and architecture'". *Architectural Design*, v. 54, pp. 87-119, 1984.

KROKER, A.; COOK, D. *The Postmodern Scene*. New York: St. Martin's Press, 1986.

KUHN, A. *Family Secrets: Acts of Memory and Imagination*. London: Verso, 1995.

KUNSTLER, J. *The Long Emergency: Surviving the Converging Catastrophes of the 21st Century*. London: Atlantic Books, 2006.

LANDRY, C. *The Art of City Making*. London: Earthscan, 2006. [Ed. bras.: *Origens e futuros da cidade criativa*. São Paulo: Sesi-SP Editora, 2013.]

LANDRY, C.; MONTGOMERY, J.; WORPOLE, K.; GRATTON, C.; MURRAY, R. *The Last Resort*. London: Comedia Consultancy/SEEDS (South East Economic Development Strategy), 1989.

LARKHAM, P. *The Agents of Urban Change*. University of Birmingham, Department of Geography, Occasional Publication n. 21, 1986.

LARSEN, J. "The Trafford Centre: a modern machine for consumption and postmodern spectacle". *Travel and Destination*. Anais de uma conferência realizada na Roskilde University, 17 fev. 2000. Department of Geography, Roskilde University, 2000, pp. 39-61.

____. "Tourism mobilities and the travel glance: experiences of being on the move". *Scandinavian Journal of Hospitality and Tourism*, v. 1, pp. 80-98, 2001.

____. *Performing Tourist Photography*. PhD, Roskilde University, Department of Geography, 2004a.

____. "(Dis)connecting tourism and photography: corporeal travel and imaginative travel". *Journeys: International Journal of Travel and Travel Writing*, v. 5, pp. 19-42, 2004b.

____. "Families seen photographing: the performativity of tourist photography". *Space and Culture*, v. 8, pp. 416-34, 2005.

____. "Geographies of tourism photography: choreographies and performances". *In*: FALKHEIMER, J.; JANSSON, A. (org.). *Geographies of Communication: The Spatial Turn in Media Studies*. Gøteborg: Nordicom, 2006a.

____. "Picturing Bornholm: the production and consumption of a tourist island through picturing practices". *Scandinavian Journal of Hospitality and Tourism*, v. 6, pp. 75-94, 2006b.

____. "Practices and flows of digital photography: an ethnographic framework". *Mobilities*, v. 3, pp. 141-60, 2008a.

____. "De-exoticizing tourist travel: everyday life and sociality on the move". *Leisure Studies*, v. 27, pp. 21-34, 2008b.

____. "Goffman and the tourist gaze: a performativity approach to tourism mobilities". *In*: JACOBSEN, M. H. (org.). *Contemporary Goffman*. London: Routledge, 2009.

LARSEN, J.; URRY, J.; AXHAUSEN, K. *Mobilities, Networks, Geographies*. Aldershot: Ashgate, 2006.

LARSEN, J.; URRY, J.; AXHAUSEN, K. "Networks and tourism: mobile social life". *Annals of Tourism Research*, v. 34, pp. 244-62, 2007.

LASANKY, M. "'Tourist geographies': remapping old Havana". *In*: MEDINA LASANKY, D.; MCLAREN, B. (org.). *Architecture and Tourism: Perception, Performance and Place*. Oxford: Berg, 2004.

LASH, S. *Sociology of Postmodernism*. London: Routledge, 1990.

LASH, S.; URRY, J. *The End of Organized Capitalism*. Cambridge: Polity, 1987.

____. *Economies of Signs and Space*. London: Sage, 1994.

BIBLIOGRAFIA

LATOUR, B. "Technology is society made durable". *In*: LAW, J. (org.). *A Sociology of Monsters: Essays on Power, Technology and Domination*. London: Routledge, 1991.

LAWSON, A.; SAMSON, C. "Age, gender and adultery". *British Journal of Sociology*, v. 39, pp. 409-40, 1988.

LEA, J. *Tourism and Development in the Third World*. London: Routledge, 1988.

LEADBETTER, C. "Power to the person". *Marxism Today*, pp. 14-19, out. 1988.

LEGGETT, J. *Half Gone: Oil, Gas, Hot Air and Global Energy Crisis*. London: Portobello Books, 2005.

LEHENY, D. "A political economy of Asian sex tourism". *Annals of Tourism Research*, v. 22, pp. 367-84, 1995.

LENCEK, L.; BOSKER, G. *The Beach: The History of Paradise on Earth*. London: Secker & Warburg, 1988.

LENNON, J.; FOLEY, M. *Dark Tourism*. London: Continuum, 2000.

LETCHER, A.; BLAIN, J.; WALLIS, J. R. "Re-viewing the past: discourse and power in images of prehistory". *In*: ROBINSON, M.; PICARD, D. (org.). *The Framed World: Tourism, Tourists and Photography*. Aldershot: Ashgate, 2009.

LETT, J. "Ludic and liminoid aspects of charter yacht tourism in the Caribbean". *Annals of Tourism Research*, v. 10, pp. 35-56, 1983.

LEVITT, T. "Marketing intangible products and product intangibles". *Cornell HRA Quarterly*, pp. 37-44, ago. 1981.

LEWIS, N. "The climbing body: nature and the experience of modernity". *Body and Society*, v. 6, pp. 58-80, 2000.

LEWIS, P. "Too high, too fast: the party's over for Dubai". *Guardian*, pp. 28-9, 14 fev. 2009.

LEY, D.; OLDS, K. "Landscape as spectacle: world's fairs and the culture of heroic consumption". *Environment and Planning D: Society and Space*, v. 6, pp. 191-212, 1988.

LICKORISH, L. J.; KERSHAW, A. G. "Tourism between 1840 and 1940". *In*: BURKART, A. J.; MEDLIK, S. (org.). *The Management of Tourism*. London: Heinemann, 1975.

LIGHT, A. *Forever England: Femininity, Literature and Conservatism between the Wars*. London: Routledge, 1991.

LIGHT, D. "Gazing on communism: heritage tourism and post-communist identities in Germany, Hungary and Romania". *Tourism Geographies*, v. 2, pp. 157-76, 2001.

LISLE, D. "Gazing at Ground Zero: tourism, voyeurism and spectacle". *Journal for Cultural Research*, v. 88, pp. 3-21, 2004.

LISTER, M. "A sack in the sand: photography in the age of information". *Convergence*, v. 13, pp. 251-74, 2007.

LITTLEWOOD, I. *Sultry Climates: Travel and Sex since the Grand Tour*. London: John Murray, 2001.

LITVIN, W. S.; GOLDSMITH, E. R.; PAN, B. "Electronic word-of-mouth in hospitality and tourism management". *Tourism Management*, v. 29, pp. 458-68, 2008.

LODGE, D. *Paradise News*. London: Secker & Warburg, 1991.

LÖFGREN, O. *On Holiday: A History of Vacationing*. Berkeley, CA: University of California Press, 1999.

____. "The new economy: a cultural history". *Global Networks*, v. 3, pp. 239-54, 2004.

LÖFGREN, O. "The secret lives of tourists: delays, disappointments and daydreams". *Scandinavian Journal of Hospitality and Tourism*, v. 8, pp. 85-101, 2008.

LOVELOCK, J. *The Revenge of Gaia*. London: Allen Lane, 2006. [Ed. bras.: *A vingança de gaia*. Trad.: Ivo Korytowski. Rio de Janeiro: Intrínseca, 2006.]

LOWE, P.; GOYDER, J. *Environmental Groups in Politics*. London: Allen & Unwin, 1983.

LOWENTHAL, D. *The Past is a Foreign Country*. Cambridge: Cambridge University Press, 1985.

LÜBBREN, N. *Rural Artists' Colonies in Europe, 1870-1910*. Manchester: Manchester University Press, 2001.

LUKAS, S. *The Themed Space*. Lanham, MD: Lexington Books, 2007.

_____. *Theme Park*. London: Reaktion Books, 2008.

LUMLEY, R. (org.). *The Museum Time-Machine*. London: Routledge, 1988.

LUND, K. "Seeing in motion and the touching eye: walking over Scotland's mountains". *Etnofoor: Antropological Journal*, v. 18, pp. 27-42, 2006.

LUNN, T. "How to swing unused talent into action". *Sunday Times*, 20 de agosto de 1989.

LYNAS, M. *Six Degrees*. London: Fourth Estate, 2007. [Ed. bras.: *Seis graus: o aquecimento global e o que você pode fazer para evitar uma catástrofe*. Trad.: Roberto F. Valente. Rio de Janeiro: Zahar, 2008.]

LYNCH, K. *The Image of the City*. Cambridge, MA: MIT Press, 1960. [Ed. bras.: *A imagem da cidade*. Trad.: Jefferson Luiz Camargo. São Paulo: WMF Martins Fontes, 1997.]

_____. *What Time is This Place?* Cambridge, MA: MIT Press, 1973.

MACCANNELL, D. "Staged authenticity: arrangements of social space in tourist settings". *American Sociological Review*, v. 79, pp. 589-603, 1973.

_____. *The Tourist*. New York: Schocken (orig. 1976), 1999.

_____. "Tourist agency". *Tourism Studies*, v. 1, pp. 23-38, 2001.

MACDONALD, S. "Consuming science: public knowledge and the dispersed politics of reception among museum visitors". *Media, Culture and Society*, v. 17, pp. 13-29, 1995.

_____. "A people's story: heritage, identity and authenticity". *In*: ROJEK, C.; URRY, J. (org.). *Touring Cultures*. London: Routledge, 1997.

MACNAGHTEN, P.; URRY, J. *Contested Natures*. London: Sage, 1998.

_____. "Bodies in the woods". *Body and Society*, v. 6, pp. 166-82, 2000a.

_____. (org.). *Bodies of Nature*, edição dupla de *Body and Society*, v. 6, pp. 1-202, 2000b.

_____. "Introduction". *Body and Society*, v. 6, pp. 1-11, 2000c.

MAOZ, D. "The mutual gaze". *Annals of Tourism Research*, v. 33, pp. 221-39, 2006.

MARKWICK, M. "Postcards from Malta: image, consumption, context". *Annals of Tourism Research*, v. 28, pp. 417-38, 2001.

MARS, G.; NICOD, M. *The World of Waiters*. London: Allen & Unwin, 1984.

MARSHALL, G. "The workplace culture of a licensed restaurant". *Theory, Culture and Society*, v. 3, pp. 33-48, 1986.

MARTIN, B. *A Sociology of Contemporary Popular Culture*. Oxford: Blackwell, 1982.

MARTIN, B.; MASON, S. "Current trends in leisure". *Leisure Studies*, v. 6, pp. 93-7, 1987.

MARTINOTTI, G. "A city for whom? Transients and public life in the second-generation metropolis". *In*: BEAUREGARD, R.; BODY-GENDROT, S. (org.). *The Urban Moment: Cosmopolitan Essays on the Late-20th-century City*. London: Sage, 1999.

MASON, J. "Managing kinship over long distances: the significance of 'the visit'". *Social Policy & Society*, v. 3, pp. 421-9, 2004.

MASSEY, D. *Space, Place and Gender*. Cambridge: Polity, 1994.

MAZIERSKA, E.; WALTON, K. J. "Tourism and the moving image". *Tourist Studies*, v. 6, pp. 5-11, 2006.

MCCLINTOCK, A. *Imperial Leather*. New York: Routledge, 1995. [Ed. bras.: *Couro imperial: raça, gênero e sexualidade no embate colonial*. Trad.: Plínio Dentzien. Campinas: Editora da Unicamp, 2010.]

MCCRONE, D. *The Sociology of Nationalism*. London: Routledge, 1998.

MCCRONE, D.; MORRIS, A.; KIELY, R. *Scotland – the Brand*. Edinburgh: Edinburgh University Press, 1995.

MCKAY, I. "Twilight at Peggy's Cove" towards a genealogy of 'maritimicity' in Nova Scotia". *Borderlines*, pp. 29-37, verão de 1988.

MCQUIRE, S. *Visions of Modernity: Representation, Memory, Time and Space in the Age of the Camera*. London: Sage, 1998.

MELLINGER, W. M. "Toward a critical analysis of tourism representations". *Annals of Tourism Research*, v. 21, pp. 756-79, 1994.

MELLOR, A. "Enterprise and heritage in the dock". *In*: CORNER, J.; HARVEY, S. (org.). *Enterprise and Heritage*. London: Routledge, 1991.

MENNELL, S. *All Manners of Food*. Oxford: Blackwell, 1985.

MERCER, C. "A poverty of desire: pleasure and popular politics". *In*: BENNETT, T. (org.). *Formations of Pleasure*. London: Routledge and Kegan Paul, 1983.

MERRIMAN, N. "Museum visiting as a cultural phenomenon". *In*: VERGO, P. (org.). *The New Museology*. London: Reaktion, 1989.

METCALF, H. "Careers and training in tourism and leisure". *Employment Gazette*, pp. 84-93, fev. 1988.

MEYROWITZ, J. *No Sense of Place: The Impact of Electronic Media on Social Behaviour*. New York: Oxford University Press, 1985.

MICHAEL, M. *Constructing Identities*. London: Sage, 1996.

_____. *Reconnecting, Culture, Technology and Nature*. London: Routledge, 2000.

MILLER, D.; SLATER, D. *The Internet: An Ethnographic Approach*. London: Berg, 2000.

MILLS, C. A. "'Life on the upslope': the postmodern landscape of gentrification". *Environment and Planning D: Society and Space*, v. 6, pp. 169-89, 1988.

MILTON, K. "Land or landscape: rural planning policy and the symbolic construction of the countryside". *In*: MURRAY, M.; GREER, J. (org.). *Rural Development in Ireland*. Aldershot: Avebury, 1993.

MISHAN, E. *The Costs of Economic Growth*. Harmondsworth: Penguin, 1969. [Ed. bras.: *Desenvolvimento... a que preço?* Trad.: Aydano Arruda. São Paulo: Ibrasa, 1976.]

MITCHELL, T. "The world as exhibition". *Comparative Studies in Society and History*, v. 31, pp. 217-36, 1989.

MITTER, S. *Common Fate, Common Bond.* London: Pluto Press, 1986.

MONBIOT, G. *Heat: How to Stop the Planet from Burning.* London: Allen Lane, 2006.

MORDUE, T. "Performing and directing resident/tourist cultures in Heartbeat country". *Tourist Studies*, v. 1, pp. 233-52, 2001.

____. "Television, tourism and rural life". *Journal of Travel Research*, v. 47, pp. 332-45, 2009.

MORGAN, N.; PRITCHARD, A. "Security and social 'sorting': traversing the surveillance-tourism". *Tourist Studies*, v. 5, pp. 115-32, 2005.

MORRIS, M. "At Henry Parkes Motel". *Cultural Studies*, v. 2, pp. 1-47, 1988.

MUNT, I. "The other postmodern tourist: culture, travel and the new middle classes". *Theory, Culture and Society*, v. 11, pp. 101-24, 1994.

MURRAY, S. "Digital images, photo-sharing, and our shifting notions of everyday aesthetics". *Journal of Visual Culture*, v. 7, pp. 147-63, 2008.

MYERSCOUGH, J. "The recent history of the use of leisure time". *In*: APPLETON, I. (org.). *Leisure Research and Policy.* Edinburgh: Scottish Academic Press, 1974.

NEUMANN, M. "The travelling eye: photography, tourism and ethnography". *Visual Sociology*, v. 7, pp. 22-38, 1992.

____. *On the Rim: Looking for the Grand Canyon.* Minneapolis, MN: University of Minnesota Press, 1999.

NORMAN, P. "Faking the present". *Guardian*, 10-11 dez. 1988.

NYRI, P. *Mobility and Cultural Authority in Contemporary China.* Seattle, WA: University of Washington Press, 2010.

O'DELL, T. "Hospitality, kinesthesis, and health: Swedish spas and the market for well-being". *In*: GERMANN MOLZ, J.; GIBSON, S. (org.). *Mobilizing Hospitality.* London: Ashgate, 2007.

O'DELL, T.; BILLING, P. (org.). *Experiencescapes: Tourism, Culture and Economy.* Copenhagen: Copenhagen Business School, 2005.

O'ROURKE, P. J. *Holidays in Hell.* New York: Atlantic Monthly Review, 1988.

OBRADOR, P.; CRANG, M.; TRAVLOU, P. (org.). *Cultures of Mass Tourism.* Aldershot: Ashgate, 2009.

OCKMAN, J. "New politics of the spectacle: 'Bilbao' and the global imagination". *In*: MEDINA LASANKY, D.; MCLAREN, B. (org.). *Architecture and Tourism: Perception, Performance and Place.* Oxford: Berg, 2004.

ONG, A.; NONINI, D. (org.). *Ungrounded Empires.* London: Routledge, 1997.

OPPERMANN, M. "Sex tourism". *Annals of Tourism Research*, v. 26, pp. 251-66, 1999.

OSBORNE, P. *Travelling Light: Photography, Travel and Visual Culture.* Manchester: Manchester University Press, 2000.

OSTLING, S. "The global museum and the orbit of the Solomon R. Guggenheim Museum New York". *International Journal of Humanities*, v. 5, pp. 87-94, 2007.

OUSBY, I. *The Englishman's England.* Cambridge: Cambridge University Press, 1990.

PAN, B.; FESENMAIER, R. D. "Online information search: vacation planning process". *Annals of Tourism Research*, v. 33, pp. 809-32, 2006.

PAN, B.; MACLAURIN, T.; CROTTS, C. J. "Travel blogs and the implications for destination marketing". *Journal of Travel Research*, v. 46, pp. 35-45, 2007.

PAPASTERGIADIS, N. *The Turbulence of Migration*. Cambridge: Polity, 2000.

PARR, M. *Small World*. Stockport: Dewi Lewis Publishing, 1995.

_____. *Boring Postcards*. London: Phaidon Press, 1999.

PEARCE, F. *With Speed and Violence: Why Scientists Fear Tipping Points in Climate Change*. Boston, MA: Beacon Press, 2007.

PEARCE, P.; MOSCARDO, G. "The concept of authenticity in tourist experiences". *Australian and New Zealand Journal of Sociology*, v. 22, pp. 121-32, 1986.

PELIZZARI, A. M. "Retracing the outlines of Rome: intertextuality and imaginative geographies in nineteenth-century photographs". In: SCHWARTZ, J.; RYAN, J. (org.). *Picturing Place: Photography and the Geographical Imagination*. London: I.B. Tauris, 2003.

PEMBLE, J. *The Mediterranean Passion*. Oxford: Clarendon Press, 1987.

PERKIN, H. "The 'social tone' of Victorian seaside resorts in the north-west". *Northern History*, v. II, pp. 180-94, 1976.

PERKINS, H.; THORNS, D. "Reflections on Urry's tourist gaze in the context of contemporary experience in the antipodes". *International Sociology*, v. 16, pp. 185-204, 2001.

PEZZULLO, P. "Tourists and/as disasters: rebuilding, remembering, and responsibility in New Orleans". *Tourist Studies*, v. 9, pp. 23-41, 2009.

PFEIL, F. "Makin' flippy-floppy: postmodernism and the baby-boom PMC". In: DAVIS, M.; PFEIL, F.; SPINKER, M. (org.). *The Year Left: An American Socialist Yearbook 1985*. London: Verso, 1985.

PHELPS-BROWN, E. H. *A Century of Pay*. London: Macmillan, 1968.

PILLSBURY, R. *From Boarding House to Bistro*. Boston, MA: Unwin Hyman, 1990.

PIMLOTT, J. *The Englishman's Holiday*. London: Faber & Faber, 1947.

PINE, B. J.; GILMORE, H. J. *The Experience Economy*. Boston, MA: Harvard Business School Press, 1999. [Ed. bras.: *O espetáculo dos negócios*. Trad.: Maria José Cyhlar Monteiro. Rio de Janeiro: Campus, 1999.]

PINE, R. *Management of Technological Change in the Catering Industry*. Aldershot: Avebury, 1987.

PIORE, M.; SABEL, C. *The Second Industrial Divide*. New York: Basic Books, 1984.

POLLARD, S. *The Genesis of Modern Management*. London: Edward Arnold, 1965.

PONS, O. P. "A haptic geography of the beach: naked bodies, vision and touch". *Social and Cultural Geography*, v. 8, pp. 123-41, 2007.

_____. "Building castles in the sand: re-positioning touch on the beach". *Senses and Society*, v. 4, pp. 195-210, 2009.

PONS, O. P.; CRANG, M.; TRAVLOU, P. (org.). *Doing Tourism: Cultures of Mediterranean Mass Tourism*. Aldershot: Ashgate, 2008.

POON, A. "Competitive strategies for a 'new tourism'". In: COOPER, C. (org.). *Progress in Tourism, Recreation and Hospitality Management*. London: Belhaven Press, 1989. v. 1.

_____. *Tourism, Technology and Competitive Strategies*. Wallingford: CAB International, 1993.

PRATT, M. *Imperial Eyes*. London: Routledge, 1992. [Ed. bras.: *Os olhos do império: relatos de viagem e transculturação*. Trad.: Jézio Hernani Bonfim Gutierre. Bauru: Edusc, 1999.]

PRITCHARD, A.; MORGAN, N. "Privileging the male gaze: gendered tourism landscapes". *Annals of Tourism Research*, v. 27, pp. 884-905, 2000a.

____. "Constructing tourism landscape: gender, sexuality and space". *Tourism Geographies*, v. 2, pp. 115-39, 2000b.

____. *Advertising in Tourism and Leisure*. London: Butterworth-Heinemann, 2000c.

____. "Hotel Babylon? Exploring hotels as liminal sites of transition and transgression". *Tourism Management*, v. 27, pp. 762-72, 2006.

QUICK, R. C. *The History of Morecambe and Heysham*. Morecambe: Morecambe Times, 1962.

QUINN, B. "Performing tourism: Venetian residents in focus". *Annals of Tourism Research*, v. 34, pp. 458-76, 2007.

RABAN, J. *Coasting*. London: Picador, 1986.

RAENTO, P.; FLUSTY, S. "Three trips to Italy: deconstructing the New Las Vegas". *In*: MINCA, C.; OAKES, T. (org.). *Travels in Paradox: Remapping Tourism*. Oxford: Rowman & Littlefield, 2006.

RETZINGER, J. "Framing the tourist gaze: railway journeys across Nebraska, 1866-1906". *Great Plains Quarterly*, v. 18, pp. 213-26, 1998.

RICHARDS, J.; MACKENZIE, J. *The Railway Station: A Social History*. Oxford: Oxford University Press, 1986.

RICHARDS, J.; WILSON, S.; WOODHEAD, L. (org.). *Diana: The Making of a Media Saint*. London: I.B. Tauris, 1999.

RILEY, R.; BAKER, B.; VAN DOREN, S. "Movie-induced tourism". *Annals of Tourism Research*, v. 25, pp. 919-35, 1998.

RING, J. *How the English Made the Alps*. London: John Murray, 2000.

RITZER, G. *The McDonaldization of Society*. Thousand Oaks, CA: Pine Forge Press, 2008.

RITZER, G.; LISKA, A. "McDisneyization and post-tourism: complementary perspectives on contemporary tourism". *In*: ROJEK, C.; URRY, J. (org.). *Touring Cultures*. London: Routledge, 1997.

ROCHE, M. *Mega-Events and Modernity*. London: Routledge, 2000.

RODAWAY, P. *Sensuous Geographies*. London: Routledge, 1994.

ROJEK, C. *Ways of Escape*. London: Sage, 1993.

____. "Indexing, dragging and the social construction of tourist sights". *In*: ROJEK, C.; URRY, J. (org.). *Touring Cultures*. London: Routledge, 1997.

____. *Celebrity*. London: Reaktion Books, 2004. [Ed. bras.: *Celebridade*. Trad.: Talita M. Rodrigues. Rio de Janeiro: Rocco, 2008.]

ROJEK, C.; URRY, J. (org.). *Touring Cultures*. London: Routledge, 1997.

ROSE, G. "Family photographs and domestic spacings: a case study". *Transactions of the Institute of British Geographers*, v. 28, pp. 5-18, 2003.

____. "Everyone's cuddled up and it just looks really nice: an emotional geography of some mums and their family photos". *Social & Cultural Geography*, v. 5, pp. 549-64, 2004.

____. *Doing Family Photography*. Aldershot: Ashgate, 2010.

ROSE, M. *The Gregs of Styal*. Cheshire: Quarry Bank Mill Development Trust, 1978.

RUBINSTEIN, D.; SLUIS, K. "A life more photographic". *Photographies*, v. 1, pp. 9-28, 2008.

RYAN, C.; HALL, M. *Sex Tourism*. London: Routledge, 2001.

RYAN, J. *Picturing Empire: Photography and the Visualisation of the British Empire*. London: Reaktion Books, 1997.

SAID, E. *Orientalism: Western Conceptions of the Orient*. Harmondsworth: Penguin, 1995. [Ed. bras.: *Orientalismo: o Oriente como invenção do Ocidente*. Trad.: Rosaura Eichenberg. São Paulo: Companhia das Letras, 2007.]

SALDANHA, A. "Music tourism and factions of bodies in Goa". *Tourist Studies*, v. 2, n. 1, pp. 43-63, 2002.

SAMUEL, R. *Theatres of Memory*. London: Verso, 1994.

____. *Island Stories*. London: Verso, 1998.

SASSER, W.; ARBEIT, S. "Selling jobs in the service sector". *Business Horizons*, v. 19, pp. 61-5, 1976.

SATHER-WAGSTAFF, J. "Picturing experience: a tourist-centred perspective on commemorative historical sites". *Tourist Studies*, v. 8, pp. 77-103, 2008.

SAVAGE, M. "The missing link? The relationship between spatial mobility and social mobility". *British Journal of Sociology*, v. 39, pp. 554-77, 1988.

SAVAGE, M.; BARLOW, J.; DICKENS, P.; FIELDING, T. *Bureaucracy, Property and Culture: Middle-Class Formation in Contemporary Britain*. London: Routledge, 1992.

SCARLES, C. "Mediating landscapes: the processes and practices of image construction in tourist brochures of Scotland". *Tourist Studies*, v. 4, pp. 43-67, 2004.

____. "Becoming tourist: renegotiating the visual in the tourist experience". *Environment and Planning D: Society and Space*, v. 27, pp. 465-88, 2009.

SCHAMA, S. *Landscape and Memory*. London: HarperCollins, 1995. [Ed. bras.: *Paisagem e memória*. Trad.: Hildegard Feist. São Paulo: Companhia das Letras, 1996.]

SCHIEFFELIN, E. "Problematizing performance". *In*: HUGHES-FREELAND, F. (org.). *Ritual, Performance, Media*. ASA Monograph 35. London: Routledge, 1998.

SCHIVELBUSCH, W. *The Railway Journey: Trains and Travel in the Nineteenth Century*. Oxford: Blackwell, 1986.

SCHMALLEGGER, D.; CARSON, D. "Blogs in tourism: changing approaches to information exchange". *Journal of Vacation Marketing*, v. 14, pp. 99-110, 2008.

SCHMID, H. *Economy of Fascination*. Berlin: Gebrüder Borntraeger, 2009.

SCHROEDER, J. *Visual Consumption*. London: Routledge, 2002.

SCHULTZ, P. *1000 Places to See Before You Die*. New York: Workman Publishing, 2003. [Ed. bras.: *1000 lugares para conhecer antes de morrer*. Trad.: Pedro Jorgensen Junior e Claudio Figueiredo. Rio de Janeiro: Sextante, 2006.]

SCHWARTZ, B. *The Paradox of Choice*. New York: HarperCollins, 2004. [Ed. bras.: *O paradoxo da escolha: por que mais é menos*. São Paulo: Girafa, 2007.]

SCHWARTZ, J. "The geography lesson: photographs and the construction of imaginative geographies". *Journal of Historical Geography*, v. 22, pp. 16-45, 1996.

SCHWARTZ, J.; RYAN, J. (org.). *Picturing Place: Photography and the Geographical Imagination*. London: I.B. Tauris, 2003a.

SCHWARTZ, J.; RYAN, J. "Introduction: photography and the geographical imagination". In: SCHWARTZ, J.; RYAN, J. (org.). *Picturing Place: Photography and the Geographical Imagination*. London: I.B. Tauris, 2003b.

SCRUTON, R. *The Aesthetics of Architecture*. Princeton, NJ: Princeton University Press, 1979. [Ed. port.: *Estética da arquitectura*. Trad.: Maria Amélia Belo. Lisboa: Edições 70, 2010.]

SELWYN, T. (org.). *The Tourist Image*. Chichester: John Wiley, 1996.

SENNETT, R. *Flesh and Stone*. London: Faber & Faber, 1994. [Ed. bras.: *Carne e pedra: o corpo e a cidade na civilização ocidental*. Trad.: Marcos Aarão Reis. Rio de Janeiro: Record, 1997.]

SHAW, G.; AGARWAL, S.; BULL, P. "Tourism consumption and tourist behaviour: a British perspective". *Tourism Geographies*, v. 2, pp. 264-89, 2000.

SHELLER, M. *Consuming the Caribbean*. London: Routledge, 2003.

SHELLER, M.; URRY, J. (org.). *Tourism Mobilities*. London: Routledge, 2004.

SHIELDS, R. "Social spatialization and the built environment: the West Edmonton Mall". *Environment and Planning D: Society and Space*, v. 7, pp. 147-64, 1989.

____. *Places on the Margin*. London: Routledge, 1990.

SHOARD, M. *The Land is Our Land*. London: Paladin, 1987.

SIMPSON, T. "Materialist pedagogy: the function of themed environments in post-socialist consumption in Macao". *Tourist Studies*, v. 9, pp. 60-80, 2010.

SLATER, D. "Consuming Kodak". In: SPENCE, J.; HOLLAND, P. (org.). *Family Snaps: The Meanings of Domestic Photography*. London: Virago, 1991.

____. "Photography and modern vision: the spectacle of natural magic". In: JENKS, C. (org.). *Visual Culture*. London: Routledge, 1995.

____. "Marketing mass photography". In: EVANS, J.; HALL, S. (org.). *Visual Culture: The Reader*. London: Sage, 1999.

SMART, B. *Consumer Society*. London: Sage, 2010.

SMITH, M. "Ethical perspectives exploring the ethical landscape of tourism". In: JAMAL. J.; ROBINSON, M. (org.). *The Sage Handbook of Tourism Studies*. London: Sage, 2009.

SMITH, V. *Hosts and Guests: The Anthropology of Tourism*. Philadelphia, PA: University of Pennsylvania Press (orig. 1978), 1989.

SONTAG, S. *On Photography*. Harmondsworth: Penguin, 1979. [Ed. bras.: *Sobre fotografia*. Trad.: Rubens Figueiredo. São Paulo: Companhia das Letras, 2004.]

SPANG, L. *The Invention of the Restaurant*. Cambridge, MA: Harvard University Press, 2000. [Ed. bras.: *A invenção do restaurante: Paris e a moderna cultura gastronômica*. Trad.: Cynthia Cortes e Paulo Soares. Rio de Janeiro: Record, 2003.]

SPECIAL Projects Group, Lancaster City Council. *Lancaster – Heritage City: Position Statement*. Lancaster: Lancaster City Council, 1987.

SPENCE, J.; HOLLAND, P. *Family Snaps: The Meanings of Domestic Photography*. London: Virago, 1991.

SPILLMAN, L. *Nation and Commemoration*. Cambridge: Cambridge University Press, 1997.

SPRAWSON, C. *Haunts of The Black Masseur*. London: Jonathan Cape, 1992.

STALLINBRASS, C. "Seaside resorts and the hotel accommodation industry". *Progress in Planning*, v. 13, pp. 103-74, 1980.

STAMP, G. "A right old Roman carry-on". *Daily Telegraph*, 28 dez. 1987.

STANLEY, J. *Wanted: adventurous girls, ships' stewardesses, 1919-1939*. PhD Lancaster University, Lancaster, 2005.

STAUTH, G.; TURNER, B. "Nostalgia, postmodernism and the critique of mass culture". *Theory, Culture and Society*, v. 5, n. 2-3, pp. 509-26, 1988.

STERN, N. *The Economics of Climate Change: The Stern Review*. Cambridge: Cambridge University Press, 2007.

STRAHAN, D. *The Last Oil Shock*. London: John Murray, 2007.

STRANGE, C.; KEMPLA, M. "Shades of dark tourism: Alcatraz and Robben Island". *Annals of Tourism Research*, v. 30, pp. 386-405, 2003.

SUONPÄÄ, J. "Blessed be the photograph: tourism choreographies". *Photographies*, v. 1, pp. 67-86, 2008.

SZERSZYNSKI, B.; URRY, J. "Cultures of cosmopolitanism". *Sociological Review*, v. 50, pp. 461-8, 2002.

_____. "Visuality, mobility and the cosmopolitan: inhabiting the world from afar". *British Journal of Sociology*, v. 57, pp. 113-31, 2006.

TAGG, J. *The Burden of Representation: Essays on Photographies and Histories*. Amherst, MA: University of Massachusetts Press, 1988.

TALBOT, H. F. "Some account of the art of photogenic drawing, or, the process by which natural objects may be made to delineate themselves without the aid of the artist's pencil", 1839. *In*: NEWHALL, B. (org.). *Photography: Essays and Images*. New York: Museum of Modern Art, 1980.

_____. *The Pencil of Nature*. London: Longman, Brown, Green (não paginado), 1844-1846. [Ed. bras.: *O lápis da natureza*. Trad.: Fabio Giorgi. Rio de Janeiro: Ibis Libris, 2019.]

TAYLOR, J. *A Dream of England: Landscape, Photography and the Tourist's Imagination*. Manchester: Manchester University Press, 1994.

TESTER, K. (org.). *The Flâneur*. London: Routledge, 1994.

THEROUX, M. *Far North*. London: Faber & Faber, 2009.

THOMPSON, E. P. "Time, work-discipline, and industrial capitalism". *Past and Present*, v. 38, pp. 56-97, 1967.

THOMPSON, G. "Holidays". *Popular Culture and Everyday Life* (2). Milton Keynes: Open University Press, 1981. Unit 11.

_____. "Carnival and the calculable: consumption and play at Blackpool". *In*: BENNETT, T. (org.). *Formations of Pleasure*. London: Routledge, 1983.

THOMPSON, K. *An Eye for the Tropics: Tourism, Photography, and Framing the Caribbean Picturesque*. Durham, NC: Duke University Press, 2006.

THRIFT, N. "Images of social change". *In*: HAMNETT, C.; MCDOWELL, L.; SARRE, P. (org.). *The Changing Social Structure*. London: Sage, 1989.

_____. *Spatial Formations*. London: Sage, 1996.

_____. *Non-Representational Theory*. London: Routledge, 2008.

TOMLINSON, T. *The Culture of Speed: The Coming of Immediacy*. London: Sage, 2007.

TOOKE, N.; BAKER, M. "Seeing is believing: the effect of film on visitor numbers to screened locations". *Tourism Management*, v. 17, pp. 87-94, 1996.

TOWNER, J. "The Grand Tour: a key phase in the history of tourism". *Annals of Tourism Research*, v. 12, pp. 297-33, 1985.

_____. "Approaches to tourism history". *Annals of Tourism History*, v. 15, pp. 47-62, 1988.

TRAVEL Alberta. *West Edmonton Mall*. Edmonton: Alberta Tourism, [s.d.].

TUCKER, H. "Performing a young people's package tour of New Zealand: negotiating appropriate performances of place". *Tourism Geographies*, v. 9, pp. 139-59, 2007.

TURNER, C.; MANNING, P. "Placing authenticity – on being a tourist: a reply to Pearce and Manning". *Australian and New Zealand Journal of Sociology*, v. 24, pp. 136-8, 1988.

TURNER, L.; ASH, J. *The Golden Hordes*. London: Constable, 1975.

TURNER, V. "The center out there: pilgrim's goal". *History of Religions*, v. 12, pp. 191-230, 1973.

_____. *The Ritual Process*. Harmondsworth: Penguin, 1974. [Ed. bras.: *O processo ritual: estrutura e antiestrutura*. Trad.: Nancy Campi de Castro. Petrópolis: Vozes, 2013.]

TURNER, V.; TURNER, E. *Image and Pilgrimage in Christian Culture*. New York: Columbia University Press, 1978.

TZANELLI, R. *The Cinematic Tourist*. London: Routledge, 2008.

UNDP *Human Development Report*. New York: UNDP and Oxford University Press, 1999.

URRY, J. "The tourist gaze 'revisited'". *American Behavioral Scientist*, v. 36, pp. 172-86, 1992.

_____. *Consuming Places*. London: Routledge, 1995a.

_____. "A middle class countryside?". *In*: BUTLER, T.; SAVAGE, M. (org.). *Social Change and the Middle Classes*. London: UCL Press, 1995b.

_____. "How societies remember the past". *In*: MACDONALD, S.; FYFE, G. (org.). *Theorizing Museums*. Oxford: Sociological Review Monographs and Blackwell, 1996.

_____. *Sociology Beyond Societies*. London: Routledge, 2000.

_____. *Global Complexity*. Cambridge: Polity, 2003.

_____. "Death in Venice". *In*: SHELLER, M.; URRY, J. (org.). *Tourism Mobilities*. London: Routledge, 2004.

_____. *Mobilities*. Cambridge: Polity, 2007.

_____. *Climate Change and Society*. Cambridge: Polity, 2011.

UZZELL, D. *Heritage Interpretation*. London: Belhaven Press, 1989. v. 2.

VAN HOUSE, N. "Flickr and public image-sharing: distant closeness and photo exhibition". *CHI*, pp. 2.717-22, 28 abr.-3 maio 2007.

VAN MAANEN, J. "The smile factory: work at Disneyland". *In*: FROST, P. J.; MOORE, L.; LOUIS, M.; LUNDBERG, C.; MARTIN, J. (org.). *Reframing Organizational Culture*. London: Sage, 1991.

VEIJOLA, S.; JOKINEN, E. "The body in tourism". *Theory, Culture and Society*, v. 6, pp. 125-51, 1994.

VEIJOLA, S.; VALTONEN, A. "The body in tourism industry". *In*: PRITCHARD, A.; MORGAN, N.; ATELJEVIC, I.; HARRIS, C. (org.). *Tourism and Gender: Embodiment, Sensuality and Experience*. Wallingford: CAB International, 2007.

VENTURI, R. *Learning from Las Vegas*. Cambridge, MA: MIT Press, 1972. [Ed. bras.: *Aprendendo com Las Vegas*. Trad.: Pedro Maia Soares. São Paulo: Cosac & Naify, 2003.]

VERSTRAETE, G. *Tracking Europe*. Durham, NC: Duke University Press, 2010.

VILLI, M. "Mobile visual communication: photo messages and camera phone photography". *Nordicom Review*, v. 28, pp. 49-62, 2007.

VULLIAMY, E. "Squalid renaissance". *Guardian*, 16 abr. 1988.

WAITT, G.; HEAD, L. "Postcards and frontier mythologies: sustaining views of the Kimberley as timeless". *Environment and Planning D: Society and Space*, v. 20, pp. 319-44, 2002.

WALTER, J. "Social limits to tourism". *Leisure Studies*, v. I, pp. 295-304, 1982.

WALTON, J. *The Blackpool Landlady*. Manchester: Manchester University Press, 1978.

_____. "Railways and resort development in Victorian England: the case of Silloth". *Northern History*, v. 15, pp. 191-209, 1979.

_____. "The demand for working class seaside holidays in Victorian England". *Economic History Review*, v. 34, pp. 249-65, 1981.

_____. *The English Seaside Resort: A Social History, 1750-1914*. Leicester: Leicester University Press, 1983.

_____. "Seaside resorts and maritime history". *International Journal of Maritime History*, v. 9, pp. 125-47, 1997.

_____. *The British Seaside*. Manchester: Manchester University Press, 2000.

WALTON, J.; POOLE, R. "The Lancashire wakes in the nineteenth century". *In*: STORCH, R. (org.). *Popular Culture and Customs in the Nineteenth Century*. London: Croom Helm, 1982.

WALVIN, J. *Beside the Seaside*. London: Allen Lane, 1978.

WANG, N. *Tourism and Modernity*. Oxford: Elsevier, 2000.

WARD, M.; HARDY, D. *Goodnight Campers! The History of the British Holiday Camp*. London: Mansell, 1986.

WARHURST, C.; NICKSON, D.; ANNE, W.; CULLEN, M. A. "Aesthetic labour in interactive service work: some case study evidence from the 'new' Glasgow". *Service Industries Journal*, v. 3, pp. 1-18, 2000.

WATERS, S. "Trends in international tourism". *Development Digest*, v. 5, pp. 57-61, 1967.

WATES, N.; KNEVITT, C. *Community Architecture*. Harmondsworth: Penguin, 1987.

WEARING, B.; WEARING, S. "Refocusing the tourist experience: the 'flâneur' and the 'choraster'". *Leisure Studies*, v. 15, pp. 229-43, 1996.

WEAVER, A. "Interactive service work and performative metaphors: the case of the cruise industry". *Tourist Studies*, v. 5, pp. 5-27, 2005.

WELLS, L. "Introduction". *In*: WELLS, L. (org.). *Photography: A Critical Introduction*. London: Routledge, 2001.

WELSH, E. "Are locals selling out for a bowl of gruel?". *Sunday Times*, 11 dez. 1988.

____. "Unmasking the special agents". *Sunday Times*, 26 fev. 1989.

WEST, B. "Consuming national themed environments abroad: Australian working holidaymakers and symbolic national identity in 'Aussie' theme pubs". *Tourist Studies*, v. 6, pp. 139-55, 2006.

WEST, N. *Kodak and the Lens of Nostalgia*. Charlottesville, VA: University of Virginia Press, 2000.

WHITAKER, R. "Welcome to the Costa del Kebab". *Independent*, 27 fev. 1988.

WHITE, D. "The born-again museum". *New Society*, pp. 10-14, 1º maio 1987.

WHITTAKER, E. "Photographing race: the discourse and performance of tourist stenotypes". *In*: ROBINSON, M.; PICARD, D. (org.). *The Framed World: Tourism, Tourists and Photography*. Aldershot: Ashgate, 2009.

WHYTE, W. F. *Human Relations in the Restaurant Industry*. New York: McGraw-Hill, 1948.

WICKERS, D.; CHARLTON, G. "Oh, we do like to be by the seaside". *Sunday Times*, 5 jun. 1988.

WILLIAMS, A.; SHAW, G. "Western European tourism in perspective". *In*: WILLIAMS, A.; SHAW, G. (org.). *Tourism and Economic Development*. London: Belhaven Press, 1988.

WILLIAMS, R. "Ideas of nature". *In*: BENTHALL, J. (org.). *Ecology: The Shaping Enquiry*. London: Longman, 1972.

____. *The Country and the City*. London: Paladin, 1973. [Ed. bras.: *O campo e a cidade: na história e na literatura*. Trad.: Paulo Henrique Britto. São Paulo: Companhia de Bolso, 2011.]

WILLIAMS, S. *Tourism Geography*. London: Routledge, 1998.

WILSON, A. "The view from the road: nature tourism in the postwar years". *Borderlines*, v. 12, pp. 10-14, 1988.

____. *Culture of Nature*. Oxford: Blackwell, 1992.

WINTER, T.; TEO, P.; CHANG, T. C. (org.) *Asia on Tour: Exploring the Rise of Asian Tourism*. London: Routledge, 2009.

WITTEL, A. "Towards a network sociality". *Theory, Culture and Society*, v. 18, pp. 31-50, 2001.

WOLFF, J. "The invisible flâneuse: women and the literature of modernity". *Theory, Culture and Society*, v. 2, pp. 37-48, 1985.

____. "On the road again: metaphors of travel in cultural criticism". *Cultural Studies*, v. 7, pp. 224-39, 1993.

WONG, JEHN-YIH; WANG, CHIH-HUNG. "Emotional labor of the tour leaders: an exploratory study". *Tourism Management*, v. 30, pp. 249-59, 2009.

WOOD, K.; HOUSE, S. *The Good Tourist*. London: Mandarin, 1991.

WOOD, M. "Nostalgia or never: you can't go home again". *New Society*, pp. 343-6, 7 nov. 1974.

WORDSWORTH, W. *The Illustrated Wordsworth's Guide to the Lakes*. London: Book Club Associates (orig. 1810), 1984.

WOUTERS, C. "The sociology of emotions and flight attendants: Hochschild's Managed Heart". *Theory, Culture and Society*, v. 6, pp. 95-124, 1989.

WRIGHT, P. *On Living in an Old Country*. London: Verso, 1985.

XIANG, Z. S.; GRETZEL, U. "Role of social media in online travel information search". *Tourism Management*, v. 31, pp. 179-88, 2009.

YOUNGER, G. *Tourism: Blessing or Blight?* Harmondsworth: Penguin, 1973.

ZUKIN, S. *Landscapes of Power*. Berkeley, CA: University of California Press, 1991.

SOBRE OS AUTORES

John Urry formou-se com bacharelado e mestrado em economia e doutorado em sociologia pela Universidade de Cambridge. Trabalhou na Universidade de Lancaster, onde foi chefe de departamento, reitor fundador da Faculdade de Ciências Sociais e responsável pelas pesquisas da Universidade. Foi membro da Royal Society of Arts, acadêmico fundador da Academia de Ciências Sociais do Reino Unido, membro (1992) e presidente dos Painéis da RAE (1996, 2001). Publicou 40 livros e edições especiais. Suas obras foram traduzidas para 18 idiomas e ele ministrou palestras em 30 países. Foi também diretor do Centre for Mobilities Research [Centro de Pesquisa sobre Mobilidades] em Lancaster. Seus livros mais recentes incluem: *Mobilities* ["Mobilidades", em tradução livre] (Polity, 2007); *After the Car* ["Depois dos carros"] (Polity, 2009); *Mobile Lives* ["Vidas móveis"] (Routledge, 2010); *Climate Change and Society* ["Mudanças climáticas e sociedade"] (Polity, 2011), bem como *O olhar do turista 3.0* (Sage, 2011).

Jonas Larsen é professor sênior de geografia na Universidade de Roskilde, na Dinamarca. Tem como foco as áreas de mobilidade, turismo e mídia. Publicou muitos artigos em revistas de turismo, geografia e mobilidade e foi coautor de *Performing Tourist Places* ["Performance nos lugares turísticos", em tradução livre] (Ashgate, 2004); *Mobilities, Networks, Geographies* ["Mobilidades, redes, geografias"] (Ashgate, 2006) e *Tourism, Performance and the Everyday: Consuming the Orient* ["Turismo, performance e o cotidiano: consumindo o Oriente"] (Routledge, 2010).

Fonte Neue Haas Grotesk Text e Display
Papel Papel Color plus 240g/m² (capa), Pólen soft 70g/m² (miolo)
Impressão Hawaii Gráfica e Editora Ltda.
Data Novembro de 2021

MISTO
Papel produzido a partir de fontes responsáveis
FSC® C100700